徐以骅　张庆熊　主编

上海三联书店

Christian Scholarship

基督教学术
（第十五辑）

《基督教学术》为 CSSCI 来源集刊

第十五辑序言

  本辑主要分为《圣经》与神/哲学研究、宗教与社会、历史研究、学术述评四个部分。《基督教学术》创刊基础是哲学、史学等传统学科。近年除了来自本校/本地外的稿件和青年学者的稿件增多外,最大变化就是议题和学科的多元性和跨学科性,这也反映了国内基督教学术研究的一般趋势。

  《基督教学术》现为 CSSCI 来源集刊(半年刊)。在此我们感谢南京大学中国社会科学研究评估中心及有关评审专家对本刊的支持。

  本辑作者的研究工作还得到其他不少单位和项目的支持。除在相关文章中特别指明外,这些单位和项目还包括教育部人文社会科学重点研究基地项目"后传教时代宗教与中美关系"(14JJD810006)和"美国的宗教非政府组织"(06JJDGJW001)以及上海高校智库复旦大学宗教与中国国家安全研究中心。国际科技教育服务机构(Professional & Educational Services International)一如既往地为本刊提供出版资助。上海高校智库复旦大学宗教与中国国家安全研究中心两位博士后研究生王德硕和程洪猛参加了本辑的部分编辑工作。对上述单位、项目和个人的支持,我们在此深表感谢。

复旦大学基督教研究中心

徐以骅 张庆熊

2016 年 2 月

目　　录

宗教与社会

历史研究

学术述评

CONTENTS

基督教神学教育中国化的回顾和展望[*]

徐以骅

基督教在华传教运动的流行口号之一,就是"神学院校是整个宣教事业的冠冕",如此说来,1949 年前以燕京大学宗教学院为代表的一些具有大学及大学以上程度的神学高等学府,就是这顶"冠冕上的明珠"。如基督教传入中国一样,基督教神学教育中国化(此前也称本色化、本土化、处境化、在地化等)是一个漫长且曲折的过程,其间有缓行期、加速期;也有停滞期、倒退期。神学教育中国化进程集中折射并且有力塑造了基督教中国化进程。神学教育中国化的研究,是基督教中国化研究不可或缺的组成部分。

本文分三部分来扼要阐述基督教神学教育中国化的进程:一、1949年前在华基督教神学教育的布局和特点;二、1949 年以来中国基督教神学教育的停顿和复苏;三、新世纪以来中国基督教神学教育的发展和前景展望。

一、1949 年以前在华基督教神学教育的布局和特点

1866 年英国长老会在厦门鼓浪屿建立了中国第一个冠以"神学院"

---

[*] 本文主要依据 2015 年 11 月 5 日笔者在华东神学院建院 30 周年感恩庆典上的讲话,部分内容曾发表于《天风》(2016 年第 1 期)。

(theological college)之名的神学训练机构,该年因此被认为是中国基督新教正式神学教育的起点,尽管业界对此颇有争议。中国的基督教神学教育在起步阶段发展缓慢,程度较低,规模不大,直到 20 世纪最初十年,终于出现接近于或相当于大学程度的神学院校,神学教育才真正走上专业化的轨道。①

在众多神学院校中首先脱颖而出的,是圣公会系统的圣约翰神科和文华神科,此两所以全英语教学而闻名的神学机构在长江中下游的武昌和上海形成了呼应之势,在 20 世纪前 20 年显然取得了先行之利。

然而,燕京大学宗教学院在 20 世纪 20 年代初期的崛起很快终结了圣公会神学院校的领先优势,"一跃而为中国基督教神学教育之翘楚",开创了中国基督教神学教育的"燕京时代",并形成了神学教育的"燕京模式",这主要表现在:(1)燕京大学宗教学院的历任院长均由华人担任;(2)在国内率先将神学院校提升到神学研究院程度;(2)建立了几近"全华班"的神学师资队伍,其成员堪称一时之选,是集中国南北神学精英的"梦幻组合";(4)建立或主导了神学教育的支持团体和出版阵地,如生命社和《真理与生命》期刊;(5)提出了具有独创性的"院校分离"以及"半修道院式"的神学教育改造方案。在当时的整个中国基督教神学教育界,燕京大学宗教学院"一枝独秀",并且引领中国基督教神学教育进入了加速发展的黄金时期。②

燕京大学宗教学院的崛起,改变了中国基督教教育的原有格局,到 30 年代中期,除燕大宗教学院为只招大学毕业生的神学研究院外,其余如金陵神学院、华北神学院、圣约翰神学院、齐鲁神学院、广州协和神科学院等十余所招收中学以上程度的神学院,形成了"一超多强"的神学院校布局,以及"神学研究院、神学院、圣道书院"三级神学教育体制。从此往后,中国基督教神学教育虽然"一超"易位,但"一超多强"以及

---

① 关于中国基督教神学教育史,参见徐以骅:《教会大学与神学教育》,福州:福建教育出版社,1999 年。

② 参见徐以骅:《燕京大学宗教学院的盛衰》,载于《教会大学与神学教育》,第 68 - 151 页;徐以骅:《神学教育家赵紫宸》,载于徐以骅:《中国基督教教育史论》,桂林:广西师范大学出版社,2010 年,第 3 - 28 页。

"三级体制"的布局则基本未变。

造成"一超"易位的直接原因是经济这一"精神圣餐上的幽灵"。在燕京大学宗教学院困于由于其早期的过度扩张而造成的经费难以为继的局面之际,那壁厢金陵神学院却因获得来自美国的"温氏遗金"这笔巨额意外之财而得以大展宏图,坐上了中国基督教神学院校排行榜的头把交椅。尽管新老交替的过程并非一蹴而就,一度还呈现燕大宗教学院和金陵神学院"双峰对峙",以及燕大宗教学院、金陵神学院、华北神学院"三足鼎立"的表象,但实际上此时神学院校的"权势转移"已经完成,中国基督教神学教育从此进入了以独立神学院而非大学神学院为主导的"金陵时代"。③

正式成立于1922年的华北神学院是我国一所其影响被低估的重要神学院校。作为我国基督教保守派/基要派的重镇,该校向来"兵多将广",师资和生源颇为充沛,尽显保守派神学人数上的优势,在20世纪20年代末和30年代的大部分时期里处于发展的鼎盛期。在此期间鼎足而立的燕大宗教学院、金陵神学院、华北神学院在某种程度上代表着中国基督教左、中、右三派势力。抗战爆发后华北神学院命运多舛,1945年后更是流离颠沛,失去了发展的机遇,最后于1952年被并入金陵协和神学院。④

"金陵时代"(或称"老金陵时代")在20世纪30年代中后期得以确立,但此时中国已处于风雨飘摇山河破碎的危局之中。在抗战期间,非属政府教育体制的基督教神学院校遭受到比教会其他教育机构更大的损失。不过金陵神学院由于经济来源未受影响,虽"背井离乡",迁至上海和成都两处,但仍扮演着战时中国基督教神学教育"拯救者"的角色。抗战后期中国基督教会较有声色的神学教育和学术活动,如乡村和城市教会建设、内地神学教育推广和组合计划、神学教育调查和研究、基督教

③ 徐以骅:《双峰对峙——燕京大学宗教学院与金陵神学院的比较》,载于《中国基督教教育史论》,第160-177页。

④ 华北神学院的相关情况,参见赵曰北:《历史光影中的华北神学院》,北京:中国国际出版社,2015年。

经典文献编译以及学术交流活动,几乎均由金陵神学院尤其是其华西分部策划和推动。不过与"燕京时代"相比,始于抗战初期终于内战结束的"金陵时代"时乖命蹇,虽在神学教育的实践上与时俱进且有所创新,但在整体上却无前者的格局和气势,因此成为中国基督教神学教育的"停滞期",这也是20世纪20年代以来神学教育中国化探索的"受挫期"。

二、1949年以来中国基督教神学教育的停顿和复苏

1949年后尤其是基督教三自爱国运动发动后,与其他教会机构一样,中国基督教教育机构也面临着重新洗牌。经过各种关停并转,在1953年后,大陆基督教会只有燕京和金陵南北两所协和神学院,依稀可见当年"双峰对峙"的影子。1961年,燕京协和神学院被并入金陵协和神学院,中国基督教神学教育终于九九归一,形成金陵大一统局面。

然而作为中国基督教神学教育仅存的硕果,金陵协和神学院的办学此前已时断时续,学院式的神学教育在某种程度上被教牧专修班和神学群众运动所取代,到1966年"文革"发生时则完全停办。从20世纪50年代初到1982年金陵神学院复院的这段时期又可称为中国基督教神学教育"新金陵时代"的第一阶段。无可讳言,这一阶段也是中国基督教神学发展的停顿期和严重衰退期,这是继抗战以来基督教神学教育受损最严重的时期,其教训是十分沉痛的。

这一阶段神学教育停顿和衰退所造成的后果之一,就是中国基督教的学术地缘格局发生重大位移。此前中国基督教学术/神学的重心完全在教会,此后该重心则开始发生转移,先后迁到台湾和香港地区,80年代后开始回迁大陆,但并非回归大陆的教会,而是移至大陆的学术界,使此前对基督教学术/神学难以置啄的大陆学术界开始对长期缺乏神学教育滋养的教会形成明显的优势。[5]

神学教育的滞后以及教会神学人才的青黄不接给大陆学界腾出发

---

[5] 参见徐以骅:《大陆、香港及台湾地区中国基督教史研究之比较及其重心转移》,载于徐以骅、张庆熊主编:《基督教学术》(2009年第7辑),第1-10页。

展宗教学/神学研究的机遇和空间。世俗学界在上述领域的绝对优势构成了极具中国特色的"学(界)主教(会)从"的基督教研究格局。不过在很大程度上独立于基督教会的世俗学界的宗教学/神学研究,如汉语神学,尽管为教会扩大了神学研究的空间及提供了学术和人才资源,但也存在"有学而无神"或"有神学而无教会"等隐忧。

从 1982 年金陵复院直到 1989 年,为解决教牧和神学人才严重不足的问题,全国陆续建立了 12 所神学院校,并且构建了与时代相适应的"新三级神学教育体制",即全国性的金陵、大区性的华东、燕京、东北、中南、四川,以及省级的浙江、福建、广东、安徽、山东、陕西、云南等三级神学院校。到 1995 年底全国基督教神学院校已增至 15 所,各地基督教会还设立了独立的圣经学校和教牧/义工培训班,基督教神学教育出现了全面复苏的迹象。⑥

三、新世纪以来中国基督教神学教育的发展和前景展望

进入新世纪以来,中国基督教神学教育进入了快速增长期,这主要体现在以下几个方面:

第一,开始于上世纪末的基督教神学思想建设推动了神学院校的建设,现有 22 所神学院校均得到不同程度的扩建,不少神学院、尤其是省级神学院升格为本科神学院,与大区神学院形成竞争态势。一些本世纪以来由圣经专科学校发展而来的神学院(如黑龙江神学院、江苏神学院和福建神学院)异军突起,成为中国基督教神学教育的新生力量。金陵协和神学院在原有的本科和硕士课程的基础上,正在筹设最高级别的高级神学和教牧学课程,并获准招收和培养神学博士和教牧学博士,⑦继续引领中国基督教神学教育的潮流。

---

⑥ 《当代中国的宗教工作》编委会:《当代中国的宗教工作》(下),北京:当代中国出版社,1998 年,第 274 页。

⑦ 根据 2015 年 6 月 21 日国家宗教事务局《关于同意金陵协和神学院招收和培养神学博士问题的批复》(2015 年第 145 号文),金陵协和神学院正式获准招收和培养神学及教牧学博士学位。

第二，新世纪以来，在中国基督教协会神学教育委员会的领导下，基督教全国两会和各级基督教会的出版事业有较大发展，其中包括继续出版和重版创办于上世纪末的《基督教神学教育丛书》（目前已经出版18辑）。目前全国两会正在筹划出版代表当前中国基督教会研究水准和诉求的《中国基督教史》和《新约导读》等大部头论著。

第三，神学教育专业化和制度化进一步加强。根据国家宗教局《宗教院校教师资格认定和职称评审聘任办法（试用）》和《宗教院校学位授予办法（试行）》（简称两个《办法》）和中国基督教两会制定的两个办法实施细则相关规定和要求，两会成立了神学院校教师职称评审工作小组，并开始了在金陵协和神学院颁发教师资格证书及学位授予资格证书的试点工作。目前此项基督教神学院校教师职称评审工作将在更多的神学院校铺开。

第四，选派教会骨干和神学院青年教师到国内高校如中国人民大学、复旦大学、华东师范大学以及到香港地区、东南亚地区和欧美神学院校进修神学和攻读学位，已成为教会推动且获得政府批准的制度性安排。近年来由基督教会派出或自赴海外攻读神学高等学位的青年教牧陆续回国服务，一些国内高校毕业的博士也相继加盟各神学院校，这都在很大程度上充实了各级神学院校的师资队伍。

第五，部分由于神学院校的增长和神学师资的壮大，中国基督教会正努力改变长期以来中国基督教神学/宗教学研究"学主教从"的格局，开始了重新成为神学教育和研究主体的历史征程。不过包括基督教神学院在内的宗教院校尚未被纳入国民教育体系，它们提供的教育和颁授的学位得不到社会认可，这是目前制约中国基督教神学教育发展的主要瓶颈。显然，在新时期要办好神学除了"有钱、有人、有远象、有教会"⑧等条件外，还需要有体制上的供给和保障。

从"金陵时代"始，尽管中国基督教神学饱经磨难，但仍取得不俗的成绩，特别是新世纪以来，更是走出快速上扬的曲线。不过与"燕京时代"相比，目前中国的基督教神学教育机构无论在生源质量、师资队伍、

---

⑧　关于基督教神学教育"四个有"的讨论，参见上引《燕京大学宗教学院的盛衰》。

神学建设、学术研究、社会地位、国际声誉等方面仍存在不小的差距。尽管各级基督教会都在致力于神学思想建设,但神学院校在实现本国神学自主性方面还没有充分发挥"思想库"和"人才库"作用;尽管神学院校在硬件建设上有较大提高,但在神学教育模式的中国化探索上仍缺乏创新性的成果;尽管有丁光训主教等前辈神学家的引领,但目前仍未形成中生代和新生代神学家群体。中国基督教会在"神学思想建设"或"自我神学"(self-theologizing)方面显然还有很长的路要走。中国基督教神学教育的建设不仅与中国基督教近30多年来的发展不相匹配,而且与中国作为世界宗教文化大国的地位亦颇不相称。

在最近的将来,中国基督教神学教育要突破现有体制瓶颈,可有以下比较切实可行的路径:

一是继续借助国内学界的学术、人才和教育资源,借鉴国内学界的学术自主发展经验,以及与学界开展合作研究和联合培养计划;

二是积极创造条件引进高端神学人才,并建立相应的人才引进机制,实现跨跃式发展;

三是加大神学以及神学教育研究的经费投入,设置具有竞争性的研究课题以及引进研究项目管理和奖惩制度;

四是利用文献资料方面优势,整合国内外各种资源,尽快组织力量编辑出版基督教神学教育历史文献和中国基督教神学家著作全(选)集;

五是在各神学院之间形成统筹规划,分工合作,各取其长,分享资源的良性互动和竞争格局,探索具有中国特色的神学教育模式。

鉴于目前三级神学教育体制中大区级和省级神学院之间的区别日益模糊,建议逐步以招生和教育水准而非地域来划分的高等神学院(主要招收大学本科毕业以上学历的学生、开设博士班课程)、中等神学院(主要招收大专毕业以上学历的学生、开设硕士班课程)以及普通神学院(主要招收高中毕业以上学历的学生、主要开设本科课程)的新三级体制取而代之。根据历史经验,中国基督教神学教育应尽量避免无序竞争、分散资源、低水平重复的弊病。

四、结　语

如果说"神学是教会在思考"（丁光训主教语），那么社会服务是教会在行动，而神学教育则是为教会思考作育英才。史无前例的中国基督教三自爱国运动虽然基本解决了教会主权或领导权的中国化问题，即我所称的"第一个中国化"问题，但这并非意味着自动解决了基督教神学思想的中国化问题，也就是"第二个中国化"问题。上述"两个中国化"是基督教中国化不可分割的组成部分，前者为后者创造了更有利的条件，而后者为前者提供了更坚实的保障。可以说，基督教神学思想的独立自主是更深层次的"中国化"。如果"没有神学思想上的独立自主，中国教会在行政和管理权上的独立自主仍有可能流于形式、徒具虚名"。⑨

具体就神学教育而言，基督教神学教育的中国化探索主要应该指神学教育模式上的探索，即逐步建立适合中国基督教会发展且具有中国基督教特点的神学教育模式。在此前的"燕京时代"和"金陵时代"，燕京大学宗教学院的"神学教育改造方案"、金陵神学院创建乡村教会科以及推动"神学组合计划"、中国基督教会对义工训练的重视并赋予其神学教育的内涵，以及在"新金陵时代"中国基督教神学教育的三级体制等，都是具有中国元素和创意的对普世基督教神学教育的贡献，为建立基督教神学教育中国模式积累了宝贵经验。在中华民族崛起的当下，中国基督教会完全能够继往开来，坚持不断探索的精神和自主创新的方向，给中国基督教神学教育打上更深的时代烙印。

---

⑨　徐以骅：《从"正定天主堂惨案"谈基督宗教的中国化》，载于徐以骅、张庆熊主编：《基督教学术》（2015年第13辑），第7－9页。

论布伯的会社理论及其对当代
西方教育理论的启示

【内容提要】　在当代西方教育界存在着一种从教学到学习的转变，即所谓的"学习化"过程，它认为教学主要应该关注于为学生提供丰富的学习环境和资源。在这样做时，这种"学习化"过程也批判了那种认为教师有其所教，而学生有其所学的观点。建构主义以及像皮亚杰、维果茨基以及布鲁纳等教育学家对这场范式转变的影响是显而易见的。然而，这导致了何为教师和教学之本质的难题，因为按照定义，教师就是传授知识给学生的人，而不只是学习过程的促进者。而且，由于建构主义和"学习化"，当今西方教育界极少重视对教育极其重要的"关系"以及"与他者相遇"的观念。本文根据布伯在《我与你》中提出的会社理论批判建构主义和"学习化"理念，主张教师是教学团体的"建立者"，而教学的本质在于"情境启示"，同时论证了"关系"之教育的重要意义。

【关键词】　马丁·布伯　会社　活的中心　启示　教育

在马丁·布伯(Martin Buber, 1878 - 1965)著名的《我与你》中对真实的宗教会社有这样一种表述：

> 它(指宗教会社)的产生并非由于人们相互之间的情感(虽然那也是需要的)，而是由于这两个因素：首先，所有的人都必须与那

唯一的活的中心处于一种活的、交互的对话关联中;其次,他们相互之间也必须处于活的交互的对话关联中。后者在前者中有其根源,但并不直接由前者导出。一种活的交互关联包含了情感,但并非源于情感。一个会社(Die Gemeinde)建立在活的交互关联的基础上,而其建立者就是其活的、积极的中心。① (粗体为笔者所强调)

根据这段话,只有当其成员之间以及众成员与其"活的中心"之间的关联是基于交互性的对话时,一个真实的宗教会社才会产生。而且,作为这种会社之基础的建立者,"活的中心"在其中扮演了至关重要的作用,因为正是他促进了会社中各个成员之间以及众成员与他自身之间的对话。

这里所说的"对话"意味着"我-你"关系。对于布伯来说,"我-你"关系构成了在其中个体之间相互敞开的真实存在。与之相对的是"我-它"关系,在那里人们将他者对象化,并因此无法建立一种有意义的关联。由于"我-你"关系基于个体之间充分的交互性以及一种深层的存在关联,因此它具有重要的伦理意义。而"我-它"关系则只是工具性的,因为个体只把他者看作一种资源,一个可被利用的对象(例如获取信息)。当然,"我-它"关系并非必然是恶的,但其极端形式是相当成问题的,并构成种种文化偏见和种族主义的根源。②

在本文中,笔者首先分析布伯的"活的中心"的概念,特别是它在会社产生中所发挥的作用;其次我将讨论这个概念在西方教育理论中的重要性;最后我将论证把教师和教学分别理解为"建立者"和"情境启示"的必要性与意义。

---

① M. Buber, *I and Thou*, trans. W. Kauffman (New York: Charles Scriber's Sons, 1970), p. 94. 值得注意的是,布伯所讲的 Gemeinde 不是一般的社会团体,而是特指灵性的宗教社会,为体现其与一般社会团体的不同,本文将其译为"会社"。

② 参见 D. Avnon, *Martin Buber: The hidden dialogue* (Lantham, Oxford: Rowman & Littlefield Publishers Inc., 1998), pp. 15 - 17。

一、"活的中心"的分析

布伯的"活的中心"的概念在其解释者中引发了诸多争论,学者们对它有各种不同的解释,例如理解成"真实的、神授的领导者"、"终极价值的领域"以及"由众多个体所信仰的超越的'作为中心的你'"。

然而,长期以来最有影响的解释是门德斯(Mendes-Flohr)在其《马丁·布伯的中心与社会重建的概念》(1976)一文所提出的解释。在那里他认为布伯意义上的"会社是当一群人遭遇并意识到一个共同的启示,一个把人们聚集起来的你时,建立起来的"。③ 也就是说,会社是以"情境启示"为中心,以与"永恒的你"即上帝相关联为中心的。门德斯的这种解读基于布伯在"会社如何发展?"一文中的一段话:

> 当个体之间确实处于相互关联时,当他们分享一种经验并对这种经验作出共同的生存性的反应时——即当人们拥有一个使他们聚焦起来的活的中心时——会社就在他们之中建立起来。④

这意味着,正是"情境启示"使得一群个体能够在他们之间建立起"我-你"关系,并建立起会社。这种对"中心"的经典解释在上世纪90年代受到了挑战,越来越多的当代学者认为它是错误的。当今更具说服力的解释来自阿弗隆(D. Avnon),他在《马丁·布伯政治理论中的"活的中心"》(1993)以及《马丁·布伯:隐藏的对话》(1998)等论著中提出了新的解释,他认为布伯的"活的中心"应该理解成会社的"建立者",即一个真实的个体、领袖。

阿弗隆论证的关键在于他发现《我与你》中,明确地把"建立者"称为"活的、积极的中心"。他认为,个体之间之所以能够建立起"我-你"

---

③ 转引自 Mendes-Flohr, "Martin Buber's concept of the center and social renewal," in *Jewish Journal of Sociology*, vol. 18, no. 2 (June, 1976), pp. 19–25。

④ Ibid.

关系,只是因为并只是依赖于由"建立者"所创造的在先的社会条件。正是作为催化剂的"建构者"的出现促成了会社的形成。如果没有"建立者",那么一群个体就无法进入到"我-你"的关联之中,并因而持续陷入"我-它"关联的泥沼中。正如阿弗隆所说:"会社的活的中心,即会社的建立者于是就在社会中建立了那构成'之间'(the between)关联的特质。"⑤

正是"建立者"为群体成员准备了必要的社会资源和架构,以便他们能够接收到"情境启示",接收到那把他们聚焦在一起并把他们塑造成一个真实会社的"理念"。在这个意义上,"建立者"就是会社的中心,是会社存在的关键要素。阿弗隆写道:

> 一个会社可以在启示的瞬间形成,但是那个瞬间得以形成的关键又在于由位于会社之中心的那个人为团体建立适当情境的努力……启示的意义就在于它是经过漫长准备的,而且是由活的个人而不是超越的神所准备的。⑥

布伯于 1938 年在耶路撒冷希伯来大学所作的题为"人是什么?"的演讲印证了上述观点:

> 当一个重要的领袖去世时,他那些真正的追随者之间就会形成一个更紧密的联盟。所有的阻碍和困难都会放在一边,他们之间会体现出一种令人惊叹的结合。另一个短暂的形式则表现为,当面对不可避免的大灾难时,会社中真正的英雄就会在自身中将众人团结起来,他力阻一切闲谈和抱怨,而是让每个人都向他人敞开自身,在那时每个人都将在一个短暂的共同生命中期待克服死亡的共同

⑤ D. Avnon, "The Living Center of Martin Buber's Political Theory," in *Political Theory*, vol. 21, no. 1(1993), pp. 55 - 77.

⑥ D. Avnon, *Martin Buber: The hidden dialogue*, p. 156.

力量。⑦

　　笔者注意到阿弗隆的论证基于这样一个观点：会社必须在实际关联的情境中、在现实中得到发展。这就是说，布伯在其著作中所描绘的不是某种人们只能期待的理想会社，而是在世界中现实存在的会社。这一点在布伯的论著中有诸多可信的证据。例如，他把自己的哲学理解成"在本质上是人类学的"。⑧　对布伯而言，任何哲学探究都必须回应如下问题，"人是什么?"以及"人类如何在世界中生存?"这就是说，布伯主要关注于理解人类的生存处境及其与实在的关联，而这就是、也应该是哲学的根本。这种"哲学人类学的进路"使得布伯与克尔凯郭尔、萨特一道成为存在主义哲学阵营中的一员。⑨

　　然而，布伯的"中心"面临着需要持续不断更新和巩固的问题。这个问题首先由门德斯提出：一个群体与"中心"的关系必须持续地更新，否则群体成员之间的关系将会衰变成"我-它"关系，并且会社将不复存在。⑩　布伯本人也意识到这个问题，他说："会社的实现就像任何理念的实现一样不是一劳永逸的：它必定只是对一时问题的暂时解决。"⑪只要群体成员之间以及成员与"中心"、"建构者"之间具有"我-你"关系，那么我们就能够谈论会社，但是一旦"我-你"关系衰变成"我-它"关系，那么会社就将灭亡。诚如布伯所说：

　　　　伟大相遇的时刻并不只是黑夜中划过一道闪电，而更像明月在一个布满星空的夜晚的冉冉升起。因此空间稳定性的真实保证在

⑦　M. Buber, "What is Man?" in *Between man and man* (London: Routledge, 2004), p. 209.

⑧　M. Buber, *Meetings*, ed. and trans., Mendes-Flohr(La Salle, Ill: Open Court Publishing, 1967), p. 693.

⑨　对此可参见 D. Murphy, *Martin Buber' philosophy of education* (Blackrock, Co. Dublin: Irish Academic Press, 1988), pp. 41 - 63。

⑩　Mendes-Flohr, "Martin Buber's concept of the center and social renewal," in *Jewish Journal of Sociology*, vol. 18, no. 2 (June; 1976), pp. 19 - 25.

⑪　M. Buber, *Paths of Utopia* (Boston: Beacon Press, 1949), p. 134.

于人们与真实的你的关联，在于那将所有的"我-点"引向中心并从而创造出一个圆的半径。不是外围，不是会社，而是那作为与中心的共同关联的半径首先产生。只有它确保了会社的真实存在。⑫

当然，我们需要注意，与这个问题相关的不是会社的基础，而是其持续性问题。

二、谁是"建立者"？

按照阿弗隆的论证，会社是由"活的、积极的中心"、"建立者"所创建的，正是他使得自身与群体之间，以及群体成员之间的"我-你"关系得以建立起来。正是"建立者"为群体成员接收那使得他们能够成为会社的"情境启示"准备了社会资源和框架。这必然引导人们思考一个问题：谁是这些"建立者"，谁是会社的"中心"？阿弗隆利用了布伯的神学论著来分析这个问题，⑬他认为布伯提出了五种领袖类型。"祖先"（patriarch，如亚伯拉罕）能够与永恒的你，即上帝，保持直接和紧密的关联，他的使命就是创造一个民族。"领袖"（如摩西）的使命在于建立一个国家，一个历史的实体。"法官"（如底波拉）则对混乱时代作出反应，即当群体成员感到分离于永恒的你，即上帝时，"建构者"就需要及时出现以便持续更新"情境启示"。第四种类型是"国王"（如大卫），他出于历史统治的目的而产生，不过这引发了一个困难：一方面，"国王"是弥赛亚（被选定的），并因此在人民与永恒的你之间建立了直接关联；然而另一方面，君主政体意味着"世袭的接替，它不保证继任者有资格胜任那原初的选定"。第五种类型是"预言者"⑭（如撒母耳），他源于由君主政体所引发的困难，并对那些执政者以及支撑他们的权力机构提出挑战。

从表面来看，对领袖的上述分析由于其纯神学兴趣而与现代社会无

---

⑫　M. Buber, *I and Thou*, p. 163.

⑬　D. Avnon, *Martin Buber: The hidden dialogue*, pp. 88 – 94.

⑭　Ibid. , p. 92.

关。然而,事实并非如此。布伯认为那些圣经中的领袖"是对话人物的原型,是将其全部存在奉献给以罗欣(Elohim,指希伯来语中的神)与世界之间对话并在此对话过程中坚定不移的人的原型"。⑮ 从这可以看出所有那些不同的领袖类型实际上构成了"建立者"、对话领袖,或者说会社之"中心"的不同方面。那些所有不同领袖对于人民所施加的影响就在于使得人民之间具有"我-你"关系,在于通过"情境启示"把人民与永恒的你关联起来,最终在于建立起会社。在这个意义上,布伯对领袖类型的上述描述是极有价值的,它很容易适应我们当前时代,适用于当今的"对话性领袖",适用于那些有资格作为会社之"中心"的人。

根据布伯的哲学,当代"对话性领袖"的一个明显例子是 Zaddik(在希伯来语中是"正直的、敬虔的人"的意思)。阿弗隆对布伯哲学的这方面作出了如下评论:

> Zaddik 与哈西德教徒之间为了实现更高存在层次的共同愿望而展开的对话确保了布伯的 zaddik 形象具有内在的社会性维度。这个会社中成员之间的对话与每个成员和以罗欣之间的对话以辩证的方式结合在一起。为了发现深层的自我,人们需要进入有意义、有目的的人类关联之中。为了能够进入这样的人类关联,人们需要走进由上帝的理念所表现的更伟大的实在。布伯的 zaddik 以一种具体的方式展现了如何在会社中施展交互性关联,他是这个会社中心的典范。⑯

哈西德社会⑰对于布伯而言构成真正会社的典范。在《哈西德派的传说》中,布伯认为,"哈西德主义的一个原则在于 zaddik 与人民之间相

---

⑮ M. Buber, "Leardership in the Bible," in Darko Shel, *Mikrah* (*The way of the scripture*) (Jerusalem: Bialik, 1978), p. 148.

⑯ D. Avnon, *Martin Buber: The hidden dialogue*, p. 165.

⑰ 哈西德教派是 18 世纪后半叶在东欧产生的一种流行的宗教运动。它在 19 和 20 世纪开始向其他地区扩展,特别是在巴勒斯坦和美国占有一席之地。它主要关注共同的团体生活,有魅力的领导模式,"出神","群体的狂热"等。

互依赖……教师帮助他的学徒发现自我，而在困境之时学生又帮助教师重新找到自己。"⑱于是，zaddik 就是这个会社中"活的、积极的中心"，他是这个会社的"建立者"，因为正是他使得他自己与他的哈西德教派成员之间，以及成员相互之间的"我-你"关系成为可能。而且通过这种"我-你"关系，zaddik 借助"情境启示"进一步使得与"永恒的你"的对话成为可能，从而使得这个会社中的生命充满意义。因而，我们可以认为真实会社的领袖、"建立者"具有深层的精神维度，因为正是他把会社成员与"永恒的你"关联起来。

然而，笔者认为真实会社如何维持的问题即使在这种典范的哈西德会社中依然存在，因为一旦那个作为奠基者的拉比 zaddik 去世，那个会社的领导权一般会传给其儿子。这就在哈西德教派中产生了世袭的更替，并把 zaddik 转变成一个类似于国王的领袖，其问题在于它无法保证那些继承其领袖位置的人在事实上能够胜任其职责，并成为会社的"建立者"和"中心"。因而哈西德会社也一直面临着解体的危险，其连续性将总是依赖于"建立者"的成功更新。

三、一种解决方案：Limmudin

如果人们能够解决"建立者"的更新问题，那么会社就能够得到维持，在阿弗隆对布伯思想的神学解读中可以找到此问题的一种解决方案。

在《预言的信仰》中，布伯认为在书写的历史（recorded history）背后还有一个隐藏的历史（hidden history），后者由一群被拣选的个体，即 Limmudin（在希伯来语中是"学生"的含义）所经验，他们与永恒的你，即上帝之间有一种隐藏的对话。阿弗隆注意到，布伯的观点基于《以赛亚书》中的一段话："你要卷起律法书，在我门徒中间封住训诲。"（赛 8：16）显然，这是由于人类整体并没有准备好去追随"永恒的你"，或者与他发生持久的对话。因此，Limmudin 就成为与"永恒的你"发生关联并

---

⑱ M. Buber, *Tales of the Hasidim*: *The Early masters* (New York: Schocken, 1975), p.8.

对其敏感的隐秘的领袖,他们引导人类摆脱"阴影"(shadows)。[19] 与此相关,布伯在《在历史之中》为其上述对历史的分类作了更详细的描述。在书写的历史中,历史是"从上面来看的"。[20] 在此,人类的活动和行为是根据在为争夺政治权力的争斗和战争中的成败来衡量的——这种成功以及掌权的根源在于一个更高的外部来源,如上帝。因此书写的历史仅仅记录那些个人与群体为谁将与那个更高的外部来源建立联系而争斗的事件,它对获得实在和人类本质的理解毫无兴趣。与之相对,在隐藏的历史中,历史是"从下面来看的"。在此,所有事件被看作人类与更高外部来源之间互动的产物。这意味着书写的历史过于狭隘,它是一种对历史的还原主义描述,因为它仅仅关注于那些掌权者。相反,隐藏的历史则把历史看作人类整体与更高的来源、与"永恒的你"之间持续对话的结果。

这种类似于两面神雅努斯(Janus,罗马的天门神)的历史理解对于"建立者"的出现具有重要意义,正如阿弗隆所说:

> 这种理解构成了布伯关于"那处于伟大社会开端处,处于人类历史伟大转折处的强大启示"之讨论的基础。这种历史时刻的领袖主要不是政治领袖,而是伟大的、独一无二的奠基者,他们建立了人类能够在其中更充分地认识自我的那些生活方式……希腊(哲学家的时代),以色列(晚期先知的时代),中国(孔子与老子),印度(摩诃婆罗多),波斯(琐罗亚斯德)——都经历了伟大的本体论上的革命,它转变了人类关于如何与自身以及如何与存在相关联的概念。[21]

会社如何维系的问题大概能够通过 Limmudin 圈来解决,这是因为 Limmudin 擅长激发"我—你"关系以及与"永恒的你"的关联,因此他们

---

[19] 参见 D. Avnon, *Martin Buber: The hidden dialogue*, pp. 90 – 91。

[20] M. Buber, "In the midst of history," in *Israel and the World: Essays in a time of crisis* (New York: Schocken, 1963), pp. 78 – 82.

[21] D. Avnon, *Martin Buber: The hidden dialogue*, pp. 100 – 101.

总是有能力产生会社中新的"建立者"。只有当这个 Limmudin 圈被破坏时，会社的维系才成为问题。阿弗隆的这种神学解释的确非常忠实于布伯的著作。然而，这毕竟是一种秘传（esoteric）的解释，如果我们考虑到布伯把他自己的哲学理解成"人类学的"，理解成与现实相关的，那么这种秘传解释就不能完全令人满意。我们将会期待布伯的观点也能够应用于普通人群和一般社会团体，而不只是人类的伟大领袖，或者说，它不仅适用于那些"启蒙的学生"、Limmudin，而且适用于 Limmudin 所负责开创的文明。

四、另一种解决方案：教师作为"建立者"以及教学作为"启示"

为此，我将提出另一种与教育有重要关联的解释，它是根据布伯的"人类学的哲学"来设想的。"人类学的哲学"与教育领域之间有很强的关联，因为"人的意义的问题也是一个教育学问题。无论是成人教育还是青年教育，或者任何其他'新手'教育，都是对其生活的介入，人们认为这种介入将会使其生活变得更好、更完善、更具人性"。[22]

在笔者看来，教师就是"建立者"，而教学就是一种"情境启示"，这种观点反过来可以解决"建立者"的更新和会社的维系问题。而且这种观点挑战了当代关于教师和教学的流行观点。比斯塔（G. J. J. Biesta）在其《接受教学的礼物：从"从何处学"到"由谁教"的转变》中已经对教师和教学的本质作了出色的探讨，下面我将借鉴他的分析来为我的观点作辩护。

比斯塔注意到当今西方教育界有一种从教学到学习的范式转变，即所谓的"学习化"（learnification）过程，它促进了这种思想：教学应该主要关注于创造丰富的学习环境，为学生学习提供足够的资源和平台。这

---

[22] G. J. J. Biesta, "Pedagogy with empty hands: Levinas, education, and the question of being human," in ed. Denise Egea-Kuehne, *Levinas and education: At the intersection of faith and reason* (Abingdon, Oxon: Routledge, 2008), p. 198.

种"学习化"的过程也攻击了那种认为"教师有其所教的东西,而学生有其所学的东西"的观点。㉓ "建构主义"(constructivism)以及像皮亚杰、维果茨基以及布鲁纳等教育学家对这场范式转变的影响是显而易见的。但是这种流行的观点并非没有问题,因为按照定义,教师就是那要把知识传授给学生的人,而不仅仅是学习过程的促进者。

这其实是一个可以追溯到柏拉图《美诺篇》的古老争论。在这篇对话中,柏拉图讨论了认识论难题以及教与学的悖论。换句话说,该对话的中心问题在于:一个人如何学习其完全不知道的东西?当一个人对某物一无所知时,他如何能够确定他正在学习、探究它?㉔ 苏格拉底通过把学习看作一种"回忆",把教学看作一种把心灵中已经存在的东西重新唤醒的过程来解决上述问题。这预示了现代教育学的建构主义观点。

然而,现在有学者注意到建构主义教育理念存在的问题,这主要表现在它由于认为"学习只是包含在自我中的内容的恢复,而不是在社交中由他者所激发的对自我的扬弃",㉕因而忽视了"他者的重要性"。在《整体与无限》中,列维纳斯就此评论道:

> 在对话中与他者交往就是要倾听他人那承载着其思想的语言。因而它会从他者那里接受那超出自我能力范围以外的内容,而这就意味着朝向无限。但这也意味着受教。与他者的关系,或者说对话,是一种非厌恶(non-allergic)的关系。但就对话受人欢迎而言,它也就是教育。教育不能还原成助产术;它源自外部并给予我超越我自身中所包含的东西。在其非强制性的传递中,知识之顿悟才得以

㉓ G. J. J. Biesta, *Good education in an age of measurement: Ethics, politics and democracy* (Boulder, CO: Paradigm Publishers, 2010), p. 451.

㉔ 参见比斯塔的分析,G. J. J. Biesta, "Receiving the gift of teaching: From 'learning from' to 'being taught by'," in *Studies in Philosophy and Education*, vol. 32, no. 5 (2013), pp. 449 – 461。

㉕ S. Todd, *Learning from the other* (Albany: Sunny Press, 2003), p. 30.

产生。㉖

建构主义的教育学把学习的焦点转向个人，虽然它强调了学习环境的重要性，但是它忽视了教学以及与他者相遇在自我意识的培养以及获得关于实在之知识方面的重要性。这无疑是不对的，因为自我意识的获得恰恰源于认识到那个既像自我又不同于自我的他人的存在，而理性之运用的前提就在于"思想的粮食"，即开启理性的刺激。这种关于与实在和他者相遇之重要性的更深层的哲学论证体现在康德的重要著作《纯粹理性批判》和《实践理性批判》中。它也是后康德的唯心主义哲学的主要论题（例如费希特的《知识学》和黑格尔的《法哲学》），最后它又重现在 20 世纪布伯和列维纳斯的论著中。然而，这种对建构主义和"学习化"的哲学挑战被当代的教育实践和政策广泛地忽视了，当代西方教育理念要么很少关注它，要么仅仅把"关系"或者"与他者的相遇"看作教育中无关紧要的副产品。

如果"与他者的相遇"确实对于教育而言具有根本性意义，那么人们必然会追问这里的"他者"仅仅是不同于自我的他人，还是更深层的实在或存在本身？列维纳斯和克尔凯郭尔在他们的著作中对这个问题都有所讨论，并都认为"他者"具有超越具体之人的神圣含义。比斯塔发现，"列维纳斯坚持认为邻人是在我与上帝之间的居间者，而克尔凯郭尔则认为上帝是我与邻人之间的居间者。"㉗在这一点上，笔者发现布伯与二者都有所不同。布伯认为当人们通过"我—你"关系而与他人发生联系时，他同时也取得了与"永恒的你"即上帝的联系。这就是说，对于布伯而言，他者并非自我与上帝之间的居间者，而上帝也并非自我与他者之间的居间者；而是说，当人们把他者作为"你"来关联时，人们同时也就与上帝取得了关联。如布伯所说："在每一个你中，我都在与'永恒

㉖ E. Levinas, *Totality and infinity: An essay on exteriority* (Pittsburgh: Duquesne University Press, 1969), p. 51.

㉗ G. J. J. Biesta, "Receiving the gift of teaching: From 'learning from' to 'being taught by'," in *Studies in Philosophy and Education*, vol. 32, no. 5(2013), pp. 449 – 461.

的你'相关联。"㉘

不过,这对于教育学有何意义?"列维纳斯认为苏格拉底式的教学受到'同一性原则'的约束,即是说'它不接受他者中的任何事物,而只接受自我中的事物,就好像我在永恒中就具有从外部传达到我之中的事物',相反他主张与他者的关联意味着接受那'超越我的能力范围之外'的事物,'去拥有无限的理念','去受教'。"㉙同样,克尔凯郭尔把教学理解成"双重的真理赋予",因为"教师不仅需要授予学生以真理,而且也需要给其'认其为真的条件',这是因为'如果学生自身就是真理理解的条件,那么他只需要回忆'"。㉚ 这种对建构主义的批判使得列维纳斯和克尔凯郭尔把教学构想为一种启示。对教学的这种理解意味着"从某人那学习是一种与被某人教授完全不同的经验",因为被教授就是去接受"关于自我以及我们的行动和存在方式的洞见;这是一种我们没有意识到或者根本不愿意意识的洞见"。㉛ 但是这些作为"教学的礼物"的洞见并不会持续地、稳定地产生,而只是零星地出现,它同时超出了教师和学生的控制范围。最终,这意味着教师并不只是一种职业称谓,而是表明他确实把某物教授给某人,表明他已经给学生启示了某物,表明学生已经获得了关于他们自身以及实在的某种洞见。㉜

根据我们之前对布伯哲学的讨论,笔者认为布伯实际上也把教学理解成一种启示,一种"情境启示",并把教师理解成教学团体的"建立者"。下面我们将更详细地讨论这一点。布伯在 1939 年召开的全国教师大会上讲了这样一段话:

> 真正的教育在本质上是人格教育。因为真正的教育者并不仅仅关心学生的个别能力,例如仅仅教会他认识或掌握特定的具体事

㉘ M. Buber, *I and Thou*, p. 14.

㉙ G. J. J. Biesta, "Receiving the gift of teaching: From 'learning from' to 'being taught by'," pp. 449 – 461.

㉚ Ibid.

㉛ Ibid.

㉜ Ibid.

物;相反他关注的始终是作为整体的人,既关注此时此刻站在他面前的现实的人,也关注他将来所具有的可能性。㉝

在这段话中,布伯强调了教育中"育人"(Bildung)与更为专业性的"培训"(Erziehung)之间的区别。在德语中,Erziehung 主要指为获得某种技能而展开的专业教导,而 Bildung 则主要指人格培育。布伯认为 Erziehung 是相对比较简单的工作,因为它只要求教会学生完成某种任务,而 Bildung 作为对人的伦理人格的培养则是比较困难的。当代有不少教育学者忽视了这两方面的交互性和相互依赖性,他们往往只注重其中一种而忽略了另一种。布伯当然也意识到这个问题,他认为这两种教育之间有一种张力:

> 我尝试告诉我的学生,嫉妒是可鄙的,然而我很快就感受到来自那些更贫穷的学生的秘密抵抗。我想说明欺负弱者是邪恶的,但我立即能发现强者眼角强忍的诡笑。我还想说欺骗将会对生活造成伤害,但可怕的事很快发生了:这个班级里最擅长撒谎的学生竟然写了一篇关于欺骗之危害的出色论文。我在伦理学教学中犯了致命的错误,我所说的一切被当作流俗的知识来接受;它们并没有转变成真正的人格培育。㉞

于是,布伯在谈论 Erziehung 和 Bildung 的张力过程中实际上暗示了对于教育来说根本性的东西,即教学活动必须在根本上向学生启示那为学生所隐藏的他者。这种把教学理解为启示、"情境启示"的观点使得布伯与他之前的克尔凯郭尔以及之后的列维纳斯一道成为反建构主义阵营中的一员。值得注意的是,这里的启示并不只在 Erziehung 层面上,而且也在 Bildung 层面上发生。笔者注意到,布伯其实早在 1925 年的

㉝ M. Buber, "The education of character," in *Between man and man* (London: Routledge & Kegan Paul, 1947), p.132.

㉞ Ibid., p.133.

《关于教育的演讲》一文中就已经把教学看作"情境启示"。在那里布伯写道,在真正的教育中,"学生只有当他已经在其学业生涯中作出了艰苦跋涉,只有当他已经学会了对形式和有教养者表达敬畏时,他才获得了领会。"⑤

　　不过,对于布伯来说教育并不只是对未知的启示,而且也是一种精神追求。当人们获得了一种启示时,他必然会被激发向某个特定方向迈进,并改变他的生活以及他所在的世界。从神学上讲,启示也是一种呼召(calling)。当教师通过作为启示的教育向学生提供关于实在的信息(Erziehung)并激励他们的批判性思维(Bildung)时,他同时也是在激发学生去完善这个世界。这意味着教师向学生提供了这种洞见,即他们的行为寓于世界之中,而世界也寓于他们的行动之中。⑥ 这种"完善世界"的观念在犹太教中是极其重要的,它正是希伯来语 tikkun olam(即"世界修复"的意思)所传达的意思,它表示对世界的物质、社会和精神各个层面的促进。于是,作为启示的教学并不只是对个体产生积极影响,而且它还激励个体去改善他所处的社会和世界。我们可以说,社会和政治的促进既高度依赖于由个体所施加的"由下而上"的影响,又依赖于那影响个体的"由上而下"的教育冒险。我们需要正确的、合适的教师—"建立者",需要那能引导"情境启示"的教学(由上而下),而这反过来将激发个体去改善世界(由下而上)。这种对社会政治变革的理解表明教育的重要性和复杂性,以及教育与社会发展的交互关联性。

　　布伯关于作为启示的教学的另一个重要方面在于他认为教师与学生之间的理想关系并非从教师到学生的单向维度;相反,它是基于相互依赖的双向维度。在《哈西德派的传说》中布伯写道:"教师帮助他的学徒发现自我,而在困境之时学生又帮助教师重新找回自己。"⑦这表明人们不能低估教学活动对教师本人的影响,这是因为学生对于教师而言也

---

⑤　M. Buber, "The address on education," p. 115.

⑥　参见 H. Gordon, "An approach to Martin Buber's educational writings," in *Journal of Jewish Studies*, vol. 29, no. 1 (1978), pp. 85 – 97。

⑦　M. Buber, *Tales of the Hasidim: The Early Masters* (New York: Schocken, 1975), p. 8.

是他者。于是,教学就不只是对学生的启示,也是对教师的启示,教师在教学过程中将会对自身和实在获得一种新的认识。这也意味着呼召不只是针对学生,而且也针对教师,教师必须意识到其职业的严肃性、重要性,意识到他也承担着"完善世界"的任务。

但是,如果教学对于布伯而言是一种启示,那么这是否必然意味着教师应该被设想为教学团体的"建立者"呢? 笔者认为回答是肯定的,因为只有"建立者"能够发挥"情境启示"的引导作用。正是"建立者"为学生群体准备好了他们为接受"情境启示"所必需的社会资源和架构,或者说,正是"建立者"使得学生群体凝聚成一个类似于宗教会社的团体。"会社的活的中心,即会社的建立者就在社会中建立了那构成'之间'关联的特质。"[38]这意味着如果没有"教师-建立者",那么学生群体将不可能进入到彼此之间的"我-你"关联中,而只能陷入"我-它"关联的泥沼。这对于 Bildung、对于学生达成对自身作为伦理存在的重要性的理解是非常关键的。如果没有"教师-建立者",那么学生将至多接受一种职业教育,一种 Erziehung,他们虽然能够获得世界的诸多信息,但他们无法意识到它们的伦理意义,无法意识到他们的行为寓于世界之中,而世界也寓于他们的行动之中。而这就是"教师-建立者"以及对话关系之于教育和社会的重要性。

然而,把教师理解成教学团体的"建立者",当然也就必然把他理解成该团体的领导者,但这并不总是那么容易为人所接受。这种不满在很大程度上缘于"领导"这个概念所可能蕴含的负面含义。值得注意的是,布伯在其作品中从未使用 Führer,而是用 Baumeister 来意指"活的中心"。这是值得分析的非常重要的一点。在其漫长的一生中,布伯经历了数次世界的剧烈革命(如两次世界大战)。他把墨索里尼和希特勒看作极度危险的领导者,因为他们"把他们的规则建立在如何操纵内在于现代国家中心结构中最大政治力量的能力之上",而且他们"完全沉溺

---

[38] D. Avnon, "The Living Center of Martin Buber's Political Theory," in *Political Theory*, vol. 21, no. 1 (1993), pp. 55 – 77.

于获取权力的政治目的之中",㊉这使得他们成为自我主义者,并无法与"永恒的你"建立联系,无法接受"情境启示"。这是对德语词 Führer 的一种独特诠释。而且,由 Führer 所聚集起来的群众只是一种沉陷在"我-它"关系之中的"假会社",它对他者予以对象化,从而无法与他者建立起"我-你"关系,即无法与他者展开富有意义的、交互的对话。Führer 及其所领导的人民由于无法与"永恒的你"建立起关联,无法面对时代的挑战而接受"情境启示",因此只能成为一种错误的实体,一种无法与他者相连的实体,一种总是作出不道德行为的实体。这也是另一位犹太人艾瑞克·弗洛姆(Erik Fromm)在其著名的《为自己的人》中提出的观点。在那里,他认为个体的人格由于如此地与 Führer 关联在一起,以至于他的内在声音、他的良心持续地被领导的声音所覆盖。这也意味着他们别无选择而只能听从领导,也就是说对领导的顺从成为最高的善。于是,他们放弃了自己本应具有的批判、分析和反对领导的权利。一个具体例子是德国的纽伦堡审判(1945 - 1946)以及随后以色列的艾希曼审判(1961 - 1962),在那里被告宣称"我们只是在执行命令"。这种情况根源于"邪恶的领导",他只把"那些顺从他的人看作达成他自己目的和财富的手段"。㊉ 因而,Führer 与 Baumeister **完全**相对立,后者寻求建立会社,力求成为启示的引导者,力求与"永恒的你"建立关联。

最后,我们回到会社如何维系的问题。笔者认为,把教师理解成"建立者"以及把教学理解成启示,将帮助我们更好地解决该问题。这是因为那些在植根于个体之间对话关系(例如教师与学生之间,以及学生与学生之间)的传统中接受教育的人们将必然会对他人的影响开放,也必然愿意与他人共同解决问题。同样,我们有理由认为那些在这个传统中受教的人将具有那种被已经建立的会社选举为未来新"建立者"的潜质,这样就能确保会社的延续。一种高度重视关系的教育过程实际

㊉ 转引自 G. J. J. Biesta, "Receiving the gift of teaching: From 'learning from' to 'being taught by'," pp. 449 - 461。

㊉ E. Fromm, *Man for Himself* (New York: Rineart, 1947), p. 112.

上已经种下了未来新"建立者"的种子。否则，对话关系以及真正的会社将很难产生，这样的社会将只能把对他者的对象化作为其内在的原则。

五、总　结

一方面，布伯的教育理论以对话关系作为基石，它要求人们以一种开放的、无预设的姿态去接受他者的差异和独特性；另一方面，布伯在教育方面的实践工作进一步体现了他的教育理论。他曾在位于法兰克福的、由他本人设计和管理的犹太成人教育中心工作多年。这个机构为德国的犹太人提供教育，因为当时德国纳粹分子禁止德国境内所有的犹太人工作和接受教育。布伯认为该机构应该成为犹太社区的"安全避难所"，成为犹太人民可以重获尊严，可以抵制纳粹把犹太人描述为"低等人"，可以塑造成伦理的、相互支撑的真正会社的场所。在那里，教师们受到良好训练，他们在那段人类历史的黑暗岁月中为建立和维系真正的会社起到了根本性作用。若干年后，布伯又在耶路撒冷的为成人教育服务的教师培训大学任职（Beit Hamidrash Lemorey Am），这是一所他本人于1949年参与创建的旨在接纳那些在欧洲和阿拉伯地区逃避迫害的幸存者的学校。在这样设计的机构中工作的教师要求接受三种品质，即"社交、信任和凝聚"，而且他们不仅要求在理论上领会其含义，更要求在工作中践行它。这就是说，"他们自身必须进入真实的对话，必须在其居所中以小规模的方式学习，必须与他们的教育者保持生活上的密切接触。"[41]因此，布伯在实践中就体现了教师作为"建立者"的理念。对布伯而言，教育者在建立会社（不仅是学生的会社，而且指更大的会社）的过程中扮演了根本的作用。

最后，我们对之前的论证作简要的总结。本文根据布伯哲学批判了建构主义和"学习化"理念，并提出了把教师和教学分别看作"建立者"和"情境启示"的观点，同时也强调了"我-你"关系在教育过程中的重要

---

[41] I. A. B. Yosef, *Martin Buber and adult education* (Tel Aviv: Rotem Publishers, 1985), p.121.

性。笔者认为,"教师-建立者"如果想要在当前的西方教育环境中出现和繁荣,那么就应该转变当前的教育理念,应该把关注点转移到"关系"以及与他者相遇的重要性,而这就意味着"从与'从何处学'的经验根本不同的'受教'的经验视角来处理教学问题"。㊷ 这要求我们抵制那种把教师仅仅看作在课堂中使得学习过程更简便的学习促进者的建构主义观点。换句话说,我们需要把教学的任务重新归还给教师,以便他们能够处理和解答这个时代令人困惑不安的难题,能够加强民主的价值和巩固社会,教师所具有的这种公共职责理应得到承认。这种新的范式转变将促进更多"教师-建立者"的产生,并为把教学看作"情境启示"提供保障。但是这也意味着我们还应该把教学归还给学生。学生不能仅仅把自己看作教育产业中的每一个要求都必须得到满足的消费者。相反,他们必须对未知敞开,必须同样面临和思考这个时代的难题,而这最终意味着他们应该愿意去"受教",愿意接受"情境启示"。笔者认为,这场范式转变不仅应该在中小学,而且也应该在大学中展开,各个层次的教育机构都应该重新思考它们存在的真实意义,都应该设想其作为教学和启示,而不只是学习场所的可能性和必要性。

㊷ G. J. J. Biesta, "Receiving the gift of teaching: From 'learning from' to 'being taught by'," pp. 449 - 461.

试析齐齐乌拉斯的位格本体论
及其神观和人观的革新

姜廷翠

【内容提要】 不同于西方自奥古斯丁传统的神学进路,齐齐乌拉斯位格本体论开辟了神学研究的新路径。"位格"一词在神学历史上并没有得到足够的重视,它是借着三一神学的讨论而成为本体论的范畴。位格本体论是20世纪复兴三一论神学的一部分。齐齐乌拉斯将位格运用到人的存在,这将对人的理解从个人主义的模式转向一种关系的模式。它关注了"人如何存在"的问题,而不是"人是什么"的问题。上帝三位格在爱的关系中的存在模式将为社会群体关系提供本体论基础。

【关键词】 位格 本质 存在模式

约翰·齐齐乌拉斯(John Zizioulas, 1931 -)是现代著名的东正教神学家,在1985年以英文出版的知名著作《交通中的存在:位格和教会的研究》被视为上个世纪后半叶神学界最有意义的东正教神学作品。[①]齐齐乌拉斯采用的神学进路显然不同于传统西方神学的本质主义,他的神学以"位格本体论"著称,他从本体论维度宣扬了上帝和人作为位格的存在。本文是对他的位格概念的来源以及神观和人观的简要探讨。

---

① John Zizioulas, *Being as Communion: Studies in Personhood and the Church* (Crestwood, NY: St. Vladimirs Seminary Press, 1985).

一、位格的原初涵义

"位格"（person）一词在西方从特尔图良进入神学术语，表示三位一体的三位格，大致是通过希坡律陀介绍到东方。"位格"一词的含义在神学的历史发展中极端复杂而且非常模糊，并且没受到足够的重视。②现在作一简要分析。

"原初位格"（prosopon）这个词在希腊思想中有"生理学"（anatomically）方面的含义，被理解为头的一部分，即在头盖之下；或者在剧院作为演员的面具。演员的面具包含两方面的含义：人遭受着命运或宇宙论秩序必然性的压抑，在面具中一个人奋斗着去反对和谐的统一性，他最终逃不过命运；另一个是相同的人在面具中成为一个"位格"，他作为独特的不能重复的实体，痛苦地品尝一种短暂自由的滋味。位格悲剧地联系到面具；在希腊哲学的意义上，位格并不意味着本性或实体。换句话说，作为面具的位格不是本体论的范畴。③

在古罗马思想中，从一个词源学的角度，"位格"的起源大致可以追溯到伊特鲁里亚的词"面具"（Etruscan word phersu）这一概念，这联系到仪式和剧院的面具。

除了剧院的面具，位格作为一个范畴还有更多社会学的含义：位格是人在社会和法律关系中扮演的角色。道德或法律意义上的位格，无论是集体的还是个体的，都与位格本体论没有关系。④ 罗马的"位格"将他的自由从属于有组织的整体，个体只是一种手段，一种可能性，品尝自由或肯定个人的身份。⑤

总之，表示个体身份的位格概念在希腊和罗马思想中不是一个本体论的范畴。"本体"（hypostasis）一词联系到概念"本质"（ousia）或"实

---

② Ibid. , p. 38.

③ Ibid. , p. 32.

④ Ibid. , p. 34.

⑤ Ibid. , pp. 27 – 49.

体"（substance）。拉丁词"实体"可从字面上翻译为希腊文的"本体"。这在起初几个世纪的基督教界被认可。齐齐乌拉斯引用亚塔纳修给埃及和利比亚主教的信，信中将这两个概念等同："本体是本质，除了作为自身的存在，没有其他的含义……因为本体和本质是实在。"⑥另一个论据是公元362年亚历山大会议的信，这是指向尼西亚，惩戒那些公开表示圣子是另一个本体或本质的人。⑦

位格这一概念所带来的难题在三一神学中显示出来。齐齐乌拉斯说："恰恰本质与本体的等同，如此广泛地在起初几个基督教世纪中扩散，在第四世纪涉及三位一体时，这创造了所有的难题和争端。"⑧因此，存在着本体论革命的必要性。

二、本体论的革命

1. 亚塔纳修在本体论上的革命

亚流的危机迫使教会为圣子和圣灵的身份寻求更大的清晰度：逻各斯或圣子是神圣的还是受造的一部分？

首先，亚塔纳修在实体和意志之间做出了清晰的分别。圣子的存在属于上帝的本质，然而世界的存在属于上帝的意志。这清楚地表明圣子的存在与世界和上帝的关系不是同类的。⑨这个区别被运用到与亚流的辩论中，这突破了希腊哲学中上帝和世界本体论的亲缘关系。⑩

其次，齐齐乌拉斯认为亚塔纳修发展了本质观点的一个关系性特征。说圣子从父上帝的本质而出意味着本质拥有关系的特征。⑪父通过定义是一个关系的术语，因为没有子的父是无法想象的。显然，亚塔纳修所用的本质的观点是非希腊的。在斯多亚和亚里士多德的哲学中，

---

⑥ Ibid. , p. 36, note 23.

⑦ Ibid. , p. 36.

⑧ Ibid.

⑨ Ibid. , p. 85.

⑩ Ibid. , p. 84.

⑪ Ibid.

实体不是在关系中构成,而是在自身中存在,关系只是一个相对的概念。因此,对希腊的实体观而言,亚塔纳修的思想涉及一个革命性的改变。这意味着上帝作为实体存在的终极特征只能在交通中被设想。[12]齐齐乌拉斯宣称:"这是朝向建立在圣经前提的本体论上的一个进步,这也是疏离基督教希腊化的决定性的一步。"[13]但是,齐齐乌拉斯说这关系的神圣实体并没有被进一步概念化,在这个本体论内部,亚塔纳修留下了一些基本的难题没有回答。问题之一涉及上帝的存在:"亚塔纳修在本质和意志之间作出区分时,证明本体论的相异是一个不可避免的结果。但是他没有显示在何种程度上在一个实体之内,内在的交通意味着相异的存在是在一个本体论的层面上。[14]也就是说需要一个表达三位格相异的范畴。在亚塔纳修的时代,本质和本体是同义词。如果本质等同于本体,本质不能清晰回答三的问题,因为三个本质等同于三个神。

2. 卡帕多迦教父的本体论革命

卡帕多迦教父的本体论革命是从一个概念的革命开始,除了亚流的异端,还有第3世纪开始的撒伯流主义。撒伯流主义也被称为形态论:三位一体中的位格是上帝为了创造而使用的不同角色,上帝在旧约中扮演了父的角色,在新约中扮演儿子,在我们的时代扮演圣灵,为我们在历史中采用这三个身份表现不同的功能。神学要有能力去避免撒伯流主义,就要给三位一体的每个位格一个本体性的内容。从这个努力带来了本体和位格的等同。[15]通过革新术语,使得位格与本体相等同,这是一个哲学的里程碑,一个相对希腊哲学的革命。[16]

卡帕多迦教父在本质和本体之间作了一个区别,使他们在神学中不再用作同义词:实体和本性等同,本体和位格等同。[17]拉丁词"实体"不

[12]　Ibid.

[13]　Ibid. , p. 86.

[14]　Ibid. , p. 87.

[15]　Ibid. , p. 37.

[16]　Ibid. , p. 36.

[17]　John Zizioulas, *Lectures in Christian Dogmatics* (London: T & T Clark, 2009), p. 50.

再通过希腊的"本体",而是通过"本质"来表达。从那时起,位格不再是存在的一个附属品,而是同时成为存在本身,作为一个最有意义的观点——位格成为存在的原则或原因。[18]

这是将"本体"和一个表示关系维度的具体位格合并。位格的关系维度需要与本体这个观念合并。这是一个革命性的变化:本体这个概念所指向的是最基本和不能改变的,现在与位格是同义词。于是,位格这个观念便具有了本体论的含义,不再只是一个演员能够扮演的表达某种关系的角色。[19] 但在哲学的历史上,这个问题几乎没有被提及。根据齐齐乌拉斯的说法,可能的原因是本体产生了几个细微差别,并允许了这个发展,于是概念的革命并不完全是武断的行为。[20]

卡帕多迦教父捍卫了三位一体中每个位格的本体论意义上的尊严,成功地排出了撒伯流的理解。

第一次大公会议确定子与父同质,子从父的本质而出。但是这并没有从神学上的角度说服亚流派。亚流派的影响仍然非常大,这不得不导致第二次大公会议的召开。对第二次会议有决定性影响的人物主要是纳西盎的格列高利。在他的神学演讲录中讨论亚流和尤诺米成员(Eunomians)的问题:儿子是上帝的本质还是上帝的权能?这是一个两难问题:如果教会回答说儿子是上帝的本质,它将不可能区分父和子,如果回答是权能,这将约化圣子到受造物的范围。格列高利建议了第三条道路:儿子既不是出自父的本质,也不是出自父的权能,而是从父的位格而出。

父和子是只能根据关系来描述的身份,位格是表达身份的范畴。于是,我们可以说,子是从父的位格而出。因为位格是身份而不是本质,当位格与本体成为同义词后,我们说子从父而出,也就意味着父的位格成为最终的根据。从父的位格生出一个完全不同于父的位格,被称为子。子的位格就是他的身份,或者说,子的身份就是他从父那里获得的位格

---

[18] John Zizioulas, *Being as Communion*, p. 39.

[19] John Zizioulas, *Lectures in Christian Dogmatics*, p. 51.

[20] Ibid., p. 50.

的存在。当父的位格取代本质成为最终来源,这就完成了一个本体论的革命,使神学不再依赖希腊哲学的实体本体论。

　　纳西盎的格列高利这样解决了亚流的难题:在上帝之中区分本质和位格,父作为位格的存在区别于神圣的本质,于是,断定儿子不是上帝或者与父不同质是错误的。当上帝被称为父或者非受生,他被如此称呼没有指向他的本质,而是指向他的位格。[21]

　　进一步而言,子与父的不同是起源和关系的问题,不是本质的问题,不同是用位格来表达,三个位格的本质是同一的。这样,他既维护了亚塔纳修的同质观点,又解决了亚流派因为父和子不同起源而否定父和子同质的问题。位格本体论的形成将三一神学往前推进了一步。

三、位格本体论对上帝观和人观的影响

1. 上帝观的更新

　　一些神学家认为卡帕多迦教父和奥古斯丁最终分别在东方和西方奠定了三位一体的教义。在奥古斯丁的传统中,三位一体中的"一"被解释为三个位格同等分享的一个本质。它涉及到"一个上帝"作为本体论的原初、优先于三个位格。[22] 奥古斯丁传统被中世纪的经院主义继承和发展,他们在一个本质中来理解三个位格。一个本质或实体优先于三个位格,同时一个本质也就等同于一位上帝。在这种情况下,显而易见的是:一位上帝不是等同于父上帝。从本体论的角度,如果我们将优先性赋予"一位上帝",我们就会使三位一体中的三位在逻辑上处于次要地位。[23] 波爱修和托马斯·阿奎那三一论的神哲学论题都是先讨论一个神圣的本质,然后才涉及三。因为过分哲学化,使得三位一体的教义

---

[21] John Zizioulas, *Communion and Otherness: Further Studies in Personhood and the Church* (London: T & T Clark, 2007), p.160.

[22] 奥古斯丁在他的心理学三一模式中分开内在三一和经世三一,他描述上帝的内在生命作为像一个人的记忆、智慧和意志。到阿奎那时他以经院哲学的方式将思辨神学带到了顶峰。

[23] 参见 John Zizioulas, *The One and the Many: Studies on God, Man, the Church, and the World Today*, ed. Fr. Gregory Edwards(California: Sebastian Press, 2010), p.10, note 22。

与基督徒的日常生活不相关。

一个本质主义者的上帝观会消解掉一个活生生的上帝形象。斯特德（Christopher Stead）指出"本质"一词的用法在早期基督教世界表现出比想象中更多的难题。[24] 他在《神圣实体》这本书中分析了这些难题。首先，上帝被描述为思想和第一原则：基督徒思想家在将上帝作为思想的理解方面显示了一些不确定的描述……一些早期的基督徒作家毫无保留地用了这个描述；大多数后来的作家们在特别的处境中更随意地以类比来描述上帝。[25] 第二，儿子没有终极身份："我们没有发现清晰的文献，使得在此系统中父、子和灵被描述为一位神，在当中概念性地区分了三位格，包括父。"[26]

16 世纪时，一些新教徒开始对三一论进行反思。在所谓的"反三一论的理性主义者"的影响之下，[27]一些宗教改革人士拒绝中世纪神学家和他们的继承者们所建构的思辨性的三一论。在 17 世纪和 18 世纪，在大不列颠兴起的自然神论或自然宗教是对传统三一论教义的另一个严重的挑战。[28] 他们教导一个合乎理性的基督教。在同一时代，被称为"狂热宗教"的敬虔主义和复兴运动的兴起是对自然神论的抵制。[29] 被称为现代自由主义神学之父的施莱尔马赫将基督教的本质与

---

[24] Christopher Stead, *Divine Substance* (Oxford: At the Clarendon Press, 1977), p.131.

[25] Ibid., pp.169－170.

[26] Ibid., p.249.

[27] 例如，重洗派的代表如门诺·西蒙斯（Menno Simons）和胡伯迈尔（Balthasar Hubmaier）拒绝古典的三位一体的正统教义。16 世纪时塞尔维特（Michael Servetus）和苏西尼（Faustus Socinus）这两个最有名的异端是由一个相对不同的非正统的新教群体构成——拒绝抗罗宗，反三位一体神学或者反尼西亚。参见 Roger E. Olson and Christopher A. Hall, *The Trinity* (Michigan/Cambridge: William B. Eerdmans Publishing Company, 2002), p.75。

[28] 最有影响的自然神论者是约翰·洛克、托兰德和廷德尔。其代表作如下：John Locke, *The Reasonableness of Christianity* (1695); Toland, *Christianity Not Mysterious* (1696); Matthew Tindal, *Christianity as Old as the Creation* (1730)。自然神论者或理性主义者倾向于含蓄地反尼西亚的态度，洛克的代表作《基督教的合理性》影响了自然神论的出现。英国哲学家洛克被认为是现代启蒙运动的哲学家和自然神论的奠基人之一，他影响了大不列颠和北美的教育和知识分子精英，他的思想也传到了欧洲大陆。

[29] 例如施本尔、亲岑多夫、约翰·卫斯理和爱德华兹。他们倾向于接受给定的尼（转下页）

被希腊化了的三位一体教义分开。

20 世纪对三一论的反思成为一种思潮。一种位格的、活生生的上帝而不是一种本质主义者的上帝观成为这个时代的必然。研究三一论的教义应该与作为独特的人更深的存在需求联系起来。齐齐乌拉斯指出："对三位一体上帝的信仰不是简单地接受一个关于上帝的理论命题,而是牵涉到个人在这种信仰中的存在;以三位一体的名义施洗意味着进入一种与上帝相关的存在方式。"㉚艾伯林反对抽象主义,他强调一位活的上帝:"通过'话语',我们不是意味着单独的话语。这话语,作为一个单元的语言,是一个包含着相遇的抽象概念,与原初的话语概念相对。"㉛希克批评希腊哲学家的进路:"上帝不是一个三段论的命题,或者通过头脑的抽象的观点,而是赋予受造物生命意义的现实。"㉜神学应该将抽象和具体联系起来。基督教教义不仅应该注意一般性或普遍性的存在,也应该注意到个体人的位格或单个的事物。这正酝酿着一个神学本体论的革新。

瑞士的神学家卡尔·巴特牧师复兴了三位一体教义。这种神学倾向被奥地利的天主教神学家卡尔·拉纳延伸。神学家保罗·蒂利希在新教自由主义神学的框架下解释三位一体的概念。英国的神学家霍奇森复兴圣·维克多的理查德和卡帕多迦教父的三一论的神学类比。

德国神学家莫尔特曼从在十字架上受难的上帝观发展了三一论神学,形成了与传统去人格化上帝的对话。拉美解放神学家李奥纳多·波

(接上页)西亚正统和集中在上帝和基督的经验之上。亲岑多夫是敬虔主义摩拉维亚弟兄会的领导人。他对三一教义的贡献是将三位一体类比为圣洁的家庭,圣灵为我们亲爱的母亲。爱德华兹是 18 世纪 40 年代大觉醒的领导人,也是一个有激情的加尔文主义者。他对三一论的贡献很少。他的神学集中在人的堕落、神的权威、原罪和拯救的主题上。参见 Roger E. Olson and Christopher A. Hall, *The Trinity*, pp. 80 – 88。

㉚ John Zizioulas, "The Doctrine of God the Trinity Today: Suggestions for an Ecumenical Study," in Alasdair I. C. Heron ed., *The Forgotten Trinity* (London: BBC/CCBI Inter-Church House, 1991), p. 19.

㉛ G. Ebeling, *The Nature of Faith* (Philadelphia: Fortress Press, 1961), p. 185.

㉜ John Hick, *Philosophy of Religion* (Englewood Cliffs, N. J.: Prentice-Hall, 1963), p. 61.

夫将三位一体与解放神学联系起来。他认为真正人类群体的结构应该根据三位一体位格之间的平等和互惠的视野。现代女权主义天主教神学家拉蔻格娜(Catherine LaCugna)在20世纪的最后十年,写了一本英文巨著《为我们的上帝:三位一体和基督徒的生命》,她也支持一个位格主义的转向。㉝

齐齐乌拉斯将三位一体的教义和交通中的位格本体论联结起来。他的《交通中的存在》被称为20世纪三位一体神学的里程碑著作。他的三一论在某些方面代表了20世纪三一论神学的顶峰。以巴特和拉纳为例,齐齐乌拉斯比巴特和拉纳更清楚地解释了位格这个概念,为神学摆脱希腊本质主义的影响作了进一步的贡献。

巴特解释三位一体的公式"一个本质,三个位格":一个神圣的主体在三个不同的存在模式中。㉞为了避免以"意识"的含义来解释位格概念的现代倾向,巴特用他的词汇"模式"(mode)取代三位一体中的位格观念。㉟因此,位格概念在巴特三一论的神学中没有清晰的本体论地位。正如根顿批评巴特神学中的位格观点的失败之处在于:没有从现代个人主义的毁坏中去宣称关系中位格的概念。㊱

在天主教神学中,拉纳是现代最有影响的思想家。㊲拉纳质疑西方自奥古斯丁主义和中世纪经院传统的三一论将上帝等同于一个神圣的本质,并呼吁回到将"上帝等同于父"的圣经观点和希腊教父的立场。

㉝ Catherine Mowry LaCugna, *God for Us* (San Francisco: HarperSanFrancisco, 1991).

㉞ Karl Barth, *Church Dogmatics*, vol. I, eds. G. W. Bromiley and T. F. Torrance(Edinburgh: T & T Clark, 1963), p.363.

㉟ Ibid., p.355.卡尔·巴特说在他论文开头部分避免了位格概念,因为当这个概念首先进入教会的词汇时,甚至在中世纪盛行和宗教改革后的经院主义,都没有充分地清晰化这个概念,注入现代人格的概念来讨论也没有什么新的成就,只有混淆。

㊱ Colin E. Gunton, *The Promise of Trinitarian theology* (Edingburgh: T & T Clark, 1997), p.195.

㊲ 卡尔·拉纳是1960年代梵二会议的一个领袖,他继续为教会思想和生命的改变工作直到80年代去世。他最有名的和最有影响的三一论专著是《三位一体》。拉纳的主要目标是通过他的生命反对教会中尤其在西方泛滥的世俗主义。参见 Karl Rahner, *Foundations of Christian Faith: An Introduction to the Idea of Christianity* (New York: Crossroad, 1982), p.46。

他认为的一个位格的上帝在圣经中被称为"父上帝"。[38] 但是像巴特一样,拉纳没有清晰地将三位一体中的"位格"概念纳入本体论的范畴。因为他认为现代的位格概念与个人主义绑缚在一起,是起源于经验和哲学,与三位一体的教义并不相关。[39] 为了避免现代的位格概念,拉纳采用了"存在的模式"取代位格一词在三位一体神学中的功用。[40]

可见,尽管三位一体的教义在复兴当中,但是本质主义和个人主义的位格观念仍然没有去掉,而齐齐乌拉斯的位格本体论在这个时代为一个活的上帝观奠定了神学的基础。

2. 人观的革新

同样,在 20 世纪的人类学领域,对"位格"或者"人格"(英文中均为 person)观念的研究兴趣日增。[41] 因为它关系到人的身份、人的权利或医疗伦理的关怀等问题。现代笛卡尔-洛克的位格或人格解释模式,将人理解为意识的中心。这遭到很多神学家的反对,例如齐齐乌拉斯、根顿、杨纳诺斯、拉蔻格娜和波夫。[42] 他们相信人格在西方作为个人主义的概念起源于奥古斯丁和波爱修。因为笛卡尔揭示了自我的存在,但外在的世界和他

---

[38] 拉纳认为这是关于上帝最基本的断定之一,他的神学前提是上帝是一个在自身中相交的上帝。三位格中的每一位在他位格的特殊性和差异中也与人在恩典中相交……因为这意味着一个自由的位格的行动;因为相交发生在位格到位格,是作为位格的相交。参见 Karl Rahner, *The Trinity*, trans. J. Donceel (London: Burns & Oates, 1986), p. 35。

[39] Ibid., p. 43.

[40] Ibid.

[41] 本文中,位格和人格是同一概念,英文为 person, personhood 希腊文为 hypostasis。中文习惯上认为位格是指上帝,人格是指人;在西方哲学中 person 单独指人,而与上帝的位格没有什么直接的关联。本文试图根据齐齐乌拉斯的位格来理解人格,在原文中它们为同一概念。

[42] John Zizioulas, *Being as Communion*; Christos Yannaras, *The Freedom of Morality* (Crestwood, N. Y.: St. Vladimir's Seminary Press, 1984); Christos Yannaras, *Orthodoxy and the West* (Brookline, Massachusetts: Holy Cross Orthodox Press, 2006); Catherine Mowry LaCugna, *God for Us: The Trinity and Christian Life* (San Francisco: HarperSanFrancisco, 1991); Colin E. Gunton, *The Promise of Trinitarian Theology* (Edinburgh: T & T Clark, 1997); Leonardo Boff, *Trinity and Society* (Maryknoll, N. Y.: Orbis, 1988).

者始终是一个哲学的难题。[43] 从认识论的维度,他者被约化为自我去认识的对象。它体现了自我优先于他者的原则,他者被忽略了。因此,它不仅涉及到一个认识论的问题,也是一个人类关系的难题。一种非人格的关系导致冷漠和疏离,这可能引起精神的疾病和社会的难题。因此,在神学领域,非常有必要去更新对人格或位格这一概念的理解——从关系的、他者的视角而不是从孤立的个体维度。

齐齐乌拉斯将位格概念从孤立转换成一个关系中的他者观念,是从本质主义的人观向位格本体论意义上的人观的转换。这体现在他将人分为两种位格性存在:一种是生物性的位格(Biological hypostasis),另一种是教会性的位格(hypostasis of ecclesial existence)。

(1)生物性的位格

对齐齐乌拉斯而言,生物性的位格通过人的生物本性产生:"生物性存在是通过人的孕育和生产形成。每个人进入这个世界支撑着他的位格,这并非完全不与爱相关:他是两个人之间相交的产物。"[44]因为这种生物性的位格是在生物性的关系中产生,这样人存在展现的不是自由而是必然。死是生物性存在的最终阶段。[45]

(2)教会性的位格

齐齐乌拉斯认为,教会位格是通过受洗而产生的新生命。"上帝收纳一个人,将此人的位格等同上帝儿子的位格,是受洗的本质。"[46]受洗导致一个新的存在模式,一个再生(彼前 1:3, 23)和一个新位格。教会位格表达了一种新存在模式:教会位格是新生命,一个永恒的生命,人与上帝有一个不可突破的关系。人的真正定义是受造物自由地参与上帝的生命——不是一个在自身的资源中存活的受造物。[47]

(3)位格在人类学中的意义

---

[43] Bo-Myung Seo, *A Critique of Western Theological Anthropology: Understanding Human Beings in a Third World Context* (Lewiston: The Edwin Mellen Press, 2005), p. 88.

[44] John Zizioulas, *Being as Communion*, p. 50.

[45] John Zizioulas, *Communion and Otherness*, p. 264.

[46] Ibid., p. 56.

[47] John Zizioulas, *Lectures in Christian Dogmatics*, p. 115.

　　根据齐齐乌拉斯,首先,从位格的关系性而言,位格意义上的人排除出了个人主义的特征,而具有大公性。当人的爱通过一个生物性的存在,他不可避免地排除了他者——对家庭的爱优先于其他陌生人。但是教会的位格超越了排他主义。教会位格是人以没有排他性的能力去爱,不是出于道德命令的一致性(如爱邻人等),而是出于他的位格的构造,出于他从教会的子宫新生的事实,使他成为网络关系的一部分,这超越了排他性。[48]

　　大公性是位格的本质特征。大公性允许人成为一个位格没有堕入个人主义。在教会中有两件事情同时实现:世界呈现给人不是作为互相排他的部分而是作为一个整体。人是被呼召去联络每一个具体的存在。同时,人在这个世界表达和实现一个大公性的临在,一个位格不是一个个体,而是一个真正的交通中的存在。齐齐乌拉斯在一个本体论的层面而不是道德的层面说明这个特征,这样教会位格不是构造于一个道德的完美、本性的促进或者生物性存在的提升,而是一个新的关系中的创造。[49]

　　其次,位格成为人的一个最终身份,是在与上帝的关系中构成,通过这个关系,所有其他关系被这个关系所决定。因为在道成肉身中,基督接受其他的关系,例如与他母亲的关系、门徒的关系和整个以色列人的关系,但使基督成为一个位格的是与天父的关系。齐齐乌拉斯说道:“所有这些关系从属于他的位格身份,他们都通过儿子与父这个决定性的关系被判断。”[50]这在信仰的实践中具有重要的意义。齐齐乌拉斯用圣像作为一个例子:在西方基督的画像和拜占庭的画像之间存在不同的含义。在西方,基督被描绘为一个抱在母亲怀里的孩子,他的母亲是处女玛利亚。这意味着是母子关系给了孩子身份。但是对于拜占庭而言,画家显示给我们的是“孩子是上帝”,孩子不是通过玛利亚来定义,

---

[48]　John Zizioulas, *Being as Communion*, p. 58.

[49]　Ibid. , p. 58, note 53.

[50]　John Zizioulas, *Lectures in Christian Dogmatics*, p. 112.

而是通过与父的关系来定义。[51]

这也可以用到人的情况:"我们是人,是因为我们有不同的身份,通过一些被给定的不同的关系构成:和父母的生物的关系,和我们的环境的自然的关系,和一个巨大的复杂的社会和政治的关系。"[52]我们从整个巨大的群体接受我们的位格。当我们接受洗礼,这意味着在我们和上帝之间存在着一个关系。这个关系将最终地决定所有其他的关系。这个关系使我成为我自己。

四、位格思想带出的存在模式的思考

在关系中被理解的位格确定了三一上帝的存有模式:爱中的相交。这同样可以被运用到神学的人类学。但齐齐乌拉斯将上帝的存在模式运用到教会,通过圣餐群体来彰显三一的存在模式。但是他的位格思想还没有进一步延伸至对教会之外的群体。这是由于他本身思想的限制,由于篇幅所限,无法展开。事实上,基于人类作为平等的受造者,人类根据这个身份所享有的平等权利将是人类关系的基础,这将为人类群体的存在模式提供一个新的思考。

三位一体中三位格是群体的象征。人群体的相爱的关系模式正是三一存在模式的反映,正如麦克迈锐所说:"我们接受我们的出生,存在和命运不属于我们自己,而属于上帝,我们被造是为了通过整个关系的网络来荣耀上帝。"[53]将三一的关系运用到人类生活的各个层面,将突破将人视为工具,而建造真正的人与人的关系。社会起源于家庭,家庭是基本的群体单位,在其中人学习合作。人在家庭中的生命超出自我利益,社会中合作的习惯建基于超越了她的边界的家庭。三一的存有模式运用到人体现人与人之间的关系不仅是一个道德的或法律的关系,而是上升到一个本体论的关系。以至于我们可以说最终维持这个社会的资

---

[51] Ibid. , pp. 112 - 113.

[52] Ibid. , p. 111.

[53] John Macmurray, *Person in Relation* (London: Faber and Faber Limited, 1970), p.347.

源是位格的生命而不是道德或律法。这不是说我们要废除道德或法律，而是要求我们对道德和法律有一个超越的理解。杨纳诺斯写道："道德不是一个非位格的概念，而是一个位格的述谓。这是根据真理权衡所指向的存在模式，就是说一种位格的存在模式。"(54)拉蔻格娜精确地表达了本体论和伦理之间的关系："从复兴上帝三位一体神学的视角，上帝因的观点不是相互关系、平等和一个非等级社会秩序的敌人，而是它确切的基础。"(55)换句话说，位格的生命，如果适当地理解，它远不是道德的敌人，事实上它能够成为一个道德的基础。

人与人之间位格关系突破一种伦理的关系，突破一种近代认识论中的主客二分，使人恢复了人原初的身份和地位，恢复了相爱的关系。这是位格本体论在神学人类学上的贡献。

五、结　语

齐齐乌拉斯从卡帕多迦教父发掘了与西方传统不同含义的位格概念，并根据这一概念形成了位格的神学——位格的上帝观和位格的人观。位格的上帝观不同于本质的上帝观的最大之处在于它传扬一个活的上帝，一个与基督徒生命相关的上帝。这使神学的理论不再脱离实践。

当齐齐乌拉斯为神学找到自己的本体论，这使神学真正能够脱离希腊本质主义的影响，这一神学正好是20世纪神学发展的趋势。

人与人之间位格的平等关系突破了将人当成认识对象的关系。人在与上帝的位格关系中找到自己的身份，也使人真正将他者当成一个位格来尊重，而不是当作一个对象来研究，当作一个工具来使用。相信齐齐乌拉斯的位格神学对研究人存在的各种问题都将提供有意义的帮助！

---

(54) Christos Yannaras, *Persons and Eros*, trans. Norman Russell (Massachusetts: Holy Cross Orthodox Press, 2007), p. 285.

(55) Catherine Mowry LaCugna, *God for Us*, p. 399.

《以斯帖记》与中东神话传统

刘　玉

【内容提要】　《以斯帖记》作为希伯来圣经中少见的一篇文学作品,近几十年来其人物形象及叙事技巧都备受国内外学者的关注,相关的学术成果不可胜数。但希伯来圣经作为一部关于神的作品,其神话性不应该被忽视。尤其是书中未出现神的名字的《以斯帖记》更应该引起重视。其中从社会深层文化心理角度研究《以斯帖记》中的典型人物,并论述其与中东神话传统中的神话原型关系及其现实意义是必要的。这是一个十分有价值的探索,有助于扩展《以斯帖记》研究的宏观性、远观性和系统性。

【关键词】　《以斯帖记》　中东神话　神话原型　现实意义

《以斯帖记》和《雅歌》是希伯来圣经中仅有的没有提及神的两卷作品。尤其是《以斯帖记》更因为其中神的缺席、异族通婚等原因,其正典地位饱受争议。一直以来国际上围绕《以斯帖记》的神学讨论方兴未艾,关于其文学性的探讨虽起步较晚但成果颇丰。值得一提的是,森肋尔首先提出其历史小说的性质。在人物形象方面,塔尔蒙《〈以斯帖记〉的智慧》、金凯森《圣经里的女性》(2011)等认为以斯帖极具智慧,比之末底改也毫不逊色。菲利普·W. 康福特《圣经的来源》(2011)认为以斯帖是一个民族和宗教的女英雄。但以莫尔和安德森为代表的学者们则认为以斯帖这一形象肤浅、单一,是个类型化的人物。随着圣经叙事学与女性主义浪潮的发展,学者们开始从叙事和女性视角来研究《以斯帖记》。桑德拉·贝丝伯格在《〈以斯帖记〉:题旨、主题与结构》(1979)中分析了《以斯帖记》的整体结构。罗伯特·奥尔特的《圣经叙事艺术》(1981)通过对典范场景、惯用手法、对话、重复等叙述话语的解释分析,揭示了《以斯帖记》的叙事魅力。西蒙·巴埃弗拉特的《圣经的叙事艺术》也揭示了该书的叙事艺术。西德尼·安怀特的《以斯帖记》,肯定了以斯帖的正面英雄形象。琳达黛在《一个王后的三张面孔:〈以斯帖记〉几个文本中的人物塑造》(1995)中分析了不同版本作者的不同性别意识倾向。① 特伦佩尔·朗文和雷蒙德·B.狄拉德的《旧约导论》(2014)从体裁和讽刺、重复等方面讨论了《以斯帖记》的叙事技巧。杰尔曼认为《以斯帖记》与《出埃及记》有一系列的相似之处,伯格则认为《以斯帖记》的作者有意模仿了约瑟的故事。国内关于《以斯帖记》的研究则始于上世纪80年代。朱维之《圣经文学十二讲》(1989)称之为“希伯来小说的双璧之一”。梁工《律法书·叙事著作解读》(2003)中对《以斯帖记》进行了基本梳理。李炽昌、游斌《生命言说与社群认同:希伯来圣经五小卷研究》(2003)指出了《以斯帖记》中散居族群的民族与宗教意识。游斌《希伯来圣经的文本、历史与思想世界》(2007)中指出,“在对立中寻找民族身份,在他者中寻找自我,是《以斯帖记》的特殊叙述手法。”程小娟主编的《圣经叙事艺术探索》(2009)论述了《以斯帖记》中的性别意识。赵敦华《圣经历史哲学》(2011)中对《以斯帖记》的神学意味做了深入的分析。王立新《古犹太历史语境下的希伯来圣经文学研究》(2014)则从戏剧性与反讽性等方面分析了《以斯帖记》。

由此可见,国内外对《以斯帖记》的研究主要集中在其正典地位、历史性与文学性上。就文学性而言又以叙事艺术、人物形象与性别意识居多,但总的数量并不多,仍有很大的探索空间。

---

① 杨婷:《〈以斯帖记〉的叙事技巧——〈以斯帖记〉的国内外研究综述》,载于《剑南文学:经典教苑》2012年第6期,第88-89页。

一

　　犹太民族从族长亚伯拉罕时代起就开始了民族迁徙的历程——从哈兰迁往"流着奶与蜜"的迦南地,因饥荒从迦南迁往埃及,摩西带领以色列人"出埃及"以及亡国后的被虏往"巴比伦"等,犹太人的足迹遍布包括两河流域、埃及在内的整个中东地区,可以说犹太民族是一个命运多舛的流浪民族。一个流散的民族在地理空间上很难说有安全感与归属感,而犹太人选择了用文化来消解这种不安。文化的力量使风雨飘摇中的犹太民族凝聚在一起,获得了巨大的民族向心力。一种文化或者文明要想继续发展、继续前进、继续洋溢着生机勃勃的活力,除了内因外,外因也起着重要的作用,外因中最重要的一个就是文化交流。[②] 虽然是流散的民族,但是古代以色列人大部分时间都是在两河流域及迦南地游牧,当地人民尤其是当地异族宗教的痕迹在古犹太人的记忆中占据了十分重要的地位。以色列人最重要的文化典籍希伯来圣经中就有许多这样的痕迹,如:"以色列人又行耶和华眼中看为恶的事,去侍奉诸巴力和亚斯他录,并亚兰的神、西顿的神、摩押的神、亚扪人的神、非利士人的神,离弃耶和华,不侍奉他。"(士10:6)众所周知,古代中东文化中以神话、史诗最为兴盛,形成了以苏美尔-巴比伦神话为中心的神话传统。

　　"中东"泛指西亚和北非地区,在这一地区形成的神话都可归属于中东神话传统体系之中。当我们提及中东神话的具体故事内容时,除了广为人知的《吉尔伽美什》之外,人们很少能再说出其他神话故事的名字。那么,作为一个系统的中东神话故事就需要我们给予其一个明确的界定:笼统地说,中东神话系统就是主要包括苏美尔-巴比伦神话、古埃及神话和古波斯神话等在内的古代中东地区的一系列神话故事。广阔的美索不达米亚平原是人类文明的发祥地之一,很早就有人类在这里繁衍生息。由于政治不稳、民族混杂,各民族又相继占领这片土地,使得该地区的文化也呈现出既各有特色又相互融合的特点。约公元前4000

② 于殿利:《巴比伦古文化探究》,南昌:江西人民出版社,1998年,第2页。

年开始,这一地区大体上依次经历了原始文化、苏美尔—阿卡德文化、巴比伦文化、亚述和迦勒底文化以及后来的波斯文化和希腊文化等时期,犹太人的希伯来圣经也深受这一文化体系的影响。在文化地理空间上来看,希伯来圣经与古代美索不达米亚文化、古代埃及文化和迦南本土文化有着密切的传承关系。到了希伯来圣经"正典化"过程的后期,随着古代波斯帝国的崛起,以及亚历山大大帝东征带来的希腊化的影响,它又与波斯文化和希腊文化发生了直接的联系。③ 这时犹太人处于亡国被掳时期,也是《以斯帖记》等作品成书的关键时期。也就是说,在空间上,希伯来人处身于西亚的多元民族文化背景下,在时间上,希伯来人的大部分历史都处于被异族征服、统治的状态。同化与被同化是希伯来人无法回避的问题。④ 希伯来圣经与中东神话传统有密切的关系是不容置疑的,但犹太人亡国之后的流亡时期成书的作品《以斯帖记》与古代中东神话传统是否有关系,有什么样的关系,目前学界并无定论,这也是本文将要讨论的问题。

《以斯帖记》的标题源于故事女主人公的名字"以斯帖(Esther)",它是对波斯语词汇"ستاره"(stara)的直接借用,原义为"星星"。《以斯帖记》主要描述在波斯亚哈随鲁王统治时期,宰相哈曼对拒不跪拜的犹太人末底改怀恨在心,欲在亚达月13日消灭全国的犹太人。在突如其来的民族屠杀灾难面前,美貌智慧的犹太族王后以斯帖与其养父末底改利用昏聩的国王力挽狂澜,杀死哈曼使全族转危为安。末底改得到高升后,命令犹太人在亚达月13、14日反过来击杀他们的仇敌,即波斯境内"恨他们的人"。此后,末底改吩咐波斯境内的犹太人"每年守亚达月14、15两日,以这月的两日为犹大人脱离仇敌得平安,转忧为喜,转悲为乐的吉日",也就是"普珥日"("普珥"系波斯语音译,意谓"掣签")。普珥节可能出自希腊罗马人的"尝新酒节"或者波斯人的新年节,从巴比

---

③ 王立新:《古犹太历史语境下的希伯来圣经文学研究》,北京:商务印书馆,2014 年,第320 页。
④ 李炽昌,游斌:《生命言说与社群认同:希伯来圣经五小卷研究》,北京:中国社会科学出版社,2003 年,第 17 页。

伦回归的犹太人编著了《以斯帖记》，以使耶路撒冷的同胞们能接受这一从异族传来的节日；唯理派学者认为是先有了普珥节才有了解释其来由的《以斯帖记》。⑤但不管是哪种说法，不可否认的是，它们都在某种程度上显示了"普珥节"与希腊、罗马和波斯文化的关系。

《以斯帖记》描述的故事以波斯亚哈随鲁王统治时期犹太人在波斯的生活情况为背景。从犹大国灭亡之后的历史语境来看，其成书时间应该不在波斯统治时期。书中事件发生在"亚哈随鲁王"统治时期，而"亚哈随鲁王"即是波斯王薛西斯一世（Xerxes I，公元前 486－465 年在位）。书中对薛西斯一世统治时期历史的不熟悉，表明《以斯帖记》的成书时间距离薛西斯一世统治时期较远。《以斯帖记》的写作时间也不会晚于公元前 3 世纪，因为在《以斯帖记》中极少有希腊化色彩的希腊语词汇，并且在对异教徒及异教徒的原则问题上展现出相对比较积极、宽容的态度，这与后来作品如《犹滴传》和《马加比传一书》等书中的严苛态度截然不同。那么这样一来我们认为最有可能的成书时间是公元前 4 世纪末或者公元前 3 世纪初。⑥此时正是希腊化的初期，巴比伦处在塞琉古王朝统治下，其在政治、经济尤其是宗教上的高压政策初现端倪，犹太人的生存环境陡然恶劣。在这种情况下，以色列人的民族主义情绪开始膨胀，这点在"杀戮波斯人七万五千"上可资证明。受到严重生存威胁的犹太人需要英雄或者保护神来拯救和保护全民族，而这个英雄或者保护神在《以斯帖记》中就体现在末底改与以斯帖的身上。这二者的形象既在犹太民族历史上有迹可循，也在中东神话传统中有其原型。

二

加拿大著名原型批评家弗莱认为，原型是一种典型的或重复出现的意象，是一些联想群（associative clusters）……在既定的语境中，它们往

⑤ 梁工等：《律法书·叙事著作解读》，北京：宗教文化出版社，2003 年，第 273－274 页。
⑥ Sidnie White Crawford, *The New Interpreter's Bible Volume 3: The Book of Esther* (Nashville: Abingdon Press, 2004), pp. 855－856.

往有大量特别的已知联想物,这些联想物都是可交际的,因为特定文化中的大多数人都很熟悉它们。⑦ 犹太民族作为一个游牧民族长期处于与其他文化的频繁接触中,犹太人在亡国被掳之后更是被迫接触异族文化,亡国之后成书的《以斯帖记》就明显地表现出了对异族文化的接受。希伯来文化与中东各族文化有千丝万缕的关系是必然的,《以斯帖记》中出现了以中东神话传统中的某些人物或故事为原型的人物或故事也不足为奇。荣格也说,原始意象即原型——无论是神怪,是人,还是一个过程——都是在历史进程中反复出现的一个形象,在创造性幻想得到自由表现的地方,也会见到这种现象。而这类意象赋予我们祖先的无数典型经验以形式。因此我们可以说,它们是许许多多同类经验在心理上留下的痕迹。⑧ 在《以斯帖记》中就有这类无意识的心理痕迹。

1.《以斯帖记》的故事是以波斯统治时期为背景的

波斯帝国作为一个文明古国,当时统治着包括巴比伦在内的从印度到古实的广阔领土,其政治与文化影响力可见一斑。琐罗亚斯德教流传于中古波斯、中亚等地区,奉《阿维斯陀》为主要经典,主张善恶二元论,尊阿胡拉·玛兹达为至高善神,视安格拉·曼纽为最高恶神。琐罗亚斯德教教义将世界上所有的事物都划分为对立的二元,善良与邪恶、光明与黑暗的分野清晰明了。所以在波斯神话中才有了代表光明和正义的至高善神阿胡拉·马兹达与至高恶神安格拉·曼纽之间的对立以及两位至高神之间长达三千年的战争,最终善神赢得了胜利。⑨ 这鲜明地反映了波斯琐罗亚斯德教二元论的根源。而犹太教的一神传统使得犹太人本身在善恶的二元对立上表现得十分单纯,但世间万物大多是二元的,如阴阳对立、光明黑暗的对立等,此时犹太教的一神观就陷入了无法解释的尴尬之中。随着历史的前进,犹太人在波斯文化中与同样是一神论但二元对立分明的波斯国教琐罗亚斯德教迎面相撞,被它所影响就在

⑦ 诺斯罗普·弗莱:《批评的解剖》,陈慧等译,天津:百花文艺出版社,2006年,第89页。

⑧ 张隆溪:《诸神的复活——神话原型批评》,载于《读书》1983年第6期。

⑨ 鲍志平编著:《波斯神话》,北京:中国林业出版社,2007年,第4页。

所难免。那么我们说《以斯帖记》中体现了这种二元论思想，主要是从其中鲜明对立的两方来说的，站在犹太人的立场，那就是以哈曼为代表的邪恶的波斯人一方与以末底改、以斯帖为代表的良善的犹太人一方。在犹太人与波斯人的民族生存博弈中，犹太人一方获得了胜利："末底改作亚哈随鲁王的宰相，在犹大人中为大。"综观希伯来圣经，我们知道这是一部关于上帝的话语的书，在希伯来圣经中上帝是唯一的神，唯一的主宰。这里只有神与世人的关系，从摩西带领犹太人出埃及时上帝对埃及人的击杀以及上帝赐摩西行神迹的权能中可见一斑，没有神参与的仅存在于世人之间的二元对立对犹太人来说是陌生的。击杀仇敌从来都是神或者神赐予人的权能，作为犹太人本身并没有这个权能。犹太民族传统中并没有二元论思想，而《以斯帖记》成书时间又距波斯统治较近，虽然也不排除其承袭于迦南的犹太历史发轫期，但这种未见于希伯来圣经其他经卷的体现人本身之善恶的二元论思想也完全有可能借鉴自波斯琐罗亚斯德教的二元论神话思维。

2. "以斯帖"是《以斯帖记》中塑造得最成功的人物形象之一

目前学界关于以斯帖的研究也大多是从女性主义、形象学等角度进行。但以斯帖这一形象在神话原型方面同样十分突出，据考证，以斯帖（Esther）是以金星女神（Ishtar）为词根。⑩ 桑德拉·贝丝·伯格（Sandra Beth Berg）猜测二者之间的关系十分接近。金星女神伊斯塔尔（Ishtar）在中东神话系统中有着重要地位。苏美尔神话中第一次出现了女神亚斯他录（Athtareth，又名伊施塔或英南娜[Inanna]，意为"星辰"）的记录，这位重要的女神以爱神的形象出现，主要神话故事有伊南娜与杜姆兹的婚姻、伊南娜地狱历险等。在巴比伦神话中，这位女神被称为伊斯塔尔，并主要以复仇女神的形象出现。据史诗《吉尔伽美什》记载，伊斯塔尔在向吉尔伽美什表白遭到冷酷拒绝后恼羞成怒，派天牛向吉尔伽美什复仇。在迦南神话中伊斯塔尔是生殖女神，这颇受古犹太人的诟病。赫梯

---

⑩ Beal Timothy K. , *Ruth & Esther*: *Studies in Hebrew Narrative & Poetry* （Collegeville: The Liturgical Press, 1999）, p. 28.

神话中的女神伊什塔尔作为雷雨神的妹妹,在现有的资料中并未发现其明确的代表性。⑪ 在古犹太人的神话中也有女神伊斯塔尔,在这里伊斯塔尔是一位人间的女子,由于骗取天使说出了造物主的神秘名号,窥得天机而升天。因为她保持了贞洁而被安置在北斗七星中间,成为美丽纯洁的女神。另外,亚述神话中这位女神被称为亚斯塔蒂(Astarte),同样被看作是一位爱神、战神。⑫ 埃及神话中女战神阿斯塔尔特(Astarte),同时也是迦南神话和叙利亚神话中的女战神,且常常同两河流域的阿卡德丰产女神、金星女神伊斯塔尔混合。阿斯塔尔特也常常和母亲神伊希丝、希腊女神阿佛洛狄忒混同。⑬ 另外甚少提及但相当重要的古西闪米特神话中的女神阿斯塔尔塔也与亚述—巴比伦神话中的伊斯塔尔相当。⑭ 在古巴比伦、亚述和古埃及神话中,伊斯塔尔是凶猛的女战神,在战斗中鼓舞士气。以上我们可以看出伊斯塔尔神话在中东地区流传之广泛,影响之深远。

关于《以斯帖记》中以斯帖这一形象,首先我们关注到的就是她的名字"Esther"。从中东神话传统中我们可以看出女神伊斯塔尔的名字分别是亚斯他录、伊施塔、伊南娜、伊斯塔尔、亚斯塔蒂、伊希丝等,这些名字在各自本民族语言中的意义也都是"星辰"。仅从以斯帖这一名字来看,它在形式与发音上与女神们的名字一脉相承,相同的意义也传达出一个重要的信号,那就是这些不同的名字都是中东各时期各民族对同一位女神的不同称谓,同时这也昭示了中东各民族对天空和星辰共同的崇拜:自然、生命和生育女神,而这位女神就体现为金星。⑮《以斯帖记》中用意为"星星"的波斯语"استر"(以斯帖)而不是其原名希伯来语"הדסה"(哈大沙,意为"山桃")来称呼女主人公,也从侧面说明了犹太人

⑪ 塞·诺·克雷默:《世界古代神话》,魏庆征译,北京:华夏出版社,1989 年,第 131 – 154 页。

⑫ 朱维之、韩可胜:《古犹太文化史》,北京:经济日报出版社,1997 年,第 76 页。

⑬ 矢岛文夫:《世界最古老的神话——美索不达米亚和埃及的神话》,张朝柯编译,北京:东方出版社,2006 年,第 227 页。

⑭ 鲁刚主编:《世界神话辞典》,沈阳:辽宁人民出版社,1989 年,第 476 页。

⑮ 于殿利:《巴比伦古文化探究》,南昌:江西人民出版社,1998 年,第 149 页。

多神崇拜神话的遗留痕迹，而不仅仅是受到波斯统治或者异族文化的影响。其次，我们再来看一看以斯帖是怎样的一位女性。以斯帖是波斯王亚哈随鲁的王后，同时也是犹太人末底改的养女。她在哈曼将要消灭波斯全境的犹太人之际，用自己的智慧在国王面前揭穿了哈曼的阴谋，从而保全了全族的性命。从这一方面来说正是以斯帖以自己的智慧庇护了波斯境内的犹太人。这使我们联想到苏美尔神话中女神伊南娜智获神典"梅"的故事：作为乌鲁克守护神的伊南娜力图佑助所主宰的城邦福乐昌盛，用智慧从睿智之主恩基那里得到"作为文明之基石的神典"并安全带到乌鲁克，使乌鲁克福乐昌盛。[16] 与其说以斯帖是战神的代表，不如说她是女神智慧在现实生活中的代表。

当然在某种程度上我们也不能忽略以斯帖以战神为原型的形象。犹太人危在旦夕，虽然开始养父末底改要求她为犹太人向国王求恩典时，她表现得犹豫不决，甚至有些贪生怕死。我们也有发现巴比伦人向敬拜的战争之神伊斯塔尔的哀告节录，如下：

> 哦，我的女神，你发愁、掩面不顾我要到几时呢？
> 哦，我的女神，我的仇敌等候攻击我要到几时呢？
> 他们不择手段设计害我。
> 难道那些赶我和胜过我的应该向我发烈怒吗？[17]

巴比伦人的哀告何尝不是以末底改为首的散居在波斯各地的犹太人的哀告，何尝不是向犹太人唯一的希望以斯帖的哀告呢？最终以斯帖接受了末底改的劝告，或者说她接受了犹太人的哀告，坚定了自己救民的决心。在得到国王的恩典杀死哈曼之后，仍不罢休。仍要杀死哈曼的儿子甚至全波斯境内所有反对敌视犹太人的人。此时的王后、犹太人的女儿以斯帖表现出来的酷戾使人心惊，也正是从这里我们看到了战神伊

---

⑯ 塞·诺·克雷默：《世界古代神话》，第96－98页。

⑰ 斯蒂芬·米勒，罗伯特·休伯：《圣经的历史：〈圣经〉成书过程及历史影响》，黄剑波、艾菊红译，北京：中央编译出版社，2012年，第35页。

斯塔尔的遥远回应：使她保护下的子民得享平安。

　　总而言之，我们相信《以斯帖记》以中东神话中著名的战神伊斯塔尔为原型，塑造了以斯帖这一形象鲜明的民族女英雄。以斯帖之所以受到犹太人的尊敬，不单单是她的美丽，还有她用自己的智慧和勇敢拯救犹太人脱离亡族灭种之灾，她为我们展示了一个民族和宗教女英雄的勇气。⑱她是以中东神话传统中的战神、金星神伊斯塔尔为原型的一位人间女英雄。

3.《以斯帖记》的另一个成功人物形象末底改

　　末底改第一次出现是在第2章："书珊城有一个犹大人，名叫末底改，是便雅悯人基士的曾孙，示每的孙子，睚珥的儿子。从前巴比伦王尼布甲尼撒将犹大王耶哥尼雅（又名'约雅斤'）和百姓从耶路撒冷掳去，末底改也在内。末底改抚养他叔叔的女儿哈大沙（后名以斯帖），因为她没有父母。这女子又容貌俊美，她父母死了，末底改就收她为自己的女儿。"（斯2：5-7）这几节说明了末底改的来历，即基士的曾孙、便雅悯人的后代，也说明了他与以斯帖的关系。值得注意的是，本章再次特别说明了末底改将他失去父母的堂妹哈大沙（后名以斯帖）收为自己的女儿，成为以斯帖的堂兄及养父，"末底改叔叔亚比孩的女儿，就是末底改收为自己女儿的以斯帖"（帖2：15）。希伯来圣经中虽有与堂妹、表妹结为夫妻的先例，如以撒与利百加、雅各与拉结的结合，但是并没有发现将堂妹认作女儿的记载。也就是说认兄为父的情况或相似的情况在犹太人的文化传统中是罕有先例的。难道末底改作为兄长就不能抚养堂妹长大吗？或者是养父的身份拥有堂兄长不具有的一些特殊权利？这些我们都无从得知。但在巴比伦—阿卡德神话《埃努玛·埃立什》第一块泥版第147-155行我们发现了这样的的情节：

　　　　从她身边开会的众神，她所生的儿子里，

---

⑱ 菲利普·W.康福特编：《圣经的来源》，李洪昌译、孙毅校，上海：上海人民出版社，2011年，第110页。

她抬高了钦古（的地位），使他成为其中有权势的人。

军阵前头的指挥，集结的调遣，

交战武器的佩带，战斗的开始，

（也就是说）她将作战总司令（的职务），

委任了他，让他坐上打进地里的圈椅。（她说）：

"我（为）你念起咒文，在众神的集会上以你为大，

授予你众神中君主的地位。

好了，你要成为（一个）有权势的人，我唯一的老伴！"[19]

蒂阿玛特将自己儿子中的一个定为配偶，唯一的伴侣。《埃努玛·埃立什》的第四块泥板上马尔杜克在与蒂阿玛特对战的时候也明确地说到："你（还）将钦古指定为自己的配偶"，这说明了母神蒂阿玛特认儿子为丈夫。这是一个极重要的信号，虽然仅就目前的资料来看，我们仍没有充足的证据证明末底改认堂妹为女儿这一情节与蒂阿玛特将儿子定为配偶使之成为众兄弟的父亲这一情节有何种渊源。但就犹太文化与中东文化的密切关系而言，我们可以做一个大胆的猜测：他们之间是有某种渊源关系的。

末底改在《以斯帖记》中还有一个十分重要的身份，那就是犹太民族的复仇者。通常认为犹太人的灭族之祸起源于末底改对哈曼的不屈服。但我们认为这是一场民族战争，亚甲族是亚玛力人的后代，也是以色列人出埃及后的第一个敌人："那时，亚玛力人来在利非订，和以色列人争战。"（出 17：8）耶和华对摩西说："我要将亚玛力的名号从天下全然涂抹了；你要将这话写在书上作纪念，又要念给约书亚听。"（出 17：14）又说："耶和华已经起了誓，必世世代代和亚玛力人争战。"（出 17：16）这场争战不仅仅是个人恩怨引起的，而是两个族群之间的博弈。通过两个族群的争战，末底改率领的犹太人胜出了，他成为了犹太人中的至高者。神话《埃努玛·埃立什》中母神蒂阿玛特因幼神们吵闹而烦躁

---

[19] 赵乐甡编译：《吉尔伽美什——巴比伦史诗与神话》，南京：译林出版社，1999 年，第184 页。

不安,最终决定将这些吵闹的神都消灭。这使得众神心神不定,惶惶不可终日。在埃阿神对抗蒂阿玛特失败后诸大神之父安舍尔神决定让马尔杜克去迎战蒂阿玛特。神话第二块泥版第 94－95 行写道:

> 强有力[者]他将是(我们的)复仇人,
> (他是)渴望战斗的,英雄马尔杜克![20]

马尔杜克也不负众神所望,杀死了仇敌蒂阿玛特,使众神得享太平,他也成为了众神之主。《埃努玛·埃立什》中通过长幼两辈神的生死鏖战,表现了马尔杜克的神圣武功。显然只凭这两个故事完全不能确定二者之间的关系。但在考古发掘出来的薛西斯时期泥版上出现了末底改的名字 Marduka[21],这与马尔杜克(Marduk)只有一字之差。且有证据证明末底改(Mordecai)这个名字是以巴比伦男神马尔杜克(Marduk)为词根。[22] 而且更值得关注的是,在亚哈随鲁早年,书珊宫里有一位叫玛尔杜卡(Marduka)的公职人员或者说大臣;有些人认为这个人就是末底改。[23] 这不能不让我们对二者的关系作进一步的推测,就神话与后世文学在关系上来说完全可以认为这是神话原型的再塑造。

抛开异族神话文化传统的影响来说,末底改在波斯帝国为宰相,为本族的人求好处这一情节,在民族神话传统中也并非独有。《以斯帖记》的最后一章写道:"他以权柄能力所行的,并他抬举末底改使他高升的事,岂不都写在玛代和波斯王的历史上吗?犹大人末底改作亚哈随鲁王的宰相,在犹大人中为大,得他众弟兄的喜悦,为本族的人求好处,向他们说和平的话。"这立刻就能让人想到"约瑟故事"。首先,二者在写

---

[20] 赵乐甡编译:《吉尔伽美什——巴比伦史诗与神话》,第 190 页。

[21] 《丁道尔旧约圣经注译·以斯帖记》,台北:校园书房,1999 年,第 17 页。

[22] Beal Timothy K., *Ruth & Esther: Studies in Hebrew Narrative & Poetry* (Collegeville: The Liturgical Press, 1999), p.28.

[23] 特伦佩尔·朗文,雷蒙德·B.狄拉德:《旧约导论》,石松、肖军霞、于洋译,上海:同济大学出版社,2014 年,第 214 页。

作所选用的语言上有相对应的关系;㉔其次,在故事情节上也十分类似。二者都是在本民族面临巨大灾难时,如英雄般地拯救了全民族,且都是强调了人的智慧。亡国之后流亡异国的犹太人遭遇的民族灭绝危机与约瑟时期以色列人的饥荒危难不相上下,因此我们认为作者在写作《以斯帖记》的过程中不无寄托着对先祖约瑟的追思,甚至想象着能出现一个如约瑟一样的人来带领以色列人在异邦中寻求民族生存与和平的希望。末底改即是以"约瑟故事"为原型在后流放的犹太人群体中的再解读。值得一提的是,"约瑟故事"这一原型,在《但以理书》中也有所体现。

三

弗莱将原型与神话看为一个硬币的两面,也就是说针对同一对象,如果着眼于那种远古文学本身即谈及叙述时我们叫它神话;如果着眼于这一对象对后世文学的关系即谈及意义时我们称之为原型。㉕ 而典型意象之所以能在后世文学中反复出现并成为原型,必有其符合时代社会发展的意义。文学的内容可以有各种变化,但其形式却是恒久不变的,这种恒久不变的东西最终成为原型,成为一个民族甚至是人类共同的无意识根源。而艺术家们则能把握住这些意象,把它们从无意识的深渊中发掘出来,赋予其意识的价值,形成并体现着文学传统的力量,并经过特定的文化环境,使大多数人依靠约定俗成而为他的同时代人所理解和接受。《以斯帖记》在宗教史上深受波斯祆教的影响,且以中东神话传统中的女神伊斯塔尔与马尔杜克神等典型意象为原型,塑造出了经典形象以斯帖与末底改。这两个鲜明的形象不仅是当时犹太人的社会处境及民族遭遇下的民族英雄,更是中东神话传统流传与再创造的具体体现,

---

㉔ Berg Sandra Beth, *The Book of Esther: Motifs, Themes and Structure* (Missoula: Scholars Press, 1979), pp. 124 – 125.

㉕ 斯罗普·弗莱:《批评的解剖》,陈慧等译,2006 年,转引自张隆溪:《诸神的复活——神话原型批评》,载于《读书》1983 年第 6 期。

对后世的文学创作具有不可忽视的影响作用。

　　原型要求将单一作品放在整体文学关系中去考察,而作为整体的文学集中体现在传统中,因此在某种意义上单个文学作品与文学整体的关系就是与传统的关系。波斯帝国对境内其他族群的统治策略与巴比伦迥然不同,其创始人居鲁士奉行民族自治与宗教宽容的政策,如希罗多德所说:"波斯人称居鲁士为父亲,因为他温和,总是为他的人民着想。"(The Histories, III. 89)流放在巴比伦的以色列人也对居鲁士的兴起充满盼望,以赛亚甚至称他为"耶和华的受膏者"。㉖ 在波斯统治时期犹太人虽然政权不能独立,其文化发展却获得了极大的自由,甚至有一部分人还能返回耶路撒冷重建圣殿。但随着亚历山大东征和希腊化时代的到来,犹太人在文化上的自由被压制,宗教信仰上也受到了毁灭性打击。两种生存环境在流亡的犹太人那里形成了鲜明的对比,尤其是在宗教信仰上的打击让一直自诩为"神的选民"、神的"头生子"的犹太人难以接受。犹太人被压抑的民族情感需要宣泄,并为自己的复仇战争行为寻求合理性与合法性。在犹太人的神话文化传统中只有耶和华(上帝)才是唯一的神,神建立了世间的一切秩序,人只需要服从神的旨意,例如上帝在埃及击杀埃及人中的头生子而不是摩西去击杀埃及人,也就是说在犹太人的观念中战争权只在上帝,"马是为打仗之日预备的,得胜乃在乎耶和华"(箴21:31)。但在当时犹大国灭亡,民族与宗教信仰都遭到毁灭性打击,而耶和华却没有像以前那样庇护犹太人。犹太人想要保全他们独立的民族身份与信仰,一场"人"的战争在神缺席的情况下是不可避免的,也是迫不得已的。与其说伊斯塔尔神与马尔杜克神因其赫赫战功吸引了犹太人的目光,不如说这是犹太人在民族危亡关头潜意识中对神施救的渴求。

　　无论如何,民族的拯救只是一个遥不可及的幻影,在与外来政治、宗教影响的斗争中,犹太人暂时从一些启示文学作品所描写的故事中找到片刻的安慰,这些故事描写了战争时期的英雄主义,逼迫面前的勇敢和

㉖ 游斌:《圣书与圣民:古代以色列的历史记忆与族群构建》,北京:宗教文化出版社,2011年,第386－387页。

决心,对将要来临的辉煌时代的展望。[27]《以斯帖记》正是这类文学作品的一个表现,对战神与保护神以及先祖约瑟的渴望也不乏对上帝庇护的隐隐渴望与期待,期待上帝像令约瑟救民那样令末底改拯救百姓,也希望末底改和以斯帖像马尔杜克神和伊斯塔尔神那样护佑子民。这种原型在文学作品中的体现反映了当时犹太人的恶劣生存处境,具有一定的现实意义。通过原型转换而形成的独立文本《以斯帖记》在这里也具有了更广阔的涵盖力,隐藏在心灵深处的文化无意识被唤醒了。这一单个的文学作品也在中东神话传统的视野下获得了超出现世的意义而具有了文化人类学的深远意义。

　　总之,区别于惯常的文本研究,本文将视角"向后移",在更为广阔的视域下观照《以斯帖记》与中东神话传统的关系,并从其中的典型人物我们追踪到犹太人的战神崇拜与保护神崇拜等的神话原型。文本的创造与原型之间的转换,始终都处于一种不停的变化运动中,原型的每一次变换都是一个新文本的创造过程。可以看到通过对神话原型的转换再创作,《以斯帖记》获得了更大的升腾力,远古的回声唤醒了埋藏在人心灵深处的文化无意识。虽然用原型理论来分析《以斯帖记》在文本内部研究时有一些缺憾,但也正是这种"向后移"的视角给予了我们在整体文学的高度上观察文本的机会。这种批评方法使我们能够深入地了解文本中蕴涵的文化无意识,从而窥视其中深藏的文化人类学底蕴。用原型批评拓宽对文本的阐释空间,发掘出更多对文本的合理解释,只是广阔视野下《以斯帖记》研究的一个极小部分,相信《以斯帖记》这部"无神"的作品还有更深刻的意义等待发掘。

㉗ 菲利普·W.康福特编:《圣经的来源》,第74页。

现代科技兴起之基督教背景

——兼谈圣经与生态危机的历史关联

黄增喜

【内容提要】 现代科技兴起有着浓厚的基督教背景,曾得到犹太-基督教经典圣经教义的有力支持。圣经为现代科技兴起提供了自然观的预设、合法性的辩护、合理性的认可等。现代科技对于自然的宰制性倾向彰显于其兴起之初,亦可追溯到圣经的有关教义。这为我们反思现代科技、思考当代生态危机乃至重审圣经提供了一个颇具启发性的视角。

【关键词】 圣经 基督教 现代科技 宰制 生态危机

当今世界生态危机的爆发很大程度上可归因于现代科学技术的滥用。自上个世纪60年代美国生态文学家蕾切尔·卡森《寂静的春天》一书问世以来,这一看法在今天几乎已成不刊之论。由此,对现代科技的反思、质疑和批判便不绝如缕。尽管学者们的思考视角不一,所得结论各异,但大部分人都认可了如下论断:现代科学技术绝非如某些辩护者所宣称的那样,只是单纯的手段,在人与自然的关系上扮演着中立的角色;相反,现代科学技术的诞生与发展深深地打上了人类欲望和价值的烙印,不可避免地具有了宰制自然的倾向。① 我们在此所要追问的是:

---

① 有关论述可参阅当代法国思想家埃德加·莫兰的专著《复杂思想:自觉的科学》,陈一壮译,北京:北京大学出版社,2001年。

科学技术自古有之，但就很多文明古国（如中国）的科技史来看，科学技术之于人类的意义几乎都局限于认识自然的层面，并没有发挥多少实际运用的功能，以致不少人认为古人只有科学而没有技术；而现代科技自其兴起之初便表现出鲜明的实用性特征——大规模地征服和控制自然。现代科技这种对于自然的宰制性质是怎么出现的？换言之，相对于古代科技来说，现代科技新增了哪些独特的元素，使其不再仅仅满足于对自然的认识，而上升到以征服和控制自然为己任的高度？要理解这一点，我们就有必要回到现代科技的源起。

现代意义上的科学技术是在西方文明的总体背景下兴起的，它无疑是多重因素之合力的产物。鉴于中世纪历史上基督教会曾经压制科学研究、迫害科学工作者（尤以宗教裁判所的设立为最），今天的很多人都想当然地认为，宗教与科学是一对水火不容的冤家。就历史事实来看，现代基督教在西方世界的衰微和没落的确与近代科学知识的传播和普及有着深刻的关联，教会统治的地盘在科学力量的发展壮大中遭到日渐严重的侵蚀。以此推之，基督教在现代科技的产生过程中只可能扮演拦路虎的角色。然而，当代科技史研究却表明，科学与宗教并不是绝不相容的，相反，现代科技在其诞生之初曾大大受益于圣经和传统基督教教义，不断地从后者中获得支持和启示。沿着这一思路继续推进，当代科技史学家认为，没有圣经，没有犹太-基督教，就没有现代科技；现代科技只可能出现于犹太-基督教背景的西方世界，而不是东方世界或其他地方。也正是在此意义上，林恩·怀特、汤因比、麦克哈格等当代思想家都把生态危机的思想根源追溯到圣经及由其开启的犹太—基督教；而圣经则顺理成章地成了批判的重心之一。

要了解圣经在现代科技兴起的过程中扮演了怎样的角色，我们就有必要先考察一下近代科技之得以兴起所仰仗的各种要素——没有这些要素，人类将依然处于前现代科技状态。

一、自然观之预设

科学以研究和认识自然为目的，技术以征服和控制自然为旨趣；要研究和征服自然,就必须首先打破人类自然观上的种种禁忌。

泛灵论(animism,又译"万物有灵论")作为人类早期最普遍的一种宗教信仰形式,突出体现了远古人类在处理自己与自然关系上的禁忌。林恩·怀特是当代西方最早把现代科技与圣经以及生态危机联系起来考察的科技史学家。他在发表于 1967 年的《我们生态危机的历史根源》一文中指出:在持信泛灵论的古人看来,自然界是一个巫魅性的存在,每一自然事物都赋有神性,分别由各类保护神守护着。他们在砍树、采矿或是筑堤之前都要进行特定的仪式抚慰神灵。泛灵论因而对人类的行为构成了伦理上的约束,维护了自然的神秘性,使之免于人类的剥削性开发。显然,近代实验科学是不可能在这种氛围中发展起来的。② 德国神学家潘能伯格表达了类似的看法:"远古时代的人不可能支配世界;因为世界对他们而言充满神的力量。这样,他们就未能达到在现代技术的意义上设计出支配世界的手段的地步。即使在人们已经拥有这种手段的地方,他们也未能有计划地运用这些手段。"③据当代宗教思想家伊利亚德考证,直到中世纪,欧洲许多地区的人们在采矿和冶金过程中依然伴随着各式各样的宗教仪式,"因为人们认为,地球的内部对于各种精神和诸神们来说是神圣的。"④

因此,科学要放手对自然展开大规模的研究,就必须抛开自然神圣的观念,把自然与神区分开来,祛除其神秘特征,从而克服人类在自然面前的恐惧心理,实现主客体的分离。用一个当下比较流行的词语描述,现代科学兴起的一个基本前提是自然的"祛魅"。圣经中独特的创世论和刚硬的一神论教义恰好满足了这一需求。如怀特所言:"基督教通过破除异教徒的泛灵论,就使得人们以漠不关心自然物情感的心态去开发

---

② Linn White, "The Historical Roots of Our Ecologic Crisis," ed. Cheryll Glotfelty and Harold Fromm, *The Ecocriticism Reader*: *Landmarks in Literary Ecology* (Georgia, Athens: The University of Georgia Press, 1996), p. 10; 参见 Peter Marshall, *Nature's Web*: *An Exploration of Ecological Thinking* (London: Simon & Schuster Ltd. , 1992), p. 109。

③ 潘能伯格:《人是什么——从神学看当代人类学》,李秋零、田薇译,上海:三联书店上海分店,1997 年,第 34 页。

④ 威廉·莱斯:《自然的控制》,岳长龄、李建华译,重庆:重庆出版社,1993 年。

自然成为可能。"⑤

《创世记》第 1 章明确宣称:世界是由独一无二的上帝从无中创造出来的,人与自然万物皆出自上帝的创造;宇宙间只存在一位神,除上帝之外别无他神。希伯来人把对独一真神的信仰贯彻于对异教偶像崇拜的坚决反对之中,并将偶像崇拜列为"十诫"之首(出 20:3-4;申 5:7-8)。自然界不仅不是什么神圣的场所,毋宁说它是一个不洁的所在,因为在亚当夏娃被逐出伊甸园的同时,大地已经为人的罪行所污,同时遭到了上帝的诅咒(创 3:17)。敬拜自然与崇信上帝是绝不相容的,自然俨然成了上帝的竞争对手。这种绝对"一神论"和自然非神圣的思想不仅在新约里得到了继承和延续(罗 1:21-25),而且在后世基督教神学家的学说里被不断地推进和强化,在中世纪基督教神学的集大成者托马斯·阿奎那的学说里得到了更有力的表达。⑥

在上千年的基督教历史上,神学家们普遍认为,人只需对上帝负责,其道德法则与自然完全无涉。对于自然的非神圣化及其在近代西方文明中所衍生的巨大影响,历史学家汤因比有着深刻的洞见:"与它的父母宗教犹太教和它的姐妹宗教伊斯兰教相似,基督教褫夺了传统的非人自然的神性,虔信上帝是唯一的神,自然不过是上帝的创造。于是,当这一全能的超越的造物主上帝——犹太教、基督教和伊斯兰教的神——在 17 世纪末叶被西方基督教世界废黜以后,自然就不再与西方人争夺上帝空缺的宝座。"⑦

现代科学研究要求科学家在面对其研究对象时应保持冷静、客观乃至冷漠的态度,竭力避免主观情感的干扰,惟其如此方能得出有价值的结论。试想,当人类以万物有灵的观念去观照自然时,怎么能做到冷静、

---

⑤ Linn White, "The Historical Roots of Our Ecologic Crisis," eds. Cheryll Glotfelty and Harold Fromm, *The Ecocriticism Reader: Landmarks in Literary Ecology* (Georgia, Athens: The University of Georgia Press, 1996), p. 10.

⑥ 参见 Peter Marshall, *Nature's Web: An Exploration of Ecological Thinking* (London: Simon & Schuster Ltd. , 1992), p. 109。

⑦ 阿诺德·汤因比:《一个历史学家的宗教观》,晏可佳等译,成都:四川人民出版社,2003年,第 260 页。

客观呢？通过圣经和基督教，大自然遭到神圣领域的驱逐，成为人类的客体，科学研究因而也就有了用武之地。生态史学家唐纳德·沃斯特说得好：

> 基督教信仰恰到好处的贡献是它在感情上把人从自然中分离了出来。这就为那种成为现代科学特点的理性客观性的发展布下了种子。即承认观察者的主观感情有必要严格压制所要研究的客观对象。基督教通过推翻异端的万灵论使人们有可能以这种超然的客观态度看待自然……多亏有了这个对异端自然观的早期胜利，西方科学才能把地球作为一个完全世俗的和可分析的客观对象来研究。⑧

圣经独特的创世论和一神论开启了自然界的祛魅之路，为自然沦为纯粹的物质客体乃至最后在近代机械哲学中走向死亡铺设了基础。⑨创世本是一个神话，在近代启蒙思想家看来是人类愚昧的表现，而在远古时代，它却在客观上起到了启蒙人类思想的效果："神话变成了启蒙，自然界变成了单纯的客观实在。"⑩其启蒙意义就在于将人类的思想从原始宗教的蒙昧中解放出来，将自然客体化，使人认识到自己毕竟不同于自然，他在很大程度上是独立于自然之外的。

当然，现代科学的出现还有一个基本的前提，那就是自然的可理解性。倘若大自然是一个神秘的、混乱无序的所在，人类的认识能力便会一筹莫展。因此，除了破除大自然的巫魅性之外，现代科学还要打破其神秘性，排除其偶然性，为其寻找一种秩序性或规律性，也就是可理解

---

⑧ 唐纳德·沃斯特：《自然的经济体系：生态思想史》，侯文蕙译，北京：商务印书馆，1999年，第49页。

⑨ 生态女性主义学者卡洛琳·麦茜特对此问题亦有颇多论述，参阅其著作《自然之死——妇女、生态和科学革命》，吴国盛等译，长春：吉林人民出版社，1999年，第212页。

⑩ 马科斯·霍克海默，特奥多·威·阿多尔诺：《启蒙辩证法（哲学片段）》，洪佩郁等译，重庆：重庆出版社，1990年，第7页。

性。在这一点上,圣经的创世论亦有一份功劳。⑪

《创世记》第 1 章表明,大自然是由一位造物主有目的、有秩序、有计划地创造出来的,自然并不是一个混乱无章的世界,而是万物"各从其类"(创 1:4,10,12,18,25,31),显明的理性力量运作于其间。这个理性力量便是造物主上帝;《诗篇》对其理性运作之庄严与壮美亦作了大量铺陈(诗 104:1-24)。因此,在剥去自然的巫魅性特征的同时,圣经进一步撩去了自然的神秘面纱,为人类认识和研究自然树立了信心。17 世纪的牛顿、笛卡尔等自然哲学家们常把他们的工作说成是探索由一位智慧的造物主所管理的宇宙的秩序。被创造出来的宇宙不像一个始终存在的宇宙,在被造的宇宙中,上帝一直自由地施行他的意志,以制定自然必须服从的法则。"创世教义意味着自然之流的背后有一种可靠的秩序,就此而言,它能够给科学的努力赋予连贯性。"⑫

二、合法性之辩护

诚然,西方科学研究在一些特定的历史阶段里曾受到教会势力的严酷打压,尤其是在科学研究表现出对基督教教义的质疑和威胁的时候。按传统基督教教义的理解,上帝是至高、至上、超拔于宇宙之上的存在,是全部智慧的化身和一切知识的来源;认为人能够凭自己的理性获取知识,不仅虚妄,同时也是人性的骄傲。但是,当科学研究被视为一项与虔信上帝并行不悖的工作时,当科学探索甚至被视为人类认识上帝智慧的一种有效手段时,其性质和命运就截然不同了。

事实上,早期的科学家大多都是虔心侍奉上帝的神职人员,在处理人类知识与上帝智慧的冲突上,他们往往选择从圣经中寻找自己从事研

---

⑪ 伊安·巴伯:《当科学遇上宗教》,苏贤贵译,北京:三联书店,2000 年,第 55 页。巴伯指出:"从历史上看,宇宙统一且可理解的信念既有希腊的根源,也有圣经的根源,以及后来罗马世界的斯多葛派,把宇宙视为一个简单的系统。"

⑫ 约翰·H. 布鲁克:《科学与宗教》,苏贤贵译,上海:复旦大学出版社,2000 年,第 19 页。类似的看法另参唐纳德·沃斯特:《自然的经济体系:生态思想史》,侯文蕙译,北京:商务印书馆,1999 年,第 49 页。

究的依据。正如科技史学家布鲁克所指出的,圣经的教义为西方早期的科学研究提供了认可或辩护。这是一个反复出现的功能,因为在一个宗教主导着社会价值观的时代里,科学家们必然要不断地为科学在文化中的地位作辩护。[13] 中世纪自然神学家认为,上帝在两本书里启示自己——一本书是他的话语(即圣经),另一本则是他的作品(即自然)。人们有义务学习第一本书,同时也有义务学习第二本书。13 世纪的罗伯特·格罗斯泰斯特、罗杰·培根修士和弗莱堡的狄奥多里克等科学家,都把自己的工作看作是宗教意义上的探索,是"跟随上帝的步履思考他的思想"。自 13 世纪以降,直至莱布尼茨和牛顿(二人亦包括其中),所有重要的科学家实际上都用宗教来解释自己的动机。[14] 的确,在一个普遍相信基督教末世论的时代,上述科学家对于上帝的虔诚是无可质疑的,其从事科学研究的理由也因而变得无可非议。

　　利用圣经教义来为科学研究的合法化进行辩护,并提高科学的地位,这在近代实验科学的大力倡导者弗兰西斯·培根身上体现得尤为明显。在《新工具》一书里,他以先知般的口吻启导世人,推动科学的进步是上帝安排给人类的命运:"事端出于上帝:我们手中的这个任务(即科学研究——引者注)上面这样强烈地印有善的特性,可见分明是由上帝那里发出,因为上帝才正是善的元宰,光的父亲。"研究自然这一事业是与上帝在末世的工作同步进行的,上帝通过先知但以理说过:"但以理啊,你要隐藏这话,封闭这书,直到末时。必有多人来往奔跑,知识就必增长。"(但 12:4)培根认为自己正是身处于这样一个时代。他常常将自己对科学实验方法的提倡拟为上帝创世的工作,称之为给世界带来光,开启了世人的蒙昧:"我开始暂时是寻求光的实验,而不是寻求果的实验;我这样做时,我常常说过,乃是仿照上帝创世的榜样,那时在第一天仅造出了光,把整整一天的工夫用于这一件事,并没有在当天插进任

[13] 约翰·H.布鲁克:《科学与宗教》,第 22 页。
[14] Linn White, "The Historical Roots of Our Ecologic Crisis," eds. Cheryll Glotfelty and Harold Fromm, *The Ecocriticism Reader: Landmarks in Literary Ecology* (Georgia, Athens: The University of Georgia Press, 1996), p.11.

何物质的工作。"同样，人类进行科学发现的工作、加快对自然之秘密的揭示，是一种重新创造，也"可以算是模仿上帝的工作"。他非常赞赏所罗门在《箴言》25：2中的训示："将事隐秘，乃神的荣耀；将事察清，乃君王的荣耀。"⑮科学家的工作由此被抬到与上帝的工作同等高尚的地位。

培根是将科学研究引向实用性技术的关键人物。他把人类的野心区分为三个等级，并肯定了人类统治地球万物的神圣性与优先性："第一是要在本国之内扩张自己的权力，这种野心是鄙陋的和堕落的。第二是在人群之间扩张自己国家的权力和领土，这种野心虽有较多尊严，却非较少贪欲。但是如果有人力图面对宇宙来建立并扩张人类本身的权力和领域，那么这种野心（假如可以称作野心的话）无疑是比前两种较为健全和较为高贵的。而说到人类要对万物建立自己的帝国，那就全靠方术和科学了。"⑯可以看出，相对于早期的科学家来说，科学研究的目的正在悄悄发生革命性的转变：如果说早期的科学探索完全是基于促进基督教信仰的考虑因而目光始终不离天堂的话，那么自培根以降，科学研究的目光则从天堂转向了人间，致力于谋求人类对地球的统治权。这种转变固然与近代基督教信仰的衰落、人本主义哲学的兴起密不可分，但《创世记》1：26 – 28 里上帝让人类征服和管理全地的诫命无疑也为这一转变的出现埋下了伏笔。

三、合理性之认可

单纯的科学研究只能增进人类对自然的认识，但并不能直接改变自然环境。只有实现科学与技术的联姻，把科学认识转化为技术手段，并将其运用到对自然的改造当中，才能真正达到征服地球、增进人类之于自然的权力的目的。圣经及传统基督教教义在很大程度上为单纯的科学研究向实用性、宰制性技术的转化提供了合理性的认可。

---

⑮ 培根：《新工具》，许宝骙译，北京：商务印书馆，1986 年，第 73 – 74,94,102 – 103 页；另参第 46、78 – 79、90 – 91 等页。

⑯ 同上，第 103 – 104 页。

培根对科技与自然的辩证关系有着清醒的认识。他一再说到："要支配自然就必须服从自然。"[17]他所谓的"服从自然"显然并不是阿特菲尔德所理解的"有限制地使用自然"、"不破坏地球"[18]，而是通过科学研究来了解自然，最终目的则是运用技术"支配自然"。在培根看来，中世纪自然神学只重认识不计实用的研究是十分可笑的，"科学的真正的、合法的目标说来不外是这样：把新的发现和新力量惠赠给人类生活"。[19]对自然的研究不应止于对上帝智慧的揭示，而是要最终将科学认识运用到现实实践当中，以谋求人类的福利："正如在宗教方面我们受到警告要以行动来表示自己的信仰，同样，在哲学方面我们也应当依照相同的规则要以果实来评判学说体系；而假如这体系是不出产果实的，我们就应当宣告它毫无价值，特别是当它不仅不产生葡萄和橄榄等果实，反倒带有争执、辩论之荆棘和蒺藜时，我们就更应当作这样的宣告。"[20]科学研究只是手段，将其结论运用到征服自然的实践中，增进人类对自然的统治权才是科学的合法目的："我的目的是要试试能否就在事实本身当中来替人类的权利和伟大把基础打得更牢固些，把界限推得更宽广些。"[21]一言以蔽之，科学研究应实现向技术的转化，致力于全面征服大自然，使之为我所用，增进人类的现世幸福。那么，这种认识的转变又是如何实现的呢？当代科技史研究表明，这一转变的出现同样有着深厚的圣经和基督教背景。在这一点上，培根并不是一个例外。

首先，依据圣经教义和传统基督教神学的理解，人类有权利为着自己的利益而随意支配和利用自然，而不用承担任何道德义务。《创世记》1：28－30,9：1－3；《诗篇》8：4－8,115：16等经文表明，上帝已将地球万物交付人类之手，供其管理和支配。此类教义本就颇具人类中心主义色彩，经后世基督教神学家的不断阐释后，逐渐衍化成前文所述自然观：自

⑰ 同上，第8,73－74,104页。

⑱ Robin Attfield, *The Ethics of Environmental Concern* (Athens, Georgia: University of Georgia Press, 1991) pp. 39－40.

⑲ 培根:《新工具》,第58页。

⑳ 同上,第51页。

㉑ 同上,第91页。

然不仅不神圣,而且也不在上帝神力的保护之列,自然也就无权享受人类道德的关照。潘能伯格据此认为,现代自然科学和技术产生于信奉基督教的西方世界,决不是偶然的,因为"正是对于一切有限物彼岸的圣经中的无限上帝的信仰,才把有限物的世界完全无遗地交给人支配"。[22]

中世纪基督教神学的集大成者托马斯·阿奎那就曾以不容置疑的语气说道:"为了某种目的而利用某物不是罪,因为它本身就是为着某种目的而存在的。既然万物的秩序本是如此,那么不完善之物就是为了完善之物,正如具有生命的植物是为了动物,而所有动物又是为了人。因此,如果人类为了动物的利益而利用植物,为了人类的利益而利用动物,并不是非法的……"[23]亚里士多德的目的论学说对他的影响是显而易见的,但这种影响并不是在改变和违背圣经教义的基础上发生的;二者之能够被加以调和本身就说明了彼此之间在某种程度上的内在一致性。[24]总之,自然俨然成为无主之地,为现代人类技术赤裸裸的征服之旅预备了舞台。

进一步看,征服和统治自然不仅是人类的权利,而且还是人类的义务。在此有必要将《创世记》1:26-28详引如下:

> 神说:"我们要照着我们的形像,按着我们的样式造人,使他们管理海里的鱼、空中的鸟、地上的牲畜和全地,并地上所爬的一切昆虫。"神就照着自己的形像造人,乃是照着他的形像造男造女。神就赐福给他们,又对他们说:"要生养众多,遍满地面,治理这地;也要

---

[22] 潘能伯格:《人是什么——从神学看当代人类学》,第34页。

[23] 参见 Peter Marshall, *Nature's Web: An Exploration of Ecological Thinking* (London: Simon & Schuster Ltd., 1992), p.109。

[24] 例如,哲学人类学家兰德曼指出圣经和古希腊哲学的一个共同之处,就是都认为人在自然当中占据着独一无二的无可比拟的地位。希腊人是依据人的理性,而圣经则是依据人所赋有的神的形象:"人与较高的领域的关系造成了他与较低者之间的差距,像在《创世记》中一样,人由于与上帝相似而被选拔出来;因而对希腊人来说,他们也被选拔出来,并被其理性抬高。这种亲和关系,使希腊人和圣经中的人的形象能在西方传统中达到这样一种稳定的综合。"(M.兰德曼:《哲学人类学》,阎嘉译、苏克校,贵阳:贵州人民出版社,2006年,第102页)

管理海里的鱼、空中的鸟，和地上各样行动的活物。"

依照圣经的描述，上帝花了五天的时间创造了天地万物，在第六天造了人，从而完成了创世工作。这一描述给我们提供了极其丰富的信息，其中最重要的一点是：在自然万物中，唯独人依上帝的形像而造；独一无二的被造过程预示了人在地球上的独特使命——"治理"地球，"管理"万物。实际上，后世的很多基督徒也是如此理解并加以引申这一诫命的（如前引培根对人类"第三种野心"的设想显然就是对这一诫命的呼应）。

17 世纪的一位英国法官马修·海耳爵士曾发表过一番常被引用的言论："人是最末被创造出来的，因而是伟大的天堂中的上帝在这个低等世界的总督；他是这个低等世界的美好农庄中的管家、代理人或农夫。正因为这样，人被授予权力、威信、力量、统治权、信任和关照，去改良和去除多余的残暴的猛兽，为温顺有用的动物提供保障和防御，培育各种各样的植物，改善它们及其他，去掉那些多余的无用植物，呵护地球的表层，使之美丽、有用和丰产。"㉕这段话之所以引人注目，就在于它明确地肯定了人在地球上的独特角色与独特使命及其神圣性。人被喻为一名园丁或是农夫，辛勤地耕种、呵护上帝的园地，或栽培，或拔除，去莠存精。尽管它在某种程度上似乎是在表达人类对于地球及其万物的管理责任，但从今天的生态伦理学来看，它对人类角色的定位显然是人类中心式的。在当代生态思想家皮特·马歇尔看来，这段文字的整个口吻更多地是表现出对其他受造物的傲慢和干预态度。㉖

马歇尔对这段经文的理解并未就此止步，而是回到希伯来原文圣经，对"治理"和"管理"二词做了重点考证。他发现这两个词所对应的希伯来词汇分别为 kabas 和 rada；kabas 应译为 subdue（中译有制服、征服、镇压、使顺从等意），而 rada 应理解为 have dominion over 或 rule（中译有统治、管辖、管理、支配、控制等意）。"这两个词在整部旧约中都有

㉕ 参见 Peter Marshall, *Nature's Web: An Exploration of Ecological Thinking*, p.120。
㉖ Ibid., p.120.

使用,意思是残酷的殴打或压制。这两个词都用来描述征服和奴役行为,都勾勒出征服者的形象:他将自己的脚踏到被击败的敌人的颈项上,建立绝对的统治。"[27]据此,马歇尔指出,"因此,出现这样的结果就不足为奇了:基督教徒把《创世记》里这些话传统地解释为神对人的授权,允许人为了自己的目的征服、奴役、开发和利用自然。"[28]

　　依据这一考证,上帝不仅授予了人类开发、利用自然的权利,规定了人类征服、统治地球的义务,而且似乎暗示了人类在履行该义务时可以不择手段。事实上,阿奎那就曾举上帝与挪亚所立新约[29]为据,从根本上排除了人在利用非人类受造物时的任何道德限制:"我们要批驳那种认为人杀死野兽的行为是错误的这种错误观点。由于动物天生要被人所用,这是一种自然的过程。相应地,据神的旨意,人类可以随心所欲地驾驭之,可杀死也可以其他方式役使。"[30]由此,自然完全被排斥于人类的伦理道德法则之外,纯粹沦为供人类任意处置的资源。受益于这样的思想背景,培根极力吹奏以技术为武器向自然挺进的号角,却没有给非人类受造物任何道德考虑,这就不足为怪了。而现代技术作为人类征服和利用自然的有效手段,其所呈现出的宰制性和掠夺性特征因而在这里找到了一个重要源头。

㉗ Ibid. , p. 98. 此外,在 1984 年 4 月 16 - 19 日由哈佛大学世界宗教研究中心组织的"基督教与生态"会议上,神学家西奥多·希伯(Theodore Hiebert)在题为"The Human Vocation: Origins and Transformations in Christian Tradition"的文章中对这两个词在希伯来文中的原义作了重申: kabas 用来描述用强力迫使别人屈服,特别是军队征服敌人、占领敌人的领地并迫使敌人为奴隶;rada 最初用来描述对以色列人的敌人的军事入侵、摧毁和统治,以后也用来描述一家之主对家庭和家奴的统治。参见 Dieter T. Hessel & Rosemary Radford Ruether eds. , *Christianity and Ecology*: *Seeking the Well-Being of Earth and Humans* (Cambridge: Harvard University Press, 2000), pp. 136 - 137。

㉘ Peter Marshall, *Nature's Web*: *An Exploration of Ecological Thinking* (London: Simon & Schuster Ltd. , 1992), p. 98.

㉙ "神赐福给挪亚和他的儿子,对他们说: '你们要生养众多,遍满了地。凡地上的走兽和空中的飞鸟,都必惊恐、惧怕你们;连地上一切的昆虫并海里一切的鱼,都交付你们的手。凡活着的动物,都可以作你们的食物,这一切我都赐给你们,如同菜蔬一样。'"(创 9: 1 - 3)

㉚ 参见戴维·贾丁斯:《环境伦理学:环境哲学导论》(第三版),林官明、杨爱民译,北京:北京大学出版社,2002 年,第 106 页。

值得一提的是,培根在呼吁现代人建立对于自然万物的统治时,还援引了圣经中关于堕落的教义使这一野心合理化。据《创世记》第 3 章所述,堕落使人类同时失去了原始的天真和对于自然万物的统治权。但培根认为这两种损失的弥补并不需要等到末世,相反,他们能在现世中得到部分补救:前者要靠宗教和信仰,后者则靠技术和科学。[31] 这一理解不仅回应了"征服地球"的诫命,而且也为现代科技走向征服自然之路扫除了最后一道思想上的障碍——运用科技征服和统治自然与人类灵魂的终末得救并行不悖,科学技术与宗教殊途同归。至此,从圣经教义到中世纪单纯的科学研究,再到现代科学与技术的联姻,一切水到渠成。

四、结　语

综上考察,我们发现圣经及由其领起的犹太—基督教对现代科技之得以兴起发挥了至关重要的作用;没有圣经对人与自然关系的预设、对科学研究合法性的辩护、对以技术征服自然的认可,就没有现代科学与技术的联姻,也就没有现代意义的科学技术。现代科学技术生来便拥有宰制自然的倾向,它打上了如此浓厚的基督教烙印,以致沃斯特不无讽刺地说:"在培根的意识中,经过一个令人惊异的却又是很清楚的过程,基督教传统中的耶稣基督变成了一个科学家和技师。科学为建造一个更好的羊圈和开辟一个更绿的牧场提供了工具。"[32]

在生态危机愈演愈烈的当今世界,现代科学技术受到前所未有的质疑与批判。在怀特等人看来,仅从表面上来理解现代科技,就无法真正认识它的本质;技术乐观主义者们企图凭借更多更先进的科技来应对生态危机,不仅不能从根本上化解生态危机,反而会遭致更严重的反扑。[33]

㉛ 培根:《新工具》,第 291 页。

㉜ 唐纳德·沃斯特:《自然的经济体系:生态思想史》,第 49 - 51 页。在新约里,耶稣将信徒比喻为羊,而称自己为"好牧人"(约 10:11,14)。

㉝ Linn White, "The Historical Roots of Our Ecologic Crisis," eds. Cheryll Glotfelty and Harold Fromm, *The Ecocriticism Reader: Landmarks in Literary Ecology* (Georgia, Athens: The University of Georgia Press, 1996), p. 9.

因此,要彻底应对生态危机,我们就必须回到人类自然观念与现代科技所借以兴起的思想文化背景。他们选择了从宗教上去寻找问题的源头,并主张仍从宗教上去寻找解决问题的办法。㉞ 这一思路是非常富于启发性的。

正是通过现代科技,圣经才与当代生态危机形成了莫大的干系,并遭致当代生态思想家的非难。尤其是《创世记》中有关征服和统治全地的诫命,成为怀特等人揭示现代科技的本质以及当代生态危机的成因的有力依据。麦克哈格认为它"坚持人对自然的支配与征服,激发了人类最大的剥夺和破坏的本性,而不是尊重自然和鼓励创造"。㉟ 美国环境史学家纳什也认为,传统基督徒把它理解为一种征服大自然并使它们成为人类的奴隶的神圣命令,"作为掠夺大自然的思想润滑剂,这样一种解释在过去的几个世纪中被证明是有用的。确实,难道这不是掠夺大自然的观念之所以能够最初出现在基督教思想中且得到坚持的重要原因之一吗?"㊱

的确,圣经不仅承载着基督教的思想,构成了西方文明的重要思想源头和精神基础之一,而且以其发行量之大、流播域之广,深远地影响了世界各民族的世俗生活。日新月异的现代科学技术为人类带来了前所未有的福利,同时也深远地改变着地球生态的面貌,危及人类的继续存在与发展。如何继续推进科学技术的发展,并将其与生态危机的化解结合起来,实现科技的运用与人—自然关系的良性循环,是整个人类共同面对的难题。应该说,沿着现代科技兴起的重要源头——圣经去寻找解决问题的突破口,不失为意义深远的探索。

㉞ Linn White, "The Historical Roots of Our Ecologic Crisis," eds. Cheryll Glotfelty and Harold Fromm, *The Ecocriticism Reader: Landmarks in Literary Ecology* (Georgia, Athens: The University of Georgia Press, 1996), p. 14.

㉟ 伊恩·伦诺克斯·麦克哈格:《设计结合自然》,芮经纬译,天津:天津大学出版社,2006年,第33页。

㊱ 罗德里克·弗雷泽·纳什:《大自然的权利:环境伦理学史》,杨通进译、梁治平校,青岛:青岛出版社,2005年,第104页。

司各脱的自然法理论[*]

汉纳斯·默勒(Hannes Möhle) 著 王首贞 译

【内容提要】 约翰·邓·司各脱是中世纪盛期著名的苏格兰经院神学家和哲学家,其自然法学说在调和上帝意志与人的理性方面做出了独特贡献。作者在文中阐述了司各脱的自然法学说如何实现了对于人的自然理性以及在此基础上建构起来的理性伦理学体系的捍卫。文章指出,司各脱通过为自然法设定概念必要性这一形式标准而区分了严格意义上的自然法与宽泛意义上的自然法。由于一切行动的终极目的是达到至高善,而至高善是与上帝同一的。因此唯一能够属于严格意义上的自然法的命令是那些拥有上帝本身作为其目标的命令,而所有其他命令则属于更宽泛意义上的自然法。在这种区分中,"同意"概念的提出具有至关重要的作用。作者认为,司各脱在捍卫人的自然理性的同时,并没有否定神圣意志的根本价值。

【关键词】 自然理性 神圣意志 同意 理性伦理学

自然法理论是约翰·邓·司各脱伦理学的核心。与中世纪伦理学的其他路径不同,司各脱的架构并不是一种美德伦理学的架构。其中一个原因是司各脱关于意志的创造性构思,这极大地偏离了其古典的和中

---

* 本文译自 Thomas Williams, ed., *The Cambridge Companion to Duns Scotus* (Cambridge, UK: Cambridge University Press, 2003), pp. 312 – 331, 中译获得授权。

世纪的前辈。有关意志的这一新构思以及由此产生的关于行动理论的假定,对于美德这个概念要求一种不同的、系统的作用——与有目的行动自然的目标导向性相比,这种作用赋予理性判断以更大重要性。司各脱伦理学中居于中心地位的是理性一方对于自然法中被理解为实践真理的事物所承担的义务,而不是像在美德中得以显现的适合于代理人目的导向的自然。

　　决定司各脱实践哲学这种根本定位的第二个主题源于司各脱作为神学家所面临的双重工作。一方面,由于亚里士多德学派科学概念的影响,司各脱不得不证明神学是一门科学的主张,是可以得以很好表述的。另一方面,由于他属于法兰西斯会传统,他还必须强调神学的实践特征。其结果是,摆在司各脱面前的是发展一种有关实践科学的理解这项工作——它将表明这两种要求是如何得以一贯地满足。① 正如我在本章中详尽阐释的,司各脱关于自然法的理论恰恰是对理性的可接受性的这一更高标准做出的回应。

　　古典的和中世纪的自然法理论所呼吁的"自然"——不管在任何特定的思想家那里它是如何得以构思的——总是与两个标准相关联:它代表一种权威性的标准——有确定的内容——这种标准被理解为既是普遍的(意指并非仅仅为单个个体而规定),又是可以经由其自然力量而被人所理解。由于自然法依赖于一种并不被人的行动所改变的自然,因此它具有普遍的合理性。因为人本身属于那个自然,因此在理论上他们是能够获知相应的律法。

　　在基督教背景中,自然的内容是由上帝初始的造物计划决定的。根据这种理解,上帝的创造行为——它以永恒法为基础——为普遍的自然法之合理性提供了唯一的关联。这种观念在托马斯·阿奎那的如下主张中给予了简明表述——即自然法应当被理解为对永恒法的一种分享。尽管人根本的自然构造被映照在他们的自然倾向中,但是他们中的自然法只能经由理性得以确立;因为他们只是作为理性的存在物而分享永恒

_____

① Cf. *Ord*. prol., pars 5, nn. 217 – 366; cf. Möhle 1995, 13 – 157.

法的。②

把自然法与永恒法关联起来并不仅仅是将自然法置于变化的人的力量之上。它同样极其尖锐地提出这样一个问题,即自然法是否并且以何种方式能被神圣行动所改变。由于这个原因,对于中世纪的基督教作家而言,圣经中的"丑闻"——它提供了摩西十诫命令的显见例外——成为自然法之不可变更性的试金石。正如大多数作家(尤其是托马斯·阿奎那)所坚持的,如果摩西十诫中的每一道命令都被视为是属于自然法的,那么何西阿的不贞、对埃及人的劫掠,尤其是以撒的牺牲等这些获得神圣命令的事例都必须被包含在对自然法的理解中。出于另一种原因,在自然法所规定的事物中,上帝制造的显见例外同样提出了这个特别的问题,即神圣意志的这样一种行为似乎会排除人类关于什么令神圣命令搁浅(ground)的知识,除非我们对上帝的活动具有某种洞见。

当司各脱把 *Ordinatio* 3,d. 37——他发展其自然法概念的关键文本——致力于解决摩西十诫中一切诫命是否都属于自然法这个问题时,他沿循着这种提问题方式的主要脉络。③ 在反对如下观点时——即把十诫整体地指定给源自于上帝不可更改的造物计划的自然法——司各脱的观念在许多方面代表一种明显的断裂和一个新的起点。近年来,二手文献中有关如何在上帝的意志行为与人的经由理性而获知自然法的能力之联系这样的背景下去评估司各脱的观点方面存有广泛争议。④ 司各脱不仅推动了对自然法理论⑤,而且事实上也推动了对其整个伦理体系的去自然化,这似乎打开了三种解释的可能性,任何一种都多多少少在二手文献中得以明确地提出:(1)伦理的理性可达性(accessibility)

---

② ST IaIIae. 9 I. 2.

③ 见 *Ord*. 3,d. 37,in Wolter 1986,268 - 7. Wolter 在亚西西抄本(Assisi Codex)和一个来自罗马的手稿(cod. Vat. Lat. 883)基础上,提供了 Wadding 版的修订本。Mercken 1988 Wolter 的文本作出了批判性评论。

④ Cf. Honnefelder 1996,最新的是 Williams 1998a。

⑤ 司各脱思想中的这种倾向被概括于 John Boler 选定的标题(因其被广泛讨论的贡献)"超越自然的:司各脱论意志的两种情感"(Transcending Natural : Duns Scotus on the Two Affections of the Will)(Boler 1993),Cf. Williams 1995b and Lee 1998。

已经被根本地削减,(2)在极端的表述中,道德知识被认为是只能经由神圣启示才可获取,或者最后(3)人们力图在司各脱思想中紧紧握住某种残余的自然主义,然后把它与激进的唯意志论(voluntarism)进行对比。本章的任务旨在表明司各脱学说中唯意志论要素——不应当被忽略,事实上这需要得到详尽阐释——的一贯性,并要求一种意图是哲学的而非神学的理性伦理。司各脱关于自然法的学说是这种理解的基石。我在第一部分谨慎地提出那个学说,在第二部分我将证明它是如何被整合到作为一个整体的司各脱的伦理学中的。

一、自然法学说

与 Ordinatio 3,d. 37 中讨论的圣经疑问事例相关而出现的,就其要旨而言是关于对十诫的神圣豁免的可能性问题。⑥ 司各脱选作陪衬的立场,从根本上讲正是托马斯·阿奎那的立场——阿奎那主张摩西十诫的一切命令都属于自然法。按照这种观点,明显的例外并不是严格意义上的豁免。相反,它们可以通过参考隐藏在被质疑的命令背后的真实意图而得到解释。为了捍卫这个最初意图,可以有更宽泛意义上的豁免,亦即在给予允许去做(一般地加以考虑而不需要参考它们特定的情形)最初被禁止的行为的范围内。⑦

司各脱对该问题(包括反面立场)的最初阐释关涉到属于自然法的命令之范围。他询问这个或那个命令是否属于自然法,而不是这样的自然法等同于什么。正是司各脱本人将有关自然法的范围这个最初问题转变为一个关于自然法本质的问题。他是通过把豁免的可能性设定为界定自然法本身的基础而做到了这点。这分为两步来实现。首先,司各脱谨慎地提出他理解豁免(dispensatio)概念的方式。豁免可以以这两种方式中的任何一种得以理解:对某种命令的附加阐述或者对现有命令

---

⑥ 有关司各脱的自然法学说,参见 Boulnois 1999, esp. 62 – 72; Wolter 1986, 57 – 75; Möhle 1995, 338 – 89; Shannon 1995, 56 – 68; 以及 Prentice 1967。

⑦ Ord. 3, d. 37, n. 2。

的废除。他因此排除了如下解释——依据该解释,豁免包含在遵循现有命令时允许例外。⑧ 在第二步,司各脱把严格意义上的自然法限制在那些或者本质上是因概念而众所周知的命令——亦即仅仅通过用以阐释它们的概念而被发现是正确的;或者从这种不言自明的实践原则中必然导出的命令。如果人们以此处讨论的方式理解豁免,那么显然对于这样的命令是不能有豁免的。⑨ 因为能够被视为是不言自明的事物不需要详尽解释,并且不能被认为是不合理的。

因此,司各脱首先对属于自然法提供了一个完全形式上的标准:一个命令属于严格意义上的自然法(仅仅以这一命令所表达的内容为基础),只要**这个命令是合理的**,在概念上是必要的。司各脱在其作品的任何地方都没有把自然法的内容向后追溯至永恒法。事实上,永恒法的学说在其体系中并不具有重要性。如果是把它看作属于严格意义上的自然法的话,那么命令在其中运行的环境和据以制定命令的意图都与其合理性无关。然而,当他继续探讨对于达致终极目的而言遵循自然法是否必要时,司各脱澄清了这种概念的必要性所意指的事物。他总结道,只有对于这些不言而喻的原则而言这点才是事实——即为了达致终极目的,它们所规定的事物是无条件必要的。正如背景所表明的,"无条件必要"意味着无法想象人们在没有因此同样否定终极目的本身的善的情况下,能够否定这些命令中规定的善。⑩

由于一切行动的终极目的是达致至高善,而且至高善是与上帝同一的。因此,唯一能够属于严格意义上的自然法的命令是那些拥有上帝本身作为其目标的命令。就十诫而论,司各脱思考的结果是只有第一张约柜的命令属于严格意义上的自然法。第二张约柜的命令只能在松散的意义上被看作属于自然法。因此,只有最初的两道命令属于严格意义上的自然法(对于第三道命令司各脱并不确定),因为只有"这些直接把上帝视为目标"。⑪

---

⑧ *Ord.* 3, d. 37, n. 3.

⑨ *Ord.* 3, d. 37, n. 5.

⑩ *Ord.* 3, d. 37, n. 5.

⑪ *Ord.* 3, d. 37, n. 6.

严格意义上的自然法其内容可以用"上帝是当爱的"⑫这个表述加以总结;甚或以"上帝不应当被憎恶"⑬这种更为确切的否定表述加以总结。这项命令符合不言而喻的形式标准,因为在本质上(如司各脱在 *Ord.* 3, d.27 中强调的),它只是在陈述"至善者应当得到至爱"。关于这个解释,很明显爱上帝这个命令是一种不言而喻的实践原则,它因此符合属于自然法这个形式标准。⑭

所有其他命令属于更宽泛意义上的自然法。它们借以属于的标准并不是它们的概念必要性,而是它们广泛同意(consonantia)严格意义上的自然法。⑮ 司各脱把一切命令都理解为实践真理(vera practica)——既有那些属于严格意义上的自然法的命令,也有那些仅仅在更宽泛意义上属于自然法的命令:前者因为它们是不言而喻的,后者因为它们与前者一致或同意前者。⑯ 司各脱的同意概念在如下范围内是加以否定界定的——即它暗含并没有严格的演绎联系允许来自首要的不言而喻原则的必要推理。更为积极地讲,这些命令可以被理解为对某个首要的一般命令的详尽阐释(declaratio)或解释(explicatio)——正如司各脱在一则事例中澄清的。⑰ 具有这种同意(consonantia)的命令通过使它们应用于特定的情形而延展了一般命令。

为详细阐明这一程序,司各脱使用一个来自实证法领域的比较。⑱假定人应当在共同体中和平地生活这个一般性法规的合理性,那么人们可以经由一个更加特定的要求——即每个人都喜欢控制他或她自己的财产——而拓展这项规则。这项要求的引入取决于一个先前的判断:人们是否以如下方式把共同体的成员看作是虚弱的——即与对属于共同体的事物之关注相比,他们更加关注于其自身的财产。涉及私有财产

---

⑫ *Ord.* 3, d.37, n.6.

⑬ *Ord.* 3, d.37, n.7.

⑭ *Ord.* 3, d.27, n.2.

⑮ *Ord.* 3, d.37, n.8.

⑯ *Ord.* 4, d.17, n.3.

⑰ *Ord.* 3, d.37, n.8.

⑱ *Ord.* 3, d.37, n.8.

的更加特定的命令并不是从在一起和平生活的一般命令中推演而来的。相反,它需要另外的假设(即市民是虚弱的),这代表对开始时仅仅是相当一般性地得以构思的情形的根本补充。

正如司各脱在另外一种情形下澄清的,这个"同意"的概念允许两种解释。[19] 一方面,有与一般命令相一致、但其反面同样会与那些相同的一般命令相容的命令。另一方面,有那些其反面与首要的一般原理不相容的命令。只有后者属于宽泛意义上的自然法。前者只是属于实证法。就这个理解而言,规定某些仪式或习俗的命令属于实证法,因为一项规定其他仪式的类似命令——或许甚至禁止第一种仪式的实践——同样能够被设想为是与严格意义上的自然法相一致。

当人们考虑 *Ord.* I, d.44 中司各脱自然法学说的背景(其学说以此为基础)时,对于自然法这种解释的一个更为根本的理解就出现了。现有命令可以被其他事物服从、违反或者取代。当一项命令经由一个拥有发布命令的权威之人的行为而得以确立时,一项命令就被另一项取而代之。例如,当上帝要求亚伯拉罕杀死其子以撒时,谋杀的最初禁令被置于一旁,而被另一项与神圣行为相一致的命令取代。[20] 既然代理人不拥有发布命令的权力,那么他或她只能或者服从或者"过度地"违反现有命令。如果某人在现有法律所设定的秩序界限内行事,那么那个人就是通过"适度权力"(potentia ordinata,意指"有序的权力"——译注)行事。如果某人或者违反现有秩序或者取代构成那种秩序的命令,那么那个人就是通过"绝对权力"行事。一切代理人都被赋予智识的力量并且拥有可供其支配的、或者在现有秩序界限内行事或者违反(适度地或者过度地)那种秩序的能力。

当区分适度与绝对权力的这个经典段落被应用到自然法的讨论中时,后面的联系就变得一目了然。整个王国在原则上都受制于变化;它有待于上帝绝对权力的行为决定。神圣的全能可以免于任何一项部分地构成一种既定秩序的命令。唯一的限制是上帝绝对权力本身的限制。

---

[19] *Rep.* 4, d.17, n.4.

[20] *Ord.* I, d.44, n.8.

对于其合理性处于上帝绝对权力范围之外的命令,是可以没有豁免的。对上帝绝对权力的唯一约束是"没有矛盾"的要求。凭借其无限权力,上帝能够以另一种秩序取代任何创造的秩序,只是因为他的行动没有任何自相矛盾。任何包含这样的矛盾的事物都处于上帝的无限权力范围之外。应用到自然法学说上,这意味着严格意义上的自然法包括一切如下命令——即对该命令的豁免将会包含矛盾。这就是规定爱上帝的命令的情况,因为它要求至善应当得到至高爱。任何可能的豁免之矛盾特征不言而喻是从"至善"概念的内容和"至高爱"中演变来的。

任何不包含矛盾的事物原则上讲都服从于上帝的全能。然而,即使这个领域也不简单地是武断的。诚然,上帝能够用其他事物取代现有秩序。但是,在每一种情形中它都是一种要被取代的秩序。㉑ **适度权力**的观念不是指涉支配单一情形的法律,而是指涉某种一般性的指令。㉒ 在司各脱的理解上,当上帝凭借其绝对权力将其最初的命令——它包括对于谋杀的一般性禁令、并以一项在其中该禁令不再生效的命令取而代之——置于一旁时,以撒牺牲中包含的豁免就发生了。杀害以撒的命令和对于谋杀的一般性禁令不能共存于单一的一项命令中。在每一种情形中被改变的是一项命令——亦即一个一般性的法律——它因此是基于以下事实,即存在着支配更为特定的准则之兼容性的连贯标准。那就是司各脱豁免概念的意义,它排除了如下的可能性——即在没有完全将那项法律置于一旁并且以另一项法律取而代之的情况下,豁免将允许对现有法律存有例外。

㉑ 因此,我说许多其他事情能够得以有序完成。许多不包含矛盾的事物——除了那些遵循当前法律的事物——能够以一种神定的方式发生;只要这种法律(人们据此正当且有序地行事)的公正存在于代理人自身的权力中。于是,这样的代理人能够以另外的方式行事,他因此确立另一种公正的法律——它如果是由上帝订立的,那么就是正当的。因为除神圣意志接受它得以确立外,没有任何法律是正当的。在这样的情况下,代理人在有关某事物方面的绝对权力将不会延伸至任何事物,除了如果发生将可能正确发生的事情。事实上,不是在当前这个秩序方面是神定的,而是在有关神圣意志将会建立的——如果它能够以这样的方式行事——某个其他秩序方面。*Ord.* I, d.44, n.8; trans. Wolter 1986, 257.

㉒ *Ord.* I, d.44, n.11.

　　这个连贯的要求同样能够以一种特定方式被理解成是对同意——它描述了属于更加宽泛意义上的自然法之准则的特性——的一种解释。如果这些命令与严格意义上的自然法之首要命令相一致(但不是由此演绎而来),那么它们彼此之间也需要兼容。这个要求是神圣行动非矛盾特征的后果:如果上帝是要创造一个包含着相互之间不能协调的准则的指令,那么矛盾就会因此而存在。在单一的一个命令中,不仅必须排除直接的矛盾,而且各种命令及其奉为神圣的善同样必须被纳入到一个连贯的层级。与这个连贯标准相一致,存在对善进行权衡的空间——(与严格意义上的自然法之命令相比)为了避免更大的恶,它允许豁免的可能性。因此,例如存在着免除婚姻稳固性的可能性,如果不这样的话会有夫妻之间的不快乐将以谋杀而告终这样一种危险。㉓ 正如这个例子表明的,单个命令服从于相互的权衡——它是整体的非矛盾和富有意义的命令之先决条件。就散漫论证所推进的各种善进行比较权衡而论,我们此处是在讨论一个理性程序——它用之于对更加宽泛意义上的自然法的命令施加影响。

　　因此,尽管这些命令不能从首要的命令中得以推演,但是这并不意味着不存在可以理性确证的理由以证明为何某些命令应当生效,或者——尤其是——为何只有某些命令应当在一种连贯的体系中共存。诚然,属于更加宽泛意义上的自然法的命令之合理性不能通过诉诸与人性相关的任何事实得以解释——作为受造物,人性是偶然的——这是实情。但是另一方面,关于预先假定的事实与合理的命令之间的相互作用的知识能够散漫地获取,这也是实情。这种知识既非纯粹直觉的,也非演绎的。㉔ 司各脱关于财产权的讨论澄清了这点。㉕ 私有财产权不能以任何方式从某些先于神圣行动的理性命令中得以推演。上帝的行动不

㉓ *Ord.* 4,d.33,q.3,n.9.

㉔ 在这种理解上,Allan B. Wolter 和 Thomas Williams 在关于自然法的本体论与认识论地位上的争议,可以通过诉求对该争论的更为精确的描述而得以解决。Cf. Williams 1997,尤其是 84-93。

㉕ Cf. *Ord.* 3,d.37,n.8.司各脱经常借助参考实证法中结构上相似的案例来解释自然法命令中的联系。

可化约地是自由的,因此创世是相当偶然性的。所以,任何不以上帝本身作为其目标的命令,只有在依凭神圣意志的行为时才具有效力。那么,在没有把决定引入到神圣意志中时,这样的命令是如何被看作是能够被理性获知的呢?

即使我们不能够回答为何创造是它所是的方式这个问题,然而我们却能够在某种程度上知道创造所是的方式。因此,我们对于作为人我们是什么有某些了解。㉖ 从如下前提即人更多关注其自身的财产而不是共同体的财产,人们可以为确立私有财产的法律之合理性建立一种论证。如果人们把有关人的某种其他图景作为前提,那么他就会发展出反对这种法律的可能论证。然而,在任何一种情形中,人们提供的论证都不会具有严格的演绎特征,但是却是合理的。这些论证并没有参考为了创造的神圣计划,亦即永恒法;但却参考我们关于现实的有限知识。这个论证结构因此给予司各脱完全的自由以证明命令多元性的合法性,但是其中的每一个命令都必须被证明依据其自身的资格是合理的。㉗

一般法在某种程度上能够通过指出具体情形是如何被支配的而得以重构。因此,犹大——到最后他是一个罪人——在原则上是能够得到拯救的,但是并不是在一个包含着规定每个不思悔改的罪人都应当受到诅咒的命令中。一旦犹大是这样一个罪人这个特定判断已经做出,那么他的拯救就只能在一个如下的命令——即不包含规定每个不思悔改的罪人应当受诅咒这个一般法的命令——中实现。㉘ 同样地,国王的特定判断——这个具体的谋杀者应当被处死刑——是与一般法保持一致的。如果法律要被应用到具体的案例中,㉙那么个体判断就要参考一个反之必须参考那项判断的法律。

不同层次的法律之间垂直的和水平的**同意**之相互作用允许对司各脱的伦理学作出这样一种解释——即在司各脱自然法理论初看起来是

㉖ 我们或者自然地或者经由启示而拥有这样的知识。

㉗ Cf. Kluxen 1998, 尤其是 108 – 9。

㉘ *Ord.* I, d. 44, n. 11.

㉙ *Ord.* I, d. 44, n. 9.

完全形式的解释中消除明显的片面性和内容缺失。[30] 对于这种解释，从不言而喻的一般原则中相当形式地推演出具体法完全导源于为何那些特定的法律是有效的这个理由：只有当它们能够被追溯至最高的实践原则时，它们才具有效力。它们能够在一种更加宽泛的解释框架中被发现（亦即得以理性重构）。司各脱在刻画它们时提出的**同意**，允许人们从具体的现实攀登至在对该现实的任何解释中都必须预先设定的原则，只要内在一贯这个最低要求需要得到满足。经由这种上升，人们最终得出有着确定内容的义务。

　　一旦我们认识到在关于自然法的这个理论上理性话语绝不是被排除在外的，那么司各脱伦理学中关于是否把第二只约柜对于神圣意志的依赖看作是一种唯意志论的成分的争论，就失去了其大部分的轰动性。同样地，理性并不局限在对法律（有其根本上不确定的内容）的纯粹形式解释中。司各脱有关自然法的理论提供一种多层次的论证结构：依据至高无上的原则——它们是经由形式推理得以把握的——他认识到了其他的基本原则。这些原则得以认知，既是通过它们对最普遍原则的有意义阐释，也是通过它们彼此的平衡和连贯。除此之外，它们能够用作我们特定的道德判断中所显明的日常道德直觉的正当理由。

　　司各脱在 *Ord.* 4, d. 33 中探讨的一夫一妻制的争议，能够用以作为首要原则与描述随机性现实[31]的特定判断一起发挥作用的方式之例证。一夫一妻制问题的两个方面以及废除这一制度而支持多配偶制要求研究：在婚姻契约中被捆绑在一起的配偶的互惠正义，[32]并要求豁免于命令一夫一妻制的法律。[33] 在这两项研究中，司各脱通过假定一个一般的实践原则——其合理性并不依赖于其对于特定案例的应用——而推进。就其本身而言，这些原则并没有提供任何关于一夫一妻制或多配偶制在特定情形下是否可以是合法的之信息。然而，这些基本原则用以作为合

---

[30] Cf. Möhle 1999, 47–61.

[31] *Rep.* 4, d. 33, 更加详尽地考察了这个争议性问题。

[32] *Ord.* 4, d. 33, q. 1, n. 2.

[33] *Ord.* 4, d. 33, q. 1, nn. 4–6.

理的程序规则——它们通过参考特定情形中的命令而使得有关单个案例的决定成为可能。

对于该问题的第一部分,潜在的原则是在每一种交换中——司各脱在交换正义㉞的标题下讨论了婚姻契约——那些进行交换人们所交换的事物中应该有着最大可能的平等,这是根据交换的目的进行判断。㉟一夫一妻制或者多配偶制是否合法取决于一个人把交换目标看作是什么:繁殖最大可能数目的后代,或者对于不贞洁的限制。如果是前者,那么多配偶制是合法的;如果是第二种情况,那么就要求一夫一妻制。在每一方面——任何目的只要被看作是确定的——都有可以理性辨识的理由以支持或反对一个命令。或者换言之,遵守严格的正义。㊱

至于该问题的第二个方面即从命令一夫一妻制这个命令中豁免的可能性——司各脱再次以首要原则为基础予以推进。这个一般的并且主要地是形式的原则规定,如果一个事物被命令具有两个目的——其中之一要比另外一个更为根本——那么它就应当以对更为根本的目的作出更大贡献这样一种方式加以利用,即使它的实现要以牺牲从属目的为代价。㊲ 按照这个准则行事就是符合正当理由;它同样依赖于一种范式上的理性判断。如果人们把这个权衡善的原则应用于手头的例子,那么究竟一夫一妻制或多配偶制哪个更为可取将取决于对婚姻目的的实际评判。如果是如下情况即首要目标是繁殖最大可能数目的后代,那么多配偶制是更为可取的解决方案。如果不是这样的情形,那么一夫一妻制是实现婚姻另一个目的(避免不贞)的更合适方式。㊳

因此,司各脱并没有仅仅通过提及神圣意志不可获知的决定而回答

㉞ *Ord.* 4, d. 33, q. 1, n. 2.

㉟ *Ord.* 4, d. 33, q. 1, n. 2.

㊱ 为了实现正义——这说的是对文本的补充——立法者在交换方面的意图必须得以实施。目的可以源自于高级的立法者(例如上帝)而不仅仅是交换中的参与者,这在原则上并不破坏合理性,因为对根本要求的这种干预被暗含在婚姻契约对上级主人(dominus superior)同意的依赖。

㊲ *Ord.* 4, d. 33, q. 1, n. 5.

㊳ *Ord.* 4, d. 33, q. 1, n. 5.

豁免可能性这个最初问题。相反,他诉诸能够用以提供支持或反对假定一个相应的命令是有效的之理由。正是这些理由使人们能够重构法律的相应秩序的理性结构。

正如 *Ord.*4,d.33 中的讨论所表明的,构成这种论证基础的原则并没有涉及任何预先假定的、自然的人的目的论。相反,此处我们是在处理这样的论证原则——它们能够被理解成是面向任何既定秩序的一贯原则。交换正义原则的合理性以及司各脱为此提出的对善的权衡,在他对于豁免可能性的讨论中其本身并没有受到质疑。相反,那些原则被用以阐明从属于豁免的整个秩序的连贯结构。由于这样的原因,可比较的原则能够得以保留以进行理性论证,而不需要质疑司各脱对于神圣自由的独特强调。正如司各脱伦理学的论证结构表明的,恰恰是这些相同的原则既构成了神圣行动合理性的基础,又确保人能够经由理性而获知道德律则。

二、自然法理论与司各脱伦理学其他方面之关系

正如自然法理论的这一概要表明的,司各脱阐释的自然概念在重要方面不同于亚里士多德—托马斯式的理解。司各脱根本没有提及以目的论方式加以解释的代理人的性质。[39] 司各脱观点的这个方面与他对行动和意愿的独特理解、与一种修正的关于道德善的观点以及与有关作为整体的伦理学之特定的认识论假设密切相关。[40]

司各脱在特定意义上把自愿行动理解为事迹(Praxeis)——正如司各脱明确陈述的——它与亚里士多德对于行动的理解有着根本不同。亚里士多德把行动理解为简单的自然运动,然而司各脱却把它们理解为意志的行为——它们在其道德相关的特征方面自然地倾向于被智力理解的行为所决定。[41] 这两种观点之间决定性的差异是,司各脱把行动的

---

[39] Cf. Boler 1993.

[40] 有关司各脱作为整体的伦理学,参见 Möhle 1995,Shannon 1995,Ingham 1989 和 1996a。

[41] *Ord.* Prol. , pars 5 , n.353.

根源置于意志的自由行事力量中，而亚里士多德的观点则把行动追溯至智力与自然运行的欲望力量之间的合作活动。对于司各脱而言，行动并不是一种目的论地形成的自然欲望（由其内在目的所决定）的产物，而是这样一种自由力量的行为——它不以自然目的为目标，而是以智力向其呈现的行动之对象为目标。这些对象并不是作为最终原因而依据意志行事，因为只有意志本身（被看作是充分原因）对一个行动负责。智力作为部分原因起作用——它推动（但最终并不决定）意志去决定行动。因此，意志在更为根本的意义上是行动的原因。[42]

由于对意志和智力之间的合作活动作出的这种通常是被误解的解释并没有忽视智力和意志行动的特有模式，相反却把它们限制在其各自的范围内。因此，它既没有使智力决定论亦没有使唯意志论（它摧毁了行动的合理性）成为必要。智力自然地行事——这意味着它必然认识到其注意力被导向的那些对象，而且这个必然性既适用于其行为的实施，亦适用于其认知的内容。相比之下，意志是随机行事的。因此，在其行为的实施和意愿的对象方面它是自由的。[43] 智力认识到行动的可能对象。在与代理人的欲望之间的任何特定关系方面，行动的对象不需要承担责任。智力认识到对象而不是目的，因为行动的对象就其本身而言并不是行动的目的。只有当它是被意志寻求时，一个对象才变成为目的。对象是什么——它的本质特征和独特品质是什么——是它由以形成之方式的必要特征。作为目的，其地位只能来自于意志的行为并因此是偶然的。[44]

这种解释有两个逻辑上的必然结果。第一，被智力认知的事物之客观特征允许司各脱保留对于实践知识中真理的要求。在司各脱的争议性论题——即使对于像意志的行为[45]这些随机事件也有必然的真理——背后，是这样一种假设，即被认知的事物是独立于与意志的任何先前联

[42] *Lect*. 2, d. 25, n. 73.

[43] 关于意志和自然之间的关系的最新论述，参见 Höffmann 1999。

[44] Cf. Ord., *Prol.*, pars 5, qq. 1–2, n. 253.

[45] "有许多关于偶然事件的必然真理"。*Ord. prol.*, pars 5, qq. 1–2, n. 350. 有关司各脱把实践知识理解为实践科学，参见 Möhle 1995, 13–157。

系的。关于意志行动对象的这种理解,其第二种后果(或许是必然的结果)是意志被理解成自由行动的有效原因。自由的显著特征在如下的事实——意志不是以那些其本身被理解成是最终原因的自然显著的目的为目标——中得以显见,正如亚里士多德-托马斯式的自然主义将会主张的。相反,意志能够在完全独立于任何最终原因作为共同原则的情况下把自己导向行动。最后这点意味着与亚里士多德物理学和形而上学的基础性原则——它同样被看作是被中世纪思想家所束缚——之彻底决裂。[46] 司各脱把意志解释为这样一种力量——在没有任何先前动因的情况下它能够将自身从潜能转换成现实——这与亚里士多德的至理名言"任何运动着的事物都必然有推动者"[47]直接相抵触。正是与意志行动的这个根本原则及其暗含的目的论解释的决裂,允许司各脱把意志构思成一种用以自由地自决的力量。

　　司各脱这个学说是与他对最终因果律概念的彻底批判密切相关的——这一概念在亚里士多德—托马斯的伦理学中是极其重要的。与其中世纪前辈和同时代人不同,司各脱把施加其因果律的原因的理念看作是一种纯粹隐喻性的目的,不对应于任何实际的现实。恰恰是参考亚里士多德关于理性欲望的概念,司各脱对以下观念给予了批判——即这样一种欲望是依凭它与最终动因的关系而行动。欲望旨在实现的目的只能在一种隐喻的意义上被看作是一种动机性原因。在现实中,人们只能说一种促动其本身的力量被看作是有效动因。[48] 司各脱以一种异常严厉的语调把对最终动因的呼吁批评为陷入到空想。[49] 正是在对哪种动因可以被合理地选取用以讨论作出的这种变化理解的背景下,司各脱发展了对于意志的如下解释——它以一种与亚里士多德—托马斯关于理性欲望概念有着显著差异的方式对意志进行构思。这里包含了司各脱关于意志的去自然化概念的根基。

---

[46] Cf. 司各脱在 *In Metaph.* 9,q. 14,n. 5 ff. 中批评的立场,认为这已经被普遍接受,直至那个论点。

[47] 有关这句格言的含义,参见 Effler 1962。

[48] *In Metaph.* 9,q. 14,nn. 122－4.

[49] *In Metaph.* 9,q. 14,n. 47.

当人们考察司各脱有关幸福学说所要求的后果时,这种特别是与托马斯·阿奎那学说的差异就变得尤为清晰。根据托马斯的观点,意志必然以幸福这个目标作为一切善的典范。因为,只有当智力向其呈现的对象在某个方面缺乏善时——从定义来看,这种情况对于完美幸福而言是不存在的[50]——意志的背离才是可以设想的。对于阿奎那的观点,与其完全的目的或者完美实现相关的理性欲望的活动必然是被决定的。由于特定的善——它只是被有限的智力得以不完美构想——之不足,它为自由预留了空间。欲望必然被其固有的并且由其目的所确定的自然倾向所决定而面向行动。自然倾向以这种方式构成意志的内容和实践之基础。

司各脱以根本不同的方式理解意志与其对象之间的关系。与智力的力量相比——其对象的显明性使其必须面向同意的行为——没有任何对象决定意志去行动。它的同意是自由给予的,无论一个特定对象拥有何种程度的善。[51] 阿奎那把理性欲望与其目的之间的关系理解为通过自然必要性而决定意志。因此,意志必定会坚守其终极目的即幸福,以及与幸福必然联系的任何善。[52] 司各脱通过引入反身性——它与单单的欲望相区别而为意志所独有——这个要素,打破了作为善被认识到的目的和意志的相应行为之间无中介的联系。意愿一个对象的意志往往也意愿那个对象的意愿。但是,由于意志通常是自由行事,它同样能够不去意愿任何特定对象的意愿。换言之,它总是拥有放弃或者暂缓其自身意愿的力量。由于这个原因,意志并不必然意愿甚至善的典范即幸福——必要性的这种匮乏并不取决于某个人仅仅拥有对于幸福的部分

---

[50] ST IaIIae. 6. 8.

[51] "意志不需要在其行为中保留意愿的潜在对象因其本性而倾向于具有的秩序。意志的同意并非类似于智识的同意,由于考虑到对象的显明性,智识中存在着必然促成智识中的同意的必要性。相比之下,任何对象的善必然促成意志的同意,这点并不是实情。相反,意志自由地同意任何特定的善,它自由地同意高级的善,就如同它同意低级善一样。"*Ord.* I, d. I, pars 2, q. 2, n. 147.

[52] ST I. 82. 1-2.

理解。⁵³ 依据司各脱的观点,意志有一种反身性行为——正如司各脱称呼它的——关涉其自身的意愿。导向特定对象的第一等级的意愿在第二等级的层次上其本身变为该意志的对象,它可以决定自身意愿或者不意愿这个对象。⁵⁴ 这个两层级的特征和反身性就是令意志成为自由的、自我决定力量的事物,恰如司各脱对它的理解。

意志自由的自决这个理论如何与理性伦理学的解释相结合呢? 司各脱的观点当然分割了行动目的(即认知)与欲望之间的自然联系。但是它绝没有放弃提供行动的理性理论这样的主张——它与破坏道德要求的唯意志论理论截然不同。司各脱对于意志的解释并不是从如下的假定推进的,即意志能够拒斥(nolle,意愿反对)作为善被认知的对象。如果情况是那样的话,人们几乎不能论及一个会受理性控制的行动。不论理性能够如何恰当地理解这个善,意志都可以引出违背这种理解的行为。因此,作为一种指导行为的理性标准的伦理学之任何基础都将被破坏。在捍卫我们经由散漫的理性而逐渐获知特定命令的能力方面,司各脱自然法理论的成功将会是毫无意义的,因为作为善被认识到的事物会对我们的行为产生正确影响这种可能性将会被废除。

意志这种中介性、反身性决定的模式绝没有令以下这点成为必要,即意志能够明确拒绝作为善而被认知的对象;这就是说,它能够拥有一种关于该对象的不意愿行为。恰恰相反,司各脱的立场只是承认由于这一反身性,意志能够对意愿该对象的积极行为保持克制。因此通过对同意的行为保持克制,它能够引导智力以导向其他对象,正如 *Add.* 2, d.42, q.4 表明的。智力认知的内容并没有因此而被转变为其对立面。也就是说,被认知的善并不是通过意志的命令而被转变为恶。被认知对象的客观价值仍然完好无损,即使反而是意志的力量指引智力去考虑某个其他对象。⁵⁵ 对象概念的去自然化——即是说,智识上认知到的善与

㊾ *Ord.* 4, d.49, qq.9 – 10, nn.5 – 10. Cf. Spruyt 1998, 尤其是 148 – 50。更多关于这个论点及其引出的内容,参见 Möhle 1995,389 – 414。

㊿ *Ord.* I, d.47, n.9; cf. *Coll. Par.* 17, n.8.

⑤ *Add.* 2, d.42, q.I, nn.10 – 11.

意志行为的任何必要实践之分离——允许司各脱假定意志的自由自决，而不需要放弃实际认知的客观性。

这个观点对于道德善的概念产生了广泛影响。尽管在亚里士多德－托马斯的传统中，道德善包含着一种以其自身完善为目标的欲望的实现。然而，司各脱的意志概念不允许对根据自然而得以理解的实现有任何类型的诉求。在阿奎那的体系中，道德善以本体论的方式被理解为促成了完美，且是作为最终动因运行的：ens perfectivum per modum finis。[56] 相比而言，司各脱把道德善理解成一种关系概念。道德善是由一个要在判断中得到确证的符合（convenientia 或者 conformitas）构成。这个符合是应当依据代理人的正当理由而保持正确的那些特征所不可或缺的所有物。[57] 道德善并不是某种依凭其自身资格的事物，亦即绝对的事物；而是在行为与它应当拥有的特征之间具有的一种关系。[58] 这种符合的关系（司各脱使用了两种表述）就其本身而言对于道德善并不是充分的。同样必要的是代理人的理性恰当地判断出这种符合呈现出来。[59]

通过把正当理由的判断设定为道德善的根本决定因素，司各脱在其伦理学理论中给予美德的概念以与亚里士多德－托马斯体系中所具有的不同作用。道德善并不是源自于正当欲望和正当理由的对应物，在亚里士多德那里是这样的。理性的作用也不是被限制在方式的选取上——尽

---

[56] "因此，被称作善的事物首先并且主要地是以目标的方式实现另一事物的事物。然而，在次要意义上，引导某个其他事物达致其目的的事物被称作善。"*De veritate* 21.1。

[57] *Quodl.* q.18，n.12.

[58] "行为中的道德善表明的只是一种关系，因为一种行为通过必要的条件被刻画并不是行为中的某种绝对东西（例如非关联性［nonrelational］），而仅仅是该行为与应当刻画它的特征之必要关系。"*Ord.* 1，d.17，pars 1，qq.1－2，n.60。

[59] 因此，道德善正如其所是的那样，是行为的一种装饰。它包括所有那些该行为应当被平衡的事物（例如，权力、对象、目标、时间、地点和方式）之必要部分。特别是像正当理由指示的，这些对于该行为来说应当是恰当的。因此，代替所有这些，我们可以说它是一种行为对正当理由——据此一种行为是善的——的符合。如果它是不足的，那么不管该行为可能与任何其他事物有合适的关系，它就不是善的。于是，一种行为的道德善主要是它与正当理由的符合——正当理由发出一个包括应当刻画该行为的一切情形的完整指示。*Ord.* 1，d.17，pars 1，qq.1－2，n.62；cf. *Ord.* 2，d.7，n.11。关于这点，参见 Williams 1997 和 Möhle 1995，260－263，278－329。

管道德行动的目的是通过自然倾向被赋予的——阿奎那是这样主张的。[60] 对于司各脱而言,作为智识习惯的**审慎**被赋予明确的优先权。于是行动的善不是来自于它与美德的联系,而只能是来自于它对理性判断的同意。[61] 如果人们考察司各脱意志理论的这些含义——它不只是强调对意志如何运作作出的不同解释,而是对理性在导源道德行动中的作用作出全新解释——便可看到,理性伦理学的可能性绝没有受到质疑。恰恰因为司各脱从意志中排除了一切自然决定,因此理性变得至关重要。首先,就理性不再只是意志的一个必要条件的动因而言,这是正确的。相反,对司各脱而言,理性是一个捍卫意志的目的论定向的部分动因,它不能再仅仅以自然的话语得以解释。[62] 就其对自然法和参照它的法律概念(实证法,lex positiva)的理解而言,这也是正确的。再一次,智力的全部——被理解为得出结论的能力或者散漫起作用的理性——补偿了推论的一个自然要点的缺失,自然法的准则能够由此得以重构。在这种解释中,理性表现为人的一种自然力量——它能够在没有专门依靠神圣启示的情况下推动其活动。由此,司各脱的意志理论既没有抛弃理性伦理学,也没有破坏其哲学特征。

---

[60] Aristotle, *Nic. Eth.* 6.13 (1144b28 - 32); Thomas Aquinas, *In Eth.* 6.2.

[61] *Ord.* 3, d.36, n.19. 关于这点,参见 S. Dumont 1988。

[62] *Lect.* 2, d.25, nn.69 - 80. 在其对灵魂力量的解释中有关司各脱伦理学的基础,参见 Möhle 1995, 158 - 212。

土山湾孤儿院职业教育发展
及其宗教逻辑分析[*]

刘　骞　周博文

【内容提要】　土山湾孤儿院是天主教耶稣会在华创办的慈幼机构，作为由天主教慈善事业与宣教事业的组成部分，土山湾孤儿院将宗教教育与工场实践相互融合，实现了天主教与中国社会的对接，其"工-读"结合的模式不仅在相当程度上助推了天主教在上海地区的传播，而且客观上也为我国的职业教育及其发展模式提供了重要的参考。对此，学术界已经形成了一些研究成果，而本文则试图从口述历史的角度出发，努力梳理与还原土山湾孤儿院职业教育的历史面貌，通过提炼、分析而概括出土山湾孤儿院职业教育发展和体系中的宗教影响及其内涵，并试图探讨这种以俗世教育为载体的宗教传播模式的机制与内在逻辑。

【关键词】　土山湾孤儿院　职业教育　宗教传播　互动分析

一、研究设计与研究过程

在历史研究中，涉及特定历史问题的各类事件和历史的大线索往往更容易受到研究人员的关注，而在历史的轨迹中那些众多的、可能成为

---

* 本文系国家社科基金青年项目"国家安全语境下的宗教认同与公民身份的互动研究"（11CZJ014）中期研究成果。

重要史料的记忆和心路历程的起伏变化却常常被忽略,尤其是那些看似细微的和抽象的个体记忆或集体记忆,而且,这些记忆性的史料会随着记忆者的逝去而永远不为人所知。当历史学者关注正在消失或即将消失的文物、历史记载,为历史延续性面临的挑战忧心如焚时,我们却依然对非实物性的资料置若罔闻。记忆与实物一样是属于民族、属于国家、属于人类的珍贵历史资料。探究和保存这种史料,不仅对历史学研究有巨大意义,对于各领域学者探究涉及自身学科范围的课题也有着启示意义,对于那些致力于从社会、文化角度挖掘本学科深度的学者而言则更有方法论上的指导作用。① 基于此,在参考文献资料的基础上,本文将尝试将口述史的研究方法引入本文的研究。

1. 研究设计与研究方法的确定

在文献分析的基础上,本文将重点通过口述史的方法进行研究。因为,近代以来,关于西方传教士在华传教史的研究成果已有许多,但从方法论的角度出发,采用口述史方法的成果仍较为鲜见,但是,作为历史学的一个分支学科,口述史方法注重历史脉络中"信息"的多层次和多渠道,以及资料的鲜活性等特点。这表明,历史学不仅是有关事件,或者结构,或者行为模式的,而且是有关这些东西如何被经历和在想象中如何被记住的。② 在这个意义上,与文献分析和诠释的史学方法相比,口述史的研究方法可以弥补文献资料在很多历史事件和历史活动的记载中存在的细节和空白点,同时,由于口述对象的不同,口述历史还能够从更加多元的角度来呈现历史的发展。

从方法论的学理逻辑出发,不同的学者对口述史方法及其历史研究的适用性认识有所不同。一般认为,历史学方法论的基础是依托于政治变迁,其焦点主要是政治问题,表现为历史的分期是按照有关权力斗争和更迭的文献进行编纂的;随着分析层次的回落,史学研究开始注重对

---

① 李向平,魏扬波:《口述史研究方法》,上海:上海人民出版社,2010 年,第 1—10 页。
② 保尔·汤普逊:《过去的声音——口述史》,覃方明等译,沈阳:辽宁教育出版社/牛津大学出版社,2000 年,第 171 页。

地方史以及社区和街区日常生活的考察,所以,私人的、地方的和非官方的原始材料和文献的获取与分析开始变得非常重要;而后,历史研究的范围逐渐向经济、社会、文化等领域拓宽,各种正式与非正式场合的各种记录、全国性和地方性的报纸、合法的与不合法的各类记载,甚至是不同组织和机构的档案、账本、私人信件、明信片等等都成为史学研究重要的文献基础。③ 史料和文献来源的变化直接导致了其在获取上变得更为困难,而那些"通过有准备且有针对的访谈,以笔录、录音或录影的方式,收集、整理口传记忆以及具有历史意义的观点"④,可以在很大程度上弥补文本史料和文献不足的缺憾。所以,口述史在方法的操作上可以被分为两种类型,一种是亲历者对特定历史事件的群体性口述;一种则是对重要人物针对特定历史事件相对系统的个体性叙述。本文试图采用第二种类型,即对一些经历土山湾孤儿院发展历程中的工作者、知情者和相关人员进行访谈,以期通过他们对个人经历的叙述,以及在这些经历中的所见所闻所感加以记叙,并通过聚焦其中的"关键词",进而对土山湾孤儿院职业教育发展与宗教传播之间的关系进行分析。

2. 确定访谈对象标准

与研究方法同步确定的是访谈对象的标准。口述史主要是通过访谈来获得第一手资料。土山湾孤儿院职业教育形成到发展的过程中有很多有学识、有思想、有贡献的工作者和参与者。从他们之中选取合适的访谈对象成为论文设计的重要一环。经过认真的考虑,本文确定了筛选标准,选择八位访谈者,标准主要是:

（1）年龄

曾在土山湾孤儿院工作或学习的 70 岁以上的人员,以及与土山湾孤儿院有过密切关系、经常打交道的人员。原因在于:其一,70 岁以上的工作者经历比较丰富,他们的职业关键期受到"土山湾"影响。其二,70 岁以上的与"土山湾"有关的人员,由于长时间直接或间接对"土山

---

③ 同上,第 3－4 页。

④ 唐诺·里齐:《大家来做口述历史》,王芝芝译,台北:远流出版公司,1997 年,第 34 页。

湾"有所了解,对"土山湾"有深厚的情感;又由于经历丰富,形成了自己对"土山湾"发展的一些独到的看法,比较愿意表达自己对孤儿院的见解,尤其是已退休的原工作者。

(2)工作背景

土山湾孤儿院内部的直接工作者和外部的有关往来者(包括学徒、工匠和周边原住民等)。确定不同的工作背景,主要是为了能从多维的视角和多元的主体,尽量全面地从各角度呈现"土山湾"在这一时间段的发展历史。

3. 研究过程

资料占有是否到位与本研究选题的完成、问题的解决有直接关系。因此,前期进行研究的主要工作之一是研究文本资料和熟悉前人的研究成果,同时,在此基础上,制定出研究中需要进一步挖掘的问题,再进行访谈。之后,通过开放式深度访谈,辅以观察和文献的整理、分析,本文形成结论。本次研究中采取口述史的方法对7个调查对象进行了研究。对被访者进行深度访谈,用他们的讲述来勾勒出土山湾孤儿院职业教育的发展轨迹。

经过预访谈之后,进入正式的访谈阶段。本文作者一共访谈了7位老前辈。访谈过程如下:

A先生:访谈2次,访谈地点在土山湾博物馆内。气氛很轻松。对A先生的访谈进行得很顺利,他说他很喜欢和年轻人一起聊聊,还透过土山湾博物馆的陈列物向笔者回忆当年的学习生活。

B先生:访谈1次,访谈地点在他家中。这位老人从国营器械厂退休,虽然他是访谈中年龄最大的长辈,已经年逾八旬。但他在访谈中表现出的记忆力、语言组织能力、思维逻辑性之强,让人十分佩服。

C女士:访谈1次,访谈地点是在她家中,她也是目前作者唯一可联系到的曾经在土山湾孤儿院接受职业教育的女性。这次访谈也很顺利,因为C女士很健谈,与她的访谈主要涉及当年的学习经历,以及天主教在徐家汇地区的发展和变迁历程,同时也提及公私合营前后土山湾职业教育模式的变化。

D 先生：访谈 1 次，访谈地点是在徐家汇天主教堂。这位先生退休后目前仍是上海徐家汇天主教堂的义工。这位先生对本文的访谈调查十分支持，并且很愿意和调查人员分享其在生活和工作中对宗教和信仰问题的理解，特别是对"青年—信仰—责任"的话题表现出极大兴趣。

E 先生：访谈 1 次，访谈地点为土山湾博物馆会议室。这位老师曾进行过一些关于土山湾历史的研究，同时也有相关著述，对 E 先生的访谈和交流大多与土山湾史料及其细节辨识有关。

F 先生：访谈 1 次，访谈地点在其家中。在访谈中，F 先生的访谈涉及土山湾孤儿院的绘画和印刷事业情况，他还与访谈人员分享了一些个人搜集的材料，以及一些旧时的简报和画作。

H 女士：访谈 2 次，访谈地点在其办公室中。其作为土山湾博物馆的主要工作人员，从土山湾博物馆的建立，资料的搜集和整理，以及未来关于土山湾的研究等方面与访谈员进行了分享，由其提供的很多材料都极大地支持了本文的研究。

在访谈时，研究人员根据不同访谈者的特点，在技术细节的处理上采取不同的方法，对能深刻领会访谈意图的受访者，采用的是完全的深度访谈，让他们从生活中的各个层面谈起，获得的一切资料都有可能对此次研究有着意想不到的意义，这也是口述史的精髓所在，通过受访者的生活经历，通过他们一次次地讲述，研究人员被一次次地带入了他们的回忆中，和他们一起感受到了他们学习和从业的酸甜苦辣，他们鲜活的生活和工作经历，能提炼出很多在历史文献中查不到的历史细节和历史轨迹。

但是，其中也有一些不如意之处，由于各种原因，本文作者没能对每一位被访谈者都进行多次访谈，一般是先通过第一次访谈了解情况，而且，鉴于本文研究人员在把握访谈的进程中能力有限，使得本文的访谈内容比较松散。

文章中的每一篇访谈资料都是在录音基础上整理出来的，由于访谈内容比较多且散，根据本文的写作目的，在整理好的资料中，本文主要摘出了与访谈者提及的与选题有关的一些资料，所以本文呈现的资料并不是访谈资料的全部。对于文章所使用的资料，本文采取的原则是除了删掉一些重复之处,并将叙述的次序作了调整以外,基本未作改动受访者观点,有录音为证。为了保证访谈的完整性,凡访谈者的问话和插话也悉数删去。

二、土山湾孤儿院职业教育的发展及其宗教影响

1. 土山湾孤儿院的建立及其原因

土山湾的地理位置大致应该在现在上海市徐汇区徐家汇以南地区,主要集中在今裕德路、漕溪北路一带。之所以得名土山湾,是因为其处于肇家浜的转弯处,形成一个天然的湾嘴,又因为清代中后期,上海地区疏通肇嘉浜,挖泥堆土于此,形成一个小土山,因而取名为"土山湾"。⑤

1842年7月12日,受教宗委派耶稣会巴黎省负责中国江南代牧区传教工作的南格禄主教(Claude Gotteland)等三人来到上海,计划在青浦横塘建立一座耶稣会住所,但是南格禄主教觉得四周是农田,空气潮湿,且不卫生,就想为年老体弱的教士们建一座养老院,而薛孔昭神父(Sica Louis, S. J.)从常熟古里村姓刘的教友家得到一笔很可观的捐助,施用于耶稣会事业,但由于南京教区主教的限制,南格禄主教等人最终选择了与天主教渊源深厚的徐家汇作为选址,并买下了毗连徐家汇的土山湾,于1847年3月开始在那里动工兴建了耶稣会住所。⑥

尽管地理和时代等客观条件的限制是选址土山湾建立耶稣会住所以及建立孤儿院,并发展职业教育的客观原因,但其背后仍然有深刻的主观因素。

首先是天主教教会赈灾与救济工作制度化与规范化的影响。追溯历史,天主教早在公元313年左右就有以孤儿院的模式收养孤儿的传统。公元313年天主教合法化以前,孩子们被天主教家庭领养。公元

---

⑤ (清)王锺编录,(民国)胡人凤续辑:《上海乡镇旧志丛书:法华乡志》,上海:上海社会科学院出版社,2006年。

⑥ (法)史式徽:《江南传教史》(第1卷),天主教上海教区史料译写组译,上海:上海译文出版社,1983年,第114页。

313 年以后，天主教徒办起孤儿院养育孤儿，婴孩孤儿在育婴堂被照看养育。这两个机构标志着孤儿院制度的正式建立，后来在全世界普遍实行。[⑦] 除了在源流上的沿袭之外，天主教传教士重返上海后之所以会将孤儿问题作为其首要工作，一方面是因为当时上海所在的江南地区灾害频繁，有大量弃婴出现，而中国历来重男轻女，溺婴现象非常严重，而这与天主教教义不符，因此开始了婴儿收养与救助工作；另一方面则是1842 年旨在"为每年上百万在死亡危险中的小异教徒重生"的天主教"圣婴会"在法国成立，该组织通过在欧洲地区募捐筹集经费，来资助天主教各种会派对孤儿的养育，这也在一定意义上加快了天主教各种会派在中国赈济孤儿的步伐。[⑧]

其次是为维持土山湾孤儿院的日常运营所需经费的考虑。土山湾孤儿院是天主教耶稣会依靠捐助在华开办的，但是随着收养婴孩人数剧增，土山湾孤儿院的日常生活极为清苦，食物采用配给制，生活处于勉强维持的境地。

孤儿们每日一饭二粥，吃的是户口米，过去每月向华法两方面各领15 包，计36 石（工人米贴亦在内），每石缴费250 元以上，但近来时常领不到，粮管局方面只供四分之一，一次食粮恐慌日趋严重，早晚吃麦皮汤，菜肴自然谈不上了。技术工人在院的38 名，外居的75 名，供膳食外，每月工资100 至120，米二斗，有妻室加一斗，有子女满7 岁者每名再加一斗，不满7 岁者半斗。[⑨] 为此，教会决定对孤儿进行职业教育，让孤儿们能够学成本领，养家糊口，将他们的职业劳动成果用来补贴孤儿院的日常运营。

第三是天主教传教的宗教驱动使然。无论是从事慈善事业，或者是出于生计的需求，传教都是天主教教会永恒的责任与使命。在这个意义上，通过漫长而严格的教育使孤儿们能够接受天主教教义，并成为虔诚

---

⑦　阿尔文·施密特：《基督教对文明的影响》，汪晓丹等译，北京：北京大学出版社，2004年，第114 页。

⑧　黄树林主编：《重拾历史碎片——土山湾研究资料粹编》，北京：中国戏剧出版社，2010年，第149－150 页。

⑨　《申报》1943 年7 月25 日。

的信徒才是开展一切工作的中心,而职业教育这种半工半读的教授方式就是其中一种。对此,有研究认为,天主教的传播与职业教育之间有很高的依存关系,因为从传统上看,公元 2 世纪,一位安提阿教会的主教敦促儿童学习圣经并学一项技能性的手艺,而传授他们手艺的诀窍是使其理解圣经和文化的关键;从实用性看,学会的手艺技能(如制作帐篷)常常帮助传教士补足其在传道旅途的需用。[⑩]

把教育作为传播天主教核心手段的方式就是由耶稣会所创建的,其传教之初就是依靠建立耶稣会学校来扩大其影响的,学生大多面向贵族和上层市民的子弟,各界高官、名流几乎都曾在耶稣会中学接受过教育。这也是耶稣会成为天主教的中坚力量的关键原因。[⑪]　耶稣会正是天主教在中国传教活动中的最大会派,也是土山湾孤儿院的创建者。

2. 土山湾孤儿院职业教育发展的历程

(1)土山湾孤儿院的前期

天主教耶稣会重返上海后,所选的地点是青浦横塘,因此江南地区的教会活动主要开端于横塘。1849 年,江南地区经历重大的自然灾害,教友家庭已无力承担收留孤儿,孤儿院的建立就成为迫在眉睫的事情,因此横塘地区的修道院就责无旁贷地承担起救助婴儿的工作。同时圣婴会在江南地区设立了分部,大量捐助江南教区,从而推动了孤儿院的建立。1850 年 6 月 3 日,横塘的修道院迁到张家楼之后,横塘孤儿院也迁到离横塘不远的蔡家湾。这批由横塘迁来的孤儿便和另一批由柏葆禄神父(Paul Pacelli)在饥荒年代收养的孤儿合并在一起,托山东来的修道院修士郭相公(文献中找不到郭相公的原名,只能查到姓"郭")尽心照料。柏神父死后,赵方济主教(F. Xavier Maresca)把蔡家湾孤儿院的事务相继委托给佩利西亚(Pillicia)和舍蒂诺(Schettino)两位神父,他俩只是暂时在教区逗留。1851 年 2 月起,夏显德(Francisco Giaquito)神父

⑩ 阿尔文·施密特:《基督教对文明的影响》,第 153、178 – 179 页。

⑪ 彼得·克劳斯·哈特曼:《耶稣会简史》,谷裕译,北京:宗教文化出版社,2003 年,第 64 – 66页。

开始接手工作,他是这项事业的真正缔造者。当时有孤儿66人,男孩43人,女孩23人。他把女孩迁送到浦东唐墓桥,那里已有郎怀仁(Adrianus Languillat)神父举办的女孤儿院。蔡家湾从此只收男孩。⑫

（2）土山湾孤儿院的建成与发展

1862年7月,恶劣的环境使得耶稣会继任会长鄂尔璧神父(Joseph Gonnet)把孤儿们迁到上海城外的徐家汇住了下来。1863年,一直念念不忘要买地建造孤儿院的鄂尔璧神父看中了土山湾,并于1864年7月开始兴建,到了1865年春天,土山湾孤儿院大楼正式建成。⑬ 随着天主教在中国传教陷入困境,传教的对象被迫转向下层人士,这些都让当时耶稣会传教士们认识到慈善工作的重要性。⑭ 为此,江南教区的第三任主教郎怀仁上任后即得到授权,大力进行孤儿院建设,徐家汇的圣母院育婴堂专门收留被遗弃的婴儿,这无疑与土山湾孤儿院的功能互为补充。而且,由于当时中国因育婴问题而招致教案频发,土山湾和徐家汇这两处孤儿院几乎成了教区的窗口和驳斥外教人最有力的典范。而后,直到抗日战争爆发,土山湾孤儿院的发展大体上继承了初建时的传统,并基本维持了一个比较良好的生存状态。

（3）土山湾孤儿院的后期及其停办

抗日战争的爆发逐渐导致了孤儿院的衰弱,在抗战初期,由于耶稣会属于法国政府代管,虽然徐家汇与土山湾并非租界,但是日本军队也只是在周围地区设防,并不侵扰,但是大量难民的涌入避难使得孤儿院不得不将孤儿撤往佘山,直到战后才撤回。随着抗战的持续,租界也不能成为一块安生之地,1942年由于教会与日军商妥,在上海的大量天主教的传教士都迁居到徐家汇与土山湾,土山湾成了传教士的居留地,土山湾的维持也愈发困难。⑮ 抗战胜利后,土山湾孤儿院虽仍受耶稣会管

---

⑫ 史式徽:《江南传教史》(第1卷),第178、234页。

⑬ 黄树林主编:《重拾历史碎片——土山湾研究资料粹编》,第108－109页。

⑭ "首批到中国传教的耶稣会会士,开始是向王公大人宣传福音,而我们今日,在新形势下,却先向贫穷弱小者宣传了。"参见史式徽著、天主教上海教区史料译写组译,《江南传教史》(第2卷),第136页。

⑮ 黄树林主编:《重拾历史碎片——土山湾研究资料粹编》,第183页。

理,但已划归上海教区,无法再受到法国政府的庇护,相应的产品销路也渐渐衰退,土山湾已呈衰弱之势。解放后,孤儿院已不再接收孤儿,1953年孤儿院由上海市民政局接管。而后,由于罗马教廷对于中国主权的干涉,耶稣会被驱逐出中国,而国际上对中国的封锁也使得土山湾的经营无法出口,最终无法维持,以公私合营方式,结束了土山湾孤儿院的历史。

三、土山湾孤儿院职业教育的体系及其宗教内涵

1. 土山湾职业教育的学制体系

土山湾孤儿院的发展轨迹表明,为了维持孤儿的生存,光靠捐助是不够的,所以通过职业教育所进行的生产就十分重要。而"半工半读"的形式就成为土山湾孤儿院职业教育发展的基础模式和养成方式,表现为男性儿童入院后"诵经→文化教育→半工半读→学徒→带薪学徒→满师参加工作"的环节。而围绕这一方式,土山湾的教育体系主要分为三个阶段:小学、初中和学徒阶段。

从诵经到半工半读的小学阶段。土山湾职业教育体系的小学阶段真正形成体系是从马相伯先生建立了一个完整的小学开始的。为此,本文访谈了土山湾老人,根据他们的介绍,土山湾孤儿院职业教育的小学环节分两个阶段:第一阶段是初小(1 至 4 年级),这一阶段是接受全日制教育,每天都要重复祈祷书、教理问答、学习汉字。课程内容与其他小学没有太大差别,所不同的是教材由教会自编,其中许多内容与教义相关。第二阶段是高小(5 至 6 年级),这就进入了半工半读的阶段,上午读书,下午参加劳动与技术学习。但由于此阶段儿童年龄较小,因此主要是让他们在各个工场中初学一些技艺,以便于最后确定职业技能的学习方向。此后,他们有两种选择:一是进入初中开始正式的半工半读生涯,甚至直接被送入公学进一步深造;另一些则是出于经济条件或者学习能力方面的原因直接进入作场,开始他们的学徒生涯。[16]

---

[16] 摘自 2011 年 11 月对 A 先生第一次于土山湾博物馆的访谈。

　　从半工半读到学徒的初中阶段，初中阶段的学习并非是必须的，有材料显示，孤儿高小毕业后，继以2年之初步工艺训练，半工半读。上午7时到9时，上国语、代数、物理、化学、地理、外国语等课，下午1时半至3时，上修身、打样等课。每日除上课外，其余在工艺训练所实习雕刻、木工、铁工、机械等工艺，使孤儿们在学业上具有初中程度，工艺上获得灵巧之手，至于道德之训练，亦施以积极之教导。每星期有功课成绩揭晓，优则奖励，劣则责罚，使其来日处身社会成为良好之国民。[17] 另有访谈材料显示："我读书读到1946、1947年的时候就不读了，之后就开始半工半读，一开始就是做泥塑之类的，师傅教，我们就捏，捏兔子、牛之类的。上午就做雕塑，下午教刻花，也都由师傅教。基本上要半年，半年后就学木工，木工也做半年，再下去学铜匠，敲铁皮。之后学机床，做那些天平秤、锁。法国人教的，师傅是中国人，当时每个阶段都要考试。比如说他学雕塑的，大家做个长颈鹿，有个样品放在前面，大家就照着样子来捏。样样都要考，木匠也要考，什么都要考，要评分，评得好的给你吃糖。几样'东西'（如绘画、雕塑、机械等）学下来，什么工种对你胃口的，那你就做什么工作，有的机床好些的，就去做机床了，像我就是去做雕刻人像的。"[18]

　　在完成了初级的宗教、文化教育后，孤儿院按照个人的天资秉性，因人而异安排这些刚刚进入少儿期的儿童进入作场当学徒。一般的做法是每个儿童在各个工场都会轮流做一段时间，由师傅与自己选择能力与水平相适应的工场，作为自己学徒的所在，根据不同的情况，其学徒时间为3至6年不等，以绘画为最长。有访谈材料显示："因为我比较聪明，所以经常考第一、第二名，到十三四岁，神父就适当来选人了，选聪明、活泼、手脚麻利的人去学艺术，土山湾当时有美术馆、木工部、五金修理部和印书馆，神父叫我到美术馆学美术，稍微有点笨的去学木工，聪明点的学美术，去学印刷。"[19]

---

[17] 土山湾孤儿工艺院编：《土山湾孤儿工艺院一览》，上海：土山湾印书馆，1945年。

[18] 摘自2011年11月对E先生于土山湾博物馆会议室的访谈。

[19] 摘自2011年12月对F先生于其家中的访谈。

当他们接近 10 至 12 岁的时候,他们就要进入作场当学徒,他们将全部由圣婴善会负担其费用,直到他正式进入作场。每个月,作场会付一部分与其获得劳务成比例的费用,圣婴善会的负担也就会相应的减少。

必视其性之所近,而为之选定科目。毕业期限有 3 年、5 年、6 年,以完全有生活能力为其毕业之期,无具体年限。

青少年时期,白天的时间首先是分配在学校和作坊中,当他们到了一定年龄,越来越多的时间,甚至是全天留给了工作,每一个车间都被一个耶稣会的辅理修士领导,在车间师傅的帮助下进行学习,而这些师傅大多也是土山湾培养的学生。

在蔡家湾时,这种长幼间的帮教关系已经很好地确立起来了,在土山湾工艺工场的各个作坊,所采取的教学模式依旧是这种典型的口手相传、师徒代代因袭传承的方式。

2. 土山湾职业教育的课程设置

在蔡家湾时期,孤儿院已经建立起了成衣加工场、木工工场、制鞋工场、纺织工场、印刷工场,让这些孩子在那里学习手艺,以便将来能成家立业、自食其力。由于教育成效显著,很多人家也开始送孩子到孤儿们生活的蔡家湾去学习。到了土山湾时期,孤儿院还试图让孩子们学习农田耕作,1865 年以后,曾有 80 名孤儿在 7 名工人指导下从事农业生产,以便遇灾荒,米珠薪桂,就可不必出高价买粮了。[20]

在从蔡家湾搬入土山湾后,孤儿们的手艺中增加了"雕刻、镀金、油漆、绘画工场",而这些正是土山湾孤儿院之所以享有大名的关键所在,他们的渊源要追溯到范廷佐(Joannes Ferrer)修士,他的艺术才能显示在董家渡与徐家汇教堂的设计上。他当时就设想在徐家汇开办宗教美术与雕塑学校,在当时的江南教区主教郎怀仁的支持下,1852 年学校建成。虽然土山湾孤儿院建成时范修士已经去世,但是他的学生陆伯都与刘必振修士,把他们的工场和学校迁入了土山湾,并在有良好天赋的孤儿中

---

[20]　黄树林主编:《重拾历史碎片——土山湾研究资料粹编》,第 164 页。

招收学生进行培养与工作。[21]

（1）从绘画与工艺类课程设置上看

图画部最早由西班牙范廷佐修士创立，并纳入土山湾孤儿院工艺所，并曾被徐悲鸿大师誉为"中国西洋画之摇篮"。而且，图画部还是国内最早将彩绘玻璃工艺引入绘画与工艺类课程教学实践的，并且作为土山湾孤儿院接受职业教育时间最长的项目，图画部教学环境和课程设置更为体系化，作画内容并非随心所欲的创作，而是遵循教会限制，多是宗教圣洁之画，例如选题上就以圣母玛丽亚怀抱圣婴的圣像等宗教题材为主。

有访谈资料指出

学徒的绘画课程分为临摹与创作两大类。指导者有教会人士，也有当时的画坛大师刘海粟等人，绘画作品或临摹作品一般不得出借和销售，往往将画作悬挂于房顶，一则方便画作晒干，二则可以节约空间，三则亦是对优秀画作的褒奖，及对其他孤儿的激励。[22]

（2）从印刷类课程设置上看。土山湾印书馆作为中国最早从欧洲引入石印和珂罗版印刷技术，在全国领先，相比商务印书馆，土山湾印书馆的技术曾一度领先20年。孤儿院开设的印刷课程与印书馆的印刷工作相结合，所印成品偏重西文印刷，但中文出版物也曾在全国教会系统中独占鳌头，20世纪30年代曾创下印刷品总数达53万种的记录。[23]

土山湾印书馆作为土山湾孤儿院的重要组成部分，同时作为法国天主教耶稣会在上海、在中国、乃至在整个亚太地区最重要的印刷代理机构，不仅引入了珂罗板印刷技术、石印技术等当时先进的印刷技术，还采取了"师傅带徒弟"的课程学习模式，课程直接在大规模工场化的印刷车间进行，而非简单的印刷作坊。值得注意的是，这些印刷车间都经过精心的宗教式装点和布置，有浓重的宗教氛围，例如悬挂式神台。

---

[21] 同上，第163－164页。

[22] 摘自2011年12月对F先生于其家中的访谈。

[23] （德）德礼贤：《中国天主教传教史》，上海：商务印书馆，1933年，第103页。

（3）从音乐与体育课程的设置上看

土山湾孤儿院参照西学综合人才的培养模式，引入了西式音乐和体育等课程。孤儿院设置有音乐课程，主要以演奏西式乐器为主：有中鼓，小鼓，小号。参与课程的孩子身着统一的服装，脚上穿着中国传统的布鞋，身背西洋的乐器，有明显中西文化在这些孤儿学童身上碰撞的痕迹。就体育课程来看，足球是其中有代表意义的一项，参加课程的学生要求穿着运动短袖与运动短裤，穿着高筒袜，有着现代足球队的影子。

3. 土山湾职业教育体制中的宗教因素及其解读

从上文的分析中，本文认为，土山湾孤儿院职业教育有系统且相对完整的课程设置，其中课程内容大量参考了西方课程设置，并在课程设置、教学环境、讲授内容以及方式方法上具有天主教的宗教特征的深刻影响。

（1）将宗教启蒙融入基础教育内容

小学的学习内容主要是圣经的旧约与新约，而其他的文化知识基础都是附带课程，因此，本文认为，土山湾的职业教育在初小阶段完全是宗教的启蒙，所有的知识学习都是为培养教徒服务的。有访谈材料显示："当时起床要祈祷的，5 点钟铃一响都要起床的，排着队作祈祷，做早祷告，他们叫早弥撒，念早课，都是教会里的规矩，出来 10 分钟左右吃早饭，早饭是这样的，一只木桶、一只铁皮碗，他们叫猫食碗，一种搪瓷铁皮碗，一人一勺这样分，就是这样生活的。"[24]进入到高小阶段的学习，土山湾孤儿院中的教育内容实际上与当时社会上学校的课程相类似，只是一些内容在某种程度上被教会增添了一些宗教色彩。访谈材料指出，"由于土山湾是天主教所办的学校，所以会很自然地信教。吃饭睡觉前都需要念经，这是天主教里面的规矩。在土山湾里面读的教材大致和外面读的是一样的，只是有些教材是天主教教会自己加的。有些内容是和天主教有关，就像数学的应用题，少许是和外面相区别的。我们信教的人呢，当时只知道要在天主教学校里面学习，后来才意识到自己接受的教育与

㉔ 摘自 2011 年 10 月对 C 女士于其家中的访谈。

外面不一样,似乎比外面的先进一点。"㉕也有被访者直接提及,土山湾在基础教育方面确实表现出强烈的宗教性,这的确是有传教考虑的。㉖

(2)把宗教内涵嵌入实践教学环节

从高小阶段到初中半工半读,再到以后的学徒阶段,土山湾职业教育课程中的教学材料选择都具有宗教意义,整个带教和学习过程中所使用的材料都以宗教题材作品为主。从事过雕刻工艺学习者的访谈材料显示,"我首先接触的是用黄杨木作为雕刻的学习,做的东西都是宗教题材的,这些内容做起来时间还是蛮长的,多做就熟练了,样样都是这样,多数人做惯了这些东西都会一直做下去,少数人则尝试把西洋的艺术、西洋的雕刻改成中国式的。但由于与大多数作品格格不入而大都没有坚持。"㉗

而绘画学习者的访谈材料则指出,"五金,木匠,机械,印刷,画图,我选择了画图。我跟着余凯开始学的是画圣母像,主要是画五官,眼睛、鼻子、耳朵等等,我每天下午画 2 个小时,一直画,画到余(凯)相公看了满意,再画下一样。"㉘

这一方面是西方艺术中的杰作大多都是宗教作品的客观现实使然,另一方面则出于传教的考虑,土山湾职业教育有一整套从西方引进的教育模式,无论是绘画、工艺、印刷还是音乐,主要遵循的套路都是围绕以"模仿"为核心基调的五个环节组成,包括基本功训练→带教实践→模仿操练→创作尝试→学成出师。通过将具有神性暗示的宗教素材融入学习内容,让年幼的孩童进行模仿。这一过程无疑对孩童世界观的形成和塑造起到了决定性的作用。例如,从绘画学习来看,这个模仿的过程从铅笔线条、画线、做线开始,线条是组成所有物质的形状,都很有讲究的,都很重要,而且标准都是由教会统一设定的,受到传教士的手把手指导。

㉕ 摘自 2011 年 11 月对 B 先生于其家中的访谈。

㉖ 摘自 2011 年 10 月对 C 女士于其家中的访谈。

㉗ 摘自 2011 年 11 月对 A 先生第二次于土山湾博物馆的访谈。

㉘ 摘自 2011 年 12 月对 F 先生于其家中的访谈。

有访谈材料指出,"我是跟着安敬斋修士(F. Enry)学习绘画技艺与修养的,安相公每天起得很早,我每天清晨到安相公处向他学习半小时的法语和一个半小时的绘画。虽然在小学我已经有了绘画基础,但是安相公还是让我从头学起,捏着我的笔在透明纸上照着纸样白描出人物,这样勾勒了几十张稿子后,安相公才叫我扔了透明纸,在白纸上临摹图画,又临摹了几十张画后,安相公就叫我改用铅笔临摹法国阿尔加什涅的铅笔画集。临摹之后,安相公则教我用铅笔画写生,也学点水彩画,主要是画教堂室内的静物。这些学习对我日后掌握照相制版也是极为有用的,使我在对照片和印刷过程中对于构图、层次、色泽、浓淡等元素的理解更为深刻。"㉙

(3) 神职人员担任带教老师

无论是土山湾孤儿院还是其职业教育体系,都是依托天主教教会体系建立的,所以,土山湾的任课老师绝大多数都是神职人员,或者是天主教信徒。而且,在当时的时代背景下,面向上流社会进行传教的教会人士和传教士,无论在学识或是个人修养方面都是相对较高的,例如有德国建筑师葛承亮(Aloysius Beck)、意大利画家马义谷(Nicolas Massa)这样的艺术家担任教师。此外,还有高水平的传教士来担任其他科目的教师。

有访谈材料显示,"那里的老师有很多是外国的传教士,像搞机械的老师是从加拿大蒙特利尔大学读书读好回来的,所以他们掌握的技术比较先进,教的方式也比较先进。"而且,"里面修士、相公、嬷嬷是不结婚的,品德非常好。相公都是法国耶稣会派过来的,修士在各个修会都有。更重要的是,在最困难的时候得到帮助是最能让人记忆深刻的,而且老师的高素质和掌握的高超技艺,以及对学生的言传身教,都会使学生能对老师产生更多的敬畏和依赖,这一点也增强了我们对天主教的认同感和归属感。"㉚

㉙ 摘自 2011 年 12 月对 F 先生于其家中的访谈。
㉚ 摘自 2011 年 11 月对 A 先生于土山湾博物馆的访谈。

四、土山湾孤儿院职业教育与宗教传播的互动模式

从教育过程的动态分析和教育体系的静态讨论,本文认为,土山湾孤儿院职业教育的发展以及学制体系的成型,都与天主教在徐汇地区的宗教传播处于相互依存、互为促进的关系。这就意味着,土山湾孤儿院职业教育发展的核心逻辑是宗教和教育关系的互动所造就的。在这个意义上,就宗教和教育关系而言,同为人类精神世界的"养分",两者的互动在人类诞生之初就开始孕育,形成了"巫"即是"师"的共生关系:宗教获得了知识教育的垄断地位,而教育本身也渗透了神学的性质。㉛ 随着商品经济的发展、文艺复兴运动、宗教改革和近代自然科学的进步,宗教与教育开始走向分离。为了填补被打倒的天主教神学与宗教教育,一个以科学真理为基础的哲学体系和世俗的理性主义教育模式逐渐被建立起来,教育世俗化思想成为教育发展的主要导向。㉜

在这样的背景下,晚清以降,随着西学东渐,中国的社会也开始出现重科学而反传统的"潮流"。为此,这样的历史条件极大地制约了天主教的传教及其神学思想的传播,其相关的活动和资源也都大大受到限制,所以,作为由天主教耶稣会所创办的土山湾孤儿院在创办之初所面临的首要困难就是要解决日常经费的开支和资源的紧张,与此同时,传教的责任与使命又驱使着孤儿院的工作要使孤儿们能够接受天主教教义,并成为虔诚的信徒。而这两个目标正是土山湾孤儿院进行职业教育的重要考虑,而其核心是如何将职业教育与宗教传播进行有效的融合:表现为教育发展与宗教传播历程相结合,专业教师与宗教传播主体相结合,教学体系与宗教传播载体相结合,以及培养对象与宗教传播客体相结合。

㉛ 马克思、恩格斯:《马克思与恩格斯全集》(第7卷),北京:人民出版社,1960年,第400页。

㉜ 彼得·贝格尔:《神圣的帷幕:宗教社会学理论之要素》,高师宁译,上海:上海人民出版社,1991年,第134页。

　　在教育发展与宗教传播历程相结合方面,土山湾职业教育发展是天主教在徐家汇地区的传播缩影。土山湾的建立本身就是天主教在华传播所做的努力,而职业教育的开设也是教会根据当时传教的阻力,结合社会需求进行的尝试,而土山湾的学徒由于日常学习、生活在浓厚的宗教氛围中,大多信奉天主教,并成为忠实的教徒。在土山湾的发展阶段,土山湾职业教育是天主教在徐家汇地区宗教传播的重要窗口,由于当时实际条件和经济发展环境的影响,接受了职业教育的土山湾学生走向社会后往往具有很好的发展,这在一定程度上深化了土山湾的品牌。同时,这种世俗化的品牌效应也促使一些并非孤儿的家庭也很愿意将自己的孩子送往土山湾孤儿院进行职业教育学习。在孤儿长大成人后,他们往往和圣母院的女性孤儿联姻,组成天主教家庭,这一点对天主教在华传播的可续性有很大的促进作用。最终,新中国的建立以公私合营的方式结束土山湾孤儿院职业教育发展模式,这也见证了建国后天主教在华传播的衰落。

　　在专业教师与宗教传播主体相结合方面,无论是传教还是教育,要取得高质量,作为主体,教士和教师从来就是扮演关键的角色,在土山湾孤儿院职业教育的教学活动中,教师大多由传教士来担任,他们都受过高等教育,且终身不娶,把自己一切都投入到这一事业中,而且其中不乏当时的名家。例如土山湾画馆负责教学的中国修士刘德斋和法国修士潘相公(Fnere Couper)。他们不仅绘画技艺水平高超,而且具备高度的敬业精神,更主要的是能够在教学中有所发展,把天主教教义的教学融入其中,同时还能实现"中西合璧"。这些都使得本来就处于学艺和传教背景下的孩童受到具有导向性的教育,而这些孩子在严格的学艺、清苦的生活和严酷的戒律之间也更容易全身心的投入。

　　在教学体系与宗教传播载体相结合方面,土山湾孤儿院的职业教育体系不论在形式上或是实质上都十分完备,就形式而言,土山湾孤儿院的职业教育建立起了小学(慈云小学)、职业初级中学、学徒制工场一套完整的由低到高的学制分级。就实质而言,在课程设计、知识体系以及教学环节,土山湾孤儿院的职业教育都实现了制度化和规范化。首先,课程设计在小学阶段所学的课程内容和程度,在普通小学基础上使用了自编的适应宗教教育的内容,而在初中和半工半读的体系中则将宗教读物和材料引入其中,并形成了标准制式的分类与序列。其次,知识体系形成了机器、制造、绘画、木作、铜工、漆器、竹器、玻璃、纺织、建筑等各种工艺学习为主要特色的核心品牌,并突出先进科学技术学习,首创了"中学为体,西学为用"的原则,该原则而后甚至为洋务派所借鉴。其三,教学环节形成了工、养、教一体结合的模式,包括:以生计教育为基础,这促使大量家庭都愿意将子女送到土山湾学习,客观上实现了扩大传教对象的范围;兼顾孩童能力和兴趣,以孩童受教结果的有效性为导向,实现了专业确定双向选择等策略;"工作间"与"师徒制"结合,其中工作间实现了专业技能操作的重要性,而师徒制则实现了教师对教学过程的把握。

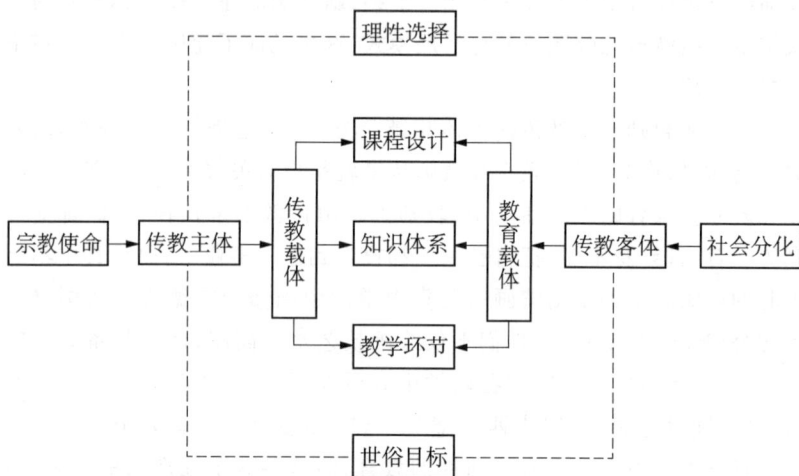

在培养对象与宗教传播客体相结合方面,天主教耶稣会在江南传教区内的孤儿院最终只有两个,且都在徐家汇,关系密切,一个是育婴堂专门收养婴儿以及对长大后的女童开展教育,教授女红。而另一个就是土山湾孤儿院,收养的对象是 6 岁以上的男孩,其来源就有育婴堂的男性孤儿。这些孩子一生价值观和世界观都在孤儿院的教育中成形。而后,土山湾孤儿院的职业教育对处于当时底层的平民阶层而言,完成小学教育,并且能够在半工半读状态中接受中等教育也是当时条件下最好的选择。这种效应使得受教群体范围得以扩大,但这些前来求学的孩子在土山湾有长达 6 年的学期,都处于学习的黄金年龄和价值取向形成的关键时期(中小学阶段)。

综上所述,本文将土山湾孤儿院职业教育与宗教传播围绕行为主体与行为客体之间,基于教育载体与传教载体在课程设计、知识体系和教学环节三方面的双向互动模式概括如上图。

五、结　论

伴随着工业化、市场化的不断深入,人类进入了一个物质的、科学的时代,理性化成为人们判定现代社会的标准,世俗化成为现代社会的主要特征。在世俗目标与理性选择背景下,教育的所谓现代化实质上是从教育思想、教育制度到教育内容、教育方法的"祛魅化"和"世俗化"。这促使宗教与教育相分离,虽然当下在世界范围内全球的宗教复兴正在发生,但政教分离主义的潮流在一个相当长的历史时期并不会有所改变,这也将是客观上宗教与教育之间的互动趋势。而另一方面,宗教是人的宗教,教育是人的教育,两者分离的趋势决定了各自的归属,但是这也并非意味着两者互动关系的终结,对土山湾孤儿院职业教育与宗教传播互动模式的分析和总结,呈现出了两者实现互动并建立起某种相互关系的可能。

修道成风

——河北 T 地天主教信仰调查报告[*]

熊　威

【内容提要】　中国天主教发展面临重重困境,其中之一即是修士人数的急剧下降,但是河北 T 地却有一批年轻人自愿选择修道,以至于当地形成一种"修道成风"的现象。本研究采用民族志田野调查方法,在对 T 地社会结构与文化背景的整体把握下,探究"修道成风"背后的社会机制和文化逻辑。

【关键词】　修道成风　T 地　修士　修道

在中国人的传统观念里,传宗接代是一个男人应尽的责任和义务。如果一个男人不结婚、没有后代,即意味着一个家庭"断后",其死后将无人祭祀,成为孤魂野鬼,因此《孟子》中才有"不孝有三,无后为大"的论断。在河北 T 地^①,很多年轻人在初中或高中毕业后进入神哲学院(通常称为"修院")学习,选择当一名修士,过一种修道生活。如果他们能坚持下来,迎接他的即是奉守"神贫、贞洁、服从"的神父生活。HTS修士用"修道成风"一词概括 T 地修道热潮,这一说法需要放在历时和

---

* 本文系国家社科基金重大项目"中国宗教艺术遗产调查与数字化保存整理研究"(项目编号:11& ZD185)前期成果的一部分。

① 按照学术惯例,本文中所出现的人名、地名均已做技术处理。

共时两个维度进行解读。自从上世纪 80 年代宗教政策落实后,从 T 地走出了大批神职人员,包括已经过世的神父,大概有 200 人[2],发展到当下,虽然修士人数逐年下降,但是每年至少有 10 至 20 人选择修道,基本延续了这一传统。和中国天主教其他地方相比,T 地修士人数遥遥领先,仍属于"圣召"较好的区域。

首先交代一下本次调查的缘起。我在宜昌教区做调查期间,发现当地教会结构呈现出两极分化的趋势,目前在任的教区神职人员绝大多数是本地神父;而年轻一辈的修士均来自河北。[3] 在调查过程中,我与这些河北籍修士慢慢熟悉起来,通过滚雪球的方式,又认识了更多在中南神哲学院学习的河北修士。圣诞节期间,他们热情邀请我在寒假期间和他们一块回家,感受一下北方教会的氛围。考虑到自己一直是在做南方地区的天主教研究,对于北方教会发展情况不熟悉,如果有这样一个调研机会,当然求之不得。于是,我在 2015 年 1 月 25 日至 2 月 5 日赴河北宁晋县进行短期调研,期间住在修士家里,与他们一起生活,参加其宗教活动,同时走访了赵县教区主教府、修女院、备修院、天主教公益慈善机构黎明之家以及 T 地三个村庄堂口,对神父、修士及平信徒进行访谈,本文所引用资料基本来自此次调查。

一、田野点介绍:T 地简介

T 地并不是一个地方行政单位或自然形成的聚居地,而是笔者对此次调查的 9 个村落——TQ 一村、TQ 二村、TQ 三村、TQ 四村、SJ 村、KXY 一村、KXY 二村、KXY 三村、KXY 四村——的统称,它们均隶属于河北省邢台市宁晋县唐邱乡。从村庄命名即可看出,TQ 四个村庄、KXY 四个村庄原是一个自然村,在建国前分为四个大队,后来因为村庄规模太

---

② 由于具体统计数字的缺乏,通过多方打听和求证,200 人是一个比较可靠的预估数字。

③ 目前有三位修士,两位来自赵县教区,一位来自邯郸教区,三人均就读于中南神哲学院。在我进入田野之初,有一个宜昌教区本地小修士,但是没过多久就离开了;当时还有一位从东北神哲学院毕业的邯郸修士,后因种种原因,于 2015 年 1 月离开宜昌教区。

大而划分为四个行政村，但是当地人仍习惯以自然村来划分区域范围。在展开行文之前，必须说明两点：一是在下文中，我一般按照当地人的习惯（TQ 村、SJ 村、KXY 村）来称呼各个村庄；二是相对 SJ、KXY 两个村而言，我在 TQ 村调查时间较长，对 TQ 村的情况更为了解，所以在案例呈现中也更多以 TQ 村为主。

1. T 地地理位置及基本状况

T 地位于河北省邢台市宁晋县唐邱乡，虽然行政上隶属于邢台市，但是在地理位置上离石家庄市更近。如果去当地，都是先坐火车到石家庄站，然后再坐地方大巴到县城。此地去宁晋县城只要 20 分钟的车程，离以赵州桥著称的赵县也只要 30 分钟。这种优越的地理位置、便捷的交通条件，使得 T 地在同地区中成为发展较好的区域。

T 地以平原为主，自然条件较好，但是干旱缺水，传统上以小麦种植为主，此地气候条件和土壤条件适合种植梨树，因此梨树种植也是当地农业收入一大来源。随着经济发展和农业技术改进，当地小麦种植普遍机械化。梨树种植技术繁琐，在高投入的同时，还需要高强度的个人体力劳动，因此梨树种植越来越少。④ 因为靠近县城，近些年来，一些企业相继搬迁到此，从传统密集型农业中解放出来的劳动力一般选择就近打工，农业种植所得已经成为家庭辅助收入。例如我寄宿的 SHY 修士家，有兄弟三个，老二、老三都选择当修士，老大前些年结婚，分出去单过，已经有两个儿子，老大家把大部分土地交给 SHY 母亲（SHY 父亲前年去世）种植，自己只是种一些口粮，打工收入成为老大家经济主要来源，老大在附近金属加工厂打工，每月能挣 4000 元左右，他的老婆也在附近纺织厂工作，每个月也有 2000 多元收入。

和中国很多地方一样，T 地农村基本面貌已经焕然一新，农民生活

---

④ 梨树种植对于种植者的技术要求高，T 地目前处于城市化和工业化前期，适龄劳动力都选择外出务工，梨树种植技术传承处于青黄不接的状态。岳永逸在临近 T 地的赵县做田野调查时，发现当地还有"娃娃亲"的习俗，他认为娃娃亲的存在与梨树种植内卷化有密切关系。参见岳永逸：《传统的动力学：娃娃亲的现代化生存》，载于《北京师范大学学报》2005 年第 6 期，第 69–78 页。

水平也得到极大的提高。当地村庄规划整齐,一般来说,村庄中有两条柏油路主干道,这两条主干道将村庄一分为四,从主干道中延伸出水泥或砂石的小道,直通各家各户。集市位于两条主干道的交汇处,一周两次,SJ 和 KXY 是逢一和六(也就是农历初一、初六、十一、十六、二十一、二十六),TQ 是逢四和八。由于集市对于农村生活的重要性和交通条件便利,一般重要的机构、单位均在集市附近。以 TQ 村集市周围为例,不仅还保留着人民公社时期的礼堂,而且学校、医院、大型商店均位于此处。随着经济条件改善,当地房屋普遍修得很漂亮,农村一般讲究排场,但是也不能在一个熟人社区显得过于张扬,所以房屋基本格局和基本装饰都一致。和北方传统的四合院相似,当地也采用四合院格局,高高的门楼,进门之后即是一块照壁,其他三边均是房间,一般对着照壁的是主屋和客厅,左边是卧室,右边是厨房,中间的场院很宽阔。当地房屋一般只建一层,当地人说是北方地多,这么修就不用爬楼梯,当然这也与文化传统和农村习惯有关。

总体而言,T 地农业发展基础好,又凭借其地理位置和交通条件,率先迎接城镇工业转移,从而为地区经济发展和吸纳农村劳动力提供了更多选择。

2. T 地宗教状况

T 地宗教信仰复杂,从历史上来看,不仅天主教、佛教很盛行,而且各种民间信仰⑤、民间会道门⑥等也很发达。在这种传统影响下,目前几乎每个村子都有一座教堂、一座寺庙以及各种民间信仰(例如王母娘娘、关公),由于民间信仰没有得到一个合法的地位,大多依托在佛教寺庙下面,在信仰实践中也难以分清。因此,当地形成天主教与佛教并存的局面,当地人称天主教徒为"奉教",称信佛的人为"奉大教"。当地教堂修

⑤ 例如对于四大门(四种灵异动物:狐狸、黄鼠狼、刺猬和蛇)的信仰,参见李慰祖著、周星补编:《四大门》,北京:北京大学出版社,2011 年;李景汉:《定县社会概况调查》,上海人民出版社,2005 年,第 410－422 页。

⑥ 参见李世瑜:《现代华北秘密宗教》,上海:上海文艺出版社,1990 年。

建得很雄伟，成为村庄的地标性建筑；寺庙一般都规模较小，除了 TQ 村的福胜寺有一定影响力，其他两个村子寺庙都只是几间破旧的房子。但是信佛的人比信天主教的人多，例如 TQ 村，村子大概有 10000 人，天主教徒有 2000 多人，占五分之一左右，其他基本都是信佛的。

走在 T 地，有两种办法很容易区分出信天主教的家庭与信佛的家庭。一是通过门楣上的文字判断。当地门楼较高，在门楼顶端的门楣上一般都会用瓷砖进行装饰。如果是信天主教徒，门楣上一般会镶嵌"主赐平安""主内永生"等一类教会用语的瓷砖，大门上还有教会的符号标记；如果是信佛的家庭，瓷砖上大多是"万事如意""家和万事兴"等吉祥寓意词汇。二是通过大门侧沿瓷砖上是否有插香的壁筒和烧香的痕迹判断。如果是信天主教，肯定不能烧香拜佛，这是教会严厉禁止的；但是信佛的家庭一般在初一、十五以及佛教相关节日时都会烧香、供祭品（一般是馒头），久而久之，下面的瓷砖上也留下黑色的印痕。

T 地一年有三个重要的时间节点——春节、圣诞节、庙会。既有宗教节日，也有世俗狂欢；既有法定节日，也有民俗节日；既有外来节日，也有传统节日。这样来源多样、看似矛盾的三个时间节点，不仅没有成为两个群体（天主教徒与信佛的人）隔阂的因素；相反，在当地人的生活实践中，成为他们相互交流的一个契机。

春节是中华民族的一个传统节日，它不仅是一个节日符号，标志着一个时间节点，而且也是一套文化象征体系，里面包含着中国人的思考方式、行为准则、文化涵养等。因此，春节在某种程度上是超越信仰和族群的藩篱，成为中国人共享的一个节日。在 T 地，无论是"奉教"还是"奉大教"，对于春节都很重视。虽然在一些仪轨、程序上有区别，例如天主教徒大年初一首先要去教堂给天主拜年、给神父拜年，信佛的人在大年三十要祭祖。这种建立在信仰及行为规范上的区别，既体现出春节的包容性，不同信仰均可有自己的实践方式和文化逻辑，同时也体现出春节的重要地位，不管信仰如何，大家都要过春节。

圣诞节是天主教四大瞻礼之一，也是最为中国天主教徒所看重的一个节日。每到圣诞节，各个教堂都装饰得非常漂亮，教徒的热情也被调动起来，成为中国乡村一个重要的公共文化活动。虽然我没有参加过 T

地圣诞节相关活动,但从调查经验和当地教友讲述中,可以看出 T 地圣诞节活动规模的盛大状况。以 TQ 教堂为例,在圣诞节当天,附近打工的教友都会请假回来参加教堂活动,盛大的节日仪式也吸引很多外教人过来,甚至有些学生专门逃课到教堂玩耍,人群的聚集使得教堂成为瞩目焦点。当然这也吸引商家注意,教堂附近都是小商小贩。为了确保活动有序、安全进行,当地公安局和村委会会派出专人到现场维持秩序。我们可以看出,圣诞节不再仅仅是一个宗教节日,也成为信佛的人凑热闹、商家营销的一个重要时间节点。

庙会是华北农村地区一大特色。"庙"是指一座村庙,"会"是围绕庙而展开的一种聚会活动。庙会其实是为村里供奉的神灵生辰忌日举办的仪式性庆祝活动,其中不仅有神圣的宗教性因素,也有世俗性的贸易交换、社会关系交往、娱乐表演等内容,是狂欢与日常的交织。[⑦] TQ庙会是在正月二十七和三月二十五两场,SJ 和 KXY 没有专门的庙会,但是相互之间相距都不远,可以去 TQ 村和宁晋县其他地方赶庙会。当地的天主教徒也会去庙会现场,但是他们是"只赶会,不赶庙",也就是说他们会进行买卖交易活动、欣赏文化表演,但是不会求神拜佛、烧香跪拜。

总体来说,当地天主教徒与非天主教徒相处较为融洽,相互之间很少发生激烈矛盾和冲突。彼此都有信仰,都有一套规范制度和约束机制,使得他们在这样一个熟人社会能够和平相处。

3. T 地天主教

天主教在清朝末年即传入此地,据学者研究,义和团运动后此地天主教发展较快,华北 20 年代的旱灾也有利于天主教的传播。[⑧] 1929 年 3 月 18 日,从正定府代牧区分设赵县监牧区,为国籍监牧区。1932 年 1 月

---

⑦ 参见赵世瑜:《狂欢与日常——明清以来的庙会与民间社会》,北京:三联书店,2002 年;赵旭东:《权力与公正:乡土社会的纠纷解决与权威多元》,天津:天津古籍出版社,2003年,第 180－185 页。

⑧ 岳永逸:《教堂钟声与晨钟暮鼓:华北梨区乡土宗教的赛局图景》,载于《民俗研究》2012年第 5 期,第 70－78 页。

11 日,赵县监牧区升格为赵县代牧区。1946 年 4 月 11 日,罗马教廷在中国建立圣统制时,升为赵县教区。1966 年"文革"时,天主教被官方禁止,但是信仰并未中断,在此极端时期,很多教友都是偷偷祈祷。1979 年后,随着环境宽松和宗教政策落实,天主教在此地逐渐恢复。

据 1948 年教会统计,赵县教区有大小堂口 252 座,39 位神父,68 位修女,当时教友人数大概为 4.5 万人。据现任赵县教区教区长 ZWX 神父介绍,现在教区大概有 150 多座教堂,80 位神父,98 位修女,教友人数大概为 6 万人。目前赵县教区范围包括赵县、高邑县、宁晋县、临城县、柏乡县、隆尧县等地。从中国天主教发展现状来看,赵县教区属于信仰基础好、发展情况好的地区之一。

T 地现在大概有 1 万多教友,是赵县教区发展最好的区域。从 TQ 村天主堂翻修可以看出当地教友的信仰热情。TQ 村天主堂修建于 1996 年,现在正准备重新装修,明年办一个 20 周年庆典。据估算,教堂内外重新装修,大概需要 230 万元,同时准备安装管风琴,需要 200 万元,共计 460 万元。神父承诺他会出去找一部分钱,但是要求每个会长奉献 1 万,每个教友奉献 500 元,这样大概能凑 120 万。以 SHY 修士家为例,按照人头来算是 8 人(包括老大家夫妇及两个孩子),需要奉献 4000 元,这对于他们来说是一笔不小的开销,当我问他们会不会因为这件事为难的时候,他们都表示,即使家里再为难也会出这笔钱。

T 地教会活动多种多样,针对不同的人群、目的,有不同的培训班,例如儿童暑期培训班、婚姻培育班、主日学、慕道班,当地教友特别看重一种很特殊的培训班,"我们教区有一种白日培训班,一年两次,男女各一期,就是教友去边村封闭学习 100 天,很多人都是放下工作过去参加,你想一天挣 100,他们这就损失了 10000,而且他们还得交学费,虽然只有几百,但也是一笔开销。"⑨除了这些较为正式、常规的教会活动,还有各种不定时的活动,例如歌咏比赛、爱心服务活动。

教会一项重要宗教活动即为举行弥撒。当地弥撒分为大弥撒和小弥撒,主要是按人数来界定的。教堂每天至少会有一台弥撒,有时根据

⑨　摘自 2015 年 1 月 27 日对 SHY 修士于家中的访谈。

教友要求,也可以举行多场弥撒。一般来说,教会大型活动(瞻礼、圣神父、圣修士等)以及周六晚上 7 点和周日早上 6 点的弥撒是大弥撒,人数较多,教堂都会坐满。其他时候都是小弥撒,我参加过一次周三晚上 7 点的弥撒,即为小弥撒,大概只有 350 名教徒参加。当天是否有弥撒,以教堂钟声为准,"我们这里敲钟,一种乱钟一种齐钟,乱钟是教友来念经,齐钟是有弥撒,通知教友来参加,当然都是自觉的。你看路上骑着车的,基本都是往教堂去参加弥撒的。"⑩

总之,T 地是赵县教区的重点区域,不仅教会基础好、教徒信仰好,而且"圣召"也多,目前赵县教区绝大部分神父、修女、修士均来自 T 地。

二、天主之子:T 地修士群体概述

修士(Monk)亦称修生、修道士,专指基督教修院制度形成后进入修院修行的人。一般分为大修士和小修士,大修士是指进入神哲学院(通常称为大修院)学习的修士,小修士是指在教会系统备修院(通常称为小修院)学习的修士。本文的研究对象是 T 地大修士群体,严格来说,他们并不是神职人员,一般修士从神哲学院毕业后,实习 1-2 年即可按圣执事(通常称为六品),再经过 1-2 年锻炼即可按圣神父。

1. 修士人数

在全国教会神职人员发展不景气的情况下,赵县教区属于"圣召"最好的地区,每年按圣神父、修士数量在全国各教区都是首屈一指,2013 年按圣了 5 个神父、8 个执事,2014 年按圣了 8 个神父、5 个执事。按照计划,2015 年要按圣 5 个神父、3 个执事。据 ZJ 修士介绍:"我们教区现在在石家庄修院(即河北省神哲学院)就有 52 人,这还不算像他们(指 HTS 修士)在外地上学的、在国外上学的、加入修会的。如果都加起来,大概有 100 多人吧。"⑪后来我跟 HTS 修士求证数据可靠性,他说 52 人

---

⑩ 摘自 2015 年 1 月 29 日对 SHY 修士于家中的访谈。
⑪ 摘自 2015 年 1 月 31 日对 HTS 修士于家中的访谈。

应该是最鼎盛时期,现在没有那么多,后来教区长 ZWX 神父介绍:"我们教区近 8 年来每年平均按圣 5 个神父,现在神学(指在神哲学院念神学课程)还有 54 个,4 个已经毕业,大概 8 年就会按圣完。"⑫虽然具体数字还存在差异,但可以肯定的是,赵县教区有充足的后备神职人员。赵县教区对此也很自豪,认为他们有义务帮助其他教区,并推广他们的模式,"以前说内蒙河北山西陕西修士多,现在就剩下河北了,而且还就赵县最多,献县现在也就 10 多个,我们要把我们的模式推广到其他地方,当时传教士帮我们教区发展得这么好,现在我们也要帮助其他需要的地方。"⑬MJS 神父甚至有一个支援其他教区的计划,"我们要鼓励神父出去,最好是组团,两到三个人一块去一个新的地方,和当地教区签协议呆 5 年,如果搞得好就再签 10 年。"⑭

　　虽然上述论述的是赵县教区的修士情况,但是我们必须注意一点:赵县教区虽然管辖若干县市,但是其修士主要来源于 T 地三个自然村落。由于具体统计数据缺乏,当地神父、修女都只能凭经验和印象估计,他们认为赵县教区 70%-80% 的神父、修士都来自 T 地。

2. 世俗化的挑战

　　在调查期间,教徒经常讲述起当地辉煌的"修道史",试择三则:(1)T 地以申、李、白、米姓为主,四姓出的神父也很多。为了方便记忆和称呼,当地人按照按圣神父先后,称呼一米神父、二米神父……SHY修士告诉我,申姓出的神父相对较少,只有 10 位,前面五申神父已经过世,他哥哥以后就是"十一申"神父。(2)在赵县教区,KXY 村出的神父最多,已经超过 100 位,有一些是全家兄弟姐妹都选择修道。(3)有一次在 SHY 家和几位教徒聊天,他们特别羡慕隔壁岳家庄出了一位主教(即已去世的 WCL 主教),当地教徒说:"我们这里神父见多了,但是还没出过主教。"

---

⑫ 摘自 2015 年 1 月 31 日对 KXY 村教堂的访谈。

⑬ 同上。

⑭ 同上。

虽然 T 地"修道成风",但是修道这条路毕竟很艰难,不是每一个人都能坚持下来。近些年来,T 地修道人数急剧下降,在调查过程中,无论是神父、修女、修士,还是平信徒,他们都强调"圣召"越来越少。这不是 T 地的特殊现象,全国各地都一样,我博士论文田野点是宜昌教区 S 堂口,在 80 年代宗教政策落实后,当地走出了 32 位神父,现在湖北省天主教五大教区主干力量基本来自 S 堂口,但是如今却再没有人愿意修道。无奈之下,宜昌教区只能从河北等地引进修士。

每年 T 地进入河北神哲学院学习的修士超过 30 人,绝对数量还很可观,但是其中大部分都没能坚持下来。和 SHY 修士同一年进入河北神哲学院的 18 名修士,目前只剩下 2 人继续修道。在闲聊之中,当地人对 SJ 村修道有一个很有意思的说法——"只出修士,不出神父",这就意味着很多 SJ 村的修士后来都退出了修道生活。对于修道人数日趋减少的现象,ZWX 神父也只能苦笑道:"只要 5 个能成 1 个就不错了。"

随着当地经济条件改善,农村的出路也越来越多,当神父的吸引力不再如以前那么大。随着消费文化的传播和人口流动加快,外面的世界对年轻人诱惑力很大,他们越来越崇拜物质世界,这也就离修道生活越来越远。随着 80 年代计划生育政策的推行和落实,孩子数量减少,虽然当地一家普遍都有 3 个孩子,但是家长还是舍不得让自己的孩子去当神父,在调查中,几乎所有修士的父母都不支持他们修道。

3. "幸福"的烦恼

"修道成风"表明 T 地修道热情很高,最为直接的表征即是当地的修士人数众多。虽然在修道过程中,有部分修士选择退出,但是修道人数基数大,而且逐年累加,使得 T 地修道人数不断攀升。按照习惯,T 地修士一般进入河北神哲学院学习,隶属于赵县教区,毕业之后也会回到赵县教区服务。

但是 T 地充足的修士生源,给河北神哲学院造成了巨大的压力。如此多的修士同时进来学习,师资力量、教学资源与学生人数严重不匹配,没有办法保证教学质量和学习效果;更为关键的是,如此多的修士,管理起来也不容易。当然,这种窘境也与教会内部高层次人才缺乏、政府监管有关。

　　河北神哲学院不能接纳 T 地所有修士进来学习，很大程度上是学校"硬件"问题；但是，赵县教区不能将 T 地修士"照单全收"，是因为其"软件"过于饱满。就中国天主教教区划分来说，赵县教区面积较小，但是其神职人员在全国所有教区排第 4，教友人数排第 25。目前赵县教区有 98 位神父，大多是在 90 年代中后期成长起来的神父，他们正处于年富力强的人生阶段，既有充分的生活经验和牧灵知识，也有相应的"灵性资本"，短时间内没有充足的神职岗位留给后面这些年轻的修士。在全国各地很多地区都为教会后备力量发愁时，赵县教区却因为修士人数过多而发愁。

　　为了解决供过于求这一困境，河北神哲学院和赵县教区采取了很多措施。他们尽量劝后入学的修士进入其他神哲学院学习，这些去外地的修士也大多会加入其他教区。HTS 修士有修道想法时，赵县教区将他介绍给沈阳神哲学院，后来又转到中南神哲学院；SHY 修士第二次修道时，被介绍到中南神哲学院。同时，他们制定严格的管理制度，实行淘汰机制。河北神哲学院规定修士不准玩手机，第一次被发现给予警告处分，第二次就直接退回教区处理。SHY 修士在第二次玩手机被发现后，主动承认错误，但还是被送回教区，教区就直接作开除处理。谈起这件事，很多修士都认为，教区长 ZWX 神父做出如此严厉处罚，正是因为教区修士多，不怕流失。即使是采取这些措施，赵县教区神父、修士还是处于过剩状态，于是他们鼓励神父、修士出国深造，新设相关职能部门和创办与教会相关的组织，吸纳多余的神父、修士。

三、多声简的表述：T 地修道社会机制及文化逻辑

　　为什么 T 地会出这么多神职人员？当我将这一问题抛向赵县教区教区长、神父、修女、修士、平信徒等不同身份、不同阶层人群时，他们大多会笑着说："这是天主的特别恩赐。"按照教会的解释，如果一个人选择修道，这并不是他自己主观愿望和自由选择的结果，而是天主的"圣召"，赐予他特别的恩宠，赋予其与常人不同的能力与智慧。因此，在天

主教徒看来,能够当一名神职人员,这是天主赐予的荣耀。这种带有神学和护教色彩的解释,将一个复杂的问题直接指向不可探索的未知对象。T地有很多关于盛产神职人员的传说,当地教友最常传说的版本是:"据说以前老主教去山西朝圣的时候,特地请求圣母赐福我们这里(KXY村),多圣召神职人员,后来就显灵了,当然这只是一个传说。"⑮在这个传说中,既将"修道成风"与本地信仰最高代表——老主教联系起来,表明此地信德很好,又将圣召原因指向教会信仰的核心——圣母,是圣母显灵的结果。老主教的祈求与圣母的显灵,在这样一个二元结构中,普世信仰与地方性知识糅合到一起。当然还有其他说法:有人说,当年教皇指着这个地方,说希望这里多出圣召;也有人说,天主指着这个地方,希望这里多出圣召。这些明显带有幻想色彩的说法,在当地流传并不广。

当我和SHY修士聊起他的修道经历时,他说了一句很感慨的话:"毫不夸张地说,你要是问一个修士为什么修道,这是对他最大的一个问题,也是一个没有答案的问题。"虽然SHY修士的表述很模糊,但是也从侧面反映出一项研究实情——作为个体的神职人员是千差万别的,他们生活在不同的社会文化环境、有着不同的人生轨迹和个人生命机会(life chance)⑯,因此,他们的修道动机和修道经历也各不相同。T地先后为教会贡献出这么多神父、修士,我们不仅需要从神职人员个体层面对这一现象进行考察,更为重要的是,要将"修道成风"现象放置在具体的社会制度和文化背景中,探究其发生的社会机制、过程和根源,也就是莫斯所说的"整体的社会事实"。

1. 信仰氛围影响

T地是赵县教区中心地带,也是公认的教会发展基础好、信仰氛围好的区域之一。用当地信徒的话说,"你看看这边的几个教堂就知道了,

---

⑮ 摘自2015年1月31日对HTS修士于家中的访谈。

⑯ 转引自岳永逸:《传说、庙会与地方社会的互构——对河北c村娘娘庙会的民俗志研究》,载于《思想战线》2005年第3期,第95-102页。

修得大，装得多"，从赵县教区堂口来看，T 地三座教堂均修建于上世纪 80 年代末 90 年代初，直到今天，教堂仍然是当地地标性建筑，和边村的主教府相比也毫不逊色。正是因为 T 地的重要性，所以教区重要神职人员一般还要兼任 T 地堂口本堂神父，将教区最为著名的"黎明之家"康复部也搬到 T 地。

T 地三个自然村教徒就接近 1 万人，而赵县教区教徒人数只有 6 万，几乎占了 1/6。正是因为 T 地教徒多，信仰热诚，所以这里也为教会贡献了大量神父、修女、修士，据不完全统计，建国后，从 KXY 村走出来的神父即超过 100 位。现在赵县教区绝大部分神父、修女、修士都是来自 T 地。

这批年轻的修士从小就是在浓厚的教会氛围下长大。从其出生开始就领洗，成为一名教徒；从小就跟着长辈进出教堂、参加弥撒及各项教会活动；在念小学、初中的时候，他们就开始为神父辅祭；每次教区举行神父、执事晋升仪式时，他们不仅作为观众，更是积极参与各项准备事宜。从小的耳濡目染和身体力行，使他们获得了天主教基本的知识和礼仪规范，也对教会有了一定的感情。在其成长过程中，教会还会安排主日学、假期培训班、要理学习班等，帮助他们进一步认识自己的信仰。

T 地良好的教会发展环境和信仰氛围，构成了修士们成长的一个重要背景，也是促使他们走上修道之路的一个重要原因。

2. 修道相互影响

在 T 地，修道成为一种普遍的社会风气，甚至成为相互之间进行攀比的资本。例如，当地人会比哪个村子出过主教，哪个家族出的神父多。如果家里孩子较多，家长一般都会鼓励一个孩子去修道，"你家出了一个神父，那我家也要出一个神父"。在这种背景下，修士之间肯定存在相互影响。罗德尼·斯达克（Rodney Stark）和罗杰尔·芬克（Roger Finke）在其"宗教市场论"第 22 个命题中指出：个人信仰容易受其他人影响。"一个人对于宗教解释的信心会随着其他人表现出的对宗教解释的信心而增强。"⑰

这种影响最为明显的表现在于同一年龄段修士之间的相互影响。HTS 修士从小学习很好,保送进了县里省重点高中,成绩也一直很优异,他父母都以为他会考大学;但是在高二结束的时候,他突然放弃学业,选择进入修院修道。而且他人长得比较帅气,我们一块去唐邱中学的时候,他还说起当年女生追求他的经历。在我们看来,他的这种选择不可理解,但他的解释是:"当时我觉得很迷茫,不知道干什么。我看见他们修道挺好的,于是我也想去修院试试。"⑱这种"裙带效应"根植于当地信仰的文化环境中,这些修士从小生活在一个"熟人社会"中,一块长大,相互之间关系较亲密,如果一个人修道比较成功,自然会引发其他人的效仿。

除了类似于朋友之间的相互影响,还有兄弟之间相互影响,当地有些人家一家就出 2 个甚至 3 个修士,SHY 修士在某种程度上即受到在他前面修道的二哥的影响。当然,当地还存在一种代际之间的影响,很多修士都有亲属当神父,例如 THE 修士的姑爹即是赵县教区神父。这种平辈或代际之间的相互影响也不可忽视。

3. 较为完善的教会教育

天主教作为一种制度性宗教(institutional religion),拥有成熟的神学思想及完备的礼仪制度体系,神职人员及其后备力量是维系教会运转的核心力量。因此,教会都比较重视修士的培育。赵县教区拥有一套较为完备的教会教育系统,其备修院在中国教会里面是最大的,初中部在边村,现有 115 名学生,高中部在隆尧,现有 43 名学生。他们聘请专职教师负责教授文化课,教会里面学历较高的神父、修士负责宗教课程。他们使用与外面学校一样的教材,授课模式也基本一致,只是每周会有两次神学课程,每天都要按时参加教会祈祷、弥撒等礼仪活动。

---

⑰ 罗德尼·斯达克、罗杰尔·芬克:《信仰的法则——解释宗教之人的方面》,杨风岗译,北京:中国人民出版社,2004 年,第 132 页。
⑱ 摘自 2015 年 1 月 31 日对 HTS 修士于家中的访谈。

当地教徒家庭一般习惯把孩子送到备修院学习一两年,他们认为这种做法对孩子的生命成长、理解信仰、性格塑造有好处,通过备修院的学习,回来后可以更好地抚养他们。但是教会内部也承认,这里的教学质量较低,虽然他们也可以参加中考、高考,但是基本考不过正规学校的学生。因此,备修院也成为很多孩子逃避正规学校课程压力的地方,在跟这些孩子交流时,他们都说这里上学不用那么累。SHY 修士是在初三转入教区高中部的,讲到修道经历时,他说:"读初中,不好好学习,经常被老师管,还打我们,我就不想在那呆了,就进修院,慢慢就不想出来了。"⑲

相对而言,赵县教区为当地修士提供了一套较为完整的教育体系,教区的初中部和高中部为当地孩子提供了一种教育选择。如果从这里顺利毕业,而且还有修道意愿,一般就会去河北神哲学院,当然有时也会推荐到其他地区的神哲学院。

4. 很难反悔的选择

在 T 地,神职人员有很高的名誉声望和社会地位。如果一个家里能出一位神父,在当地是一件光宗耀祖的事情。那么神父的这种权威是从哪里来的呢? 神父是代表天主执掌牧羊的权力,是信仰的重要代表,对于神父的尊敬就是信仰的体现;另外,在信仰生活中,教堂是一个重要的精神坐标,是参加仪式活动的神圣场所,而教堂的主管者就是神父,他们毋庸置疑地拥有执掌教会的权力。但是,当一名神父要付出很大的代价,作为神职人员要放弃很多世俗生活,甚至为了维护教会的权威,需要与自己的父母保持一定距离。俗话说,"开弓没有回头箭",一旦走上修道这条路,即意味着很难回头,如果中途反悔,退出修道,需要付出极其昂贵的代价。

一个青年选择进入大修院修道,如果中途退出,那么村子里面的舆论压力会指向这个人甚至其家庭,这个人在村子里面都抬不起头,其家里人也会觉得没有脸面。所以大部分修士退出之后,都是远走他乡,能

---

⑲ 摘自 2015 年 1 月 27 日对 SHY 修士于家中的访谈。

够不回村里就不回。如果一个神父离职，在当地会受到口诛笔伐，很多教友认为他们这些半途而废的人已经冒犯天主，以后会下地狱，诅咒他们"养鸡死鸡，养鸭死鸭"，一般神父离职后都会过得很凄惨，甚至其亲生父母都不会再搭理他。SHY修士以他的亲身经历给我讲述过这种状况："我的经历几经起伏，我初中毕业就去修道，后来回来了，村里说这说那的，我工作了两年，在村里谈了一年恋爱，大家背后都在说……所以我当时不想在石家庄修院呆了，现在也不想回家，回来了我把头都包好，免得认出我来，我现在连我叔叔家都还没去，我娘叫我送我侄子上学，那个姑娘家离学校很近，现在一年多都快忘了，见了也不好。"[20]回家之后对于修道心灰意冷，开始谈恋爱，弄得村子里议论纷纷，后来他承受不了这种精神压力，于是再去中南神哲学院修道，有一次他很感慨跟我说道："说得不好听，上次修道气死我爸，这次要是弄不好，就气死我妈了。"[21]

5. 父母不敢劝阻

按照教会的解释，如果一个人选择修道，那是天主拣选了他，是天主给他的恩赐。因此，家里人也都不敢阻拦自己的儿子修道。HTS修士给我讲过这样一个故事："我们这边孩子要修道，家长一般都不敢拉回来，听说离我家不远有三个儿子修道，后来他们母亲把他们硬拉回来，后来里面三个儿子先后出车祸都死了，别人就都说修道好好的，把儿子都害死了，你说这是天主的报应吗？不好说。"[22]

在我采访修士父母时，他们大多是不支持自己的儿子修道，特别是只有一个儿子的家庭，父母都是希望孩子走结婚成家这条路，不要去修道，但是一旦自己的孩子要去修道，家里人都不敢阻拦。HTS修士目前就面临这种窘境，他们家有两个孩子，但是他弟弟得了不治之症，瘫痪在床，可能过两年就会去世。他父亲是独生子，如果他以后真的当神父了，就意味着他们家断后了。所以他父母希望他能回来，哪怕冒着被人说三

---

[20]　同上。
[21]　摘自2015年2月2日对SHY修士于天津火车站的访谈。
[22]　摘自2015年1月28日对SHY修士于家中的访谈。

道四的风险。但是他们不敢明里阻拦,只能旁敲侧击,希望他能够回来结婚成家。去年家里装修的时候,他父亲就问他,如果你继续修道不回来了,那我们就随便装修一下;如果你以后回来,我们就按照结婚的标准装修。他当时也拿不定主意,觉得这事不好说,就让他家里按照他不回来的情况装修,但是他回来后发现家里装修得很气派,完全是按照当地结婚的装修流程弄的。

6. 高额的结婚成本

随着中国社会发展和经济市场化,高额的结婚费用开始成为一个普遍现象,特别是在农村地区,孩子结婚已经成为父母的一大负担。在 T 地,如果自己的儿子要结婚,男方除了付给女方数额不等的彩礼钱(一般在 5 万左右)和承担婚礼费用(一般 2 万),另外还要买地基,为新婚夫妇建一栋房子,现在一般男方还要买一辆小轿车,也慢慢流行去县里买房。如果把这些费用算下来,一个孩子结婚基本要花费 30 到 50 万,这对于生活水平刚有起色的当地人来说,仍然是一笔巨资。

即使是如此大的花费,现在很多人仍然找不到对象,这与当地人口结构比率失衡有很大关系。从上世纪 70 年代起,中国政府强力推行计划生育政策,生育率开始下降,在某种程度上缓和了人口危机,但是在"重男轻女"传统影响下,某些地区也面临男女比率失衡的问题。虽然 T 地一家仍然有两三个孩子,但是从整体上来看,女孩数量远远少于男孩数量,用当地人的话说,那是"供小于求",而天主教一般奉行内部通婚,这种较为内敛的婚姻模式又加剧了男孩找对象的难度。

随着中国社会转型的进程和改革开放的深入发展,城乡差距日益扩大,人口向城市单向流动。现在 T 地适龄劳动力一般都会出去打工,随着人口流动的加大,他们的社交范围也扩大,他们也逐渐适应了城市生活环境,很多女孩希望自己能够嫁到城市里,这也是当地修女人数急剧萎缩的一个重要原因。

目前,80 后、90 后都进入结婚年龄段,高额的结婚费用和适龄女青年的缺乏,使得 T 地很多男青年面临打光棍的窘境。修道提供了另外一种生存方式,他们不用考虑结婚生子、不用考虑买房买车,SHY 修士对中南神哲学院里面的修士有一个评价："修院里面最小的 17 岁,最大的 40 多岁了,你看有几个人是真心修道,都是没办法,现在有些人出去的话,生计都是问题,只能留在里面修道,现在精神上没啥可说的,只能在物质上打擦边球,在这个规则内尽量活得好一点。"[23]他也坦言,T 地有部分神父、修士是因为找不到老婆而选择修道。

就总体情况来看,T 地天主教基本是中国农村天主教会的一个缩影,教会信仰基础较好,但是趋于内敛式发展,年轻信徒开始外流,神父、修女、修士人数急剧下降。但是,T 地也有特殊的地方,本文所论述的"修道成风"即为一个明证,它不仅在教会内部产生了很大影响力,而且实实在在为其贡献了大量神职人员。相比于以往,T 地当下的"修道成风"已经开始减少,但是修道仍然吸引了一部分年轻人,而且其绝对数字仍然很可观。修道作为一种生活方式和职业归属的选择,不仅是个人出于不同原因或主动或被动地追寻意义之果,而且也是受 T 地共享的天主教信仰及固定的文化氛围所刺激,并在其激励下所生发出来的。

---

[23] 摘自 2015 年 1 月 26 日对 SHY 修士于家中的访谈。

藏彝走廊上天主教的传播及其影响研究

——以四川省土城藏族乡为例[*]

——以四川省土城藏族乡为例 *

陈光军

【内容提要】 天主教作为外来宗教,通过藏彝走廊进行传播,为走廊增添了新的文化内涵。在这片边缘地带中,天主教的本土化脚步从未停止,人们通过集体记忆和仪式结合等方式对天主教加以改造。在当地,天主教逐渐内化为人们的道德约束,在日常生活中人们很少关注宗教本身,而是身体力行节俭、朴素和爱人的宗教劝诫,这为当地的社会整合和社会控制起到相应的积极作用。剥离宗教的政治性,割裂其与其他团体的利益争斗,实行"三自爱国"方针,增强宗教自养能力,坚持宗教信仰自由政策,无疑是处理当前宗教问题的正确办法。

【关键词】 天主教 藏彝走廊 本土化 传播 影响

本次调研从 2015 年 7 月 7 日开始到 7 月 22 日结束,共经历 15 天。在当地,我们共发放问卷 100 份,回收 97 份,其中有效问卷 90 份。问卷回收后,我们利用 SPSS 统计技术对问卷数据进行了统计分析。除了问卷外,我们还主要采用了访谈法和参与观察法对该问题进行深入调研。本次访谈对象共 35 名,其中奉教人 20 名(老人 10 名,中年人 5 名,青少

* 本文系四川省教育厅重点项目"藏区和谐文化生态构建研究"(项目编号:15SA0139)研究成果。

年5名),山教人15名(老人8名,青少年7名);还访谈了当地县民宗局局长、副局长,当地乡长和分管民族宗教的副乡长。访谈对象涉及了农民、教师、商人等,涵盖了土城乡的土城子、毛乡坝、陈家山、独木桥、枫香村、杨柳坝、永丰村等7个自然村,受当地经济社会发展水平所限,访谈对象受教育水平普遍不高,以小学、初中为主。

通过本次调研,我们认识到天主教作为外来宗教,通过种种方式在藏彝走廊上进行传播,为走廊增添了新的文化内涵。在这片边缘地带中,天主教的本土化脚步从未停止过,人们通过集体记忆和仪式结合等方式对天主教加以改造;在当地,天主教逐渐内化为人们的道德约束,身体力行,节俭、朴素和爱人的宗教劝诫对当地的社会整合和社会控制起到一定的积极作用。天主教在藏彝走廊的本土化命运指出了对待外来宗教的方向。

一、土城藏族乡天主教概况

土城藏族乡位于四川省平武县西境,历史上是白马番人聚居的寨子,因此地四周多围以土墙,状似城墙,后汉人进据其地,名土城子,简称土城。[①] 从大的地理方位上看,土城位于岷山山脉东段,为藏彝走廊的东部,西靠阿坝藏族羌族自治州松潘县(藏族自治县),南接平武县羌族聚居区域,在当地有所谓"上山区的藏族,下山区的羌族"的俗语,反映出土城周围的民族分布格局。土城藏乡正好处于两大族群(藏族和羌族)的边界区,受到两种文化的共同影响,因此当地文化形态呈现出两个民族的一些特征。从小的地理方位看,土城藏族乡境东界大桥镇,南连泗洱藏族乡,西靠虎牙藏族乡,北接水晶镇。辖枫香、纸坊、土城、毛香、独木、五里、大山、永丰、兴隆9村,50个村民小组,面积221平方公里,2010年底常住人口1892户,6393人。土城辖区内以山地为主,少平地,平均海拔1200多米,森林覆盖率超过90%,有土城河(涪江支流)绕经全乡。当地高山深谷、山河相间,纵列分布,河流大体呈南北走向,沿河

---

① 平武县志编委会:《平武县志》,成都:四川科技出版社,1997年,第4页。

谷有人家居住。当地交通较为闭塞,汶川地震后条件有所改善,现正在修建通往县城的公路,并规划修筑省道。

1. 土城藏族乡天主教概况

土城藏族乡的信教人数2280人,约占全乡总人口的1/3,也是平武县全县天主教信仰人数最多、分布最集中的区域。[②] 在全乡下辖的9个村中,信奉天主教的民众都是在枫香、土城、独木、毛香等村,都是在山区等交通不便的区域,外出务工者甚多,留守老人和留守儿童现象十分突出;教民主要以汉族和藏族为主。当地天主教以“家族传承”为主,“传福音”现象较少。由于当地没有系统的统计资料,我们只能通过统计周日礼拜来推测。表1是3次周日礼拜的情况统计表。

表1　三次礼拜性别年龄统计

第一次统计:2015年7月8日(6:30-9:00)				
性别	老年(55岁以上)	中年(30-55)	青少年(30以下)	总数
男	17	4	0	21
女	26	8	2	36
第二次统计:2015年7月15日(6:30-9:00)				
性别	老年(55岁以上)	中年(30-55)	青少年(30以下)	总数
男	18	5	1	24
女	25	12	1	38
第三次统计:2015年7月22日(6:30-9:00)				
性别	老年(55岁以上)	中年(30-55)	青少年(30以下)	总数
男	17	1	0	18
女	41	7	2	50

---

② 平武县民宗局:《平武县天主教情况报告》,未刊稿,2015年6月18日。

从上面三个统计表中可以看出,教民中女性比男性多,老年信徒比年轻信徒多,而且周日来教堂做礼拜人数一般较为稳定,多在 60 - 75 人之间。从问卷分析发现,20 - 50 岁的教民受教育水平普遍偏低,大多为小学、初中(包括肄业)。通过访谈,我们发现教育水平的高低并不是影响信教与否的主要因素,只会影响对教义的理解程度和对教规的遵守程度。教育水平较低的多严格遵守教规,但对教义理解不深,有些甚至仅限于机械背诵、模仿;教育水平高的也不乏有教会的重要支持力量。县民宗局认为"大多数信教群众文化素质偏低,缺乏理论教育,缺乏社会主义道德教育"。③

2. 天主教活动的主要场所及管理机构

当地天主教徒活动的主要公共场所是土城天主堂。该教堂是平武县境内现存唯一完整的教堂建筑,始建于宣统元年(公元 1910 年),民国二十四年(1935 年)毁于火灾。现天主堂重建于 1935 年,修建于土城乡场镇中街。解放时,有房屋 10.5 间,约 576 平方米。其中教堂两大间 336 平方米,附属用房及厕所 240 平方米,1950 年为学校占用。1984 年国家落实宗教房产政策,将土城乡中心小学校所占的房屋归还给了教堂,附属用房折价赔偿天主教堂 1.06 万元。现在该堂占地面积 1790.04 平方米,建筑面积 903.70 平方米。

1984 年 4 月 1 日,当地在上级宗教管理组织的领导下成立了由 11 人组成的土城天主教堂管理小组。今年 3 月,土城天主堂管理委员会进行了第 4 次换届选举,选出了由 10 人组成的领导班子,包括 1 个主任、1 个副主任和 8 个委员,下设爱国爱教传教小组、理财小组、安全小组、文艺小组和圣事小组。各小组具体职责详见下表 2:

2008 年四川"5.12"地震,天主堂房屋损坏严重,县政府安排资金 10 万元,由县民宗局主持重建损坏极重的厨房,对经堂、生活用房、商用房进行维修。2010 年,香港明爱出资 33 万港币拆除临街 4 间危房,重建商用房。教会主要收入为出租店面(一共 4 家商用房,每间租金 3200 元/年)、

---

③ 平武县志编委会:《平武县志》,等 883 页。

表2 教会各管理小组职责

传教小组	文艺小组	圣事小组	理财小组	安全小组
负责传教、安排受洗等宗教仪式	筹办宗教节日的节目晚会、日常圣歌的教授等	组织人员为逝去的教友念经等	负责教堂财务出纳	维护教堂日常安全,防火防盗

民宗局给予资金和其他人捐赠资金,基本能够满足正常的开销。

二、天主教传入土城藏族乡的历史回顾

明朝末年,耶稣会会士利类思(Ludovico Buglio)神父得到当时四川地方官员的支持而顺利传教。几年内,天主教在四川发展迅速,并形成一定的规模。1706年,由于礼仪之争,康熙帝下令禁止传教,这使天主教的发展遇到了重大挫折。然而禁教期间,天主教并没有放弃其传播,而是把传播方向逐渐转向四川的一些偏远地区,他们走村串户,送药治病,成立了慈善组织和医院并讲经传教。

清中后期,外籍入华人士持续增加。虽然禁教令还在,可此时清政府已无力有效执行。清光绪十一年到十九年(1885－1893)间,法国神父劳步善将天主教传入平武。劳神父受到县官的恭迎,在县城南街购买房地,建起天主堂,教堂系中国式斗拱结构,大门口有一对石鼓左右分立,鼓上各刻一只石狮。门上挂竖式大匾楷书"天主堂"。经堂正中供奉"肇始天地人物真主神",楹联为"无始无终真主宰,宜仁宜义大权衡",横联为"万有真源"。④ 直到1901年,神父劳步善在平武县建龙安镇天主教堂。在1910年到1949年间,依次由劳步善、牟秉田、周文藻等共6位神父主持教务。以县城为中心,天主教呈辐射状扩张到了周围广大山村地区,其范围上至旧堡、大桥、土城、杨柳坝等,下至古城、高村、水田、徐塘等,奉教者绝大多数是农民。民国初年开始有中上层人士奉教。县

---

④ 平武县志编委会:《平武县志》,第883页。

城士绅郑季坤、张墨尧、申祥雨都是有名的天主教徒。甘军骚扰县城时，劳神父在天主堂插法国国旗，允许城内绅士入堂避乱。民国二十四年（1935年）前后，县天主教达到极盛，奉教人数达2000人。

清末民初，神父邓斗南在土城乡建立了天主教堂，设杨柳坝（现属泗耳藏族乡辖）和大桥乡分堂，并分别有神父入住和传教讲解经文。1936年发展教民共有961人，1949年人数稍有减少约861人。1950年时教堂被学校占用，宗教活动被迫停止。上世纪80年代，宗教政策恢复后，当地约有2000名教民。信教人数趋于稳定。

历史上天主教在川的传播方式主要有以下几种：一是通过修会和传教会派传教士到各地进行传教；二是宗教教育，包括建立修道院和发行报刊杂志。修道院是天主教培训神职人员的学院，有严格的院规和一套详细的教学系统，毕业后学员经考验合格后由主教祝圣为神父。它为天主教的传播提供了中坚力量。天主教在四川传播一段时间后还发行了相关的报刊杂志，如《崇实报》等；三是建立团体，如公教进行会、公教青年会等，这些团体除了对相关的对象传播文化知识，同时也宣传天主教；四是开办学校。天主教进入四川后，开始办经言学校。经言学校一直是天主教传教和教授文化课的重要场所，从入川以来就选择传教先生和童贞姑娘负责办学，经久不息，即使是在清朝禁教期间，经言学校也从未停止。经言学校给许多教徒子女带来了文化教育和思想影响，为天主教后期的发展奠定了一定的基础。五是设立医院和开展慈善事业。

天主教得以在平武当地传播主要和以下几方面因素相关：一是天主教受到当地政府支持；二是在动乱年代，天主教借着法国的权威保护了当地一部分居民；三是天主教的慈善事业给当地人带来一定的好处；四是天主教的本土化减少了与当地文化可能的冲突，当地居民较易接受。

三、天主教对土城藏族乡的影响

1. 教规与教仪塑造了教徒的世界观

（1）善恶有别的灵魂观

生前做好事者，灵魂是善的，死后"得升天国"享福，而生前作恶者，灵魂是恶的，死后不得进入天国，要在地狱受苦，以弥补自己的罪恶，于是教徒有了死后"得升天国"的期盼，提倡在生活中不要作恶，要多行善事，以求隔世之福。这一观念又往往与佛教、道教相互牵连，教徒无法理解上帝的"三位一体"，而只将其与"菩萨"、"天老爷"等而视之。

（2）祷告祈福的祸福观

在日常生活中，除了早中晚课向天主祷告保佑一天平安之外，每当遇到重大选择，如决定儿女亲事、修房造屋、择定墓地，甚至挖水井，或者天主教四大节日时，教徒要祷告祈福。一般说来，中老年教徒坚守早晚课的较多，年轻人则有事才祈祷。因为当地年轻人大都外出务工，受条件限制，平日鲜有时间去做早晚课，认为太麻烦。这与当地信奉本土宗教者有很大相似之处，只是将祈福的对象改为圣母而已。

（3）豁达开明的生死观

出于对"天堂"的理解，教徒将生死看得十分平常，"活时好好活，死时坦然死"是他们对生死的描述。他们特别强调死之前一定要了结一切"怨气和不满"，生前的结怨一定要在死的时候说出来，宽恕他们。教徒死后，家人将其遗体停放家中，教友同来念三天经；选择墓地不看风水、不请道士，具有较大的随意性。

通过遵守天主教的教规和操守天主教的教仪，教徒善恶的评判标准除了法律、一般道德以外，还多了宗教道德的约束（如天主十诫），教仪在人们生活的各种场合不断展演，既强化了成年人的宗教意识，又是对未成年人的社会化教育。

2. 改变了当地宗教生态，增添了新的文化义涵

天主教到来之前，当地只有佛教和道教以及一些本土信仰（如土地、山神、龙王等）；天主教传入后，和当地宗教形成竞争关系，对当地原有的几种宗教有一个整合，形成了"奉教"和"山教"的二元对立格局。所谓"奉教"是指天主教；而"山教"则是其对立面，既包括儒释道，也包括本土信仰。当地人被问及信奉什么教时，天主教徒往往十分明确而不假思索地回答"我是奉教人"；而其他人则会思索片刻、不知如何回答，往往只说"我们和他们不一样，应该算山教人吧"。不同的信仰，双方相互不了解，"奉教"认为"山教"是迷信，是"骗钱的、要不得的"；"山教"却认为"奉教"是"只有天，没有地，不接地气"，是"中国被外国欺负才传进来的"。二者在思想上的冲突在日常生活中却较为平和，双方之间来往不问宗教，也没有发生过冲突。同时，近年来，天主教的圣诞晚会吸引了当地各种信仰的村民，丰富了当地的文化生活。

3. 社会资源和社会动员

天主教在土城已有 100 多年的历史，虽然在当地人的描述中，近几年天主教发展有所滞缓，但是天主教徒仍占较大比例，但在对土城乡各村村委会的换届选举状况的调查中，我们发现，有 67% 的教徒"不会因为是同教人的关系而影响选举的决定"，教中有威望的人也受到教外人士的尊重，教徒一般不会存在宗教中心主义的情怀，教务和公共事务的区分很清晰。其社会地位与个人的宗教信仰无明显差别。

但在社会动员方面，天主教具有明显优势，神父在当地教徒中有较大威信。凡遇到捐赠救济的号召，一般由神父出面，教徒都积极响应，纷纷解囊，无论贫富。当地信仰天主教的人数众多，教堂是教友共享资源的媒介。当某教友遭遇重大的困难，礼拜时，讲经人会号召教众捐款捐物。此外，教会还会组织一些信徒到更高级别的教区学习，或是将孩子送往教会学校读书，教会充当了一个互助纽带；那些将孩子送往教会学校学习的家长也只是希望子女能够更好的了解教义，学习天主教文化，最后帮教会做一些力所能及的事，以积功德。

4. 通婚

宗教圈与通婚圈二者有着紧密的联系。按传统观念,天主教徒总是希望自己的配偶也信奉天主教,这样的婚姻会比较合适;但随着时代的变迁,年轻人的思想更加独立,宗教因素对其感情判断的影响越来越小。在被调查者中只有25%的家长"不赞同"自己的子女与非天主教徒结婚,同时表示,"如果一个人不信天主,不受洗,最后就进不了天堂,所以,结了婚后,你尽量劝他信教,要很耐心地劝他,去感动他。"

王某夫妇是一对80后,王某是当地天主教徒,妻子是外来非天主教徒,两人通过网络结识,经济来源主要是靠租教会的房产经营手机店。当谈及两人的婚姻时,男女双方都表现出一种满足与幸福感,面对两人不同的宗教背景,王某说:"当初家里也是尊重我们的决定,平日里,我仍旧会在周末到教堂做礼拜,她也不会干涉,我也不会强迫她信教,顺其自然,日子过得平平淡淡,也不会有太大压力。"

当问及不同宗教的人是否可以通婚时,多数人都说"这个不管,大家各信各的,互不干涉"。由此可见,在土城乡,异教通婚的状况主要取决于个人及家庭的思想状况,并不存在明显的互斥性,在年轻人中,个人感情与宗教情感也不会交织难分。图1是"天主教徒子女与非天主教通婚态度"统计图。

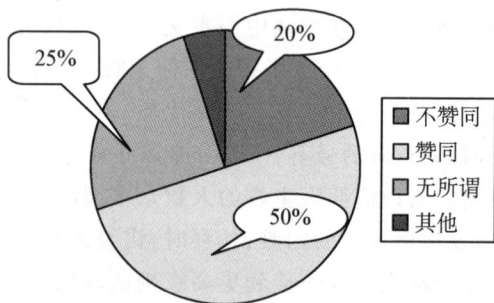

图1　天主教徒子女与非天主教通婚态度统计

四、天主教在当地面临的主要挑战及"权威重建"

1. 天主教信仰在青年人中影响力逐渐减弱

随着时代的不断变化,不同时代的群体被赋予了不同的时代特征,这种特征同样也表现在天主教的信仰人群上。以不同时代的教育水平、开放程度、社会流动为标准,我们将调研对象分为三个年龄段:0－20岁,20－50岁,50岁以上。图2是不同年龄段的天主教信众每天按时念经的频率,图3是周日参加礼拜的频率。

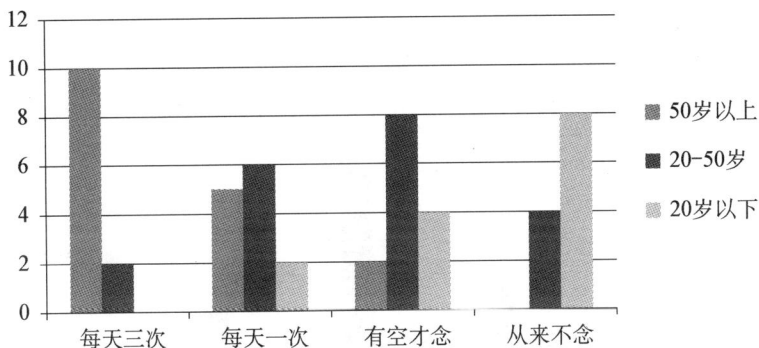

图2　不同年龄段教民每天念经次数

从图2可以看到,50岁以上的教民中89%至少每天念经一次,且接近60%会严格遵循天主教每日早中晚三次念经的传统;在20－50岁的教民中,只有10%的信众会坚持每天念三次经;60%是"有空才念"或者"从来不念";而在20岁以下的教民中,接近60%的人表示"从来不念",接近30%的人"有空才念"。我们在访谈中,唐某(28岁,常年在外打工,现在乡镇上从事手机维修)这样说道:

> 我们从小父母要求我们念经,但是现在我还是不会念。因为多年都在外头打工,忙都忙不过来,哪个有时间去念经,念经都是那些没事干的老年人做的事。再说了,信不信天主,不在乎你每天念多

少经,有很多老年人念了一辈子经都不晓得是啥意思,而我们懂得
道理多,不用天天念经的。

唐某的观点代表大多数年轻人的意见。年轻人念经次数少的主要
原因有二:一是太忙,没时间;二是(我们认为是最主要的)观念有所不
同,认为念经本身不重要,只要能懂其中的道理就行。20 岁以下的调研
对象大多属于留守儿童,宗教信仰本属未定,只是他们生活在天主教信
仰的家庭中间,一直由祖父母照看,念经、礼拜等宗教行为多是"觉得好
玩,就跟着做做"。访谈中,大部分人表示对天主教没有自己的看法,也
不知道信天主教的目的与意义,几乎没有人会按照天主教的惯例每天念
经,而且也不会去教堂做礼拜。

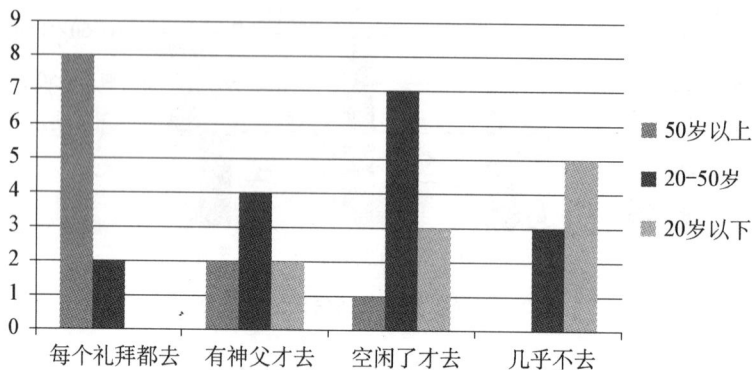

图3   不同年龄段教民周日去教堂礼拜的次数

图 3 中,50 岁以上的教民中 73.7% 每周日都去教堂做礼拜,而 20 –
50 岁中只有 12.5% 的人每周去,其中 62.5% 的教民表示"空闲了才去"
或者"几乎不去"。20 岁以下的教民中,50% 的人"几乎不去"。

50 岁以上的教民大多从小受家庭影响开始念经文、做礼拜、过天主
教的宗教节日、听圣经故事。他们熟知上帝造人、诺亚方舟等宗教故事;
"天主十诫"、"天堂与地狱"更是他们对社会现实作出解释的基础,是其
基本价值观念。这部分人对天主教的虔诚还表现在对各种宗教做出"自
我"与"他者"的区分:他们认为只有奉教才是真的,只有天主才是唯一

的真实,才能真正荫蔽自己和家人;而山教(主要指道教,也包括佛教和儒教)中的龙王等都是假的、"整钱的",算卦占卜之类更是无稽之谈。这种区分根深蒂固！然而,对于很多年轻人而言,他们对教义教规看得稍淡,对待天主教信仰也有自己的见解。教民杨某是个虔诚的老天主教徒,对正在上初中的孙子的信教问题表示担忧:"我们老一辈还很担忧,不知以后怎么办,现在叫孙娃子念经他也不念,一天到黑只晓得看电视。将来上了大学,懂得道理多了,你讲不赢他,他就更不信了。"土城乡小学教师王某(41 岁)说道:"我只觉得信天主教是一种文化传统,或者叫做一种家族文化,至于你要说天主是否存在,我觉得没有多大意义。"当问及当地天主教发展状况时,县民宗局局长这样说道:"发展倒没得啥子发展,主要是稳定,信教人数没啥子变化,在教堂里面做礼拜的主要还是中老年人。现在人口流动比较大,年轻人都出去打工了,小孩子懂的科学文化知识也比较多了,信教的就少了。信教的主要还是家庭里面的熏染,一代传一代,几乎没有新传的。"

以上可以看出,天主教在年轻人中的影响力正逐渐减弱,天主教面临着来自不同年龄人群的挑战。造成此现象的深层次原因是天主教本身繁琐的宗教仪式无法适应追求效率的现代社会,年轻人要求打破繁琐的宗教仪式(平日念经、周日礼拜、斋戒等),破除一些相对严格的教义规定(通婚等),这是当地天主教发展的主要趋势。

2. 认知引发的困境

在土城当地,虽然许多家庭是祖辈都信仰天主教的,人们对于天主教的认识是很中规中矩的,但是,随着现代社会信息流动的加快,土城也会受到外界不良信息的干扰,我们在采访一位老大爷时,他提到"现在,一些人乱传谣言,说啥子核武器、核战争、世界末日,我就说这是扰乱社会秩序,违反国法",当然,传播这些谣言的人不一定是信教的群众,但一些异化了的社会思想正或多或少地以天主教的形态试图去影响信教群众,造成一部分信教群众在认知上的偏差,显然,如果这样的认知由嵌入发展到内生后,会造成不良后果,这就需要一种适时合理的机制去调节。

3. "权威重建"

面对种种冲击，天主教做出了一定回应，试图重建其在当地的影响力。其方式包括以下几点：

第一，利用捐款，整修教堂和商铺，增强其自养能力。如前所述，汶川地震后，当地教堂和商铺受到较大破坏，先后接受了县民宗局10万元拨款和香港明爱33万港币捐款，拆除临街四间危房，重建商用房。现在商用房出租给教友，每间店面每年可获3200元的房租，再加上日常捐赠，完全可以满足教会所需正常开支。

第二，健全组织机构，增加公共服务。以前，当地教堂原只有江油地区神父代管，没有自己的神父，神父只能每半年到教堂一次。2010年后，平武县内新增神父黄杨波，直接管辖该教堂，可以每两个月来教堂一次。神父来时，做礼拜的人就会成倍增加，可达上百人。除此之外，当地教会还增设文艺小组，全面负责筹办宗教节日晚会和日常教授圣歌等。2011年圣诞节晚，当地自己排练的节目吸引了大量观众，其中还包括很多非天主教信徒；周日礼拜后，多数人都不愿离去，希望能跟着钢琴伴奏多学几首圣歌。同时还设有圣事小组，专门负责散居教友丧葬仪式。按照天主教仪规，教徒去世后必须有教友集体送别念经，而散居的教徒很难找到够数教友念经，此时由当地教会出面，组织其他地区教友前往。另外，教会在教堂中还经常号召教民捐款以帮助贫困的教友。这些都增强了教会在教民中的威望。

第三，扩大交流，着重培养年轻人。近年来，当地天主教会不断加强与外地的交流，特别重视对青年人的培养。去年，教会负责选派了11名儿童前往绵阳市区教堂学习天主教教义教规，且全部免费。这些儿童暑假学习回来后，许多家长纷纷表示"能够帮助神父做弥撒，还可以唱一些新歌和跳一些舞蹈"，特别是变得"懂得道理更多了，更加懂事了"。去年受到的好评增强了今年教会做事的勇气。今年教会采取自愿报名的方式，一共收到31名儿童，其影响力在家长中不断扩大。教会主任杨家兵（音）表示："年轻人才是我们的接班人"。

以上三个方式，以增强自养能力为核心，增加公共服务，通过各种聚会、仪式增强教友间联系纽带，特别注重发挥了神父在教友中的重要作用;同时积极培养年轻人,为教会注入了新鲜血液,维持了天主教在当地的影响力。

五、天主教在土城藏族乡保存至今的原因

天主教在一个藏区能够得以传播并发展起来,得益于其位处当地自然环境和人民精神的双重边缘,同时也得益于天主教能够不断与本土相结合,减少了在当地存活、壮大的阻力。

1. "边缘地带"是天主教得以生存的肥沃土壤

不少学者认为,藏彝走廊是处于藏、汉两大文化区的挤压边缘,是一种"边缘文化"。诚然,作为边区,藏彝走廊处于不同权力中心之间的边缘地带、区隔地带,而作为一个特殊地域,藏彝走廊又是不同权力中心之间相互交叉、相互叠合的地带。于前者而言,边域既远离中心,将中心与中心拉远、隔开,又是离另一个中心最近的区域,因而能够将中心与中心拉近、聚拢;对于后者,边域是不同国家、不同文明的交叉与重叠地带,一方面最完整地保留了已经变迁或失传的中心区文明,具有保留、持守、发扬甚至发展原创性文化的功能;又能体现不同文明的杂交优势,可能成为新文明、新文化、新发展的试验田和孵化器。⑤ 土城藏族乡正好位于藏彝走廊东部边缘,是其北部起点。由于崇山峻岭,东部与汉族文化区相隔;西部为川西高原,是藏文化区的边缘地带,这一"地域的边缘性"导致当地与外界交流在东西方向的受阻。在南北方向,涪江自岷山东段发源,由北向南,经江油、绵阳到重庆与嘉陵江汇合,最终注入长江。这一南北走向的河流促使了走廊"沟域文化"的形成:流域内的人员、物资可以或顺或逆地沿着河流不断迁徙、流动,其本身携带的文化也可以在这条沟域内不断传播。越往河流上游,其地势越险峻,经济社会越欠发达,只能作为下游地区文化传播的接受者,并能很好地保存这一文化。

---

⑤ 邹吉忠:《边疆边界边域——关于跨国民族研究的视角问题》,载于《中央民族大学学报
(哲学社会版)》2010年第1期(第36卷)。

从天主教传入当地的历史追溯中,可以看到天主教正是从涪江下游的重庆以及岷江下游的成都等地传入;访谈中,我们也发现当地代姓都称自己先人是从湖北麻城迁入,而王姓则说自己是从成都金堂县迁入等;秦和平等也撰文描述近代以来基督宗教利用藏彝走廊的地势特点对西藏等地区进行传教;⑥如果我们放眼整条藏彝走廊,北起四川平武,南达东南半岛,几乎都能找到基督宗教(包括天主教和新教)的身影。"地域的边缘性"阻隔了东西方向的文化传播,而"沟域"的地形特点则为南北方向文化的传播提供了便利。

另一方面,正如有西方学者(詹姆斯·C.司科特,詹姆斯·C.斯科特)所发出的疑问"文明缘何难上山"那样,当地险峻山势使国家文明(主要是指汉人的文明)的进入存在困难,这里更像是一片被世人遗忘的"净土",原有的巫术、鬼神等信仰在当地充当了肉体(治病)和精神上的守护神,但在遭遇到外地(河流下游)用较为先进的医药等包裹的天主教后,逐渐"失灵";同时天主教宣扬的救赎、爱人等思想部分满足了当地人精神上的需求,经过一番苦痛的历程,天主教逐渐在当地获得了市场。

2. "本土化"是天主教持续发展的不竭动力

然而,天主教要在当地有所发展,不能一直依赖医药等"外在的实际利益",还必须走进信仰者的心灵。因此,对天主教做出必要的再阐释是很有必要的,只有契合本土文化,天主教信仰才可能为更多的人接受。

天主教在传入当地的过程中,与当地原有宗教存在一定冲突。杨家斌(音)这样说道:

> 我听他们那些老一辈的说,当时这边主要是道教,因为道教毕竟是国教嘛,这边佛教很少,主要是道教。天主教传过来的时候,据说是一个法国神父带领几个会武功的,一路打过来的,当时还发生

---

⑥ 秦和平,张晓红:《近代天主教在川滇藏交界地区的传播——以"藏彝走廊"为视角》,载于《西南民族大学学报》2009 年第 2 期。

一些冲突。

天主教只信天主,不信其他神灵,信天堂彼岸,容易受到崇信天地祖先的当地人攻击。当地一位龙王庙主事这样评价道:

> 他们天主教是因为那一代皇帝软弱无能,在鸦片战争中被打败了,英国人鼓捣(逼迫)一部分人信了他们这个教,后来平武县的一个县长要废除这里的天主教,结果被调走了。他们信的这个叫做"无始无终真主宰",只有天上,不接地气;我们信的是"天地君亲师",是信天信地信祖宗,是有根的。

"一神"的信仰原则不可改变,但在具体仪式和教义阐释上却逐渐走向本土化。首先,天主教的四大节日(圣诞节、复活节、圣神降临和圣母升天)主要形式都与当地其他非天主教徒的一些节日形式有相似处。庆典时放鞭炮、烟花,张贴对联,如"爱人当如己神皆赐福;侍奉应无私主总施恩"等。这些节日也承担了传统节日的功能,他们虽然不过清明节,但每年11月1日纪亡节会集体到逝者坟前念经,做三台弥撒;每次过节就是家人团聚的日子,外嫁的女儿带着丈夫和孩子回娘家。

他们对于宗教的理解也用中国人最熟悉的亲情、孝道等概念谈起。一位老天主教徒这样看待自己为什么每天都要念经:"我认为念经就是摆条(即聊天)。教友就是天主的儿女,儿女要孝敬父母,你条都不和父母摆还算啥子孝道?"

他们普遍认为自己和天主是子女和父母的关系,必须要孝顺。他们对于宗教和政府的关系认为要始终支持政府,坚持自己的宗教信仰。"我们信教不反对共产党,教会教育要拥护共产党,要爱国爱教。就像以前要交税,我们就必须交,这也是教会规定的,因为不给国家交税就是犯罪,你犯罪了还信个什么教?""天主教教育大家做好事,只要我们做好事,严格遵守天主教教规就是中华人民共和国的好公民。"

天主教自身教义和教仪的本土化部分化解了天主教徒与非天主教徒在生活、风俗、节庆等方面的巨大差异,成功地融入了同质化要求较高的乡土社会;同时避免了与当地普通百姓之间的利益争斗,理顺了自己与政府之间的关系,这些都是其长期存在并发展的原因。

六、结　语

天主教作为外来宗教,通过藏彝走廊进行传播,为走廊内增添了新的文化内涵。在这片边缘地带中,天主教的本土化脚步从未停止,人们通过集体记忆和仪式结合等方式对天主教加以改造,也许在一些天主教看来,这都不能算作"合格的天主教",但很明显,天主教的本土化是其存在并发展的基本前提。在当地,天主教似乎从一个要求严苛的宗教逐渐演变为要求人们节约、朴素、爱人的道德约束,为当地的社会控制、社会整合做出了相应的贡献。剥离宗教的政治性,割裂其与其他团体的利益争斗,实行"三自爱国"方针,增强宗教自养能力,坚持宗教信仰自由政策,无疑是处理当前宗教问题的正确办法。

16－18世纪耶稣会传教艺术的
起源及其若干特征[*]

顾卫民

【内容提要】 本文叙述了在罗马教会反宗教改革运动背景下耶稣会艺术的起源及其与灵修神学的关系,分析了耶稣会艺术的特点:(1)崇拜"耶稣之名";(2)对于圣体圣事、弥撒和祭坛的重视;(3)对于圣母崇拜的突出;(4)对于天使的崇拜;(5)对于圣徒、殉道者以及圣物的崇拜;(6)对于古典的艺术形式的提倡等表现特征,同时也论述了这些特征的神学背景。最后,本文指出了耶稣会艺术在欧洲以外地区对于本地的艺术元素的灵活吸收以及外在表现。

【关键词】 反宗教改革运动 特兰托大公会议 耶稣会 艺术特征

---

* 本文为作者2006年9月至2008年8月在德国海德堡大学东亚艺术史系以及南亚研究所访学期间所从事的《16－18世纪欧洲以外地区的巴洛克艺术研究》的学术总结报告之一。2013年1月至2月,作者再度访问意大利罗马,考察了包括耶稣会早期在罗马的耶稣堂(the Church of Gesù)等4座重要的教堂以及一些相关主要的艺术作品,在此基础上写成此文。本文就耶稣会在欧洲(主要是在罗马)以及印度果阿、中国澳门以及日本长崎的一些教堂建筑以及绘画作品展开讨论,作者对于所讨论的对象基本上都进行了实地考察。本文并没有涉及早期耶稣会在拉丁美洲的艺术,主要原因是由于作者本人尚未就此地区进行学术旅行,有待于将来的补正。本文中引用的圣经的文句摘录自香港海天书楼出版的《中文圣经启导本》(红字普及版,余也鲁教授总编辑),2002年。

在 16 至 17 世纪的基督教会历史上,耶稣会的成立及其迅速发展的全球性传教事业,成为罗马教会"反宗教改革运动"的重要组成部分。1540 年 9 月,教宗保禄三世(Paul III, 1534 - 1549 年在位)发布名为"Regimini militantis ecclesiae"的谕旨,批准罗耀拉(Ignatius Loyola, 1491 or 1495 - 1556)以及同伴成立耶稣会。[①] 也正是这位教宗,发起和召集了旨在改革天主教内部教务以及抵制新教冲击的特兰托大公会议(The Trent Council, 1545 - 1563)。

耶稣会由司铎和修士组成,在其内部的组织结构和对成员及其使命的要求方面都致力于全球传教的目标,除了天主教传统修会对于神贫、贞洁和服从的三个要求以外,耶稣会士还要发一个特别的誓愿:即服从罗马教宗的要求去往世界上任何地方传教。从 1545 年至 1563 年召开的特兰托大公会议,其目标则是刻意整顿新教诸宗派指责的天主教会内部的风纪问题,同时再次重申天主教会的基本教义,如教宗的首席地位、教阶制、圣母玛利亚崇拜、七件圣事、弥撒、变体论、善功等罗马教会信条的不可动摇性。1843 年,德国近代著名实证主义历史学家兰克(Leopold von Ranke)在其著作中提出所谓的"反宗教改革"运动的概念,[②]人们一般认为的这个"反宗教改革运动"是指罗马天主教会始于 15 世纪末叶至三十年战争(1618 - 1648)末期为应对教会内部的深刻危机所做出的种种努力。"反宗教改革运动"包括许多方面,也并非完全指罗马教廷高层内部自上而下作出的改革,也包括由下层神职人员以及一般平信徒的种种诉求和积极行动。但是,诚如兰克指出的,"反宗教改革运动"有三个核心:即特兰托大公会议、教宗以及耶稣会。

在宗教艺术方面,特兰托大公会议为回应新教对于天主教圣像艺术是偶像崇拜的批评,特别肯定和重申可以使用圣像,强调宗教艺术对于帮助记忆的有益作用以及教育意义,是人民群众遵循的榜样和圣徒行神

---

① Kenneth Scott Latourette, *A History of Christianity*, *Reformation to the Present*, vol. 2 (New York: Harper & Row, 1975), p. 847.

② 兰克(Leopold von Ranke, 1795 - 1886)在 1843 年的《宗教改革时代的德国史》中写道:"在宗教改革以后,随之发生了反宗教改革。"J. W. 汤普森:《历史著作史》(上卷)第二分册,谢德风译,北京:商务印书馆,1996 年,第 769 页。

迹的可见证明。大公会议决议应当将耶稣基督、天主之母玛利亚以及其他诸使徒的圣像放置在教堂里特别地加以礼敬,主教们应当使用圣像向信徒讲解救赎的神秘故事,以加强信徒对于信条的理解,通过信徒眼前所见的天主以及圣徒的奇迹,使得他们能够在生活中加以仿效、培养虔敬以及对于天主的崇拜。③ 同时,特兰托大公会议指出圣像与偶像之间的本质区别,"偶像是没有任何神性和德性的,向它们的崇拜和祈求不会得到任何的回应,崇拜和荣耀应当给予圣像所代表的原型。"特兰托大公会议肯定了东部教会历史上公元 787 年第二次尼西亚大公会议关于圣像的决议,该大公会议宣布结束拜占庭帝国历时近两个世纪的圣像破坏运动,宣称圣像是合法的,有助于教会的教育和信徒的信仰。特兰托大公会议进一步宣称圣像与任何"感官上的吸引力"、错误的信条以及迷信无关。④ 当时,天主教各大修会都响应特兰托大公会议的号召,在传教过程中自觉地以视觉艺术作为推广特兰托大公会议精神的手段,有许多修会表现得十分积极,如西埃廷会(Theatines Order)在内里(St. Fhilip Neri, 1515－1595)的倡导之下在宗教艺术方面贡献良多;还有一些老的修会如方济各会和多明我会也积极参与。但是,正如奥斯瓦尔德(Cristina Osswald)、奥玛雷(John W. O'Malley)和巴莱(Gauvin Alexander Bailey)等诸多著名艺术史家指出的,耶稣会在使用视觉艺术和崇拜方式相结合来维护和宣传特兰托大公会议信条方面表现得最为积极和突出。

本文就耶稣会视觉艺术起源、它在罗马等欧洲地区以及海外传教区(如印度果阿、中国澳门以及日本)的早期教堂建筑、雕刻以及绘画作品的基本特征做出一些初步的分析。

---

③ John T. Paoletti & Gary M. Radke, *Art in Renaissance Italy*, fourth edition(London: Laurence King Publishing Ltd, 2011), p.502.

④ 该决议由巴黎圣杰曼(Saint-Germain)宗教评议会的神学院的神学家们于 1563 年 1 月起草,并被带到特兰托大公会议上。John W. O'Malley, *Trent, What Happened at the Council* (Massachusetts: Harvard University Press, 2013), p.244.

一、耶稣会的创立者对于视觉艺术的重视

耶稣会创立者罗耀拉以及整个耶稣会的灵修是建立在中世纪基督教有关视觉艺术神学基础上的,并将神性与视觉艺术联系起来,它反映了一种理念:即视觉上的表现往往比说出的话语更生动和更有效力。耶稣会认为视觉艺术完全可以通过理性和心灵使信徒投入到崇拜活动中去。在更一般的层面上,自罗耀拉以降的耶稣会的数任总会长都认为,圣像是鼓励会士以及信徒敬拜的一种手段,圣像可以用来指导默想,有助于信徒将精力集中到祈祷和经文上。研究耶稣会艺术历史的著名学者巴莱指出:

> 耶稣会士极其推崇宗教艺术和圣像的运用:不管是真实的(如绘画和插图本书籍),还是意象的(如带有想象的灵修实践);前者运用于传教实践,后者运用于默想修行。罗耀拉曾经收藏过一些宗教图画,如《圣家族》(Holy Family),保存至今。这些图画有助于他念诵经文。他的这种运用图画的灵修方法为许多后继者所仿效。罗耀拉相信,在人类的五种感觉中,视觉是最强有力的,作为记忆和崇拜的工具尤其如此。罗耀拉这位耶稣会的创立者经常有视觉意象的经验。在他的《自传》(Autobiography)中,他描绘常常使用"内在的眼睛"看到异象:如一些如同神灵般的人形(没有手和腿的分别),先是放射出极为明亮的如同阳光般的光芒,然后逐渐变得清晰,最后变成戴着十字架的圣母和耶稣圣婴的确定的形象。⑤

不过,罗耀拉对于视觉艺术最为重要的贡献则在于他亲手撰写的《神操》(Exercita Spiritalia),这部在当时基督教世界最为重要的灵修著作极端强调图像和意象的重要性。最主要的是,该书要求参与灵修的人

---

⑤ Gauvin Alexander Bailey, "Introduction: A Time without Art?" in *Between Renaissance and Baroque*, *Jesuit Art in Rome*, *1565 – 1610* (Toronto: University of Toronto Press, 2003), p. 7.

将自身所处的场景与圣经中的场景联系起来,并将两种合而为一的场景再现于自己的脑际,这种灵性上的训练被称为"亲临其境"。⑥例如,在《神操》规定的灵修的第二阶段,也即默想的第二个星期的第二天,罗耀拉要求接受训练者在心中重建圣家族(圣母、圣婴以及约瑟)走过的从那匝勒斯到伯利恒的道路,"思考路的长和宽,是否平坦,或是弯弯曲曲穿过山谷及丘陵。同样,注视耶稣诞生的山洞:大、小、高、低,及怎样的摆设。"⑦这些简单的话语并不是对于画家的指令,也没有告诉接受训练的人应该如何具体地去思考,但是罗耀拉给了参与灵修的人士以最大的想象空间,使得他们能够展开自己的默想,让他们自己作一个思想上的形体描述去填满这个想象的空间。法伯勒(Pierre-Antoine Fabre)指出:罗耀拉是将图像想象成为一种净化的手段,是将思想上的影像放到人们的想象之中。《神操》本身除了提倡默想(想象)之外,也直接主张在教堂里悬挂圣像:"我们应称赞教堂的建筑及装饰,以及称扬圣人的雕像及画像,也按照它们代表的人物加以尊敬。"⑧罗耀拉的这部灵修著作与初成于 1539 年的《耶稣会宪章》一起,成为耶稣会的基本文献。《神操》从最初写成(1521 年)至最后出版(1548 年),期间经历了 20 多年的时间,罗耀拉个人皈依的经历成为其他追随者神秘的心灵旅程的指南。尽管《神操》在后来的历史中不只是为耶稣会士专用的灵修书籍,但是每一个入会的耶稣会士是完全按照罗耀拉在《神操》中规定的灵修程式进行修行的,它对于耶稣会士内在精神世界的塑造具有决定性的影响。所以奥玛雷曾经说:"不

---

⑥ John W. O'Malley, S. J. , Gauvin Alexander Bailey and Giovanni Sale, S. J. , eds. , *The Jesuits and the Arts, 1540 - 1773* (Philadelphia: Saint Joseph's University Press, 2005), Prologue, p. xii.

⑦ 罗耀拉,刚斯(George E. Ganss, S. J.)注释:《神操新译本》,郑兆沅译,台北:依纳爵灵修中心,2011 年,第 84 页。

⑧ 同上,第 166 页。该默想指令是为了响应特兰托大公会议于 1563 年召开的第 25 阶段会议的决议:"耶稣、圣母以及其他圣徒的圣像,应当特别保留在圣堂里,也应当给予其荣耀和敬拜。"J. Waterworth, ed. , *The Council of Trent: Canons and Decrees* (Chicago and London: Dolman, 1848), p. 234。

了解《神操》，就不了解耶稣会士。"⑨

　　根据罗耀拉传记作者的描述，每天清晨，罗耀拉都习惯于静坐在圣像以及圣徒遗物的前面默想。在罗耀拉的《神操》中，其有关默祷的观念一开始就是建立在感官基础之上的，他将每一个主题都与视觉形象联系在一起（如圣地耶路撒冷的街道、风景和房屋）等等，这些可视的场景是默想的第一阶段，由此，崇拜者可以更好地将他心中默想的主题置于一个重建的真实场景之中。"亲临其境"告诫接受训练者必须创造出一种想象中的景象、意象、声音、气味和感觉，具体场景如"伯利恒的圣诞"、"耶稣在圣殿中的显现"、"耶稣在客西玛尼亚园的祈祷"、"耶稣蒙难"、"耶稣复活"等等。正是以这种方式，罗耀拉和耶稣会告诉艺术家应该创作什么题材的作品。巴莱指出："过去数世纪中的艺术家将《神操》与从贝尼尼（Gian Lorenzo Bernini）到卡拉瓦乔（Michelangelo Merisi da Caravaggio）等巴洛克艺术家对于感官功能的强调联系起来，还有一些艺术家将'亲临其境'视为对于权威和专断的服从。但是这些观点都忽略了这种方法所具有的明显的灵活性和适应性。因为'亲临其境'并不仅仅是罗耀拉向参与灵修的人提供一种文字上的和在内心重新创造出来的细节描绘，更可以看成是一种故意创造出的模糊场景，使得那些参与灵修的人可以根据自己的需要和气质去剪裁适合他们自己的意象。"⑩正因为这个原因，尽管《神操》一书直到 17 世纪仍然没有插图，但不能说这本书与图像无关。

　　另一位在将文字与图像结合起来用于默想方面做出重要贡献的是西班牙籍耶稣会士那达尔（Jerome Nadal）。⑪ 1593 年，在安特卫普出版了他的遗著《福音历史圣像》（*Evangelicae historiae imagines*）。⑫ 这是一

---

⑨ John W. O'Malley, *The First Jesuits* (Massachusetts: Harvard University Press, 1993), p. 4.

⑩ Gauvin Alexander Bailey, "Introduction: A Time without Art?" in *Between Renaissance and Baroque: Jesuit Art in Rome, 1565 – 1610*, p. 7.

⑪ John W. O'Malley, S. J., Gauvin Alexander Bailey and Giovanni Sale, S. J., *The Jesuits and the Arts, 1540 – 1773*, pp. 13 – 14.

⑫ Jerome Nadal, ed., *The Illustrated Spiritual Exercises, 1593* (Scranton: reprinted by the University of Scranton Press, 2001), Preface, p. 1.

部用于弥撒的按照耶稣生平纪年所配的蚀刻画集,同时,这些画作也可以用来作为默想的元素。那达尔不仅是早期的耶稣会士,而且在罗耀拉担任第一任耶稣会总会长期间一直陪伴在他的身边,协助罗耀拉迅速推进耶稣会的教育、布道以及在世界各地的传教活动。他被"公认为是罗耀拉式的视觉性灵修的权威解释者"。⑬ 那达尔曾经多年在罗马以及蒂沃利(Tivoli)参与耶稣会中央的管理工作,后来他退隐到日耳曼,开始其写作生涯。现在人们不能确定那达尔是否直接收集了这些蚀刻画作为默想的对象,但可以肯定的是,作为罗耀拉的伙伴和助手,他是最理解《神操》精髓的耶稣会士之一。尽管罗耀拉死于 1556 年,那达尔死于1580 年,《福音历史圣像》直到 1593 年才正式出版,但它为后人深入理解罗耀拉《神操》的灵修方法提供了独特的路径。⑭ 有迹象表明是罗耀拉要求那达尔为耶稣会士的灵修作配图的,在 1595 年该书再版,题名为"Adotationes et meditations in Evangelia",在导言中,耶稣会的书记官吉门内兹(Diego Jimenez)神父写道:"罗耀拉神父有一天对那达尔神父说,建议为学院里以及本会中的学生们在宗教节日和主日作祈祷和默想时写一些评论是值得称道的事情,不仅如此,在整个评论中还要附上圣像。"⑮这本蚀刻画收集的许多作品在它正式出版以前已经在从欧洲到拉丁美洲和亚洲的耶稣会传教区中广为流传,有些配图甚至在 1550 年代至 1560 年代已经在耶稣会罗马的机构中出现或流传。该图集是最早的关于新约的系列图画说明,这种以图画指导默想的方法与《神操》的规程是非常相似的。此书于 1607 年印刷了第三版。这部杰作中有 153 幅是由威里克斯兄弟(Wierixes)以及其他人所作的铜版画。⑯ 在这些插图

---

⑬ William Bangert, S. J. , Thomas McCoog, S. J. , *Jerome Nadal 1507 - 1580: Tracking the First Generation of Jesuits* (Chicago: Loyola University Press, 1992), Preface, p. 3.

⑭ Jerome Nadal, ed. , *The Illustrated Spiritual Exercise*, 1593, Preface, p. 1; Thomas Buser, "Jerome Nadal and Early Jesuit Art in Rome," in *Art Bulletin*, no. 58 (1976), pp. 424 - 433.

⑮ Gauvin Alexander Bailey, *Between Renaissance and Baroque: Jesuit Art in Rome, 1565 - 1610*, p. 10.

⑯ 威里克斯兄弟是指扬·威里克斯(Jan or Johannes Wierix, 1549 - 1618)、杰罗姆·威里克斯(Hironymus Wierix, 1553 - 1619)以及安东尼·威里克斯(Anthony II Wierix, 1552 - 1604),他们是弗拉芒著名的印刷家以及蚀刻画家,16 世纪中期以及 17 世纪早　(转下页)

中指明了具体的人物、地点和事物作为默想的资料。之后，耶稣会士携带着这些有插图的书籍走遍世界的各个角落，并在亚洲、美洲等传教区复制这些图像。⑰

纵观耶稣会艺术的起源，《神操》的作用是极为基本的和重要的，正如巴莱指出的：

> 《神操》的主题和结构对于耶稣会早期的艺术活跃产生了重要的影响。耶稣会早期的绘画全部反映了《神操》强调的个人应当效法耶稣的生平（重点是耶稣生平中的几个特殊阶段：诸如圣诞和蒙难）。《神操》也强调三位一体以及地狱的主题、善与恶的二元对立、一些灵修方法诸如念诵关于基督、圣母和天父的经文，强调自我审视以及个人选择。特别是耶稣会在罗马的第一批教堂中的壁画以及油画的主题以及在圣像学的安排上，都体现了《神操》的精神——那就是展示灵魂朝圣的连续历程：个体的人一步一步地从过去所犯的罪恶中向上走到天主的爱并拥抱自由的圣召。因此，《神操》是我们理解耶稣会最初的半个世纪的艺术活动的关键。⑱

除罗耀拉和那达尔以外，耶稣会的历任总会长都特别重视圣像。第三任总会长波尔日亚（St. Francis Borgia）特别提倡崇拜罗马耶稣会总堂以及罗马圣母大殿中收藏的圣像。⑲ 波尔日亚在布道时，广泛地使用和引证圣像画的图片，在一篇著名的布道辞中，他将圣像画比喻为一顿饭

（接上页）期活跃于安特卫普以及布鲁塞尔。M. B. Wadell, "The Evangelicae Historiae Imagines: The Designs and Their Artists," in *Quaerendo*, no. 10 (1980), pp. 279 – 291。

⑰ John W. O'Malley, "Saint Ignatius and the Culture Mission of Society of Jesus," in John W. O'Malley S. J., Gauvin Alexander Bailey and Giovanni Sale, S. J., eds., *The Jesuits and the Arts, 1540 – 1773*, p. 25.

⑱ Gauvin Alexander Bailey, *Between Renaissance and Baroque: Jesuit Art in Rome, 1565 – 1610*, p. 9.

⑲ Ibid., pp. 27 – 37.

菜中的香料,能够刺激人们的精神味蕾。他在 1563 年至 1566 年写过一本宗教论著 *Meditaciones para todas las dominicas y ferias ao*,在 1675 年出版。在此书中,他指出第一阶段的默想应该建立在一整年的礼仪经文指导上,其中就包括"亲临其境"的默想。[20]　在波尔日亚任总会长期间,有三位艺术家被接纳成为耶稣会士,他们就是费梅里(Giovanni Battista Fiammeri)、瓦莱里阿诺(Giuseppe Valeriano)和比梯(Bernardo Bitti),比梯后来被派往拉丁美洲的耶稣会传教区服务。[21]　第五任总会长阿奎维瓦(Claudio Acquaviva)自己也写过一本《神操》(1571 年),这是专门为见习修士使用的。这本书根据罗耀拉提倡的"亲临其境",鼓励读者根据圣经展开想象。这本书充满劝诫,勉励读者在"想象中遇见"或者在想象中将自己置于"圣母和圣婴、圣约瑟或其他圣经人物面前",等等。[22]与罗耀拉一样,阿奎维瓦也在他私人的房间里收集和敬拜圣像,他还热衷于教堂中繁复、华丽的装饰,有人甚至认为他过度看重在教堂中装饰大量的壁画。[23]

　　耶稣会的重要人物如神学家贝拉明(Cardinal Robert Bellarmine)枢机主教、波塞维诺(Antonio Possevio)以及莫拉奴斯(António Molanus)等人都认为,在面对新教的攻击时,艺术图像是罗马天主教会用来维护自身以及反对新教的有力工具和武器。贝拉明经常在罗马学院的布道中为罗马教会的立场辩护,像罗耀拉一样,贝拉明在自己的居所也有一个小小的画廊,里面挂有许多激励人心的宗教图画,包括一些重要的教会人物,如教宗克莱门特八世以及圣波罗米欧(St. Carlo Borromeo)等。[24]贝拉明在他的著作 *Disputationes de controversiis christianae fidei* (1588)以

[20]　John W. O'Malley, *The First Jesuits*, p. 164.

[21]　Heinrich Pfeiffer, S. J., "The Iconography of the Society of Jesus," in John W. O'Malley S. J., Gauvin Alexander Bailey and Giovanni Sale, S. J., eds., *The Jesuits and the Arts*, 1540 - 1610, p. 202.

[22]　Gauvin Alexander Bailey, *Between Renaissance and Baroque: Jesuit Art in Rome, 1565 - 1610*, p. 12.

[23]　Ibid.

[24]　Ibid., p. 11. 另参 F. L. Cross and E. A. Livingstone, eds., *The Oxford Dictionary of the Christian Church* (East Kilbride, Scotland: Oxford University Press, 1988), p. 270.

及 *De imaginbus sacris et profanis*(1594)中表现出极大的热情,要推进圣像崇拜并致力于区分圣像与偶像之间的区别。他指出圣像超越偶像的地方就是圣像表现的内容是真实的而偶像则是虚假的,圣像是与圣徒崇拜紧紧联系在一起的。贝拉明还提倡圣像绘画的真实性,他赞同视觉艺术中的自然主义。㉕ 波塞维诺作为一名耶稣会士知识分子,极为关注宗教艺术。在他于 1593 年在罗马出版的 Bibliotheca Selecta qua Agitur de Ratione Studiorum 一书的第 23 章(该章节名为 Pictura similis poesi, Painting is Like Poetry,绘画如同诗歌)中以及 1595 年的小册子 Tractatio de Poesi et Picture 中,他指出绘画就如同缄默的诗歌,是对于自然的模仿,比言辞更能打动人类的感情。如贝拉明一样,波塞维诺认为在表现神圣场景的时候,应该注意历史的真实性,作为一名优秀的画家,对于解剖学、历史学以及有关视觉的知识应该有精确的了解。他还提倡在艺术中使用象征性的徽号以及隐喻的图像。㉖ 莫拉诺斯的《圣像的历史学》是 17 世纪天主教会用来维护圣像理论的重要的历史护教著作,成为倡导以视觉艺术表现天主的真实性的理论基石。㉗

沙勿略(St. Francis Xavier)这位耶稣会东方传教事业的奠基者,在 1542 年启程前往印度时,带着许多耶稣和圣母玛利亚的蚀刻画、油画以及小雕像用于传教事业。他在 1549 年去日本的时候带着同样的画作和雕像。㉘ 1583 年,耶稣会在日本建立了绘画学校,试图训练日本的本地画家从事蚀刻画以及油画创作,其目的都是大量地将圣像用于传教事业。此时,距离耶稣会在罗马建立圣路家画院(Accademia di San Luca)不过五年的时间。除此以外,沙勿略带到日本的还有插图本的圣经。

㉕ Gauvin Alexander Bailey, "Italian Renaissance and Baroque Painting under the Jesuits and Throughout Catholic Europe, 1565 – 1773," in John W. O'Malley, S. J. , Gauvin Alexander Bailey, and Giovanni Sale, S. J. , *The Jesuits and the Arts, 1540 – 1773* , p. 127.

㉖ Ibid. , pp. 127 – 128.

㉗ Cristina Osswald, *Written in Stone, Jesuit Buildings in Goa and Their Artistic and Architectural Features* (Goa and Bangalore: Golden Heart Emporium Book Shop, 2013), p. 225.

㉘ M. Joseph Costelloe, S. J. , translated and introduced by. , *The Letters and Instructions of Francis Xavier* (St. Louis, Missouri: The Institute of Jesuit Sources), p. 306.

　　除了绘画以外,耶稣会极为重视教堂建筑艺术以及学校和会院的建筑。耶稣会士从创立时代约十余人发展到罗耀拉去世时已近千人,他们遍布欧洲大陆、印度、日本、巴西以及其他域外的广大地区,建立了众多的教会团体。那么,这样庞大的传教事业牵涉到耶稣会士与宗教建筑的关系。他们应该住在什么样的会院里? 他们的学校和教堂应该是什么样子? 这些建筑物应该采用什么样的风格?

　　罗耀拉在世的时候他本人没有对于这些问题做出系统性的回答,只是在耶稣会的《会宪》中,罗耀拉要求耶稣会士们要让学校和会院建筑"结实、实用,并且有益于健康,不要与贵族的宫殿相混淆"。[29] 1558 年,耶稣会第一次总会议的时候,其决议第 113 条规定耶稣会应该将会院和学校"建筑物必须牢固、结实和修建良好,适合居住,并有利于我们履行完成自己的职责"。[30] 这个决议没有指出教堂应该建筑在什么地方,只是说明将进一步考虑这些问题。但是有一点是肯定的,在教堂建筑方面,耶稣会士从一开始就是从宏大的角度去思考教堂与传教事业的关系,科达西奥(Pietro Codacio)是罗马教廷的宫廷长,他后来加入耶稣会,不久就负责将罗马城市中心地段的圣母教堂[31]转让到耶稣会手中,这是耶稣会在罗马拥有的第一座教堂,后来在此基础上发展成为耶稣会的总堂"耶稣堂"。早在 1586 年,耶稣会士鲍郎高(Juan Alfonso de Polanco)就在一封信中透露科达西奥准备建造一座"很大的房子",并制定了"豪华壮丽的"教堂建筑计划,它要坐落在耶稣会士所希望的伟大高贵的地方。但是那时的耶稣会没有资金来营建这座宏伟的教堂。不过,罗耀拉

---

[29] John W. O'Malley, *The First Jesuits*, p. 356.

[30] John W. O'Malley, "Saint Ignatius and the Culture Mission of the Society of Jesus," in John W. O'Malley, S. J., Gauvin Alexander Bailey and Giovanni Sale, S. J., *The Jesuits and the Arts*, *1540 - 1773*, p. 18.

[31] 教宗保禄三世在批准建立耶稣会以后,就将位于罗马城的 Piazza degli Alitieri 的 S. Maria della Strada 的一座较小的教堂赠送给罗耀拉,这个地方离当时的教宗宫殿 Palazzo Venezzia 很近。它坐落在十字路口,位置很好,离市政厅也很近,周围居住着不同社会阶层以及不同职业的人,极其有利于耶稣会的布道以及社会慈善事业。但是该教堂面积太小,不敷使用,所以耶稣会决定拆除旧的教堂,建立一座大教堂。Gauvin Alexander Bailey, *Between Renaissance and Baroque*, *Jesuit Art in Rome*, *1565 - 1610*, pp. 191 - 192.

以及其他在罗马的耶稣会领导人似乎也没有反对这个宏大的建筑计划。1554年,还在第一任总会长任上的罗耀拉同意耶稣会雇佣当时罗马最优秀的艺术家米开朗基罗担任这座将要建筑的新教堂的建筑师。[32]

直到1568年,耶稣会总堂(耶稣堂)的建筑工程才开始动工,此时米开朗基罗已经去世,建筑设计师由诺维拉(Giacomo Barozzi da Vignola)和后来的波塔(Giacomo della Porta)担任,该教堂由罗马教宗保禄三世的孙子亚历山大法内塞枢机主教(Cardinal Alessandro Farnese)赞助,他是那个时代罗马城市中最富有和最有影响力的艺术赞助人,到1580年代初,这座耶稣会最著名的教堂终于竣工。[33] 耶稣堂具有"真正的巴洛克式样的正立面",对于后来所有的耶稣会在欧洲以及全世界的教堂具有示范作用以及深远的影响。[34] 它位于罗马城市中心,靠近Campidoglio,当时耶稣会考虑教堂的实用性更多于其装饰风格。在实用性方面他们更多地想到该教堂必须具有良好的听觉效果,这有利于耶稣会士的举行弥撒、布道和分发圣体;他们也考虑到教堂应该建筑在城市的中心地区,这样他们可以吸引大量的民众。该教堂气势宏伟,结构巨大,体现了耶稣会所倡导的"凯旋的(或是胜利的)教会"的理想或是意念,成为后来欧洲以及世界各地的耶稣会教堂的楷模。

二、耶稣会传教艺术的若干基本特征

耶稣会的艺术完全是为耶稣会的宗旨以及罗马教会反宗教改革的总目标服务的。关于耶稣会在整个反宗教改革运动中的作用及其介入的程度,人们有过不同的认知。但是,关于耶稣会艺术的讨论,学者比较一致的意见就是它完全是一种针对或者说是反对新教神学立场的天主

---

[32] John W. O'Malley, "Saint Ignatius and the Culture Mission of Society of Jesus," in John W. O'Malley, S. J., Gauvin Alexander Bailey and Giovanni Sale, S. J., *The Jesuits and the Arts, 1540 - 1773*, p. 18.

[33] John T. Paoletti & Gray M. Ranke, *Art in Renaissance Italy*, Fourth Edition, p. 532.

[34] Nathan T. Whitman, "Roman Traditional and the Aedicular Faade," in *Journal of the Society of Architectural Historian*, no. 29(1970), p. 180.

教艺术。本文将耶稣会传教艺术的特征归纳为如下几个方面：(1)对于"耶稣之名"的崇拜；(2)对于圣体圣事、弥撒以及祭坛的突出与重视；(3)对于圣母的礼敬和崇拜；(4)对于天使的崇拜；(5)对于圣徒和殉道者的崇拜；(6)对于希腊罗马古典艺术语言的运用。以下就是对于耶稣会传教艺术若干基本特征的具体分析。

1. 对于"耶稣之名"的崇拜

耶稣会是一个以耶稣之名命名的修会，上文所述的耶稣会在罗马的总堂耶稣堂就是奉献给耶稣之名的，它的全称是"Chiesa del Santissimo Nome di Gesù all' Argentina, or Church of Most Holy Name of Jesus at the Argentina"。该会的教堂以及绘画大量的、丰富的、不同的艺术图像中，最为重要的就是突出对于耶稣基督的崇拜。在关于基督的圣像学中，耶稣会特别喜爱表现基督圣婴。艺术史家奥斯瓦尔德指出这表示耶稣会特别崇尚的两项礼敬：(1)崇拜"耶稣之名"(the Name of God)以及相关的(2)崇拜耶稣的割礼(the Cult of the Circumcision of Jesus)。

"耶稣之名"在新约中就是耶稣本人的代表，表示耶稣这个人物及其权能，使徒们尝以"耶稣之名"彰显耶稣的权能来行神迹，并以耶稣之名为人付洗。㉟ 圣保罗以耶稣之名赦免人们，并要求人们礼敬耶稣之名高于一切。㊱ 信仰和礼敬耶稣之名在初早期教会时代已经出现，中世纪的时候，人们以耶稣之名驱魔，还用 HIS 的合体字来表示耶稣之名，并以它为新生的婴儿施洗。14 世纪时，意大利锡也纳的圣徒方济各会士贝尔纳蒂诺(St. Bernardino of Siena)大力提倡对于耶稣之名的崇拜，1530

㉟《马可福音》9：38 - 39："约翰对耶稣说：夫子！我看见一个人，奉你的名赶鬼，我们就禁止他，因为他不跟从我们。耶稣说：不要禁止他；因为没有人奉我的名行异能，反倒轻易毁谤我。"《使徒行传》4：30："他们恐吓我们，现在求主鉴察；一面叫你仆人大放胆量，讲你的道，一面伸出你的手来，医治疾病，并且行神迹奇事，因着你圣仆耶稣的名行出来。"

㊱《哥林多前书》6：11："你们中间也有人从前是这样，但今你们奉耶稣基督的名，并藉着我们神的灵，已经洗净了，成圣称义了。"《腓立比书》2：9："神将他升为至高，又赐给他那超乎万名之上的名。"

年,方济各会士还将1月14日定为耶稣之名的宗教节日礼敬它。㊲ 但是直到16世纪在耶稣会的大力提倡之下"耶稣之名"的崇拜才真正得到普及并由该会推动到它在全世界的传教区。通过这个崇拜,耶稣会士们想充分地凸显自己是由罗耀拉选定的属于耶稣的团体或伙伴(Companions of Jesus)。在耶稣会所有教堂的正立面以及主祭坛上面都显著地雕刻或书写着代表耶稣会独一无二的合体字"IHS",它的原意为"Iesum Habemus Socium"即"我们有耶稣作为我们的伙伴"。㊳ 按另一位艺术史家培费费阿(Heinrich Pfeiffer)的解释,IHS是希腊文耶稣(IHCOUC)的缩写,后来,其中的希腊文西格玛(sigma, C)被拉丁文S所取代,于是,耶稣之名缩写成为HIS。正是耶稣会将这个合体字选为本会的标记,并将它推广到全世界的传教区。㊴

罗耀拉在世时,耶稣会士已经将"HIS"作为本会的标志。在毗邻耶稣堂的罗耀拉的居所中,由艺术家巴蒂斯塔(Giovanni Sattista Fiammeri)所画的"HIS"的小型壁画,"HI"由百合花图形构成,"S"则由"鱼"的图形构成。百合花是圣母的象征,鱼则是早期基督教艺术中经常出现的图案。㊵

㊲ F. L. Cross and E. A. Livingstone, eds., *The Oxford Dictionary of Christian Church*, pp. 163, 953.

㊳ Jeffrey Chipps Smith, *Sensuous Worship, Jesuits and Art of the Early Catholic Reformation in Germany* (Princeton and Oxford : Princeton University Press, 2002), p. 3.

㊴ Heinrich Pfeiffer, "The Iconography of the Society of Jesus," in John W. O'Malley S. J., Gauvin Alexander Bailey and Giovanni Sale, S. J., eds., *The Jesuit and Arts, 1540-1773*, p. 201.

㊵ 百合花是基督教艺术中最具有象征意义的花卉之一,它主要象征着纯洁,所以经常与圣母圣像联系在一起。在天使报喜的圣像画中,天使加百列(Gabriel)手中经常握着百合花。在关于圣徒的画作中约瑟也经常握着百合花。其他以纯洁而闻名的圣徒如安东尼(St. Antony of Padua)、克拉拉(St. Clare)、阿西西的方济各(St. Francis of Assisi)等等的圣像画中,常常也有百合花的表现。鱼的形象与鸽子和羊羔一起,具有隐秘的意义,是早期基督徒最重要和最普遍的象征。在希腊文中,鱼是ICHTHYS,其离合体的意义(acrostic meaning)就是耶稣基督(Jesus Christ)、上帝之子(Son of God)以及救世主(Saviour)。鱼的形象还使人想起耶稣要他的门徒成为"得鱼的人"有关。不过,新约的经文里从来没有将耶稣基督与鱼联系起来。在早期基督教的艺术中,鱼经常喻示"五饼二鱼"的神迹(在地下墓窟中有相关壁画)以及基督徒的灵魂活在浸礼的水中等等。Peter and Linda Murray, *Oxford Dictionary of Christian Art* (Oxford and New York: Oxford University Press, 2004), pp. 296, 195.

1548 年,罗耀拉的《神操》出版时,其扉页上也有这个图案,它有两个圈,圈中的光芒犹如蔓叶花饰,HIS 底下则是一朵象征圣母的有三片花瓣的百合花,上面则是环形的西格玛图案,表示基督的永恒。后来,象征圣母的三片花瓣被三颗钉子所取代,人们基本上认为这三颗钉子代表着耶稣会士所发的神贫、贞洁以及顺从三大誓愿。约公元 1550 年左右,罗耀拉亲自监制了耶稣会第一个官方使用的图章,上面也有"耶稣之名"的图案,它的底部是用黄铜制成的,手柄则是木制的。中间的图案有所变化,H 向上伸展并向两边延伸形成十字架的图案,四周光芒的图案则消失了,下面则有一轮新月被星辰所环绕,这可能是另一种玛利亚的象征。这个图章目前保存在耶稣会档案馆,但是有时仍然在使用之中。上文提及的 1593 年在安特卫普出版的那达尔的《福音故事圣像》一书中大量使用环绕花饰的"HIS"图像,其四周的装饰物有所不同,由于此书对于耶稣会海外传教事业的影响极大,这个图案后来在耶稣会的绘画以及建筑中一再出现,成为耶稣会的最重要的标志。[41]

"耶稣之名"是与耶稣受割礼联系在一起的,耶稣的割礼在希伯来传统中标志着耶稣基督接受他的圣名。[42] 割礼原为旧约所记载,是全体犹太人遵从与上帝立约的标志。包括耶稣和使徒在内的早期基督徒均遵守此项仪式。但是,后来的教会为了便于向外邦人传教,逐渐放弃了这种犹太人特有的礼仪。但是在一些教会,如埃塞俄比亚的古教会中仍然保持这种礼仪,一般在男孩诞生以后第三天或第八天举行。为纪念耶稣的割礼,在中世纪早期 6 世纪的时候,一些教会设立了"主受割礼日",并将此宗教节日放在圣诞节以后的第八天即 1 月 1 日,这个节日后来普及到伊比利亚以及高卢的一些教会中,但是罗马教会直到 11 世纪才接受这种做法。[43]

---

[41] Heinrich Pfeiffer, S. J., "The Iconography of the Society of Jesus," in John W. O'Mary, S. J., Gauvin Alexander Bailey and Giovanni Sale, S. J., *The Jesuit and the Arts, 1540－1773*, pp. 201－202.

[42] 《路加福音》2:11:"满了八天,就给孩子行割礼,与他起名叫耶稣,这就是没有成胎以前,天使所起的名。"

[43] F. L. Cross and E. A. Livingstone, eds., *The Oxford Dictionary of the Christian Church*, p. 294.

　　由于耶稣会重视耶稣之名，所以该会也最为重视这个节日以及以此为主题的艺术表现。在 1640 年耶稣会士为庆祝耶稣会创建 100 周年于安特卫普出版的 *Imago Primi Saeculi* 一书中就是这样规定的。耶稣会士还认为，耶稣的割礼意味着耶稣的第一次流血，这是他以后殉道的预示。也由于这个原因，由艺术家莫兹阿诺（Girolamo Muziano）于 1587 - 1589 年间创作的《耶稣的割礼》被选为罗马耶稣会总堂主祭坛上的主题画。这幅名作以冷色调为主，具有一种令人感动的纪念碑式的风格，由于其中风景部分是以一种凛冽的绿色以及蓝色画成，使得这种肃穆的气氛得以加强。④④ 它是该由教堂的主要赞助者法内塞枢机主教亲自委托莫兹阿诺创作的，这幅巨大的木板油画至今仍然保存在耶稣会总堂的边廊里，画中左前方的拿着大水罐的仆人将人们的视线引向耶稣割礼的场景中央，正如《神操》第 114 条指引人们默想的路径："这是观看人物；也就是观看圣母、约瑟和使女以及刚出生的婴孩耶稣。我把自己看成一名可怜、微小、无用的仆人，注视他们、默想他们，并伺候他们的需要，好似我在那里，尽可能地尊敬，然后自我反省，从中获得神益。"④⑤ 第二幅关于耶稣割礼的祭坛画是 1605 年由著名的大画家鲁本斯（Peter Paul Rubens）为热那亚耶稣会圣安博罗乔（Sant-Ambrogio）教堂主祭坛所作的。在这幅作品中，耶稣割礼的场景上方有天使环绕，崇拜耶稣之名，圣母玛利亚身穿红色的衣服，象征耶稣的流血和受苦，耶稣的眼光没有直视玛利亚，而是注视着天堂，在天上有希伯来文的约书亚（Joshua）字样出现在发亮的云彩之上。④⑥ 在当时的情形下，教堂主祭坛上选择有耶稣割礼场景的主题绘画是非同寻常的，它们不仅奉献给这座教堂本身，也奉献给耶稣

④④ Gauvin Alexander Bailey, "Italian Renaissance and Baroque Painting under the Jesuits and Its Legacy throught Catholic Europe, 1565 - 1773, " in John W. O'Malley, S. J. , Gauvin Alexander Bailey and Giovanni Sale, S. J. , eds. , *The Jesuit and the Arts, 1540 - 1773*, p. 151.

④⑤ 罗耀拉著，刚斯注释：《神操新译本》，第 84 页。

④⑥ Heinrich Pfeiffer, S. J. , " The Iconography of the Society of Jesus," in John W. O'Malley, S. J. , Gauvin Alexander Bailey and Giovanni Sale, S. J. , eds, *The Jesuit and the Arts, 1540 - 1773*, pp. 204 - 205.

会自身。祝圣启用于 1618 年的位于安特卫普的拥有 39 个花格镶板的耶稣会教堂原先奉献给罗耀拉,现在改名为圣波罗米欧教堂(St. Carlo Borromeo),1718 年经历过一场大火。该教堂中原先保留了一批鲁本斯以及其他艺术家创作的素描、油画以及蚀刻画。其中有许多是有关耶稣之名的作品,其中就有一幅是有三位天使基路伯环绕在发光的耶稣之名的合体字中间。[47]

耶稣会以基督为中心的圣像画从耶稣割礼的场景进一步发展为敬拜小耶稣为主题,即将耶稣描绘成为圣婴或小孩子。在印度果阿耶稣会最为著名的好耶稣教堂(Basilica of Bom Jesus in Goa)的祭坛以及澳门"天主之母"教堂正立面(The Church of Mater Dei at Macao,俗名"大三巴")上均为小耶稣的形象。这两座教堂是耶稣会在东方最为壮丽和杰出的教堂建筑。

2. 对于圣体圣事、弥撒以及祭坛的突出与重视

从早期教会开始,圣体圣事就是教会活动和礼仪的中心。基督徒团体从一开始就根据耶稣的教导[48]举行感恩祭(也就是后来的弥撒),这是基督徒团体的聚餐,以纪念耶稣的死亡。最初的聚会往往在傍晚举行,因为耶稣"最后的晚餐"也是在晚上。渐渐地,感恩祭与早晨的宗教礼仪结合起来了。游斯丁(Justin Martyr)约在公元 150 年写了第一个《护教篇》(Apologia),根据他的记载,信徒们在宗教礼仪开始的时候念圣经的段落,接着有长老讲道,以后,慕道者离开,信徒们一起祈祷,彼此以"平安吻"表示尊敬和爱。以后,信徒们向长老或主教提供面包和水掺和的葡萄酒,长老或主教则为这些礼品作"祈祷和感谢"(希腊文的 eucharistia,根据的是《马太福音》26:27,"感恩祭"由此而来),这些被祝

---

[47] Heinrich Pffiffer, S. J. , "The Iconography of the Society of Jesus," in John W. O'Malley, S. J. , Gauvin Alexander Bailey, and Giovanni Sale, S. J. , The Jesuits and the Arts, 1540－1773, p. 205.

[48] 《路加福音》22:19:"又拿起饼来祝谢了,就擘开递给他们,说:'这是我的身体,为你们舍的;你们也应当如此行,为的是记念我。'"《哥林多前书》11:24:"祝谢了,就擘开说:'这是我的身体,为你们舍的,你们应当如此行,为的是记念我。"

圣过的礼品又被作为"降生成人的耶稣的肉和血"通过执事被送给在场的人,大家还齐唱赞美诗。根据早期教父的记载,感恩祭首先在主日(星期天)举行,有时也在周三和周五。安提阿的依纳爵称耶稣的圣体为"不死的良药";当时的信徒还把祝圣的面饼带回家,每天吃一点,他们还共用一个杯子喝圣血。[49] 但是到中世纪的时候,信徒仅仅领受圣体,没有像以前一样兼领圣血,而且多次领圣体的习惯也渐渐放弃了。从11-13世纪,许多信徒一年只领到三次或六次圣体。神职人员举行弥撒的频率也降低了,有些教会高级神职人员一年仅仅举行几次弥撒,有些地方只在圣诞节举行两次弥撒。不过,在1196年和1208年召开的巴黎主教会议上,规定神职人员在祝圣圣体以后必须高举圣饼,使人们看见和敬拜圣体。[50]

在16世纪欧洲宗教改革运动中新教和天主教之间关于弥撒和圣体存在着激烈的争论和深刻的分歧。加尔文和慈温利等新教著名领袖都认为弥撒涉及偶像崇拜,因此在一段时间里认为这是死罪而坚决加以拒绝。写于1563年的新教的《海德堡教义问答手册》第80问中,天主教的弥撒被称为"魔鬼行为、该死的偶像崇拜"。[51] 马丁·路德指出:"我认为弥撒被推翻的时候,我们也就推翻了教宗制度,正是在弥撒的石头上面,建立了整个教宗制度、修道院、主教、学院和神职人员的信条。当该受天谴的和令人厌恶的弥撒被废止的时候,所有这一切都崩溃了。"[52]

罗马天主教会认为,从早期基督教会的历史开始,无论是东部还是西部教会都将弥撒看作是圣餐礼,是主要的圣事。在中世纪时代,弥撒逐渐发展成为由祈祷、朗读、讲经和布道等仪式组成的礼拜活动。在西

---

[49] 毕尔麦尔(Bihlmeyer-Tuchle):《古代教会史》,雷立柏(L. Lebber)译,北京:宗教文化出版社,2009年,第77-78页。

[50] 同上,第207-208页。

[51] 哈特曼(Peter Clause Hartmann):《神圣罗马帝国文化史,帝国法、宗教和文化(1648-1806)》,刘新利等译,北京:东方出版社,2005年,第114页。

[52] Martin Luther, *Contra Henricum regem Angliae*, 1552, ctx, p. 220. in Louis Antonin Berchier, *The Mysteries of the Mater Dei*, *Faade at Macao* (Macao: Instituto Cultural do Governo da R. A. E. de Macau, 2010), p. 52.

部教会中,弥撒主要是使用拉丁语。尽管如此,中世纪晚期的礼拜活动中仍然存在着各种不同的做法,有些民间的迷信陋习也掺杂其间。在特兰托大公会议期间,通过教宗庇护五世的努力,天主教会内的弥撒礼仪得到统一。1570 年 7 月 14 日,教宗申明,特兰托大公会议规定的《罗马弥撒书》对于整个教会都有约束力,只有那些能够证明自己弥撒礼仪上有着 200 年以上独特传统的教堂可以是例外。[53] 1562 年 9 月 17 日特兰托大公会议第 22 次会议的决议指出:耶稣基督是弥撒圣祭的新的创立者,他一次性地将自己置身于十字架做成的祭坛上,完成了永久的救赎。基督的祭司职份不会因为他的死亡而告终,他将自己的躯体和鲜血以饼和酒的形式奉献给了天父,又以同样的形式赐给了使徒,并将他们立为新约的祭司,这是弥撒圣祭延续下去的理由。弥撒具有抚慰和赎罪的功效,任何以忏悔、敬畏和真诚的心参与弥撒的信徒,必将得到怜悯和恩典。[54]

与弥撒有着密切关联的圣体亦即圣餐,新教和天主教也有截然不同的看法。新教改革家慈温利认为圣餐仪式只具有象征意义,拒绝认为耶稣在圣餐仪式是现身的说法;马丁·路德认为在圣餐仪式上,耶稣基督确实是真正到场的,但是,饼和酒没有变成耶稣的身体和血;加尔文则认为,在领取圣餐时,由圣灵促成耶稣的到场只是对于教徒而言,并不适合于非教徒。[55] 加尔文还认为基督则是“藉着他的能力”动态地临在于圣体之中。慈温利则更进一步地认为基督只是标记性地(in sign omly)临在于圣体之中。[56]

在罗马教会方面,早在 9 和 11 世纪,曾经有过关于圣餐礼的不同争论,其焦点在于弥撒时饼和酒是否会变成耶稣的身体和血。1215 年,由

---

[53] 1570 年公布的《罗马弥撒书》一直使用到第二次梵蒂冈大公会议以及 1970 年的《罗马弥撒书》问世以前。John W. O'Malley, *Trent, What Happened at the Council*, pp. 187－192.

[54] J. 沃特沃斯(J. Waterwarth)编,陈文海译著:《特兰托圣公会议教规教令集》(*The Canons and Decree of Sacred and Oecumenical Council of Trent*),北京:商务印书馆,2012 年,第 179－181 页。

[55] 哈特曼(Peter Claus Hartman):《神圣罗马帝国文化史》,第 105－106 页。

[56] 辅仁神学编译会:《神学辞典》,上海:天主教上海教区光启出版社,1996 年,第 822 页。

教宗英诺森三世召集的第四次拉特兰宗教会议上，罗马教会重申变体论（transubstantiation）为正统教义，[57]即在做弥撒的时候，通过祝圣，神父替代耶稣说出"这是我身体"这句话，饼和酒就会转化为耶稣的身体和血，耶稣在饼和酒的形态下真实地临在。1551 年 10 月 11 日罗马教宗尤里乌斯三世在第三次特兰托大公会议第三次会议的决议中再次申明变体论为教会"坚定不移的信条，本次神圣的大公会议再次重申：面饼和酒经过祝圣以后，其本质随之发生变化，面饼完全变成了我主基督的身体，酒则完全变成了他的血。圣教会将这一变化恰当并且合适地称之为'质变'（即变体论）"。[58] 从那时起到近代早期，变体论成为罗马教会神学十分重要的中心内容。

　　耶稣会在贯彻特兰托大公会议关于圣体崇拜以及弥撒的决议方面不遗余力。耶稣会继承中世纪晚期以来罗马教会有关圣体崇拜的神学思想（在 14 世纪，低地国家已经流行此种神学观念），提倡和推动信徒经常接受圣体圣事。罗耀拉在蒙特塞拉特期间很可能已经知道接受圣体圣事在灵魂上的益处，到了曼雷萨（Manresa）的时候，他在每个星期天都领圣体。也就是在曼雷萨的时候，他发现了肯培（Thomas à Kempis）的《师主篇》（*The Imitation of Christ*）。从那时起，罗耀拉和早期的耶稣会士一再向他们遇到的每一个人推荐这本书，该书的第四卷是专门讨论圣体圣事，第五章则推荐信徒经常领受圣体。[59] 在以后的灵修生活中，罗

---

[57]　Kenneth Scott Latourette, *A History of Christianity*, *Beginnings to 1500*, Revised Edition（New York：Happer & Row, Publishers, 1975）, p.484.

[58]　J. 沃特沃斯斯编：《特兰托圣公会议教规教令集》，第 97－98 页。决议还指出："在（弥撒）祝圣之后，主的真体真血连同主的灵魂和神性便立即存在于饼和酒这类有形物质之中；而且，凭借着道（Word，圣言）的威力，其圣体存在于面饼这一形象之中，其圣血存在于酒这一形象之中。需要强调的是：圣体也同样存在于酒这一外在形式之中，圣血也同样存在于饼这一外在形式之中，而灵魂则同时存在于酒和饼之中。正是通过这种自然关联和血肉共融，吾主基督之躯体的各个部分才互相联系在一起，而基督'既从死里复活，就不再死'。"

[59]　肯培（Thomas à Kempis），罗马教会苦行主义作家，出生于科隆附近的肯彭（Kempen）的一个贫穷的家庭。在德凡特（Deventer）的兄弟会学校学习完毕以后，1406 年，他在尼德兰的兹沃勒（Zwolle）附近的一个修道院出家修道，以后一直在那里度过余生。他终身从事写作和布道，也是一名灵修导师。他的作品包括论苦行、布道、灵修、诗集和人（转下页）

耀拉声称他曾经多次亲眼看见耶稣基督显现在圣体圣事当中。[60] 在耶稣会初创的时代,人们对于是否经常领圣体存在不同的意见,但是耶稣会士则主张这样做。例如,1548 年,在西班牙的瓦伦西亚的一位耶稣会士在城市教堂的布道中力主信徒多领圣体,结果引发争议。该城市的主教请了一些神学家讨论来解决这件事情。在听取了神学家们的意见以后,主教坚决支持这位耶稣会士。但是一年以后,仍然有一些神职人员以及受过良好教育的人反对这样做。在 1550 年,有一些别的修会如方济各的修士也反对这样做。[61] 尽管遇到许多反对的声浪,耶稣会士仍然坚持圣体圣事的重要性。罗耀拉以及早期的耶稣会士们坚信他们正在重新建立或在某种程度上修正初早期教会的传统,当时信徒们曾经每天领受圣体。在托马斯·阿奎纳的《神学大全》中也有类似的观念。中世纪晚期的许多神学家认为,圣体对于灵魂就像实物对于身体一样是绝对必须的,它能够给人带来健康和力量,赦免罪过、去除诱惑、赐予精神上的甜蜜以及灵魂上的安慰。为了推进耶稣会在圣体圣事上的立场,罗耀拉决定出版这类书籍。1555 年,耶稣会士马德里(Cristóforo de Madrid)在那不勒斯出版了 De Frequenti usu Sanctissimi Eucharistae Sacramenti Libellus,两年以后,罗马学院则出版了该书的修订本。这是耶稣会出版的第一本关于论经常领受圣体的益处的神学著作。马德里驳斥了新教在圣体问题上的立场,但是他的主要观点是针对天主教内部对于经常领受圣体的质疑。他反驳了德行和虔诚并非不是事先预定的观点,指出它们正是由圣体颁予的。他还指出,初期教会正是通过经常颁发圣体促进信徒的道德和虔诚。作为一名出色的经院哲学家,他从圣经和希腊以及罗马的早期基督教教父的著作中引经据典来论证自己的观点,但是,他

（接上页）物传记。《师主篇》(Imitation of Christ)又名《效法基督》,是一部教导人们如何通过效法基督的榜样完成自己精神升华的著作。全书共分为四卷,第一卷讨论精神的灵修;第二和第三卷讨论内在的灵魂的安顿;第四卷专门讨论圣体圣事。F. L. Cross and E. A. Livingstone, eds. , The Oxford Dictionary of the Christian Church , p. 1373.

[60] Cándido de Dalmases, S. J. , Ignatius of Loyola , Founder of the Jesuits , His Life and Work , pp. 58 ,61.

[61] John W. O'Malley, The First Jesuits , pp. 152－153.

更加注重从"经验"中去阐发此种神学思想。同时,他也反对神职人员不负责任地或者为了金钱的目的颁发圣体。他不想责备那些由于尊敬圣体而回避领圣体的信徒,但是他会为那些为了灵性上的愉悦和安慰经常领圣体的人士辩护。耶稣会将马德里的书广为印行,所以在耶稣会以外也产生了重要的影响。[62]

对于弥撒和圣体圣事的强调和提倡是耶稣会艺术,尤其是教堂建筑艺术极其重要的特点之一。罗马的耶稣会总堂就是以巴洛克的建筑形式体现这一特点的典范。始于1530年代的罗马教会反宗教改革将中心放在强调礼仪以及圣事上。为了反对新教的布道,罗马教会和耶稣会则推进以圣体圣事为中心的布道活动的普及,这需要在艺术风格上对于耶稣会的宗教建筑做出改革。夏伯嘉(R. Po-chia Hsia)教授指出:耶稣会总堂的建筑正是体现了这一倾向。它比以前的教堂更加宽敞,更像一座大厅,在中堂和至圣所之间没有任何阻隔以便信徒听布道以及耶稣会士分发圣体,天花板采用木质的材料以便更好地保持信徒的听力,采用更大的高坛以便分发圣体,将两边耳堂的长度缩短凸出中堂的空间,开出更多的窗口以便光线进入,开设两边的小祭坛以方便举行更多的私人弥撒。与以往哥特式的两边带有廊柱以及有着隔离的唱经台的主教座堂不同的是,以耶稣会总堂为代表的巴洛克式样的耶稣会教堂都有一个正方形的十字架式样的平面,这样教堂中间的空间就显得十分重要,光线直射到这一区域,耶稣会的神父们就是在这个地方布道、分发圣体和举行弥撒。为了强调这个中间区域的重要性,教堂的穹顶就设在它的正上方,自然的光线通过穹顶上方的窗户射入,将信徒的注意力吸引到这片区域,再加上穹顶上方的壁画以及两边圣徒的雕刻装饰,这里似乎就象征着举行弥撒的天堂,并具有一种强烈的舞台效果——就像耶稣会提倡的神剧所设计的舞台一样,强调尘世与天堂、自然与神迹之间的连续性,并将信徒的关注和眼光带离尘世以及物质的维度,引入对于神迹的高度的写实主义的想象。这种将光线与装饰相结合的效果突显出天主教圣事——特别是弥撒布道以及圣体圣事的戏剧效果——在反宗教改革中

---

[62] Ibid., pp. 152－155.

出现的许多天主教的论著正是将教会描绘成人类救赎的舞台剧。在鲁本斯的画作中，罗耀拉穿着白色的祭披在驱赶恶魔，他的背后站着一排排的耶稣会士，神性的和自然的光辉透过教堂照耀着他们，没有比这种景象更为壮观和富于戏剧性的了。耶稣会总堂的建筑设计正是体现了这种思想，它为许多耶稣会的巴洛克式建筑提供了样板和模范，其影响波及从秘鲁至中国几乎所有的耶稣会教堂建筑。(63)

与上述教堂风格相对应的，耶稣会的戏剧同样强调神圣的和世俗的事物、以及神迹和自然之间的连续性。耶稣会戏剧的精妙之处就是刻意营造出一种幻觉，引导虔诚的信徒将他们的视觉意象远离尘世的物质世界而进入超越现世的神性的神迹中去。耶稣会的罗马学院就是耶稣会戏剧编剧法的导演中心。这种编剧法刻意地营造出一种舞台布景，由此产生一种视觉上的错觉。1650年，耶稣会在复活节以前40天的大斋期间举行了40小时的礼敬圣体的祈祷仪式。一座没有前台的布景建筑被安放在教堂的唱诗台前，这座“假的舞台”(false stage)紧紧地联系着真的中堂(real nave)，给观众以一种真实的生活与神剧的舞台之间并无间隔的感觉，相反，个人的虔信与神性的表达之间的空间和视觉经验是紧紧联系在一起的。(64)

在1601年动工，完成于1640年的耶稣会在远东的建筑艺术杰作澳门“天主之母”教堂的正立面上，同样可以看到耶稣会对于祭坛、弥撒和圣体圣事在罗马教会基督徒宗教生活中的功能与作用的强调。在正立面第二层和第三层相接的中楣上，刻画着植物图案(葡萄以及带有成熟果实的树枝等)、蒙着纱的圣体以及代表圣灵的鸽子降临在圣体上等图像。它们都是按特殊的顺序排列，组成互有关联的整体，可以按清晰的定义解读，被称为图像式的由特兰托大公会议规定的教理问答的总结和概要，是刻在石头上的纪念碑式的连环画。这些寓意性的图像提出了罗马教会的一些基本教义，如(a)祭坛以及举行弥撒的功效；(b)耶稣基督

(63) R. Po-Chia Hsia, *The World of Catholic Renewal, 1540 – 1770* (New York: Cambridge University Press, 1998), pp. 160 – 161.

(64) Ibid., p. 161.

在圣体(圣餐)中间的真实临在。(65) 正如胡纪伦(César Guillén Nuez)指出的:“这些图像将关于圣体的主题置于优先的地位,就是为了表现耶稣基督在圣体(圣餐)中的真实临在,即在弥撒的礼仪中饼和酒会真实地转化为基督的身体和血。由于当时欧洲存在着新教和天主教的冲突,可以确信耶稣会不仅坚定地信仰天主教会的基本信条,而且热忱地推广这种信条。”(66)

与强调基督的身体真实地临在于圣体中相关,澳门“天主之母”教堂的正立面还表达了一种对于善功的倡导(如七连灯台和天国之门)。“善功”也是16世纪宗教改革时代天主教和新教争论的焦点之一。天主教的神学认为,每个人都有自由意志,可以行善,也可以为恶。诚如阿奎那指出的:“人具有自由意志,如果没有忠告、规劝和禁止,那么报偿和惩罚都是没有意义的。”(67)因此,拯救取决于人是否行善或者相反;取决于是否战胜诱惑、脱离原罪和接受真理;“真理不能单靠理性而获得,而且要通过信仰上帝,履行见证而达到。”(68)因此,在天主教的神学中,不仅要靠信仰,而且要在圣宠的帮助下,才能战胜死亡并胜利地进入到永恒的世界。

3. 对于圣母的礼敬与崇拜

耶稣会刻意地申张在反宗教改革运动中罗马教会强调的圣母玛利亚的崇拜,并在艺术中极力体现这种敬拜,这同样也是与该会全力贯彻特兰托大公会议的信条有关的。

圣母的肉身升入天堂是罗马教会认为最为美丽的、富有诗意的和不可思议的奥迹。早在2世纪,教会中就有人认为玛利亚永远是童贞女。公元4世纪,教父作家伊皮凡尼乌斯(Epiphanius)即谈论过圣母升天,他

(65) Louis Antonin Berchier, *The Mysteries of the Mater Dei*, *Faade at Macao*, pp. 35 – 37.

(66) César Guillén Nuez, *Macao's Church of Saint Paul*, *A Glimmer of the Baroque in China* (Hong Kong: Hong Kong University Press, 2009), p. 128.

(67) Louis Antonin Berchier, *The Mysteries of the Mater Dei*, *Faade at Macao*, p. 52.

(68) Ibid.

对《启示录》12 章谈到的"天上女人"作了圣母升天的诠释。[69] 在民间,信徒们热诚地礼敬圣母,因此圣母升天的信仰也在他们中间流传开来。圣母逝世的纪念日早在东部教会即已十分流行,这个纪念日慢慢地从东部教会传到西欧。公元 431 年以弗所大公会议确认了玛利亚是天主之母的基本信理,在此信理基础之上,又发展为圣母升天以及圣母无原罪的信理。到公元 650 年左右,高卢一带已经有了庆祝圣母升天的节日。11 至 12 世纪的时候,对于玛利亚的崇拜空前加强,由于受到东部教会中关于圣母优先地位这种思想的影响,十字军战士、朝圣者以及商人们热忱地崇拜圣母;同时,西欧的神学家们如明谷的贝尔纳(St. Bernard)等人极力提倡对于圣母的礼敬。贝尔纳曾经说,人生最大的乐事,莫过于主持一次关于童贞圣母的布道。它领导的西多会士把玛利亚的画像印在印章上,穿着白色的道袍象征圣母的纯洁,每天祷告都颂唱赞美圣母的经文,并建立小教堂奉献给圣母。正是在这些岁月里,《圣母颂》以及后来成为《玫瑰经》等一系列经文开始形成,百合花以及玫瑰花成为圣母的象征,许多教堂以及神龛都以圣母的名字命名,新生的女婴也以玛利亚作为她的圣名或名字,巴黎圣母院以及夏特尔大教堂就是以圣母命名的著名宗教建筑物。尽管"圣母无原罪始胎论"和圣母没有像凡人那样死去并腐烂,而是在睡梦中升入天堂的"圣母升天论"分别在 1854 年和 1950 年才被罗马教会正式确认为信条,但是,早在中世纪的时候,基督徒们已经广泛地接受了这些看法。[70]

虽然中世纪罗马教会的神学家对于圣母玛利亚的地位有过不同的看法,[71]但是为了回应穆斯林和教会内部异端的攻击,教会还是大力提倡对于圣母的礼敬。罗马教会在反省基督徒与基督的最后关系以及圣

---

[69] 辅仁神学著作编译会:《神学辞典》,第 556 页。

[70] 本内特(Judith M. Bennett)、霍利斯特(C. Warren Hollister):《欧洲中世纪史》,杨宁、李韵译,上海:上海社会科学院出版社,2007 年,第 204 页。

[71] "新的敬拜也带来新的争论。玛利亚究竟有多纯洁? 她是否生来就无原罪——也就是怀在其母亚纳(Anne)子宫里就完美无瑕? 5 世纪时,奥古斯丁不同意这一说法。后世的神学家,如托马斯·阿奎纳也这么认为。但中世纪中期,大众的感情却驶向另一个方面。"(同上)

母和基督已经完成的圆满关系以后宣布了玛利亚崇拜的信理。根据哲学家罗光总主教的看法，罗马教会的立场可以表述如下："天主耶稣基督是圣母玛利亚的儿子，是圣母玛利亚的血肉。基督奉献了自己的身体，奉献了自己的血肉，在基督的肉体里，便含有圣母玛利亚的奉献。当天使嘉俾额尔来报天父的旨意时，说明天父把大卫的王位赐给玛利亚因圣神受孕的儿子，圣母一定懂得不是大卫国王的王位，而是古代先知们所预言从大卫后裔出生的救世主。在献圣婴于圣殿时，西默盎就预言这婴儿将是爱和恨的坐标，又有一把利剑要穿透玛利亚的心，圣母玛利亚在纳匝肋和耶稣生活的三十几年里，没有一天不想起这些话，最后当耶稣被钉在十字架上的时候，圣母玛利亚知道西默盎的预言已经应验了。基督完成了救世的工程，圣母站住十字架旁边，也奉献了自己的儿子。在埋葬基督遗体时，圣母玛利亚又奉献了自己心里的痛苦，她诚心参与了基督的救世工程。基督的救世工程，由他设立的教会继续进行，直到世界的末日，教会被视为基督的化身，或基督的妙体，基督是圣母的儿子，他的化身和妙体，也应视为圣母的儿子，因此，圣母玛利亚被尊重为'教会之母'……神职人员的工作就是为了达成教会救世的目标，圣母既然参加了基督的救世工作，必定参加了教会的救世工作，也就是参加了神职人员的工作，保护、指导、支持神职人员，神职人员有特别的名义，要求圣母和他们一起祈祷，如同在五旬节时，圣母与宗徒及信友们一同祈祷，乃有圣神的降临，改变了宗徒们的气质，产生了第一批充满圣神的神职人员。"[72]

　　罗马教会还认为，基督徒只有在末日才能达到与建立基督亲密关系的境界，而圣母则以一种优越的方式预先品尝。[73]

---

[72] 罗光：《圣母学研讨会闭幕词》，引自《牧庐文集》（四），台北：学生书局印行，1967 年，第363－367 页。

[73] 辅仁神学著作编译会：《神学辞典》，第556 页。F. L. Cross. eds. , *The Oxford Dictionary of the Christian Church* , p. 465。早在公元 2 世纪，就有基督徒认为玛利亚永远是个贞女。公元 649 年，罗马教会即定此为教义一部分。到了 11－12 世纪，在十字军东征过程中这种信仰达到高潮。其实，5 世纪的奥古斯丁并不完全同意玛利亚在其母亚娜腹中即已完美无瑕的说法。中世纪大经院哲学家托玛斯·阿奎那也持这种看法，但民众的情绪则朝另一个方向发展。

　　圣母升天的信仰与罗马教会中另一个极其重要的信理即"圣母礼敬"相联系,这个信仰被称为"超级敬礼",即仅逊于对天主的崇拜,但高于对天使与诸圣的敬礼。虽然教会也承认玛利亚基本上属于受造物,对玛利亚的敬礼也只能是对受造物的敬礼,但罗马教会同时也强调玛利亚"应当受到特别的崇敬"。[74]自中世纪以来,对于圣母玛利亚的崇拜主要表现在两个方面,第一,玛利亚被视为"哀伤的圣母",这一形象是对于耶稣道成肉身教义的补充,玛利亚的痛苦更强调了耶稣的痛苦;第二,玛利亚被尊为女仲裁者,也就是信徒和天主之间的中保和调解人。在许多信徒看来,玛利亚既是母亲,又是童贞女,由此她成为全体女信徒的楷模,对她的崇敬使一生守贞的女人得到慰藉,生儿育女的女人也得到抚慰。总的说来,对许多基督徒而言,万福圣母玛利亚因其纯洁而受到敬畏,因其母爱而使人宽慰,因其哀伤而令人同情,人们更希望圣母玛利亚会为他们企求天主开恩。[75]

　　在16世纪罗马天主教会的反宗教改革时代,罗马教会再度申张了对圣母玛利亚的崇拜。17世纪时,圣母无原罪始胎之说越来越受到人们的赞同,尤其是得到耶稣会士的促进。罗马天主教会在欧洲以及葡萄牙和西班牙海外殖民地极力申张圣母崇拜的另一个理由即为对抗新教的冲击,因为新教各宗派强调以基督和圣经而非圣母为中心;因此,重申圣母崇拜不仅满足了罗马教会广大信徒寻求一个母神形象的需要,更是体现了特兰托大公会议以后罗马教会对于"神圣的传统"的维护。[76]

　　耶稣会十分关注关于圣母玛利亚的崇拜。由于耶稣会视圣母玛利亚为本会主保,所以耶稣会所到之处均极力推崇对于玛利亚的崇拜。罗耀拉本人认为,他自己的皈依以及写作《神操》都是受到了玛利亚的影响。[77]正是在1522年,罗耀拉在前往耶路撒冷朝圣途中,路经西班牙自

[74] 同上。

[75] 本纳特等著:《欧洲中世纪史》,第203-204页。

[76] R. Po-Chia Hsia, eds., *A Companion to the Reformation World* (Malden and Oxford: Blackwell Publishing Ltd., 2004), pp. 295-296; Luke Clossey, *Salvation and Globalization in the Early Jesuit Missions* (Cambridge: Cambridge University Press, 2008), pp. 76-89.

[77] John W. O'Malley, *The First Jesuits*, p. 24.

中世纪以来重要的圣母朝圣地蒙特塞拉特本笃会修道院,(78)在3月5日圣母领报瞻礼日的整夜,他脱下华丽的长袍,穿上朴素的朝圣服,点着灯跪在修道院圣母神龛的黑圣母像前作守夜祈祷,他还将宝剑挂在圣母像前,象征自己的奉献,直到天亮。(79) 在耶稣会士崇拜的圣徒中,最多被提及的就是圣母玛利亚,耶稣会学院里的学生都有《玫瑰经》以及念珠以便以玛利亚的名义祈祷。1557年,波尔日亚写了一系列指示和要点,指导耶稣会士按照《玫瑰经》中的15个神迹进行祈祷和默想(尽管这些指示直到1964年才正式出版)。

为了驳斥新教的神学见解,耶稣会第三任总会长波尔日亚受教宗庇护五世的委托,命耶稣会士神学家如卡内斯乌斯(Peter Canisius, 1521-1597)等人撰写有关圣母玛利亚崇拜的著作。1577年,卡内斯乌斯出版了耶稣会第一部论玛利亚的著作 *De Maria Virgine Incomparabili*,又名 *Opus Marianum*。作者认为新教徒称呼玛利亚为"基督的母亲"而非"天主的母亲",与古代的聂斯脱里教派非常相似,教会历次大公会议都予以谴责。加尔文派的破坏圣像运动与历史上的拜占庭帝国的反圣像运动一样,在本质上都违背了教会的正统教义以及神圣的传统。此外,1556年,一个以玛利亚名字命名的善会团体(Marian Congregation or Sodality of Our Lady)在耶稣会罗马学院创立,其宗旨是在耶稣会学生和普通信徒中推进对于圣母玛利亚的崇拜,促进基督徒的宗教生活。其成员在每

(78) 蒙特塞拉特(Montserrat)群山最高处的山峰达1236米,山中的修道院位于巴塞罗那以西48公里。在9世纪时,人们已经提到山里的修道院;11世纪时,人们扩建了修道院。除了修道院以外,山中还布满了小教堂以及隐修山洞,是加泰隆尼亚著名的朝圣地。修道院中建有小教堂供奉木质的黑圣母像(La Moreneta, the dark one),该圣像是蒙塞拉特的灵魂。根据传说,它是由使徒路加制作并由使徒彼得带到这里的。在中世纪摩尔人入侵时代,人们将圣像藏到附近的圣洞(Santa Cova, Holy Cave),13世纪时被一名牧童发现。据考古学的推论,该圣像大概雕刻于12世纪。自1881年以来,蒙塞拉特的黑圣母(Black Virgin)成为西班牙加泰隆尼亚的保护神。参见 Nick Inman, ed., *Spain*, *Eyewitness Travel*, *DK.* (London: A Penguin Company, 2007), pp. 218-219。

(79) Cándido de Dalmases, S. J., *Ignatius of Loyola*, *Founder of the Jesuits*, *His Life and Work* (St. Louis: Institute of Jesuit Sources, 1985), pp. 52-53.

星期天傍晚聚会,颂唱晚祷的内容多为敬拜圣母玛利亚的经文。[80] 1563
年以后,玛利亚善会团体在耶稣会的学校中迅速普及,显然突出了对于
圣母玛利亚的崇拜。1564 年,在罗马的一名耶稣会士写信说,罗马的玛
利亚善会奉童贞女玛利亚为主保,特别关注学院中的男孩子,他们每天
要有半个小时的默想并举行弥撒,每周要办一次告解,一个月领一次圣
体,并为穷人提供服务。这些孩子都是神父选拔出来的优秀的男孩,年
龄不超过 15 岁。[81]

　　耶稣会士还以戏剧和诗歌来凸显玛利亚在教会中的特殊地位。他
们还将罗耀拉、沙勿略和其他卓越的耶稣会士画在圣母的周围,并散发
相关的印刷品、蚀刻画以及油画。

　　在近代早期由耶稣会士倡导的对于圣母玛利亚的圣像崇拜中,《罗
雷托圣母像》和《路加圣母像》尤为突出。在 16 世纪下半叶,由于耶稣
会士的努力提倡,这两种对于圣母的圣像崇拜在欧洲以及海外地区广为
流传。

　　罗耀拉以及同伴早在创立该会之前就已经接触到罗雷托圣母崇拜。
罗雷托在意大利安科那(Ancona)附近,是圣屋(Holy House)的所在地。
根据教会的传说,圣母玛利亚在天使报喜的时候就居住在该圣屋里,
1291 年,它被天使奇迹般地运到了达尔玛提亚(Dalmatia)的特尔撒兹
(Tersatz),后在 1295 年 12 月 2 日又被运到罗雷托(Loreto)。最早记载
这个传说的文字出现在 1470 年左右,罗马教会的作家认为这一传统是
毫无疑义的。[82] 1537 年,罗耀拉和耶稣会的最初创立者们在从威尼斯去
罗马的路上,在罗雷托住过一段时间,他们在供奉圣母玛利亚的圣屋的
教堂以及圣坛前祈祷与默想。[83] 1540 年 3 月,耶稣会的另一名创建者沙

[80] T. Frank Kennedy, S. J. , "Jesuits and Music," in John W. O'Malley, S. J. , Gauvin
Alexander Bailey, and Giovanni Sale, S. J. , *The Jesuits and the Arts*, *1540 - 1773*, p. 418.

[81] John W. O'Malley, *The First Jesuits*, pp. 197 - 198.

[82] F. C. Cross and E. A. Livingstone, eds. , *The Oxford Dictionary of Christian Church*, pp. 836
-837.

[83] Cándido de Dalmases, S. J. , *Ignatius of Loyola*, *Founder of the Jesuits*, *His Life and Work*,
p. 146.

勿略也到罗雷托圣坛朝圣，并在那里听告解、举行弥撒和布道，还为信徒颁发圣体。[84] 耶稣会的文学作品中充满了对罗雷托圣母的描绘。[85] 耶稣会士来到东方以后，也特别推崇罗雷多圣母崇拜，该会在日本每一个传教站的小教堂都奉献给罗雷托圣母。[86]

在罗马的圣母大殿中的《路加圣母像》是耶稣会推崇的另一种重要的圣母圣像。该圣母圣像因保存在罗马圣母大殿中的博尔吉斯小教堂而被称为博尔吉斯圣母（Borghese Madonna）。该圣像可能创作于6世纪以后，也有艺术史家认为是10世纪以后的作品。圣像经过装饰，在圣母的表面饰以王冠，称为意大利—拜占庭风格，画中圣母右手抱着小耶稣，小耶稣作指路状，圣母手中还握着手巾和福音书。它是罗马人民最尊崇的圣母像，因为长期以来罗马人民视圣母为罗马城市的主保圣人。[87] 由日耳曼耶稣会士古本贝格（Wilhelm Gumppenberg）于1672年出版的 *Atlas Mariannus* 是一本关于整个天主教世界的圣母圣像目录集，该书将《路加圣母像》的重要性列为仅次于《罗雷托圣母像》。[88] 在16和17世纪，该圣像被认为是由使徒路加所绘，并被认为具有神性的来源和行神迹的功能。自8世纪直到近代早期，有记载说该圣像行了无数神迹，拯救了罗马人民。还有报道说，当罗马圣母大殿完成时，天使最后完成了这幅圣像。[89]

耶稣会对于《路加圣母像》的特别崇敬源于罗耀拉曾经声称遇到该圣像的异象。由于这个原因，罗耀拉的第一部官方传记的作者吕班德内

---

[84] M. Joseph Costelloe, S. J., *The Letters and Instructions of Francis Xavier*, p. 11.

[85] Cristina Osswald, *Written in Stone*, *Jesuit Buildings in Goa and Their Artistic and Architectural Features*, p. 232.

[86] Gauvin Alexander Bailey, *Art on the Jesuit Missions in Asia and Latin America*, *1542 – 1773* (Toronto: University of Toronto Press, 1999), p. 9.

[87] 该圣像在19世纪被罗马教会命名为"Salus Populi Romani, Protectress of the Roman People"，即罗马人民的保护神。

[88] Stephen Ostrow, *Art and Spirituality in Counter-Reformation Rome*, *The Sistine and Pauline Chapels in S. Maria Maggiore* (Cambridge: Cambridge University Press, 1996), pp. 122 – 123.

[89] Ibid., pp. 118 – 151.

拉(Pedro de Ribadenrira)说,罗耀拉特别在 1538 年罗马圣母大殿落成时主持了第一场弥撒。同时,他还特别崇尚雪地圣母的节日(the festivities of Our Lady of the Snows)。[90] 耶稣会第三任总会长波尔日亚也特别崇尚对于《路加圣母像》的崇拜,他本人经常在这尊圣母像前默祷。波尔日亚认为该圣像的摹本应该成为耶稣会士默想和传教的有力工具。1596年,波尔日亚在得到罗马教宗庇护五世的允许后,在枢机主教波罗米欧(Cardinal Carlo Borromeo)的监督下,请画家按照当时的风格复制了这幅圣像。[91] 在以后的几十年中,该摹本被不断地复制,很快成为在天主教世界最为流行的圣母玛利亚圣像。耶稣会士将它的复制品送到他们在欧洲各地的神学院以及他们在各国朝廷中的王家会院(Royal House)中去。当时欧洲一些著名的天主教君主和贵族如西班牙国王菲利普二世、法国王后奥地利的伊丽莎白、葡萄牙的卡特琳娜以及葡萄牙国王塞巴斯蒂安都拥有这幅圣像画的复制品。[92] 波尔日亚还命耶稣会士将这些复制的圣像送到新教国家以及巴西、印度、波斯、中国和日本的广大耶稣会海外传教区。在澳门的圣若瑟修道院保存有该圣像很早期的摹本,[93] 利玛窦曾经将这幅圣像的摹本作为贡品进呈万历皇帝。[94] 当然,波尔日亚对于这幅圣像的热忱与文艺复兴时代以及近代意义上的"艺术"无关,而是出于一种中世纪式的虔诚信仰,即认为这样的圣像代表着原型的临

---

[90] Cristina Osswald, *Written in Stone*, *Jesuit Buildings in Goa and their Artistic Architectural Features*, p. 233.

[91] Gauvin Alexander Bailey, *Art on the Jesuit Mission in Asia and in Latin America*, *1542 – 1773*, pp. 9,33,70; Gauvin Alexander Bailey, *Between Renaissance and Baroque*, *Jesuit Art in Rome*, *1565 – 1610*, p. 10.

[92] Cristina Osswald, *Written in Stone*, *Jesuit Buildings in Goa and Their Artistic and Architectural Features*, p. 234.

[93] 《海峤儒宗——利玛窦逝世四百周年文物特集》,澳门:澳门艺术馆,2010 年,第 196 – 197 页。

[94] John W. O'Malley, Gauvin Alexander Bailey and Giovanni Sale, S. J., *The Jesuits and Arts*, *1540 – 1773*, pp. 339 – 340. Steven Ostrow, *Art and Spirituality in Counter-Reformation Rome*, pp. 126 – 132.

在,复制这幅圣像就是延伸和扩展它的精神力量。[65]

　　在地理大发现时代,圣母崇拜还与海船形象联系起来,如澳门"天主之母"教堂正立面上就有这样的图像,果阿耶稣会好耶稣教堂(the Church of Bom Jesus)的回廊中也悬挂着圣母庇护海船的绘画。这与西方的圣母崇拜与航海有关。西方人很早就将对圣母玛利亚的崇拜与大海联系起来,早在公元5世纪时,教父哲罗姆在将犹太教会历史学家优西比乌的著作《圣经地名》译为拉丁文译本时,将希伯来语中的 Miryam(大海中水滴,drop of the sea)译为 Stilla Maris,后代的一些经文誊抄者再将此误抄成 Stella Maris,意即"海上的星辰",尤指北极星(Polaris, lodestar)。从希腊时代起,航海者就将北极星(希腊人称它为 Cynosura,意即"狗的尾巴")视为"导航之星"或"船之星"。[66] 9世纪时,一位出身孤儿、从小就由修女嬷嬷抚养长大的法国僧侣拉贝都斯(St. Paschasius Radbertus)写了《圣母玛利亚,海上的星辰》,直接将圣母玛利亚喻为引导人们走向基督、免于在异教汪洋大海中倾覆的星辰。大约在同一时期,出现了广为流传的单旋律颂歌《海星圣母颂》。[67] 当时,教会中的人们称玛利亚为"海星圣母",强调在如同茫茫大海的异教徒当中,玛利亚是基督徒希望的象征、精神的引导(因为在旧约中隐喻异教徒如同环绕以色列的汪洋大海),她如同在大海中航行者的保护人、引导人和代求者。

　　在16-17世纪地理大发现时代,罗马天主教会的传教士随着西班牙和葡萄牙的航船来到世界的各大洲,"海星圣母"被延伸为真正的海上航行者的主保,又被认为是罗马教会海外传教者的主保,拥有"海上的使徒"(Apostleship of the Sea)之称。[68] 是葡萄牙人重新将这个古老信仰

[65] Hans Belting, *Likeness and Presence*, *A History of Image before the Era of Art* (Chicago: University of Chicago Press, 1994).

[66] John Harrison, *The Longitude Problem* (Greenwich: The National Maritime Museum, 1978), p. 52.

[67] Richard Hickley Allen, *Star Names and Their Meanings* (New York: G. E. Stechert, 1899), p. 454.

[68] Jay A. Levenson, *Encompassing the Globe: Portugal and the World in the 16th and 17th Centuries* (Washington: Arthur M. Sackler Gallery, Smithsonian Institution, 2004), pp. 127 - 135.

发扬光大,称玛利亚为"航海者的圣母",并将这种崇拜带到亚洲,后来又在南美洲普及开来,这些地区的许多沿海教堂奉献给"海星圣母"或是"航海者的圣母",他们特别祈求集仁慈和善良于一身的圣母玛利亚庇佑他们安全地返回家园。他们还将这种感情带到了葡萄牙海外的殖民地。在 17世纪早期的巴西葡属殖民地,人们将每年 2 月 2 日定为"海星圣母"主保节,这一天各大港口的人们都要抬着圣母雕像举行盛大的宗教游行。

4. 对于天使的崇拜

"天使"(Angel)在希腊文中的意思就是"信使"(messenger),犹太教和基督教根据旧约提及的神的仆人和天神群的而有天使的观念,新约中也多处提到天使。在基督教艺术中,艺术家的困难在于如何使用视觉形象来表达这种无形但又具有灵性的生物(spiritual beings)。在早期基督教地下墓窟中出现的天使是没有翅膀的(除了基路伯和撒拉弗),当时的天使被表现为穿着长袍的人,很容易与人类混淆。到了公元 350 年,有翼天使在艺术表现中才经常出现。[99]

在耶稣会的崇拜学中,天使从一开始就占据了极其重要的地位。罗耀拉的《神操》和《灵性洞察的规程》强调了礼敬天使的重要性。波尔日亚也十分强调对天使的崇拜。自早期基督教会时代,许多重要的教会人物如圣克里斯托索(St. John Chrysostom)声称在弥撒中遇见了天使。耶稣会的创立者也不例外。有两位年轻的耶稣会士廓斯卡斯(St. Stanislas Koskas)和贡扎加(Aloysius Gonzaga)与天使崇拜有着密切关系,[100]后者

---

[99] Peter and Linda Murry, *A Dictionary of Christian Art*, pp. 18－19; Richard Krautheimer, *Early Christian and Byzantine Architecture* (New Heaven and London: Yale University Press, 1986), pp. 28－30.

[100] 廓斯卡斯(St. Stanislas Kostkas, 1550－1568)出生于波兰的贵族家庭,在维也纳耶稣会学院学习。他步行去罗马要求面见总会长波尔日亚,后者立即接纳他成为一名会士,但是他 9 个月以后就去世了,时年 18 岁。贡扎加出生于意大利佛罗伦萨一个贵族家庭,早年即患有肾病。1585 年成为耶稣会见习修士,1591 年在罗马医院照顾病人时受感染身亡,时年 23 岁。他们在 1605 年被教廷封为真福品,1726 年被封为圣徒。参见 David Farmer, *Oxford Dictionary of Saint*, fourth edition (New York: The Oxford University Press, 1997), pp. 290－291, 215－216。

曾编辑过一本论天使崇拜的小书 Accessit Meditazione Devoti De Anglics，他只是诸多崇尚天使崇拜的耶稣会士之一。[101]

天使形象是耶稣会崇尚的新的圣像。1583 年，在德意志反宗教改革领袖人物巴伐利亚公爵威廉五世资助下，耶稣会开始在慕尼黑建立了一座雄伟的奉献给天使长米迦勒的大教堂。1588 年，耶稣会佛拉芒艺术家戈哈德（Hubert Gerhard）就在慕尼黑耶稣会教堂的正立面上创作了一组天使长米迦勒战胜撒但的青铜群像，给每一个过路人留下深刻印象。这座圣米迦勒教堂是阿尔卑斯山以北规模最大的天主教堂。[102] 在罗马圣伊纳爵教堂中则有表现基督和天使在意大利帕度瓦（Padua）出现在罗耀拉面前的场景。在罗马的耶稣会教堂中，天使形象更是比比皆是。著名的法内塞家族小教堂（the Cappellia Farnese）中有罗耀拉的两位守护天使显现在他面前的场景。建于 1580 年代的罗马耶稣会总堂右边第三个天使小教堂所描绘的圣经故事中表现的几乎完全是天使的形象。在早期耶稣会教堂艺术中所有表现天堂的荣耀、尤其是以耶稣为中心的天堂的荣耀的天顶画以及壁画中，天使的形象总是无所不在。[103]

在耶稣会的天使崇拜中，最重要的角色是守护天使。罗耀拉向他的同伴特别推荐寻求守护天使的庇护。许多同时代的天主教反宗教改革人士都相信人的一生中会有一位特别的天使庇护。耶稣会的创立者之一法费尔（Pierre Favre）特别热衷于倡导这一信仰。耶稣会学院的弥撒礼仪以及宗教聚会都特别强调礼敬天使。耶稣会学校以及学院的官方教学法大纲 Ratio Studiorum 中，规定要在神学上研究天使，并向学生特别推荐礼敬天使。耶稣会还在学校和学院中由一些年轻人组成的善会团体中礼敬天使，以便在未来的时日培养这种崇拜。耶稣会还特别鼓动

---

[101] Cristina Osswald, *Written in Stone, Jesuit Building in Goa and Their Artistic and Architectural Features*, p. 237.

[102] Jeffery Chipps Smith, *Sensuous Worship, Jesuits and the Art of the Early Catholic Reformation in Germany* (Princeton and Oxford: Princeton University Press, 2002), pp. 58 – 59.

[103] Heinrich Pfeiffer, S. J., "The Iconography of the Society of Jesus," in John W. O'Malley S. J., Gauvin Alexander Bailey and Giovanni Sale, S. J., *The Jesuits and Arts, 1540 – 1773*, pp. 223 – 224.

崇拜天使长米迦勒,罗耀拉《神操》一书中灵修规程的第一个星期,天使长米迦勒的形象就已经出现。[104] 当耶稣会士来到美洲、南亚和远东以后,在他们所建的教堂中频繁地出现天使的雕刻和绘画形象不足为怪。在耶稣会海外传教区的有关天使的艺术中,最著名的就是建于 1606 年的印度果阿拉肖尔(Rachol)耶稣会神学院的圣依纳爵教堂,整个教堂都以木板覆盖,至圣所以及所有的墙壁都布满印度风格的花卉图案以及天使的雕刻,配以罗耀拉生平的画面,蔚为壮观。[105]

5. 对于圣徒和殉道者的崇拜

耶稣会非常推崇对丁早期基督教会的圣徒、尤其是殉道者圣徒的崇拜,将这些圣徒视为本会合法性的象征。这一点在该会的艺术中有着充分的表现。后来,耶稣会则发展出对于本会圣徒和殉道者的崇拜。虽然耶稣会并不是唯一的喜欢描绘和崇拜本会圣徒的修会,但是耶稣会在这方面的特征却是非常明显。[106]

在 1622 年以前,耶稣会一直没有他们自己的圣徒,因为耶稣会是一个新兴的修会。与多明我会和方济各会等古老的修会相比,这一点对于耶稣会尤为不利。为了弥补这个缺陷,早期的耶稣会士便利用现存的圣徒的圣像,如用阿西西的方济各(Francis of Assis)来代表方济各·沙勿略,用安提阿的依纳爵(St. Ignatius of Antioch)来代表依纳爵·罗耀拉,还用早期基督教的殉道者圣徒来代表在耶稣会传教事业扩张中的本会殉道者。[107] 耶稣会深信,罗耀拉以及沙勿略等初创者总有一天会被册封为圣徒。因此,从很早的时候,耶稣会就开始在他们的私人建筑物、会院

---

[104] Ibid.

[105] David M. Kowal," The Jesuits and Architecture in Portuguese India," in John W. O'Malley, S. J., Gauvin Alexander Bailey, Steven J. Harris and T. Frank Kennedy, S. J., eds., *The Jesuit Cultures, Science, and Arts, 1540－1773* (Toronto: University of Toronto Press, 1999), p.495.

[106] Gauvin Alexander Bailey, "Introduction: A Time without Art?"in *Between Renaissance and Baroque, Jesuit Art in Rome, 1565－1610*, p.18.

[107] Ibid., pp.18－19.

以及见习修士会院中悬挂耶稣会创立者罗耀拉的生平肖像以及在世界
各地传教扩张中被杀害的耶稣会士的肖像。耶稣会士非常强调这些肖
像的"逼真性",由此还影响到圣爱会的艺术家,他们在创始人内里还活
着的时候就为他作画,在他死了以后还为他做了面具。到了1622年以
后,随着罗耀拉、沙勿略等人被封为圣徒,耶稣会士终于可以用他们本会
的圣徒作为圣像画以及圣像雕刻的核心题材了。[108]

在罗马的耶稣会总堂中有专门奉献给罗耀拉和沙勿略的小教堂,而
罗马的另一座圣依那爵堂中由波佐(Andrea Pozzo)创作的著名的天顶壁
画以及建于1566年的葡萄牙第一座耶稣会教堂圣罗克教堂(the Church
of So Roque)中都有耶稣会圣徒罗耀拉、沙勿略、波尔日亚、贡扎加的描
绘;澳门"天主之母"教堂("大三巴")的第二层也竖立着耶稣会这四位
圣徒的青铜雕像,这正与耶稣会刻意以本会圣徒为中心宣扬本会成就的
意图有密切关系。耶稣会以这种特别的方式宣扬他们自己的成就,这是
耶稣会视觉艺术的重要特征。有关耶稣会创立者以及其他一些重要人
物的圣徒传以及生活场景的描绘是该会早期圣像画的重要组成部分。
在早期耶稣会的视觉艺术中,有一些圣像画是与该会推动那些圣徒的封
圣有密切关系的。1563年,意大利画家康特(Iacopino del Conte)画出了
第一幅罗耀拉的肖像,该画是根据罗耀拉去世以后的面具创作的,被认
为是罗耀拉最早、最逼真的肖像画。在1609年罗耀拉被教廷列为真福
品以及1622年被册封为圣徒的过程中,这幅画被作为最具权威的证据
之一。

耶稣会的艺术公开宣布那些最杰出的耶稣会士的"神迹",已被验
明的"神迹"是他们后来被封为圣徒的依据。在罗耀拉封圣的案件中,
在他的生平事迹和墓中都缺乏"神迹",由此成为他封圣的最大障碍。[109]
沙勿略于1619年被列为真福品,后于1622年被列为圣徒。但由于沙勿
略在生前和死后都有不少传说中的神迹出现,所以有关他封圣的案件至

---

[108]　Ibid.

[109]　Miguel Gotor, *I beati del papa*, *Santitá*, *Inquisizione e obbeddienza in età moderna* (Firenze: L.
S. Olshki, 2002), pp. 57 – 60.

少在表面上比罗耀拉显得更加合理。早在 1543 年，当沙勿略在南印度的图替栝林（Tuticorin）的时候，已经赢得了能行“神迹”的名声。(110) 以后不断出现有关他能行神迹的报道，这无疑对于他后来的封圣进程十分有利。(111) 于是，耶稣会积极推进沙勿略列真福品的进程，借此推动罗耀拉列真福品以及圣品的进程。1594 年举行的耶稣会第五次总会议所做出的第 71 条决议不仅是有关罗耀拉，而且是有关沙勿略的封圣。决议指出：“以一些会省和个人的名义，我们做出决议，请求圣座（教廷）将耶稣会的创立者封为圣徒。总会议做出决议，不仅为罗耀拉神父，而且为沙勿略神父请求封圣。”(112)这个请求的背后策略是：如果前者不能得以封圣，那么后者也不可能。将此策略转化为耶稣会的传教艺术宣传方法，那就是由日耳曼画坊的布斯曼切（Johnn Bussmacher）于 1600 年左右出版的 *Wundevitae* 一书，该书将罗耀拉与沙勿略的画像并列为姊妹篇。(113) 约 1617 年，当时极为著名的大画家鲁本斯（Peter Paul Rubens）受耶稣会的委托，为安特卫普（Antwerp）的圣依纳爵教堂，即今天的圣波罗米欧教堂（St. Charles Borromeo），分别创作了两幅罗耀拉和沙勿略的奇迹，很可能即是这种意图的最佳例了。(114)

沙勿略是耶稣会士在艺术中最喜爱和最常见地表现的艺术形象。早在 1622 年，耶稣会在意大利的那不勒斯就建有一所奉献给他的学院。在一些教堂的正立面以及祭坛上有专门放置他的雕像或是绘画的地方。在所有的耶稣会会院中几乎没有不安置这位重要的传教士的画像或者雕像作为装饰的。当时一些最著名的画家如鲁本斯在意大利，又如西班牙的牟利罗（Bartolome Esteban Murillo）都创作过有关沙勿略的绘画。

---

(110) Miguel Corrêa Monteiro, *Saint Francis Xavier, A Man for All Others* (Lisbon, Portugal: Post office Collection Club, 2006), pp. 104－105.

(111) Cristina Osswald, "Iconography and Cult of Francis Xavier," in Joseph Wicki, *Francesco Saverio*, vol. V, pp. 1234－1235.

(112) Cristina Osswald, *Written in Stone, Jesuit Buildings in Goa and their Artistic and Architectural Features*, p. 240.

(113) Ibid.

(114) Otto von Simon, *Peter Paul Rebens, 1577－1640: Humanist, Maler und Diplomat* (Mainz: Von Zabern, 1996), p. 17.

1583年,范礼安下令将沙勿略的遗体从马六甲运回澳门,艺术家们便根据他的遗体来描绘其肖像。这些肖像在耶稣会内部非常流行。今天,在毗邻果阿耶稣会好耶稣教堂的耶稣会会院中仍然可以看到许多这样的作品。(115) 在好耶稣教堂的圣沙勿略小教堂里还保留着除了他的一个手臂以外的所有遗骨。在那个时代,沙勿略几乎代表着一个完美的传教士形象。在许多年中,耶稣会不仅将沙勿略视为本会、也视为整个天主教会在东方传教事业的模范。作为耶稣会非欧洲传教区的创立者,沙勿略的形象鼓励了许多年轻的欧洲传教士追随他的足迹。在罗马耶稣会档案馆的 *Litterae Indiapetarum* 的记录中可以看到,在整个17和18世纪有不少于1.5万名青年志愿者前往印度和中国。他们追随沙勿略的脚踪,为了"愈显主荣"的事业去往东方。在有关沙勿略的艺术作品中,还有一种是描绘他向罗耀拉告别前往印度和中国的画作。它代表着耶稣会的第四誓愿,即绝对服从教宗的要求,前往世界上任何遥远的地方传教。沙勿略并没有被人杀害致死,但是,在耶稣会的艺术中,他从来就是一名殉道者的形象。(116)

早期耶稣会有关殉道圣徒的描绘中最重要的作品为日耳曼—匈牙利学院的附属教堂圣斯提凡圆形教堂(Santo Stefano Rotondo)中的壁画。圣斯提凡圆形教堂位于罗马城外的卡利安山丘(Caelian Hill),它原本是一座古老的教堂,由罗马教宗辛普利西乌斯(Pope Simplicius)于5世纪晚期建立,它在外形上不是规则的方形教堂,而是专用于崇拜殉道者的圆形教堂。(117) 在7世纪时,教堂中出现了圣普里姆斯(St. Primus)和圣弗里西阿奴斯(St. Felicianus)与十字架的图像,(118)背景则是金色的马赛克。

---

(115) Gauvin Alexander Bailey, "Introduction: A Time without Art?" in *Between Renaissance and Baroque, Jesuit Art in Rome, 1565 – 1610*, pp. 17 – 18.

(116) Miguel Corrêa Monteiro, *Saint Francis Xavier, A Man For All Others*, p. 72.

(117) Leif Holm Monssen, " The Martyrdom Cycle in Santo Stefano Rotondo, Part-Two," in *Acta ad archaeologiam et atrium historiam pertinentia*, series 3, 3 (1982), pp. 11 – 106.

(118) 圣普里姆斯(Primus)与圣弗里西阿奴斯(Felicianus),早期教会的殉道圣徒。根据教会传说,他们是罗马贵族,后来成为基督徒,专门去监狱为囚犯听告解,约公元297年左右被捕,后被处死于离罗马12英里的诺门屯(Nomentum)。很早的时候在他们于诺门塔那道路(Via Nomentana)旁的墓地上就建有一个教堂以纪念他们的殉道。公元640 (转下页)

在 9 世纪时,它是罗马教宗利奥四世辖下的一座教区教堂,但是后来渐渐地废弃了,到 15 世纪早期的时候,它的周围已成一片荒野。1545 年,当时还是枢机主教,后来成为教宗的尼古拉五世将这座教堂给予位于这座山上的匈牙利人的隐修所,直到 1570 年代,虽然由于奥斯曼帝国的入侵,匈牙利隐修士的人数在减少,但是该教堂得以修复并萌发生机。他们在教堂里创作了一些壁画,但是现在大部分都已经褪色散佚了。1573 年,鉴于这座教堂与匈牙利人的联系,教宗格利高里十三世将它拨给新成立的耶稣会匈牙利学院,1579 年耶稣会在那里建立了一个神学院。1580 年随着匈牙利学院与日耳曼学院的合并,该神学院关闭了,其中的匈牙利学生移到安坡那利(S. Apollinare)的日耳曼学院。但是,此时该教堂已经十分闻名,成为一个著名的朝圣地,因为它供奉着诸多早期基督教圣徒的遗骨和遗物,如圣斯提凡, 圣劳伦斯,圣普里姆斯和圣弗里西阿奴斯,圣凯瑟琳,圣布里格,圣科内里乌斯和圣多米提拉等等。耶稣会创立日耳曼-匈牙利学院以后,它被教宗拨给耶稣会,成为该学院的附属教堂。在 1581－1583 年间,耶稣会委托了出生于托斯卡尼的画家希西纳尼(Niccolò Circignani)主持创作了约 30 余幅有关早期教会圣徒殉道者的壁画,希西纳尼及其同伴玛提奥(Matteo da Siena)以及特佩斯塔(Antonio Tempesta)协助他完成了这些作品,后两位画家主要协助希西纳尼完成画中的风景以及次要人物。早期耶稣会以绘画的形式宣扬初期教会英雄主义的方式巩固耶稣会学院学生以及普通信徒的宗教信仰。由于斯提凡圆形教堂仿照耶路撒冷的圣墓教堂建筑,祭坛设在中央,所有的壁画全部环绕四周,中间有回廊,在壁画前方留有小型空间,供人们在壁画前默想。这些壁画中有《圣斯提凡的殉道》、《圣伯多禄和圣保禄的殉道》、《圣维塔里斯的殉道》、《圣约翰以及教宗

(接上页)年,教宗西奥多(Pope Theodore)将他们的遗骨起出,安放在圣斯提凡圆形教堂。David Farmer, *Oxford Dictionary of Saints* (Oxford and New York: Oxford University Press, 1997), p.418.

(119) David Farmer, *Oxford Dictionary of Saints*, pp.91－92,115－116,297－298,453; F. L. Cross and E. A. Livingstone, eds., *The Oxford Dictionary of the Christian Church*, pp.418－419.

克里图斯的殉道》、《圣迪奥尼苏斯、圣多米提拉、圣尼卢乌斯、阿基里乌斯以及其他诸圣的殉道》[120]等30余幅,气势宏大。这些壁画的题材几乎都是有关早期教会的历史,但是它们表达的精神却是彰显罗马教会在反宗教改革时期的凯旋和胜利,反对新教贬低圣徒和圣物崇拜的神学思想,并鼓励年轻的耶稣会士在新教和海外异教国家和地区的传教与牺牲。[121]

对于耶稣会本会其他殉道者的描绘是耶稣会艺术中一开始就出现的主题。在耶稣会最早期的建筑之一罗马圣安德烈奎里那尔见习修道院的休息室大厅中,有两幅重要的历史性壁画:格鲁特(Matthaus Greuter)《1570年去往巴西的传教士殉道者》描绘了以阿兹维多(Inácio de Azevedo)为首的39名耶稣会士从欧洲乘坐"圣地亚哥号"船去往巴西,中途在加纳利群岛海面上受到法国胡格诺教派海盗攻击遇害的场面;另一幅则为《鲁道夫阿奎维瓦与四名耶稣会士于1583年在果阿殉道》,鲁道夫阿奎维瓦是耶稣会总会长阿奎维瓦的侄子,他曾经在奎里那尔耶稣会见习修道院学习,后来去印度果阿,他与另外四名传教士在前往印度北方的莫卧尔帝国传教的途中,在果阿附近的康科林遇到印度教徒袭击身亡。这两幅历史性的以殉道者为主题的壁画绘于1580年代,是耶稣会早期殉道者题材绘画的重要作品,后来被许多类似题材的作品所模仿,成为一种典范。[122]

圣徒以及圣徒遗物的崇拜一直也是耶稣会所提倡的,其主要目的之一是反对新教在这一神学见解上的立场。1549年,耶稣会士将早期教会传说中的女圣徒乌苏拉以及1.1万名童贞女[123]中两位圣徒的头骨从科隆转到他们在意大利墨西拿的教堂。那达尔在给罗耀拉的报告中指出他在布道中极力提倡对于这位女圣徒及其遗物的礼敬,他要求人们敬拜

---

[120] David Farmer, *Oxford Dictionary of Saints*, pp. 106, 135, 362,495.

[121] Kristin Noreen, "Ecclesiae militantis triumphi: Jesuit Iconography and the Counter-Reformation," in *Sixteenth Century Journal*, vol. 29, no. 3 (1998), pp. 689 – 716.

[122] Gaunvin Alexander Bailey, *Between Renaissance and Baroque*, *Jesuit Art in Rome*, *1565 – 1610*, p. 65.

[123] David Farmer, *Oxford Dictionary of Saints*, pp. 485 – 484.

这两件圣物。这些事实表明,耶稣会对于圣徒遗物的功能或多或少是认同的。后来,那达尔还提倡敬拜保存在罗马圣彼得大教堂的"维罗尼卡的手巾",[124]据说耶稣在步向骷髅地的途中,其面容印在这手巾上面。那达尔在布道中指出:"没有人能够向我指出:维罗尼卡手巾的故事是伪造的。对于面对这个罗马教会崇尚、使用并敬拜的传统无动于衷的人,我想对他说:他应该警惕在自己的灵魂里是否存在对于他本人和其他人有害的恶的根源。"那达尔对于保存在那不勒斯桑塔普拉塞德(Santa Prassede)教堂的耶稣曾经被捆绑鞭鞑的柱子同样深信不疑。[125] 以上所有这些见解都体现在耶稣会的艺术之中。

6. 对以希腊和罗马时代的古典艺术语言的运用,尤其是古典柱式的广泛使用

巴莱指出,耶稣会的艺术喜欢使用希腊、罗马时代的暗喻和象征。在罗马教宗克莱门八世时期以及 17 世纪初期,耶稣会士以艺术为契机,致力于恢复希腊和罗马的古典艺术意象。耶稣会既致力于回到使徒时代的教会传统,亦即原形的基督教的复兴,这个运动本身除了提倡回到使徒时代的教会传统以外,也包括回到希腊和罗马的古典文化传统。[126]最典型地表现在耶稣会建筑艺术中的就是古典柱式的经常性使用。在这方面,耶稣会特别在建筑上模仿文艺复兴时代流行的所谓塞利奥(Sebastiano Serlio)式样的柱子。塞利奥是 16 世纪意大利著名的建筑师、画家和建筑理论家,他于 1537－1575 年出版的多卷本《建筑与透视全书》中,特别强调希腊—罗马的建筑风格对于当代建筑的实用意义,首次将建筑史上五种程序编成目录,展示了大量复制的模件,并陪上布拉曼特·普卢兹(Baldessarre Peruzzi)以及他自己的大量图画作为说明,具有极强的教育意义和实用意义。塞利奥特别强调在当代建筑中使用古

---

[124] Ibid. , p. 489.

[125] John W. O'Malley, *The First Jesuits*, pp. 268－269.

[126] Gauvin Alexander Bailey, "Introduction: A Time without Art?" in *Between Renaissance and Baroque*, *Jesuit Art in Rome*, *1565－1610*, p. 19.

典的柱式。该书在 1611 年译成英语,后来又译成其他欧洲文字,在欧洲建筑界产生了重要的影响。[127] 他的著作不仅在意大利和法国广为流行,而且在伊比利亚半岛也受到建筑学以及艺术界的重视。葡萄牙艺术家霍兰达(Francisco de Holanda)1595 年在其著作 Da Pintura Antigua 中突出地介绍了塞利奥的思想;在西班牙,1544 年维拉彭多(Francisco de Villalpando)已经将塞利奥的著作译成卡斯蒂尔语。葡萄牙和西班牙都是耶稣会活动的大本营,塞利奥的建筑思想直接影响到耶稣会士在建筑艺术上的表现。在那个时代的葡萄牙和西班牙,塞利奥的建筑思想不仅在教堂建筑,而且在教堂装饰板艺术中也产生了重要的影响。

以落成于 1605 年 5 月的耶稣会在印度果阿的好耶稣教堂为例,它的面向西边的壮丽的正立面,采用完全垂直的风格主义的庄重建筑形式,第一层大门的两边是爱奥尼克(Ionic)式样的柱式为装饰;在三扇大门的上面则是三扇大窗户,它们的两边则以多立克(Doric)柱式为装饰;第三层则是三个圆形的窗户,其间以科林斯(Corithian)柱式为装饰,每当下午的阳光照着正立面的时候,这些柱子的立体感特别明显,其古典主义的特征非常突出。[128] 所以建筑历史学家罗伯(Patrick J. Lobo)在其《旧果阿壮丽的纪念碑》一书中指出:"好耶稣教堂是典型的耶稣会艺术的纪念碑,其主要的正立面引进了古典主义的形式,展现出五种建筑学派的元素——罗马的、爱奥尼亚的、多立克的、科林斯的和综合式样的风格。"[129] 同样地,落成于 1640 年的澳门"天主之母"教堂("大三巴")也是在正立面上采用古典柱式的耶稣会建筑艺术的典范之作。其正立面完全采用古典的建筑程式,约 23 米高、23 米宽(76 英尺高、76 英尺宽),从基座到三角楣上的铁十字架,高约 86 英尺,连同三角楣共有五层。它以

---

[127] Alina A. Payne, *The Architectural Treatise in the Italian Renaissance, Architectural Invention, Ornament, and Literary Culture* (Cambridge: Cambridge University Press, 1999), pp. 113 – 143.

[128] Cristina Osswald, *Written in Stone, Jesuits Buildings in Goa and Their Artistic and Architectural Features*, p. 71.

[129] Patrick J. Lobo, *Magnificent Monuments of Old Goa* (Panaji, Goa: Rajhauns Vitaran, 2004), p. 67.

古典的柱式将正立面分割成多个几何型的块面,由此突显出教堂的高度。第一层爱奥尼亚式样柱子高 7.3 米(24 英尺),第二层为科林斯式柱子高 5.5 米(18 英尺),第三层和第四层为综合式样柱子,分别为 4 米(18 英尺)和 3.3 米(11 英尺),完全为典型的古典柱式程式。这些古典柱子雕刻精美,它们之间的墙面上有大块菱形的或长方形的板块图形。这些古典图形综合在一起体现了文艺复兴和风格主义时代复兴古典主义的时代精神。这正是塞利奥等艺术家所倡导的建筑实践。[⑬]

从以上六个方面来看,耶稣会艺术综合的特点可以归结为:极力体现特兰托大公会议所倡导的反宗教改革的精神(特别是反对新教的神学思想)以及展示文艺复兴时代回归人文主义的传统——两者的结合则为耶稣会的基督教人文主义精髓。

三、耶稣会艺术的异域风格以及融合力

耶稣会的艺术是由该会贯彻特兰托大公会议决议的神学思想所决定的,正因为如此,该会的传教艺术在全世界各地表现出一些共同的特征。同时,耶稣会的艺术也表现出高度的适应性和灵活性。

耶稣会在文化上对于同时代的文化生活产生了许多影响,但是主要可以分为两个方面:第一,耶稣会是同时代天主教修会中最强调学校教育的团体,他们把教育作为主要的传教目标,他们对于古典教育和学校教育的委身,丰富了欧洲以及世界上其他地方的文化生活,他们将基督教与人文主义世俗文化结合起来,让荷马、维吉尔、西塞罗向着新的时代说话,耶稣会的罗马学院、日耳曼—匈牙利学院和英格兰学院对于文艺复兴时代的精神生活产生了重要影响;第二,耶稣会士们比任何同时代的其他修会的会士们走得更远,他们深深地卷入到从中国到巴拉圭的极为广大地区的不同文明和文化的交融中去,他们对于这些不同地区的文化差异表现出很大的适应性和宽容性。他们自己投入到异域文化中间,同时也将

---

⑬ César Guillén Nuez, *Macao's Church of Saint Paul, A Glimmer of the Baroque in China*, pp. 126 - 127.

异域文化带到了欧洲,这在他们所提倡的视觉艺术中有丰富的表现。

根据巴莱的研究,与其他修会相比,耶稣会的艺术更能够表现出适应传教区本地文化的特征。耶稣会在欧洲的艺术就已经表现出这种倾向,在德意志南部以及法兰德斯地区,耶稣会士借用了新教教堂经常采用的带有墙柱的回廊风格的教堂形式;在北部欧洲某些地方,许多耶稣会教堂采用已经过时但是在当地仍然流行的哥特式风格。至于欧洲以外的文化在早期耶稣会中的表现,莫过于有关沙勿略的艺术作品,体现出了明显的异域风味和情调。早在 1596 年时,由画家托塞里诺(Orazio Torsellino)所创作的一套表现罗耀拉派遣沙勿略去印度传教的《去往印度的使徒》的图画已经呈现出东方风味的背景,但是这套图画并没有公开出版。大约在 1619 年,雷诺索(André Reinoso)为里斯本的圣罗克教堂的圣器室画了一系列关于沙勿略的画作,表现沙勿略从意大利出发到里斯本,再从葡萄牙出发前往印度和远东的事迹。这套油画是以意大利风格绘成的,但是在背景部分和人物的描画方面都体现了异域的情调,尤其在人物的描绘方面更是如此。如在《沙勿略在果阿布道》中,画作的左方和下方全是印度本地的人,他们中有些人穿着印度式样长袍,戴着头巾,有些人则半裸着身子,还有喂奶的印度妇女和穿着各色印度服装的孩子;在《沙勿略在锡兰使当地贵族起死回生》中描绘了沙勿略的传记作者路塞那神父(Joo de Lucena)在《沙勿略传》第 14 章中描绘的神迹,其中有两位穿着华丽的锡兰妇女,她们戴着头巾,上面饰有印度和伊斯兰风格的花纹;在《沙勿略经由鹿儿岛去日本的旅行》中,赤足的沙勿略头戴光环,握着手杖,背着行囊,有一个穿着红色的日本僧侣服装模样的人物骑在马上,很可能就是引导沙勿略进入日本的第一个皈依基督教的日本信徒池端弥次郎,在天上有冉冉升起的耶稣基督,沙勿略的口中吐出"mais, mais(more and more)"的字样,可能是期望更多的日本信徒皈依的意思。[30] 这些作品给欧洲人民带来域外的讯息,由此丰富了欧洲的文化和艺术。沙勿略在给他的欧洲耶稣会士同伴的信中经常描绘南

---

[30] Museu São Roque, *Circles of Painting of Saint Francis Xavier Life and Legend* (Lisbon: Santa Casa Misercórdia de Lisboa, no date), pp. 42,46,62.

亚和东亚的那些"异国的"和"奇异的"风俗和人情。先是在欧洲、后来
在亚洲的耶稣会绘画作品中都出现了描绘沙勿略在印度、日本、印度尼
西亚群岛传教以及在中国广东外海的上川岛上孤独离世的场景。在这
些绘画作品中,有许多以域外风光为背景,还有一些亚洲各地的人物和
服饰(如表示穆斯林身份的缠头巾)以及异域的植物、花卉和动物。⑩

　　至于耶稣会在欧洲以外地区的艺术作品,此种异域特征就更加明
显。巴莱根据文化相互影响的程度,将耶稣会的传教事业分为两类不同
的地区。第一种类型称为"内圈"。在近代早期,这些地区往往是指由
伊比利亚国家直接征服的地方,如中美洲或巴西沿海地区、印度的果阿、
中国的澳门以及菲律宾的马尼拉等都市。在这些地区,殖民者对于当地
人民的剥削与压迫有时相当严重、甚至残酷。殖民者强迫推行欧洲的文
化,压制本地的文化。耶稣会的传教事业受到葡萄牙或西班牙保教权的
庇护。在殖民统治的压力之下,耶稣会在殖民地的传教政策只能偏向以
欧洲为中心而不是倾向于变化和开放,东西方文化的交流总是要通过塞
维利亚以及里斯本的过滤,由此,殖民地的艺术带有强烈的伊比利亚色
彩。在初次征服以后的第一代时间中,外来文化与本地文化之间的对话
空间很小。耶稣会在这些地区的传教事业绝大部分是根据殖民者的需
要来规划的,尽管耶稣会在这些地方也注重培养本地的传教士,特别注
重教授本地的语言。第二种类型可以称为"外圈",这些地区包括战国
时代的日本、明清时代的中国大陆,印度的莫卧尔帝国以及南印度的马
图拉地区、越南、墨西哥的索诺拉河流域、委内瑞拉的奥里诺科河谷、智
利南部或是巴拉圭的瓜拉尼共和国等。这些地区有着非常丰富的非欧
洲的文化的存在,当地的统治者维持着本地的权力,他们邀请耶稣会士
来到当地,耶稣会士是作为客人来到这里的。例如,在日本九州和巴拉
圭,耶稣会士来到葡萄牙人和西班牙人的利益相对弱小的缓冲地带,他
们维持着相对的独立性,与本地具有高度成熟文明的民族或是未开化的
部落建立和保持联系,结果是,耶稣会士能够在这些地区彻底地实现他

---

⑩ Gavin Alexander Bailey, *Between Renaissance and Baroque*, *Jesuit Art in Rome*, *1565 - 1610*,
　p. 114.

们的本地化。在"外圈"地区,非欧洲的艺术家能够发挥他们更大的作
用,在解释来自欧洲的艺术原型的时候,他们能够表现出更大的空间和
更明显的自由。耶稣会在"外圈"的传教区艺术具有最大的活跃性,能
够创造性地综合欧洲的和非欧洲的文化,并直接与欧洲的各个都会的文
化艺术保持接触——特别是意大利的、弗拉芒的和日耳曼的绘画艺术,
并融合进更为强大的本地艺术,这是一种极具融合力的混合体。[33]

　　在16至17世纪耶稣会在世界各地的传教事业中,他们要在文化传
统完全不同的社会中表现自己的艺术,这也意味着他们要面对不同文化
的当地艺术传统。根据巴莱的研究,耶稣会在葡萄牙殖民地的艺术(主
要是建筑艺术)要比别的修会更加注意采纳当地的文化和艺术元素。其
中一个明显的例子就是澳门的天主之母教堂。他这样描绘这座著名的
教堂的正立面:"天主之母教堂有着丰富的石头和雕刻性的装饰物——加
工精细、规模巨大——好像祭坛背后的屏风。这些图像和象征物有圣
灵、基督、圣母、耶稣蒙难的刑具,暗喻诱惑、被罚下地狱以及拯救。在正
立面的上面几层喻示着教会的胜利,底下一层则表现尘世的教会,上面
有耶稣会最早的一批圣徒,它们是由当地的中国和日本艺术家按照西方
和东方最早的混合风格浇铸而成的,与这些人物和其他题材一起的还有
一些中国字——这在耶稣会建筑中是首次出现的,另外还有其他一些中
国特征,如在边角上支撑着方尖碑的如同在中国庙宇中的石狮子,这是
完全以中国的方式雕刻而成的。甚至基督教人物的刻画也显示了文化
融合的特征,他们的身上有典型的中国式斜线刻纹,飘逸的布衣使人想
起中国卷轴画中的人物,还有各种各样的装饰细节,诸如天使衣裙底下
的云朵等,天使的刻画使人想起中国佛教雕刻中的菩萨(甚至与日本绘
画中的某些人物有相似之处;还有一些特征,诸如风格化的对于海浪的
处理,中国式的鲤鱼,还有龙爪的表现,可以在中国陶瓷以及其他装饰艺
术中清楚地找到这些痕迹。"[34]澳门的天主之母教堂被英国历史学家博

[33]　Gauvin Alexander Bailey, *Art on the Jesuit Missions in Asia and Latin America*, 1542 – 1773,
　　pp. 14 – 15.
[34]　Ibid., p. 86.

克塞(C. R. Boxer)称之为东西方艺术和技艺结合的综合体,在耶稣会士的监督之下,中国和日本的艺术家贡献了他们的技艺,教堂的正立面体现了东西方艺术主题的奇妙融合。⑱ 在教堂正立面第三、四层左右两端有着具有中国民族传统的石狮子地漏的雕刻,这几个石狮子造型别致,姿态生动,雕刻者们显然受到中国民间石刻以及舞狮的启发。事实上,在中国人的私邸、官宅以及庙宇两旁安放石狮的意念,在教堂正立面的雕刻上也得到了体现。⑭ 寇塞罗认为:"圣保禄大教堂的正立面的全部结构,显示了一种对于东西方格调兼收并蓄和修辞学上的互动关系。"⑮

巴莱认为,以耶稣会艺术为主体的晚期文艺复兴以及巴洛克时代的宗教艺术可以被称为最初的具有全球性特征的艺术,它具有简明扼要、清晰可辨、现实生动、充满感情和同情以及戏剧性的特征,并在最大的范围内与本地的和异国的艺术传统联系起来——无论在欧洲还是在欧洲以外地区都是如此——耶稣会艺术作为罗马教会的一种视觉艺术,它在外观上具有极强的整体性和统一性。这种建筑使人非常容易理解和适应,因此,它们可以在建筑结构、装饰细节等要素上清晰地加以分类,可以根据文艺复兴和巴洛克时代的建筑手稿重新复制,并由于其多样性而变得丰富多彩。然而,人们认为耶稣会的艺术和建筑多限于欧洲的一些城市,由此产生的印象完全是西方文化的现象。此种观念离真实甚远,并忽略了耶稣会士在亚洲和拉丁美洲边远地区丰富的艺术传承,正是在这些地方,西方的艺术风格与丰富多样的本地艺术传统融为一体,创造出混合多元、但仍然与欧洲文化相联系的艺术。巴莱指出:

> 从巴拉圭到菲律宾的丛林,从委内瑞拉到印度的大河,从亚马

---

⑱ C. R. Boxer, *The Portuguese Seaborne Empire*, *1415－1825* (London: Hutchinson, & Co., 1969), p.353.

⑭ 文德泉:《澳门的日本人》,载于《文化杂志》第 17 期,第 72－74 页。

⑮ 寇塞罗(Gonalo Couceiro)著有《澳门升天圣母教堂及其耶稣会在中国的艺术——适应当地条件的艺术》,为巴黎高等研究实践学院第四分院(历史语言分院)的博士答辩论文。他还著有《澳门天主之母(或圣保禄)会院教堂》,载于《文化杂志》第 30 期,1997 年,第 15－23 页。

逊河流域到澳门的岛屿，晚期文艺复兴河巴洛克的艺术被世界各个角落的人民所采纳、改变并得到丰富。今天，仅南印度果阿的人民就以当地奢华的以维诺拉和塞利奥的灵感建造的教堂而自豪——这里的许多教堂与意大利同时期的许多教堂规模相同，并同样地辉煌壮丽。在巴西内陆的教堂中则有着与贝尼尼同时代不知名的艺术家制作的雕塑，在日本的隐秘的基督徒家庭中则保存着17世纪具有本地色彩的基督教艺术绘画，它们是按照文艺复兴时代的绘画规则创作的。天主教宗教艺术的世界性传播，可以被称为近代历史以前最为成功的广告宣传战，耶稣会士们以超常的精力、奉献精神以及学识，将这种宗教艺术带到了世界上最边远的地方。[138]

四、结　语

在整个16世纪直至18世纪初，在世界范围的天主教传教事业中发挥着重要作用的耶稣会士，在其本会的传教事业中最大程度地利用了视觉艺术作为他们向不同人群说教的工具，今天，他们在欧洲以及世界各地留下的这些文化和艺术遗迹已经成为地理大发现时代以后全球化艺术遗产的一部分。耶稣会的艺术当然以欧洲的文化形式为主体出现在世界的舞台上，但也融汇了各地区丰富的文化内涵。耶稣会士融合了那个时代不同职业的人士。他们中有科学家、医生、植物学家、音乐家、雕塑家、画家和建筑师，所有这些人士都将自己的才华和精力奉献给本会在宗教和灵性上的需要。无疑地，在他们展示的技艺中，最具有视觉效果的就是艺术。通过古典的修辞学途径，耶稣会士获得了优秀的人文主义修养，他们将艺术视为获得宗教经验的视觉手段。通过在奥古斯丁、大马士革的约翰以及阿尔伯特的《论绘画》[139]等著作中折射出来的古典

[138] Gauvin Alexander Bailey, *Art on the Jesuit Missions in Asia and Latin America*, *1542 – 1773*, p. 4.

[139] John T. Paoletti & Gary M. Radke, *Art in Renaissance Italy* (London: Laurence King Publishing Ltd. , 2011), p. 41.

时代的西塞罗、昆体良(Marcus Fabius Quintilianus)等人的修辞学理论中关于艺术的观点,耶稣会士认识到,与布道一样,艺术具有"使人愉悦、接受教育、令人感动"的功能;通过艺术特有的虚拟中的现实主义、表现力以及令人感动的能力(大马士革的约翰称之为"具有无意识教训或寓意倾向的神秘解释"),传教士可以用艺术手段使非基督徒感动或者放弃异教信仰而皈依基督教,激发新教徒回归天主教的羊圈,教育老基督徒和新入教者以一种更为虔敬的方式去过他们的宗教生活;耶稣会士强调圣像画对于默想和灵修的潜在辅佐作用,这种思想来源于罗耀拉的《神操》,因为《神操》要求追随耶稣默想的人应当将自已置身于如绘画一般的场景中展开智力的想象,此种精神上的训练对于每个耶稣会士自身以及整个团体都是极其重要的;像早期教会的基督徒一样,耶稣会士不仅要面对异教徒,还要面对教会中的圣像破坏者,他们认识到圣像在超越语言障碍中无可比拟的作用,因此,耶稣会在欧洲、特别是在海外的传教事业中,艺术被视为至关重要的工具;最后,耶稣会士认为,圣像在帮助记忆方面也有重要的作用,教会团体中的那些新入教者在刚刚开始学习基本教义时对于基督教还很陌生,图画可以巩固他们心中的宗教观念和对于事件的理解,圣像也可以用来教育成年人和孩子们,让他们找回自己的记忆。

耶稣会的艺术还要向许多该会以外以及教会以外的人士说话,从其他修会的神职人员、王室贵族、青年学生、一般平民、最底层的贫穷的劳工到寡妇和妓女,他们到达美洲、非洲和亚洲各地以后还接触到当地不同社会阶层的不同人士。所以,耶稣会艺术的受众包括由不同民族、文化和社会群体组成的最为广泛的社会群体。耶稣会士高度意识到这些差异性。耶稣会士在欧洲的国际性的文化都市如罗马、里斯本、维也纳以及欧洲其他各地和该会在亚洲、非洲和美洲的经验,都给了他们在圣像学上一种独特的理解,他们将自己的理解带到所有人群中去,其结果是,耶稣会是文艺复兴时期意大利甚至是那个时代大主教世界第一个谋求将艺术作为接近全球受众的方法的罗马天主教修会。

耶稣会对于艺术的态度是多种多样的,也是灵活变通的。早期的耶稣会士来自不同的文化背景,他们在艺术上从未有过一致的审美观,也并不单独行动。耶稣会士总是与艺术家直接地、密切地合作工作，相互磋商，规划新的适合他们传教目标的艺术风格，逐个地处理和解决他们的艺术作品和建筑工程。专门研究耶稣会艺术的权威巴莱教授通过大量的对比研究后指出："我从未发现任何一份耶稣会士与艺术家订立的合同中有告诉艺术家如何去作画的，或者应该避免什么。耶稣会的艺术不是一种在风格上受到限制的产物，而是在普通人中间培养出来的、并得到鼓励的艺术家自身对于宗教艺术的解释。"[44]尽管在欧洲有许多学者讨论所谓的"耶稣会风格"，实际上耶稣会传教区中的欧洲因素远非同质的。由于传教士本身情况不同，他们带到传教区的欧洲艺术也是多种多样的，他们展示的外来作品中有来自弗拉芒、日耳曼、意大利和拜占庭的圣像；在建造教堂时，他们有时模仿早期教会时代的巴西利卡，有时根据文艺复兴盛期的设计图纸，并参考了许多当地的文化因素；他们的艺术作品包括了从简单质朴到夸耀胜利以及宏伟奢华等所有风格。耶稣会士随手可以融入各种不同的传统，他们比任何其他修会更能够渗入到非基督教世界中去，并开创一种融会贯通的风格。在近代工业化以前的时代里，没有任何一个团体能够像耶稣会那样对于世界的艺术产生如此广泛的影响。正是在这个动态的过程中，耶稣会士发挥艺术作品的最大功能去寻找他们所声称的"团结与和解的意义"。

---

[44] Gauvin Alexander Bailey, "Introduction, A Time without Art?" in *Between Renaissance and Baroque, Jesuit Art in Rome, 1565 – 1610*, p. 16.

（1）罗马耶稣会总堂——耶稣堂的正立面,为典型的巴洛克风格,表现耶稣会战斗的、凯旋的姿态,对于后来耶稣会在全世界的教堂建筑产生了深远的影响。

（2）罗耀拉的面具，为1556年7月31日罗耀拉去世以后耶稣会士立即为他做的，非常接近逼真的形态，保存在罗耀拉生前居住过的房间。

（3）原供奉于罗马耶稣堂主祭坛上的由莫兹阿诺（Girolamo Muziano）创作的《主受割礼图》的油画，作于1587－1589年间，现保存在耶稣堂的回廊里。

（4）罗耀拉在房间中用于默想的拜占庭风格的圣母圣像，保存在罗耀拉生前住过的房间。

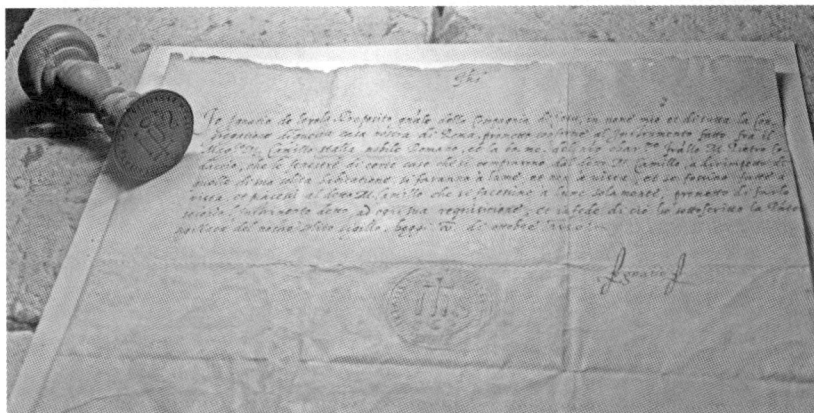

（5）耶稣会的官方印章，上有 HIS 字样以及新月图形，后者可能寓意圣母。

（6）沙勿略的手骨，保存在罗马耶稣堂的沙勿略小教堂，为耶稣会圣物崇拜的象征。

（7）印度果阿耶稣会好耶稣教堂，为 16 世纪耶稣会在南亚最重要、最壮丽的教堂建筑物。

（8）印度耶稣会好耶稣教堂正立面的细部,上面雕刻有鱼形的 HIS,鱼是早期基督徒使用的记号。

（9）16 世纪下半叶建立的果阿拉肖（Rachol Seminary）耶稣会神学院教堂。

（10）拉肖依纳爵小教堂的木质天使雕刻,具有印度风味。

（11）澳门"天主之母"教堂("大三巴")上小耶稣的青铜雕像,旁边的雕刻为耶稣蒙难的刑具,寓意耶稣战胜死亡。

(12)澳门"天主之母"教堂正立面上的天使雕像,其衣褶飘逸,具有东方风味。

(13)澳门"天主之母"教堂正立面上的古典柱式。

(14)澳门"天主之母"教堂正立面上的古典柱式。

詹森派与"中国礼仪之争"

黄　佳

【内容提要】　"中国礼仪之争"是明清中西文化交流史上的重大事件。詹森派对耶稣会的攻击在中国礼仪之争的性质转变过程中起到了一个关键性的推动作用,进而影响了明清之际中西文化交流的走向。本文尝试从耶稣会和詹森派不同的恩典论出发探讨其对中国礼仪以及耶稣会传教策略的不同解读。一方面挖掘双方有关中国礼仪争论的深层次原因,另一方面也是将中国礼仪之争置于中世纪末期天主教改革的时代背景中,探讨 17、18 世纪欧洲的思想变迁对中国礼仪之争的影响,以便对明清中西文化交流的时代背景有更清晰的把握。

【关键词】　"中国礼仪之争"　耶稣会　詹森派　恩典论

中国礼仪之争是明清中西文化交流史上的重大事件。狭义的中国礼仪之争历时百年,而广义的中国礼仪之争直到 1939 年才得以结束,那一年罗马天主教宣布废除以往对中国礼仪的禁令,允许中国天主教徒进行祭祖祭孔仪式。近代天主教纯粹文化意义上的入华遭致失败可以说是耶稣会内部、各修会之间以及天主教会内外三个层次因素共同作用的结果。学界对中国礼仪之争的讨论大都围绕耶稣会内部、入华修会之间展开。然而,詹森派对耶稣会传教策略的攻击促使中国礼仪之争冲破"修会之间——教会外"这道界限,在中国礼仪之争的性质转变过程中起到了一个关键性的推动作用。缺失了对这一领域探讨的中国礼仪之争研究是不完整的。詹森派①针对耶稣会在中国、日本、印度的传教策略发表了一系列攻击性的小册子，其中以《外省人信札》为代表，使得罗马教廷处于社会舆论的重压之下，不得不对中国礼仪之争做出决断，挽回天主教会的声誉。就詹森派与耶稣会关于"利玛窦规矩"的争论，有学者指出"争论的实质……是传教的两种方式……"，"也就是教会内两种自由争辩的神学观念的对立"。② 詹森派与耶稣会最根本的神学分歧在于恩典论，分别以詹森和莫林那（Luis de Molina）为代表。本文试图通过对莫林那主义和詹森派恩典论的梳理，发现双方在神学观念与传教方式上的分歧，最终落实到对利玛窦规矩的解读，从而贯通神学观念与传教实践，为全面观照中国礼仪之争提供一个多维的视角。

　　"恩典与自由意志"是一直困扰着教会的神学问题。到宗教改革时代，神学家们所持的观点大致可划分为三类。首先是以宗教改革家和白（Baius）为代表的神学家，他们站在经院哲学的对立面，强调上帝的恩典。其次是多明我会的神学家，他们依附于传统，攻击新兴的神学思想。除却这两大派别之外，新兴的耶稣会神学家所代表的居中立场是颇为引人注目的第三类神学思想。

一、耶稣会的恩典论：以莫林那主义为代表

　　耶稣会神学家一方面深受文艺复兴思想的熏陶，另一方面又是致力于反宗教改革的急先锋，其恩典论最明显的特征即认为恩典和自由意志是可调和的，两者不可偏废，其中最为典型的代表即莫林那和他的"中间知识"（middle knowledge）思想。特伦托大公会议强调了教会在恩典与自由意志关系问题上的立场，即上帝的恩典引起和劝说人的意志，但前

① 詹森派是 17、18 世纪法国天主教会内部的一场旨在净化教会的运动，它以巴黎附近的波罗亚尔（Port-Royal）女隐修院为中心，以《论奥古斯丁》一书为其经典文本，是一场以《论奥古斯丁》一书的作者詹森（Cornelius Jansen）命名的天主教会内部的改革运动。
② 安希孟：《对礼仪之争的文化反思》，载于《维真学刊》，维真学院中国研究部，2006 年。

者可被人类意志接受或拒绝。③ 因此在莫林那之前已有不少神学家尝试通过将预定建立在预知的基础之上来调和恩典和自由意志,例如狄列多(Driedo)、塔珀(Tapper)、梯宜特(Tilet)等。莫林那所作的工作是在前人已取得的理论基础上建构一个更为注重细节和条理分明的有关"中间知识"的论述,以期更好地调和神圣的恩典和人的自由。但他的理论在神学界所引起的反响及对教条史产生的深远影响却是前人望尘莫及的。④ 莫林那的恩典论集中体现在《调和》一书中。莫林那起意乃在于对阿奎那《神学大全》第一部分作评注,但成书后却对于阿奎那著作的理解几乎没有任何助益。那不是阿奎那甚或经院哲学意义上的一部书⑤,而是莫林那乃至耶稣会色彩浓厚的一部著作。

莫林那开篇就确定了这样一个基调:人的自由和恩典之间是共存的关系,天意和自由是理解中间知识的两个基础性概念。关于天意问题,莫林那与其所属时代的神学家共享同一个概念,但在人的自由问题上,莫林那则有其独到的见解。

莫林那认为人性有四种状态,即纯粹本性状态、原初本性状态、堕落本性状态和堕落后被补赎之本性状态。处于堕落状态中的人类在普遍合作(general concurrence)下,能够履行一种道德上为善的行为,也能够对信仰的瞬间(articles of faith)表达其出于本性的赞同。堕落后的人类之所以能够如此,莫林那提出了其独特的解释。与奥古斯丁不同,莫林那认为堕落的人类具备理性和意志,其本性未遭受本质上的败坏,堕落状态未将履行道德上为善的行为的能力置于人类所及范围之外。正因为莫林那赋予奥古斯丁笔下无知、无能的人以一点虚拟的独立行善的可能性空间,由此推导出来的人类自由与上帝恩典之间的天平倾斜度便发生了可观的变化。至此,莫林那已明确表述了其独树一帜的理论出发点,即人在堕落状态中能够行善,同时,他也表明,人在堕落状态下履行

③ William Lane Craig, *The Problem of Divine Foreknowledge and Future Contingents From Aristotle to Suarez* (Leiden : Brill Academic Publishers, 1997), p.169.

④ Nigel Abercrombie, *The Origins of Jansenism* (Oxford: Oxford Press, 1936), p.93.

⑤ Ibid.

道德上为善的行为,恩典总是必须的。接下来需要探讨的就是人在行善过程中能够发挥的能力及所享有的自由程度有多大。

在莫林那看来,在人接受信仰的过程中,三个步骤或要素是必不可少的,即在先的或激发的恩典,即实效恩典;意志对理智的命令;内心赞同的实际给出。堕落的人只有在具备实效恩典的情况下,才能够履行接受信仰的行为。

中世纪的亚里士多德主义者开始主张被造物也享有真正的因力(casual power),因此上帝退而成为果效的普遍原因而发挥作用。在这种情况下,果效的特殊性应该追溯到果效的特殊因——第二因的性质和因果贡献。⑥ 因此,在自然秩序当中,第一因总是适应第二因的特性和特定的需求而发挥作用。在先的恩典总是根据信仰者的热情和虔诚而给予的。由此,莫林那确立了这样一个原则:在先的恩典总是给予那些处于按照自身本性能力而行存在于他本性之内的那些事的人。至于人与恩典的协作关系是各不相同的,而恩典则是更为根本的原因。

人出于本性,在普遍合作的帮助下,是能够履行一个悔改行为的。但仅仅只能够偶发性地履行善行,却无法长时间地避免致死的罪。实效恩典对于这种长时段的悔改来说是必不可少的。结合上文所述可知,如果我们意愿,上帝总是会给予恩典,而行为的根据就落到人的力量上来。我们也已知,堕落状态下人的力量是很有限的,能够在某些情境下行善的能力并不足以使人过上一种善的生活。即使是处于恩典之中的人,也是无法完全避免所有的罪。只有得到一系列的实效恩典,以应对人们面对的每一个困难处境,人才能避免所有致死的罪。因此,个人自由和恩典对于过上一种善的生活来说是缺一不可的。上帝以三种方式辅助人的努力:成圣的恩典和德行的注入、合作以及实效恩典。而涉及上帝活动和我们的自由之关系调和问题则为后两者。

所谓"合作",莫林那特指上帝向第二因果效的一种存在的注入。⑦

---

⑥ William Lane Craig, *The Problem of Divine Foreknowledge and Future Contingents From Aristotle to Suarez*, p. 7.

⑦ Nigel Abercrombie, *The Origins of Jansenism*, p. 101.

此一注入与第二因的注入组成了一个产生果效的完整的原因,因此第一因和第二因的注入是相互依存、不可或缺的。合作的必要性在于被造物在存在领域的形而上的无能。正如定义中所指出的,合作是直接指向结果,而非第二因的。莫林那坚持认为合作最重要的特性在于它直接进入结果,而非第二因,第二因并未因为第一因的注入而受到影响。

所谓"实效恩典",这一名词包括除惯常恩典和神圣合作之外所有来自于上帝的、以任何方式协助我们践行他的意志的每一种恩典。⑧ 在实效恩典这一问题上,阿奎那并未对奥古斯丁的观点加以改动,但这并不能阻止中世纪的神学家们将大量精力投入对实效恩典的讨论中来。由此就产生了有效(efficacious)和充分(sufficient),启发(excitans)和后至(adjuvans)之间的区别。⑨ 除此之外,还有合作、在先等等的区分,名目繁多。莫林那认为众多的恩典代表的只是同一恩典的不同特性。如前所述,莫林那的论证方式是以人的自由概念为出发点的。因此,他认为,有效恩典和充分恩典并非本质上不同,而只是果效上的不同,因为他们被人接受的方式不同,即人类意志自由的合作方式导致有效恩典和充分恩典之间的差异。

由前述可知,有效恩典与充分恩典之间的差别不是本质上的,而是果效上的,差异的根源在于人们对恩典的不同接受方式。基于上帝是全知的这一事实,既然上帝对人的行为全然知晓,人又是完全自由地接受或拒绝恩典,那如何能够在保证人的自由意志的同时又不与上帝的全知发生冲突?首先要解决的就是上帝对偶然的,尤其是将来的、未预定的事件具有怎样的知识这一问题。

托马斯·阿奎那认为,将来的事件在永恒中向上帝呈现,故上帝具有关于将来事件的知识。在莫林那看来,阿奎那的观点并不能确立,神圣知识的确定性也无助于调和事物的偶然性和神圣知识。为此他提出

---

⑧ Ibid. , p.103.

⑨ 有效恩典和充分恩典的区别在于前者通过第二因得以实现,后者则未能够得以实现。启发恩典和后至恩典的区别在于前者起激发我们去从事某件事的作用,后者则在我们践行某些事工的过程中起协助作用。

了自己的看法:

> 不仅仅是因为事物在它们的原因之外在永恒中存在,上帝才确
> 定地拥有将来偶然事件的知识;相反(以我们的方式来理解,但有一
> 个现实的基础),在他未创造任何事物之前,他(上帝)在自身当中
> 理解——由于他知识的深度——所有事物,即作为借助它的全能的
> 所有可能的第二因的结果,总是偶然地或仅仅是自由地存在(come
> to be),确立这些或那些事物的次序;而且通过这一事实,即通过他
> 的自由意志,他在存在中确立了那一他事实上确立的事物和原因的
> 次序,他在自身当中和他的那一命令当中理解了所有事实上自由地
> 或偶然地将要或不将要作为第二因的一个结果存在的事物。而且
> 他不仅先于任何事物在时间中的存在,甚至先于(以我们的方式来
> 理解,但有一现实的基础)任何被造物在永恒绵延中的存在而理解
> 了这一点。⑩

由此我们不难发现,莫林那的上帝的中间知识概念有着复杂的组成
部分,即先于上帝决定的"自然知识"(natural knowledge);在上帝决定之
后的"自由知识"(free knowledge);以及处于前两种知识之间的"中间
知识"。

根据阿奎那的说法,自然知识和自由知识之间是上帝的神圣意志,
阿奎那称之为"确定的知识"(scientia approbationis)。对此,莫林那认为
上帝创造一个世界的意愿行为本身不是一种知识。他认为除却自然知
识和自由知识,的确存在第三种类型的知识,即"中间知识",它包含上
帝在任何神圣意志的决定之前关于有限的意志在任何假定的情况设定
之下会做出哪一个决定。莫林那如是说:

> 第三种是中间知识,通过它,借助于对每一个自由意志的最深

---

⑩ William Lane Craig, *The Problem of Divine Foreknowledge and Future Contingents From Aristotle to Suarez*, pp. 115 – 116.

奥及难解的理解,他在他自身的本质中看到,如果它被置于这个或那个或无限多个事物的秩序中,每一个这样的意志会以其固有的自由做什么,即使他如此意愿,他真的会能够相反地行事……⑪

中间知识似乎与自然知识和自由知识存在某些重合之处,其实不然,中间知识具有一些自然知识或自由知识所不具备的特性,这些特性既是莫林那提出中间知识概念的必要性基础,更重要的是借助于中间知识概念,将人的自由意志问题列入考虑,从而为调和上帝恩典和人的自由意志提供一种可能性的铺垫。

首先,中间知识是先于上帝意志的自由运作,是自由知识的先决条件。

其次,中间知识的内容是独立于神圣意志而处于上帝的全能范围之外的。也即是说,中间知识的内容不因神圣意志而发生改变。因此,中间知识的内容依赖于被造物会怎么做,上帝不能决定他能通过中间知识知道些什么。

借助中间知识,上帝知道每一个可能的被造物在任一可能的情境下将如何行事,通过上帝的自由意志确立一个包含特定情境的世界秩序,上帝便知世界上事实上会发生什么。莫林那是如此描述的:

> 在神圣意志的任何活动或自由决定之前,所有偶然的事件状况自然地呈现给上帝,他不仅是作为可能的,而且是作为将来的显现给上帝——并非完全的将来,而是处于这一条件和假设下的将来,即上帝会决定创造此一或彼一事物和原因的秩序以及这些或那些情境。然而,一旦神圣意志的决定加诸其上……上帝确实地知道仅仅并完全作为将来的所有的偶然事件状况,而且现在没有任何假设或条件。⑫

---

⑪ Luis De Molina, trans. Alfred J. Freddoso, *On divine foreknowledge*: *part IV of the Concordia* (New York: Cornell University Press, 1988), p.168.

⑫ Ibid., pp.139 – 140.

　　通过中间知识,上帝能够构建一个可能世界,它处于他实现它的能力之内,且与他的意志和谐一致。由于将被造物的自由决定考虑进来,上帝决定实现一个特定世界的意志并不会妨碍那个被造世界之中被造物的自由,尽管他确定地知道他们将如何行事。由此,莫林那通过提出"中间知识"概念,独辟蹊径地论述上帝何以能够知道将来的偶然性事件。这一不落窠臼的体系亦将不可避免地陷入神学争论的浪潮之中。

　　莫林那提出中间知识概念的出发点和落脚点是调和神圣权威和人的自由意志。调和是莫林那,也是耶稣会正统神学最明显的特点,亦即在恩典和自由意志间保持一种中道。这和耶稣会成立的背景是分不开的。首先,耶稣会成立的初衷是"愈显主荣",即宣扬上帝的恩典。作为天主教改革运动的一份子,耶稣会仍坚守这一块基督教之核心魅力所在的阵地。同时,耶稣会是作为天主教会内部的一份子而存在,其成立有赖于教皇,其存续有赖于整个天主教会的生命力。因此,他必须维护天主教会作为"神—人"中介这一独一无二的角色,这也是天主教会区别于新教的一个重要特征。

　　莫林那主义的恩典与自由意志观是耶稣会因应天主教会改革时代之特定背景的产物。以此恩典与自由意志观为理论根基,耶稣会之运用人文主义、耶稣会之灵活传教手段都得到合理化证明的支撑。同理,作为耶稣会神学观念的异见者、耶稣会传教实践的批判者,詹森派在恩典与自由意志问题天平上的位置与其对利玛窦规矩的解读是一脉相承的。

二、詹森派的恩典论:以《论奥古斯丁》为中心

　　在拯救问题上,詹森派恩典论强调上帝恩典的作用,是一种悲观的世界观。虽然经历了从詹森到大阿尔诺再到尼科尔、巴斯戈的发展,詹森派的"恩典与自由意志观"其核心价值取向得以保存,这也是贯穿17至18世纪的詹森派的精神价值所在。正是以这些基本命题为凝聚核心,相对松散的詹森派成员才能够汇聚成相对集中的一股力量,回应耶稣会的挑战。詹森派所坚持的最根本的纲领即集中体现于詹森的《论奥古斯丁》。

詹森的恩典论是建基于对佩拉纠主义的批判之上的。根据佩拉纠主义⑬,伊甸园中的人类始祖处于从上帝那里"解放"出来的状态,他拥有"漠不关心的自由"(liberty of indifference),拥有行善或作恶的完全的能力。人类始祖犯下原罪之后,受到影响的只有他们自己。这和天主教,亦即奥古斯丁的原罪说是不同的。佩拉纠主义论证说原罪不可能影响到全人类,因为心灵不受制于身体,肉体的生育过程影响不了人的心灵。佩拉纠主义坚持认为无知是一种自然状态,因此孩童的无知是善的,而且在成年人那里,无知也是没有过错的。身体的死亡在佩拉纠主义者看来同样是自然的。在原罪问题上,佩拉纠主义强调不包含自由观念的任何有关原罪的定义都是不恰当的,因此他们不愿承认恩典对正义的生活来说是完全必要的。佩拉纠主义认为原罪的原因在于坏习惯的影响,并不承认有任何内在的道德上的缺陷存在。在善行问题上,佩拉纠主义认为善行的原因在于根植于人类意志与理智的"道德种子"(seeds of virtual)。凭借其自身的力量,人类就可以了解爱并服务于上帝。人类能够遵守所有的基本德行,并达致幸福(beatitude)。人类能悔改过去的罪,并应得到宽恕。人类能够克服所有的引诱和坏习惯。总之,人类能够轻而易举地避免所有的罪。

在詹森那里,佩拉纠主义被划分为五个不同的阶段或形式,即"五阶段说"。其中,第四阶段的佩拉纠主义将恩典纳入其思想体系。但詹森发现,奥古斯丁将恩典分为"对于行动来说必要的恩典"和"对于行动来说充分的恩典"两种。前者要产生果效依赖于人类的同意,而后者要产生果效则无需人类的同意。后一种恩典是佩拉纠主义一直拒绝承认的。承认这种恩典有损人类的自由,这和佩拉纠的自由观无法调和。进入第五阶段,佩拉纠主义承认内在恩典对于达到人类完美的必要性,但它仍然属于异端。原因在于佩拉纠主义深信恩典是建基于接受者功过之上的。

至于半佩拉纠主义,詹森认为其之所以被称为半佩拉纠主义,是因

---

⑬ 关于佩拉纠主义之争,参见周伟驰:《奥古斯丁的基督教思想》,北京:中国社会科学出版社,2005年,第128—160页。

为它保有佩拉纠主义最核心和最根本的错误。半佩拉纠主义相信出于本性的活动可以赢得恩典。半佩拉纠主义认为恩典"不仅允许,而且希望自身在各种意义上因人类而发生转向;因此人类能够控制或不控制,运用或不运用这种恩典;因此他可以服从,或视若无物"。⑭ 詹森认为这样一种恩典观中的恩典不是真正意义上的恩典,因为它是随人本性的良善意志而来的。不难发现,詹森对半佩拉纠主义理论体系的分析,明显将矛头指向耶稣会。⑮

詹森尤其强调奥古斯丁在教会恩典问题上的权威地位。通过对佩拉纠主义的剖析,他认为探讨恩典问题过程中所遇到的困难都源自哲学。⑯ 神学在基本原理、结论和研究方法等方面都不同于哲学。神学研究最安全和最确切的方法是将神学家局限于教会文件、公会议规定和早期教父著作所划定的范围之内。试图超越这一限定将招致犯错的危险。詹森即是以此方法论为基础展开对奥古斯丁神学思想的讨论的。

詹森开宗明义地指出,奥古斯丁认为处于无罪本性状态中的原人享有完全的人类理智,堕落之前无罪的人类不存在任何欲望,无论是身体上的还是心灵上的。这时的人将不会死去,不会遭受任何痛苦或不适。无罪的人在德性和精神上都是完全的,只要正确行使他的自由意志,他就能践行所有德行。但这并不意味着他可以在没有"恩典"的情况下处于正义,而践行一个单独的善行。因为善行的性质决定了在缺乏恩典的情况下,被造物无法单独达致善行。虽然奥古斯丁本人认为恩典的必要性是建基于人之有限性之上的,詹森则完全抛弃了这一原则。这一看似细微的差异正是詹森曲解奥古斯丁恩典论的根源所在。⑰

在原罪传递问题上,詹森基本上沿袭了 16 世纪宗教改革家和白(Baius)的观点。有关堕落和原罪的后果,詹森认为有无知和欲望两种。

---

⑭ 转引自 Nigel Abercrombie, *The Origins of Jansenism*, p. 132.

⑮ Ibid.

⑯ 有学者认为,不仅奥古斯丁在讨论恩典问题时运用了哲学的方法,詹森在号称忠实描绘奥古斯丁恩典论的过程中同样也运用了经院哲学和新经院哲学的辩证法,这可能就是詹森思想偏离教会正统的原因所在。

⑰ Nigel Abercrombie, *The Origins of Jansenism*, p. 137.

而堕落状态中的人的自由意志,虽然仍有选择的自由,但不再是无罪状态中可在善恶间选择的那种自由。意志与理智之间的互动保证了堕落人类的自由。在这里,詹森同白一样,不自知地将经院哲学的概念掺杂进奥古斯丁的思想。他认为堕落中的人完全不可能行善。善行在他们的定义中是指符合律法的行为。而律法在奥古斯丁那里只能徒增欲望。堕落的人依靠"本性"和"律法"是无法行善的。为了避免罪,詹森认为奥古斯丁的观点是,恩典是必须的。"基督的恩典从来不因善行的践行而被赋予信仰者",而"不因信而出的行为只能是罪","恩典由信仰基督而来",由此不难得出不信者只能为恶的绝对论断。

詹森认为纯粹本性状态⑱的存在是和奥古斯丁完全相违背的,并以纯粹本性状态(State of pure nature)自身内部存在诸多自相矛盾之处来证明纯粹本性的不可能性。在此基础上,詹森指出为了践行道德上为善的行为,处于堕落状态中的人的意志,必须要从罪的奴役状态中解放出来。与前述詹森的堕落前预定论的乐观态度相对照,在这里詹森表现出的是一种堕落后预定论的悲观态度。詹森认为堕落后的人性是一种衰弱的状态,而且这种状态是无法依靠理性援助来扭转的,相反只能徒增人类的痛苦。因此,耶稣会的恩典论在詹森看来完全是佩拉纠主义。因为佩拉纠主义的关键就在于强调恩典是"有助益的"。奥古斯丁将恩典划分为"必要恩典"和"充分恩典"。而耶稣会神学家所谓的名目繁多的恩典,无一能与"充分恩典"相对应,充其量是"必要恩典",而非真正的基督的恩典,其效用无需仰赖人类意志的选择。被耶稣会神学家们忽略的"充分恩典"在詹森看来对于堕落状态中的人类的每一个有德性的行为来说都是必要的。它所导致的行为是不会失效的。如果这一恩典被赋予,它所导向的善行将必然会发生。反之,如果没有恩典,则不会有善行。这不是说否定"律法和教规"的作用,而是指这些耶稣会士或半佩拉纠主义所谓的恩典在奥古斯丁那里并不被称之为"恩典"。因为奥古斯丁的单一的恩典是他整个体系的根基所在,他从未谈论"有效恩典"

---

⑱　纯粹本性状态是这样一种状态,它与堕落本性状态的区别就相当于一个赤身裸体的人与一个被剥光衣物的人。

之外的任何其他恩典。在詹森那里,"有效恩典"带有决定论的色彩。
他说这种恩典将被赋予这种恩典的人类意志带入受它支配的地位当中。
至于想要在自然秩序中行使一个道德上为善的行为的意志,从意志应被
视为这些善行之源头的意义上来讲,它并非完全是人类的意志。至于耶
稣会士的充分恩典,詹森认为这无助于堕落的人类,而只会妨碍他们的
被拯救。"充分恩典"的概念主张人类本性的完整性,却破坏了原罪的
概念。詹森和新经院哲学在充分恩典问题上的争议集中在两方面。一
方面,詹森认为真正的充分恩典是赋予处于无罪状态中的原人的,而非
赋予处于堕落状态中的人。而新经院哲学则否认有任何恩典被赋予原
人,上帝创造的亚当处于纯粹本性状态中,堕落的人的恩典的丧失使之
处于上帝必须补赎的情况之中,须给予恩典以带来人的拯救。另一方
面,詹森认为恩典是赋予新创造的人的。没有恩典的本性就是对上帝的
背离,是一种没有目的、理性或正义的生活。总之,堕落的人性只有对现
实的妄想。在新经院哲学的体系中,因为上帝出于其自由的创造选择将
人提升至超自然的层面,他必须被设想为希望人类达致超越人的自然能
力的一个结局。因此,给人类的恩典依赖于上帝不变的意志,而非被造
物的要求。被造物情境的改变会导致恩典被接受和运作方式的改变,而
不会影响到恩典的来源和赋予。⑲ 詹森说恩典就像一种天堂般无法言
说的甜蜜,或是一种精神上的愉悦。堕落的人类意志受世俗的善的吸
引,滑向罪的深渊。这种罪的吸引力只能由相反但类似的吸引抵消。因
此,恩典要将意志解放出来服务于上帝,必须采取令人愉悦的形式。在
詹森的思想体系中,来自上帝的吸引力引导意志行善,这一吸引力行事
的方式正如被造物吸引人类意志的方式一般。

　　至于恩典与自由意志的调和问题,奥古斯丁认为自由即"以我们自
己的力量",我们能够做到任何我们想要做的事情。所谓一个意志的活
动必须由一种特定的"知识"和"欲望"而来。但詹森认为,理性因素在
一个意志活动形成过程中几乎可以忽略不计,因为它只起到引发欲望的
作用。奥古斯丁认为意志的自由活动是与人的最终结局相关联的,因为

⑲ 转引自 Nigel Abercrombie, *The Origins of Jansenism*, p. 148。

在这个活动中意志是完全和其本性需求相契合的。"罪的奴役"是詹森认为影响意志活动的最大因素。这种奴役不仅包括个人的罪,也包括欲望的后果。要逃离这种奴役状态,只能通过恩典的运作。没有恩典,就没有真正的自由。

最后,詹森进入到对预定的讨论。预定既包括预定永生,也包括预定永死,而且包括所有方式的选择,以及结局的确定。预定的命令来自神圣的意志,同时也包括上帝对被造物在借着恩典所行善事的预知。在预定命令颁布的同时,人类通过接受恩典能够取得的功过也预见到了。由此便取消了人类功过是预定的部分原因的说法。因此任何试图证明人之能力所为之"善功"能够将人引向恩典的接收的尝试都只能是错误的。至于被拣选的人数,在预定的命令中已确定无疑,由神圣的计划和上帝城的建设所定,与人类的数目无任何关联。预见到撒但及其同伴的罪,上帝下达了正面和反面的摈弃的命令。正面的摈弃是指"预定永死",反面的摈弃则指不赋予神圣助佑的正面意志,而被摈弃者依靠这能得拯救。原罪是摈弃唯一而恰当的原因。摈弃的后果是被摈弃者的"眼盲心硬",他的罪被允许。罪,不仅包括原人犯下的罪,以及撒但和其同类犯下的罪,都是摈弃的原因,而非摈弃的结果。

詹森生活的时代,经院哲学大行其道,他的知识训练深受经院哲学的影响。他以经院哲学的逻辑和概念去解读5世纪奥古斯丁的思想,难免会产生曲解。他对奥古斯丁恩典论的误读主要体现在以下三个方面。

首先,詹森将自然与超自然的概念区分塞进奥古斯丁的体系,这只能是一个时代错误,从这一主要的误读产生了一个有关"罪的奴隶"的错误观念。

其次,詹森将奥古斯丁的恩典简化为强调意志部分,以便将自己与耶稣会的半佩拉纠主义区别开来。而实际上奥古斯丁本人是强调恩典意志和理性两部分。在这里,詹森犯了断章取义的错误。

最后,詹森在对"必要恩典"的处理上,过于强调尤罪本性的状态和堕落本性的状态之间的差别,并进而扩展至充分恩典和有效恩典之间。这种双重扭曲导致两重错误结果:一是充分恩典不被赋予堕落的人,二是处于无罪状态中的人需要"必要恩典"来达致最终的完满。

　　总而言之,詹森作为詹森派思想的首创者,试图恢复奥古斯丁恩典论的原貌,其主观导向是奥古斯丁传统的恩典论和阐释模式。然而他作为一位在经院哲学环境中成长起来的神学家,在经院哲学解释方式主导的学术环境中,不经意间采用了经院哲学的逻辑和概念,试图以经院哲学为讨论标准来重新阐述 5 世纪的奥古斯丁思想,而后者带有明显的柏拉图主义色彩。在如何将这样一种思想体系阐释成经院哲学样式的过程中难免顾此失彼。因此,以詹森为代表的詹森派恩典论被称之为新柏拉图主义的恩典论。

三、耶稣会和詹森派视野中的中国礼仪

　　莫林那与詹森分属中世纪尤其是中世纪晚期天主教神学家的两大派,即经院哲学派与回归奥古斯丁派,区分两派的关键在于其在恩典与自由意志问题上的侧重点。莫林那主义和詹森派恩典论正是耶稣会和詹森派从其各自立场出发,对恩典与自由意志问题所作出的代表性解释。争论双方进而对教会建制、宗教礼仪、神学伦理等问题提出自己的见解,期望教会朝着自己所设想的方向改革,由此引发对对方理论及相关建制的攻击。詹森派与耶稣会之间的争论涉及神学观点、宗教礼仪、伦理实践等问题,归根到底是不同的恩典与自由意志观之间的分歧。

　　耶稣会乐观神学和调和立场的有效性由耶稣会传教事业的迅速拓展得到了有力的证实。凭借相对宽松的道德要求和积极灵活的传教策略,耶稣会帮助天主教会收复了大量的失地,同时又极大地开拓了海外传教事业,巩固了耶稣会对自身"意义界域"之有效性的信心。由莫林那主义出发,耶稣会就能为天主教会及其圣事的存在提供合理化证明,同时也为耶稣会的人文主义教育提供了合理化证明。既然通过人的理智获取的知识会使人更加靠近神圣的真理,耶稣会士学习人文主义学科,甚至教授人文主义学科,都是无可厚非,且可能有助于将人引致幸福的结局。正是因为上帝的恩典的赐予并非完全在于上帝,善行在耶稣会神学那里也有一定的地位。这并非指善行的作用表现为恩典的结局,而是指善行有助于赢得上帝的恩典。因此教会作为上帝和人的中保,宗教

圣事作为涤罪手段,成为信徒称义必不可少的组成部分。加之耶稣会之宣扬福音善于采用便利手段,对教会的要求、规章作适度的调节,以适应信徒的需求。他们不仅在采用人文主义宣教、迎合异教民族认知习惯解读圣经等手段方面充分展现了他们宣教的灵活机动性,更在神学伦理和教会道德要求方面将灵活性发挥得淋漓尽致。这就是以耶稣会士而闻名的决疑论和或然论。[20]

且不论詹森对奥古斯丁的理解偏差如何将其导向决定论的极端立场,詹森和莫林那之间的神学对立还是比较清晰的。正是为了凸显莫林那主义者强调充分恩典的遍施与个人善功的作用的错误和危险,詹森在论述奥古斯丁的恩典观时将重点放在人类善功无助于赢取恩典以及恩典施与的奥秘不可揣度方面。简而言之,即堕落后预定论的悲观主义。这种悲观的世界观和人生观在圣西朗那里得到了最彻底的贯彻。詹森所阐释的神学理论,圣西朗是最忠实的贯彻者。与其亲密战友共享这一观点和态度的圣西朗在精神指导过程中对其追随者有极高的灵性要求和道德要求。与耶稣会注重频繁的圣餐礼不同,圣西朗在对其追随者进行忏悔的时间间隔总是拖得很长,以便后者充分体认自身罪孽的深重。圣西朗对其追随者的这种高标准的道德要求被称为严格主义。

詹森派成员之所以将决疑论作为抨击的主要对象之一,很大一部分原因在于决疑论和耶稣会的恩典与自由意志观之间是一脉相承的,是后者的现实表现。首先体现在耶稣会士自身的行为方式上。其次表现在指导耶稣会士与天主教徒之间的行为方式上。再次则表现在对中国天主教徒的行为方式的指导上。在耶稣会决疑论框架中有其合理性的利玛窦规矩,在奉行道德严格主义的詹森派眼中便呈现为另一副截然不同的景象。詹森派在道德观上奉行严格主义,[21]与耶稣会的或然论几乎是处于道德天平的两个不同的极端。詹森派以严格主义的标准来衡量耶稣会士在华的传教活动。在戒律方面,要求严格遵守,在圣礼方面,要求严格执行,在教义方面,要求精确讲解。而耶稣会在中国的传教士针对

[20] 黄佳:.《决疑论与经权说比较研究》,载于《基督教思想评论》,2009 年。
[21] 崇明:《论十七世纪法国冉森派的神学和政治》,载于《浙江学刊》2013 年第 2 期。

当地信众和社会风俗、思维方式等所作的适当调整，在道德生活上要求几近苛刻的詹森派看来是不可容忍的。耶稣会士的在华传教活动就被詹森派描述成对教会律法、圣经和教父传统的败坏，违背爱的诚命，是耶稣会士出于谋求私利而对异教徒所作的无原则的退让。由此詹森派的视角来观照明末耶稣会士在华传教活动，耶稣会在道德行为上对中国基督徒相对宽松的要求，在中国传教区实行利玛窦规矩，放松天主教会礼仪对中国基督徒的约束，无异于将中国基督徒置于被谴责的境地。而且耶稣会士如此教导中国基督徒，将天主教会礼仪和中国传统风俗习惯相混杂，不仅危及中国基督徒的拯救问题，更使天主教区别于其他宗教的表征不再清晰，天主教不复为天主教，这将危及到天主教会的存续。[22]

四、结　语

　　中国礼仪之争与詹森派运动这两条本来看似毫不相关的线索，因为耶稣会而发生了交集，并因此为重新审视明清之际的中西文化交流提供了新的视角。一方面，通过跨文化的探讨，得以将中国礼仪之争置于中世纪末天主教改革的特殊时代背景之中，使得利玛窦规矩背后的耶稣会决疑论和莫林那主义浮出水面。另一方面，通过跨文本的比对，得以将耶稣会海外传教活动与其神学立场，甚至与天主教会改革时期的神学论争结合起来，使其背后的思想线索更为明晰。从而为深入剖析中国礼仪之争指出了一条可能的全新路径，展现出中国礼仪之争不同以往的一个侧面，为全方位、多层次解读中国礼仪之争添砖加瓦。

---

[22]　黄佳：《詹森派视野中的"利玛窦规矩"》，载于《浙江社会科学》2013 年第 9 期。

明末儒者天主教徒朱宗元思想探析

莫铮宜

【内容提要】 朱宗元是继"三柱石"之后较早笃信天主教的儒士，对明末浙东天主教发展有过重大贡献。本文依据朱宗元主要著述，对其西学思想作一较全面梳理，考察他对天主教教义的理解与阐释，他对传统社会文化观的解释与改造和他的天文自然观，分析其思想来源，以及其如何调适天学与儒学的关系。研究发现，天主教徒与儒士的双重身份使得朱宗元产生了一种"天儒融合"思想，其中，天主信仰占据了核心地位，表现在他对儒家自然主义宇宙观和现世情怀的根本背离；另一方面，朱宗元并未完全割断与儒学的联系，仍然使用儒学观念和术语来表述其天学思想，使之更符合中国传统。总体上，他的这一思想以天学为中心，表现为天儒汇通，其既不同于传教士所传的天学本义，也不符合传统儒学思想。

【关键词】 朱宗元思想 天主教教义 儒学

朱宗元，字维城，浙东鄞县人，生于明万历四十四年（1616）左右，1638 年在杭州受洗入教，教名为葛斯默（Cosme），是宁波最早的天主教徒。① 受洗返乡后，朱宗元开始广为传教，并与传教士关系密切，极力邀请

---

① 方豪依据《答客问》中两次提到"西士至中国仅五十年，以利玛窦 1581 年至中国"，下推 50 年，应是崇祯四年（1631），由此推考《答客问》成书于 1631 年，并以 1697 年的重刻（转下页）

利类思(Louis Bujlio, 1606 - 1682)等人赴甬布道,期间朱母及两位兄弟也受洗信教,周围聚集数十信徒,朱父对天主教的排斥态度也大为缓和。据记载,到明末宁波已成为天主教活跃地区,信徒发展到 560 人,入教人士以官绅子弟居多,朱宗元作为宁波第一代天主教信徒,其传化之绩不可忽视。②

值得注意的是,信仰天主教并未影响朱宗元参加科举考试,他于清顺治三年(1646)考取贡生,1648 年获中举人,这与其出生仕宦世家,从小深受儒家文化熏陶密切相关。③

朱宗元的信仰经历与"三柱石"徐光启、李之藻和杨廷筠不尽相同,后三者在受洗入教时都具有一定年岁,人生颇多经历,加上与传教士的多年交往,渐渐接受天主教,显出更多理性思考与矛盾冲突的结果。而对于朱宗元来说,由于天主教的深入广传,他从年轻时就已开始接触天学书籍,并从中寻找到个体灵魂救赎与永恒的终极答案,受洗时才二十多岁。因此,他的经历更多是一种宗教式的情怀和体验。

朱宗元生平主要著作有《破迷论》、《答客问》、《拯世略说》、《天主教豁疑论》、《效社之礼所以事上帝也》和《轻世金书直解》。其中,以《答客问》和《拯世略说》最具有代表性,而《轻世金书直解》未见传世。此外

(接上页)版中的林文英序"考朱子之著是编也,年才二十三耳",最终认定朱宗元生于万历三十七年(1609)。对此,龚缨晏提出异议,指出《答客问》另有一明末清初刻本,以朱宗元好友张能信为序文,其中写道:"朱子成此书时,年二十三耳",并说明自己在 1640 年首次见到此书,假设朱宗元完成此书的时间即为 1640 年,那么他出生的年代应为 1617 年或稍早。另外,《答客问》中提到的"仅五十年"并非确指年数,其真正意思是"五十多年",即"五十"到"六十"之间,因此不能推算该书写成的时间及朱氏出生年份的主要依据。而德国学者萨克森迈尔所著的《将欧洲因素整合进中国文化的朱宗元(1616 - 1660)》也将朱氏出生年份定为 1616 年,与龚缨晏大抵相当,而卒于 1660 年。另龚缨晏依据葡萄牙里斯本阿儒达图书馆藏的耶稣会年度报告得知,朱宗元应于 1638 年受洗入天主教。参见王泽颖:《明末天主教儒士朱宗元生平考》,载于《宁波教育学院学报》2010 年第 12 期,第 96 - 97 页。

② 方豪:《中国天主教史人物传》,北京:中华书局,1988 年,第 92 - 93 页。

③ (清)江源泽修、闻性道纂《康熙鄞县志》卷十七中记载,朱宗元祖父朱莹,"字仲明,万历元年举人,授镇平教谕,丁外艰,补龙泉教谕,隆调河知县,丁内艰,补武陵知县,有政声。迁卫辉同知,转知曹州,隆工部员外郎,改江南按察佥事。去任致仕。"(南京:江苏古籍出版社,1995 年)

朱宗元还参与校译了阳玛诺（Emmanuel Diaz Junior，1574－1659）、孟儒望（Jean Monterio，1603－1648）等传教士的著作。

本文以《答客问》、《拯世略说》和《效社之礼所以事上帝也》为依据，来考察西学对于朱宗元思想的影响，包括其天主教神学观、社会文化观与天文自然观，探讨其作为天主教徒和儒士的双重身份所表现出来的思想特点。

一、对天学教义的理解与阐释

1. 神论

（1）天主为万物的本原

作为信徒，朱宗元坚信天主教一神观教义，他引用《尚书·汤诰》中"维皇上帝，降衷于下民"指出，"所以为天者，非天地，天之主也"，认定在"苍苍之天"背后，有一位无形的人格化的主宰——天主，并认为天主是自有永有、全能全知，是无始无终的最高实体。④ 由此，朱氏从神学角度引申出"天"之主宰意义，消解了其自然属性。朱宗元关于天主与万物关系的论述是伴随着其对中国传统文化的反思和批驳而展开的。在宋明儒学中，"理"被视作宇宙的规律，并与"天"、"心"等同。对此，朱氏予以反驳，认为"理"不能独立存在，须依赖于物存在，逻辑上物在先理在后；"心"是由天主所赋予，从神学角度批驳了"心即理"的观点。⑤

宋明儒学将天地万物之理称为太极，它被认为是万物之本原，而"太极"、"理"等本体概念又与天地万物之间相互依存，阴阳五行之气相生相克，化生宇宙天地万物。对此，朱宗元反驳认为"太极不外理气，无知

---

④ 《拯世略说》："天主则纯神自立，德即其体，用即其性，而绝无依赖矣。天主则前之无始，都为现在，洁之无终，亦都为现在而绝无流时矣。"

⑤ 《答客问》："有物有则，则即理也。必先有物，而后有此物之理。理依乎物者也。从之必性赋于天。今日天即为理，是有吾人之心性，而天反从心性中出也，岂不哉？"这些观点都可以从利玛窦等传教士那里找到来源，如"凡物共有二种，有自立者，有依赖者……然必先有立者，而物之理，无此之灾，即无此理之实"。参见《天主实义》，引自朱维铮主编：《利玛窦中文著译集》，上海：复旦大学出版社，2001年，第18－19页。

无觉,无灵明,无能为赏罚",不能成为万物的本原。他消解了太极的本体含义,进而将之改造成世界的基本质料,即西方所称的"元质",这些观点承袭了传教士龙华民、艾儒略等人的说法。⑥ 另一方面,朱宗元的"太极"观没有从根本上摆脱儒家思想的烙印,因此,他的这一改造并不彻底,并没有完全否定"太极"的本原意义。如在《拯世略说》中他用种子之于草本的比喻,视"太极"为天地之所以然的"本根"。⑦

朱宗元也否认了佛道两家的本原说,他在《拯世略说》指出佛经中说"众生真性"都是"无始迁劫而来",而并非佛祖所赐,因此佛祖不是万物之本原。而佛经又说人人皆可成佛,甚至"万佛比肩",所以佛祖也并非独一至尊。而道教尊玉皇为"昊天至尊",但玉皇实际上只是人,不可能是万物之原,道教又将三清位列于玉皇之上,所以道教中也没有至高之神。

在此基础上,朱宗元进而指出天主才是天地万物之根本。天主的本原性具体表现在创造万物和主宰万物两个方面。在《拯世略说》中他写道:"万物不自有,恒受有于天主,天主则自有,而不受于万物。万物不自存,恒赖存天主。天主则自存,而不赖存于万物。不始而能始物,不终而终物,不动而能动物,不变而能变物。"

(2) 三位一体

朱宗元明确接受天主独一的至尊地位,他在《拯世略说》中写道:"上帝者,独贵无贱,如国止一君,家止一长",又从有二尊的不合理性反证天主独一的至尊性,"且至尊之谓帝,一则尊,二则失尊。即一为至尊,一为次尊,可以序进而较,犹为失尊。"

朱宗元认为三位一体是天主的本性,"……自然而起,非欲然而作,

---

⑥ 《答客问》:"盖天主始造天地,当夫列曜未呈,山川未奠之时,先生一种氤氲微密之气,充塞饱满。而世内万有,纵此取材,此之谓太极。即西儒所称曰'元质'也。"龙华民在《灵魂道体说》、艾儒略在《三山论学》中都曾将"太极"称为"元质"。参见刘耘华:《诠释的圆环——明末清初传教士对儒家经典的解释及其本土回应》,北京:北京大学出版社,2005年,第124-126页。

⑦ 《拯世略说》:"太极者,最先之谓也,如草木之有种子,人物之有元质。天之所以为天,地之所以为地,是谓天地根,是谓太极。"

故有三位焉。"用世上之物无法真正比拟天主,但他大略以太阳为列,指出一方面太阳是一个实体,但另一方面人们可以从太阳、光辉、照射三个角度来指代这一实体。

其中圣父与圣子就好比人与镜中之像,但圣父之照为内照,故像为实体,照与像永恒存有;圣父与圣子将其本性完全交给第三位——圣神。圣父、圣子、圣神合而为一,同能,同知,同善,既不存在尊卑之分,也没有时间上的先后次序。朱宗元总结表示这里超越理性的奥妙,"尤为奥中之奥,玄中之玄。"不过,他相信只要虔诚相信,不断寻求,还是逐渐可能了解明白的:"但实心信爱,渐求解达可也。"这里,我们既可以看到"三位一体"论的玄奥,更可以看到朱宗元为了理解和解释此教义所做出的努力。

（3）神人关系

关于神人之间的关系,朱宗元沿用了利玛窦等早期传教士所引入的"大父母"的称呼来指代天主,他在《答客问》和《拯世略说》中这样论道:"生我者父母,生父母者祖宗,生祖宗者天主也。天主非生人之大父母乎?""一粒一涓莫非主恩,呼吸动静皆资帝佑,实在是世人之大父母也。"

事实上,西方传统中基督教描述天主时只用"父",并无"父母"的称谓,而"大父母"则是中国文化中"父母"（天地、乾坤）观念的延伸,用"大父母"的概念来指代天主,是基督教中国化的典型表述。朱宗元将神人关系比喻为父母与子女关系,将信徒对天主的崇敬比作子女对父母的亲孝,从而将中国式的伦理色彩融入于宗教情感之中。⑧ 在《郊社之礼所以事上帝也》一文中,朱宗元也论述道:"上帝实人人之大父母也,父母岂有一人可事者? 然尊卑有异,事上帝之礼亦异。天子固然能享帝者也,仁人之事天也如事亲,由达孝推之。"他"以事天之礼"有等差之分

---

⑧ 利玛窦在《天主实义》中首次使用了"大父母"的称谓来指代天主。而杨廷筠基于儒家传统接受了基督教天主观念,对"大父母"的含义作了具体解释,从而完成了一次富于创造性的文化转型,"宁知天主如许全能,如许化工,是吾人大父母——天主视人,无非其子,无贵贱无贤愚,皆一大父所出。故谓之大父母,尊而且亲,无人可得远之。"参见《代疑篇》,载《明末清初耶稣会思想文献汇编》第29册,第18、44页。转引自张晓林:《天主实义与中国学统——文化互动与诠释》,上海: 学林出版社,2005年,第219-220页。

入手,将对天主的信仰纳入到社会伦理道德范畴。而"仁人之事天也如事亲"则引用自《礼记·哀公问》:"仁人之事亲也如事天,事天如事亲。"⑨"事亲如天"将人事亲情提高到了宇宙论高度,使伦理学有了本体论支撑;而"事天如事亲"则将外在的宇宙论"内化",于人世亲情之中,从而达到内在伦理亲情中的一种形而上学的超越,这是中国古经中"天人合一"的原有涵义。⑩ 由此,朱宗元尝试用中国传统伦理观念来解释神人关系的努力可见一斑。

2. 人论

(1) 肉体与灵魂

朱宗元从天主教义理中寻求到"永久安顿之道",因而深感庆幸。他相信人由肉体与灵魂构成,而灵魂由天主所赐,无形,不依赖于形质,有灵智且永生不灭,相比之下,肉身却会在人死之后而消亡。因此灵魂在来世归向天堂才是人生之终极目的,而肉身所处之现世就变得不重要了。⑪

在此基础上,他批判了儒家的灵魂观,后者认为人死四十九日之后魂散,因此无所谓赏罚之说。对此,朱宗元一方面指出孔子并没有提出过人死灵魂即消散的观点;另一方面,他又认为人与草木、鸟兽等不同,它们没有知觉灵明,身死而魂灭,而天主赋予人灵魂,是不依赖于肉体的独立物,不会随肉体毁灭而消亡。⑫

---

⑨ 《礼记·哀公问》,参见《十三经注疏》,第 1612 页。

⑩ 刘述先:《儒家思想意涵之现代阐释论集》,台北:台湾中央研究院中国文哲研究所,2000年。转引自张西平:《中国与欧洲早期宗教和哲学交流史》,北京:东方出版社,2001年,第 56 页。

⑪ 《拯世略说》:"余平生,伏念人寿,最远不过百岁。百当之身,岂非有尽?虽声名籍籍,功业盖世,总一时事,要当寻永久安顿处……三教百家,参悟有年,颇悉梗概,顾终无真实、确当、了彻、完全之义,使此心可泰然自安者。及睹天学诸书,始不禁跨然起曰:道在是!道在是!向吾意以为然者,而今果然也。向吾求之不和其故者,而今乃得其故也。"

⑫ 《答客问》:"此后儒呓语,孔子有此论?夫草木有生长,而无知觉运动;鸟兽有知觉运动,而天灵明理义。此特资形气以扶存,形断气散,而魂随殆灭。人殁不然,一点灵性得于上帝赋与。其来也,不特聚,其去也,不能散,但合则身生,离则身死耳。也称人为万物之尊且灵,苟死而魂灭,则与草木、禽兽无异,亦鸟见其能灵? 鸟在其尊于万特哉?"

当时以黄宗羲为代表的浙东儒家学派认为圣贤、奸雄死后,其魂不磨灭,而愚凡人死后魂必散。[13] 对此,朱宗元这样驳诉道:

> 天命所赐,本无二体。虽为庸愚,而上哲之分量具存;虽为睿圣,而本来之受界无异……,且灵魂不灭,乃天命之本体。厚自如此,非从修为得来。大圣、凡夫,将修为有殊,本体未偿稍别。则灵魂不散,亦一而已矣。

因此,人的灵魂不灭是天主赋予每个人的固有本性,并无个体差异,也与人的生前修为无关。

而另一方面,朱宗元又认为儒家修齐治平之说对于灵魂成圣有很大的帮助。在《拯世略说》中,朱宗元指出灵魂会受到肉体、世俗的连累,魔鬼的引诱。对于克胜之法,朱宗元主张通过儒家传统的修身养性、宁静淡泊处世来克服肉体的欲望,同时主张人应特立独行,以抵御世俗的污染。对于魔鬼的引诱,朱宗元认为"诱惑在彼,主持在己",除了画十字,呼圣号默祷之外,还是要靠个人修行来成其德行。

（2）人性善恶

受到了 17 世纪天主教神学影响,朱宗元认为人类"原初之性"是由天主赋予的,是善的,[14]这一点与儒家的"天命之性"的性善观有着共通之处。由此,朱宗元努力在天主教思想与先儒之间概念和内容上进行汇通,并用天主赋灵论来诠释先儒之性善观。他在《拯世略说》中说:

> 其论德也,首论"天命之谓性",卒以"上天之载,天声无臭"为

[13] 黄宗羲撰:《破邪论·魂魄》,参见沈善洪、吴光主编:《黄宗羲全集》,第一册,第 196 - 197 页。转引自刘耘华:《依天立义——清代前中期江南文人应对天主教文化研究》,上海:上海古籍出版社,2014 年,第 178 页。

[14] 西方传教士认为人类在历史上有三种状态:在被造时的完善状态,原罪之后的堕落状态,通过耶稣基督的被拯救状态。利玛窦为了调和天学与儒学的不同人性观,肯定人在本性——原初之性上是善的,不过他同时认为人性并不完美,强调"性善"与"成善"的区别。参见梅谦立注、谭杰校勘:《天主实义今注》,北京:商务印书馆,2014 年,第 183 页。

至。曰"维皇上帝,降衷于下民,若有恒性",曰"明德者,人之所得乎天",则皆言吾人性灵,赋自上主。

"天命之谓性"源自《中庸》,意指人生来就具有"天"所赋予的道德品质,[15]它成为历代儒家心性修养学说的总纲。而"维皇上帝,降衷于下民,若有恒性",则出自《尚书·汤诰》。《十三经注疏》中认为上天赐与人良善的品质。[16]

朱宗元将"天命"之"天"解释成基督教的人格神天主,而将"性"理解为灵明性体,即灵魂,由此他将"天命之谓性"演绎解释成上帝赋予人以理性灵魂。接着,朱宗元又提出善的两个不同概念"质善"与"德善"。

"天命之性,本来皆善,舜之与桀跖,无以异也。顾所谓善者,质善耳,非德善也。"

朱宗元强调"天命之性",即天主赋予人性是"质善",而非"德善"。"质善"也就是"原初之性"即天主在造人时将道铭刻于人性之中,成为人类依凭的准则,可称为性教,它与人的行为无关;而"德善"是人可以靠着理性,识别善恶,修为向善,即人后天的德行。比如尧、舜、周、孔等立教训人,可称为书教。[17]

总的来说,朱宗元以天主赋灵论取代儒家的德性论,以有意志的人格天主取代非人格的道德上天,以理性灵魂取代德性之善,这样,德性之

---

[15] 冯友兰:《中国哲学史新编》,第3册,北京:人民出版社,1985年,第114页。

[16]《尚书·汤诰》,参见《十三经注释》,第162页:"天生烝民,与之五常之性,使有仁义礼智性,是天降善于下民也。天既与善于民,君当顺之,顾下传云,顺人有常之性,则为君之道。"

[17] 艾儒略有性教、书教和宠教之说,"天主之爱人无己也,有性教,有书教,有宠教。何也,人类之始生也,天主赋之灵性,俾通明义理,斯时十诫之理,已刻于人心之中,普万国兼然,是谓性教。迨物欲渐染,锢蔽日深,于是或明示,或默启,诸圣贤,著为经典,以醒人心之迷,是为书教。及至三仇迭攻,人性大坏,虽有经典,亦有难挽回者,天主始降生为人,以身教立表,教化始大明于四方,是谓宠教。"参见李九标:《口铎日抄》,转引自钟鸣旦、杜鼎克:《耶稣会罗马档案馆明清天主教文献》,第七册,台北:台北利氏书社,2002年,第108-109页。艾儒略的书教观包含了十诫内容到圣贤经典,因此朱宗元也将尧、舜、周、孔等圣人立教以训纳人到书教阶段。

善的最终目的被落实到灵魂救赎上,而他对现世"恶"的探讨,则是在原罪的处境之下展开。

此外,朱宗元还引用宋明理学中有关"气质"的概念,[18]来阐述天主教人性善恶观。如他在《拯世略说》中认为,人的气质受到父母遗传、地理环境和教育的影响而各不相同,有善有恶,而且会彼此不断转换,属于后天人性的善恶,与人原初之性善无关。正因为如此,天主才"任气化之不齐,而不强之使齐者也"。

3. 原罪论

朱宗元在《答客问》中指出天主赋予人自由意志,"人有灵明,能别是非,辨邪正,察真伪",为善为恶,"多系人心自为择决","且含灵之物,亦必听其有为恶之势,而后为善者才有功"。因此,只有经过人自由选择的善与信才是有价值的。这与儒家的道德哲学观不同,后者强调人的伦理践行是由发自内心的德性自然推动,并非是外在给予的,因而从未把善作为意志活动来对待,这样,道德践行主体的选择和意志也就失去了意义。[19]

在《答客问》中朱宗元这样评述了始祖因滥用自由意志而犯下的原罪:

> 罪迹虽轻,罪情则至重。先祖聪明,圣智,窘绝后人。明知上主之不可拂,而违命信魔,有背主之意,有匹主之心。

这里亚当偷吃禁果的原罪被当作现世的犯罪行为,朱宗元在此区分了犯罪行为和犯罪性质,偷吃禁果罪行较轻,但性质却极其严重。他用儒家忠君孝主的政治伦理观来解说这一原罪。朱氏将天主与亚当的关

---

⑱ 宋明理学从道德范畴来阐释"恶",认为由于"气"的"偏"而造成人性易偏向于恶。朱熹认为:"所谓恶者,却是气也。"并用此回答儒学中圣贤与不肖之差别的原因。参见黎靖德编:《朱子语类》,第 1 册,北京:中华书局,2004 年,第 65 页。

⑲ 张西平:《中国与欧洲早期宗教和哲学交流史》,北京:东方出版社,2001 年,第 102 页。

系比喻为君臣关系，一方面，天主对亚当恩德有加，"况天主赐元祖聪明，超绝后人，特于无中造此世界，令二人安享，并为生人鼻祖，此何等恩德。才受恩时，便尔悖逆，罪焉可逭。"而另一方面，亚当却忘恩负义，悖逆犯罪，"譬之臣子，是谋叛逆、谋篡弑也！罪尚有大于此者乎？"由此，亚当被理解成弑君篡位的臣贼子，而同时，天主也被降格为一位君主。进而，朱宗元从道德人伦的角度来阐述亚当品行，认为除了不忠不孝，亚当还"弃亲从仇"、"偕恣无忌"、"不爱自身"、"不爱子孙"、惟满足"口腹"之欲，因此其不仅不自爱，而且完全不尽到作为"人类始祖——父亲"的责任。[20]

由于亚当的犯罪，原罪进入整个人类与世界。朱宗元以树根比作元祖，以枝杈比作人类，指出原罪的根源，由此解释了现世人类愚多于智、恶多于善，忧患多于安乐的恶的处境。[21]

另一方面，朱宗元在《拯世略说》中又认为原罪只"夺性外之诸润饰"，并不妨碍人的"本性之美好自在"。这反映出其思想在深层次上仍具有儒学中性善论的印记。

总体上，朱宗元借用儒家道德伦理的角度来阐释亚当事件，希望原罪论更能被中国士人所接纳。但这样的阐释带来了不少偏差，如亚当原罪在本质上违背了上帝与人的"契约"，这样无论是神人关系，还是人的存在关系和生存状态都遭到破坏，这一点在朱氏的论述中被遮蔽了。另外，这样的阐释也使得天主的神圣性遭到了一定程度的削弱。

4. 救赎论

朱宗元一方面描述了亚当事件所带来的恶果，另一方面又论述了上帝的恩宠，使两者形成了鲜明的对照，进而将亚当事件引向耶稣的救赎，并使得两者形成了一种张力关系。

---

[20]《拯世略说》："夫果之违，罪迹甚轻，情乃至重，信魔言而背主命，是弃亲而从仇也，食果觊觎比天主，是偕恣而无忌也。明告以言行而不顾，是不爱其身，且不爱其子若孙也。万类之供其欲者甚多，而不禁一果之嗜，是以神灵听口腹之命也。"

[21]《答客问》："吾辈分此分彼自上主视之，万古生民，皆同一类，辟如大木。元祖二人，则其根也。纳毒于根，则开花结枝，皆体是根之毒，理之自然，无是怪者。"

　　人类因着原罪与天主隔绝,但天主以德报怨,仍应人类的呼求而怜爱之。亚当犯罪,祸及子孙,天主对其的治罪也是有限度的。另一方面,如果天主不允许原罪传染给人类,那么人类会更加傲慢,犯更严重的罪,那时将遭受被灭绝的可怕后果。由此看来,天主的惩戒并非是永罚,而是要挽救人类不致被全然毁灭,其对人类的恩宠也是显而易见的。[22]

　　正因为有原罪的传染,耶稣的降生与受难才成为必需,而"又愿自屈自苦以代赎之",则更表明天主对人类完全的爱了。朱宗元在儒家尊卑等级、功德主义的框架内对耶稣救赎事件展开论述。他指出:"人类至卑,天主至贵。以人类之卑,而获得于至贵之主,则虽极至卑者之功德,不足以赎违背至贵之罪,而天主甚至爱吾人,又不忍听其沉沦也,故自降为人以代赎之。"至卑的人类因犯罪触犯了至贵的上帝,导致人类所有的功德都无法赎还,"元祖以至贱,悖逆至贵,尽罚人类,不足以究其罪,耶稣以至贵,代赎至贱,尽赦人罪,不足以竟其功。"

　　当有人对耶稣降生于身份卑微之家,而拥有生死之权却不能自保,从而对其天主的身份提出疑问时,朱氏一方面从圣经教义的角度阐述了耶稣的神性,另一方面从功德的角度来解读耶稣之完全的人性。

　　耶稣没有降生在帝王之家,而是降生在一个普通百姓家中,为的是要人们克服因"欲贵"而带来的"骄傲"。作为上帝的儿子,降生于贫穷百姓家中,饱尝了世间种种苦难,以要人们克服"求安逸"而带来的"懒惰"。[23] 这样,在一个充满罪恶,心教和书教都不足以匡正天下万民之时,耶稣降生救赎,阐扬真道,以身作则,成为万世之表,称为身教。

　　在《拯世略说》中,朱宗元更是将耶稣的受难视作其身教之顶峰:

---

[22]《拯世略说》:"况人既为罪离,自分与主弃绝,然呼主必应,求主而必怜,主之圣爱,于兹益显。又使人还自念曰,既负此无疆之愆矣,夫谁为救拔仟余者,则必望真主之我拯而我赎也。彼叛逆者,罪其子孙,原不为过,而天主由特微罚而已。佀夺忤外之诸泣饰,而本性之美好自在,且元祖为超性智量,逈过后人,故一犯训,立施降罚,若天主不使原罪相承,仍以初赐厚祖之恩赐后人,则后人有犯,罪恶益重,当即施灭绝而人类或几不可存矣。"

[23]《答客问》:"世人大患有三,一曰欲贵,二曰欲富,三曰欲安逸,欲贵生傲,欲富生贪,欲逸生淫饕偷惰,故耶稣以天主之至尊,而托体民家,砭我傲也;擅天地万物之富有,而反居穷约,药我贪也;以全能全智之赫奕,而备类险阻艰难,刺我淫饕偷惰也。"

况万恶之成，多由忿躁；万德之成，率由含忍。忍其大者，则小者无不可忍德成也。故耶稣甘受毒钉之大忍，示万世坚忍之则。

这样的表述使得耶稣取代了历代圣贤，另一方面圣贤们的隐忍之德性又通过耶稣若隐若现。

耶稣事件本质上使人的原罪得以洗清，从而让本体性的神人关系得以重新恢复。但由于朱宗元从儒家思想的角度来解读这一事件，使得救赎事件的本质意义被极大地削弱了。

二、对传统社会文化观的批驳与改造

1. 关于天地崇拜

中国传统观念以为人与万物皆由天地所生，因此对天地的崇拜自上古就已存在，[㉔]先秦时期儒家形成了郊、社两种祭祀礼仪制度，分别对应于天和地的敬拜。《礼记·中庸》记载："郊社之礼，所以事上帝也。宗庙之礼，所以祀乎其先也。明乎郊社之礼、禘尝之义，治国其如示诸掌乎！"宋明理学代表朱熹对此注释说："郊，祭天；社，祭地。不言后土者，省文也。"[㉕]在中国传统中，郊与社的祭祀形式与所祭祀的对象皇天与后土之间，形成了一种稳定的对应关系。

朱宗元从上帝信仰出发，借用中国文化的文献依据与历史经验，对郊社之礼的天地二元崇拜进行了改造，并将之引向上帝信仰。首先，他对《中庸》中的"郊社之礼所以事上帝也"进行了解释，认为中国古代信奉的并非是"天地"两个至尊，而是一位人格上帝。"帝不可二，则郊社之专言帝者，非者文也。夫上帝者，天之主也。为天之主，则亦为地之主，故郊社虽异礼而统之曰事上帝云尔。"（《郊社之礼所以事上帝也》）

由此，朱氏指出祭祀的最初目的，应是为了感谢上帝。"天地覆载，

㉔《礼记·郊特牲》："万物本夫灭，人本夫祖。此所以配上帝也·郊之祭也，大板本反如始也。"参见《十三经注释》，第 1453 页。

㉕［宋］朱熹：《四书间包集注》，北京：中华书局，1983 年，第 27 页。

三川照临,山川出云雨,社稷生百谷",天"高明上覆,我得以蒙其光饼者",地则"沉厚下载,我得以其美利者"。这些都应归功于上帝,因为上帝创造了天地万物并使其造福人类。因此,郊社二礼是为报天主创生之恩,"则郊以答生天之德,而社以答生地之德。而今夫谷者,地之所产也。而先王祈谷于郊,不祈于后土,则郊社之统为祀帝明矣。"(《郊社之礼所以事上帝也》)

朱宗元进一步指出,先秦时耶稣尚未降世,所以当时人们祭祀的那些礼仪只要符合天主的本意,还是可以施行的。但如今耶稣既已降世,人们不应再固守旧礼,而是要遵循天主的新命了。在论证思路上,朱宗元并未将天地的观念废弃,反而遵循了古经郊社之礼中将天地并列为尊的原意,指出天地同等崇高是由于天主创造天与地各有其功用,这一论证思路将天地概念有机地结合于对天主的理解与表述中。这一点与利玛窦不同,利氏为了维护上帝一神崇拜极力反对中国传统的天、地二尊观念,特别否定"地"的含义,贬低其地位。朱宗元与徐光启、杨廷筠等其他入教儒士一样,虽然接受利玛窦的天主观念,但并未附和其对天地观念的批评。

关于祭祀主体身份,朱宗元作了重新诠释,从而否定了传统祭祀礼仪的等级性。按照儒家祭祀制度的规定,只有皇帝才能拥有祭祀天地的权利,如《礼记》记载:"天子祭天地,诸侯祭社稷,大夫祭五祀。"[26]这样,郊社之礼失去了普遍实践的价值与意义。对此,朱宗元依旧从古经中寻找反驳的理由,认为"祭"为礼仪制度,有尊卑等级之分,但"事"与"祭"大不相同,"事"并没有受身份高低的限制,因此他引用孔孟所说的"事天"来强调人人皆可奉事上帝。[27]

2. 关于人生祸福

朱宗元剖析了中国传统祸福观及其产生的原因,对民间多神进行了

---

[26] 《礼记·王制》,参见《十三经注疏》,第 1336 页。

[27] 《答客问》:"特不得祭,以僭用其礼仪。今但言奉事,便与祭大不相侔。不然,则孔孟所云畏天事天,岂徒帝王之学问,无与士庶哉?"

改造,并批驳了各种术数迷信,并以天主教的祸福观取而代之。在《拯世略说》中他写道:世人求福避祸,将获官位、求得男女、享受长寿、远避苦难等当作世福。贪求世福使得人们道德沦丧、整日患得患失,以至于撰造出各种神明偶像,跪拜祈佑,或是参与各种术数迷信活动,到了明清,许多鬼神甚至被纳入国家祀典的正神,[28]朱氏深感世人无知,因贪求世福而受骗。对此,他将民间鬼神都纳入到上帝独一信仰的框架中。在《答客问》中他指出,"天神虽系正类,但数烦,既不能遍次其名号,又不容偏有所择取","惟事天主,而百神皆包举乎其中矣"。这样诸神统归于天主。在《拯世略说》中他进而说"诸神受命于天主",用来保护天地、日月星辰、邦国府邑、城社山川乃至每一个世人。于是民间诸神如玉帝、天师、城隍神、文昌星等都被改造成上帝的仆役。[29] 以城隍神为例,朱氏将之称为"天主攸命之神",是奉天主之命守护城池的神。另一方面,城隍神本身并无祸福荫佑的超自然能力。古人所以祭祀它是出于"报功之意",因此,朱宗元竭力反对对城隍神的偶像崇拜,他指出,"今谓其能福人祸人而刑牲谄,便属不论。且更塑伪像,皆有姓名,以古人当之,读经甚矣"。

　　古代有不少忠臣圣贤如孔子、关羽、孔明等被民间当作神明来敬拜,对此朱宗元一方面承认他们的崇高品德,值得后人仰慕崇敬,但另一方面他强调他们并无庇佑世人的能力,只是圣人立教的榜样,"帝王祀忠义,盖崇德报功,使人景仰,不谓其能祸福人也",而世人"今乃冀其佑畏其害,求签答愿,已失先王本旨"。

---

[28]　明太祖朱元璋在洪武元年下诏,命"中书省下郡县访求应祀神祇,名山大川,圣帝明王,忠臣烈士,凡有功于社稷及惠爱在民者据实以闻,著于祀典令有司岁时致祭"。参见《明史》卷五十礼四,北京:中华书局,1974 年点校本。

[29]　明末清初,入教儒士们对传教士所传的天主教教义进行了选择舍取,他们在承认天主为至高至尊主宰的同时,并不否认民间鬼神的存在,而是认为这些鬼神皆由天主所造,奉天主之命而效力。如杨廷筠在《天释明辨》中写道:"即有百神,皆是奉天主命者——诸天神者,皆以天主之意为意,扶持各类,不至消灭,孰为不当敬事? 然一者,全是天主之命,百神无自专权——所以,钦崇只一天主,奉天主则百神皆在其中,且亦百神所共忻也。"李九标的《口铎日抄》、严谟的《帝天考》以及韩霖的《铎书》都表达了类似的观点。参见田海华:《希伯来圣经及十诫研究》,北京:人民出版社,2012 年,第 201-218 页。

至于向立在祠庙之中的已故亲友的遗像拜祭,朱宗元指出敬拜的本意是表示尊敬,就像老朋友见面拱揖交谈一样,后人却错将他们当作神明来祭祀,求福避祸,歪曲了本意。朱宗元将一些已失去本意的祭祀旧礼称为"淫祀",在《答客问》中他引用历史上政治与社会变革的例子,主张应将"淫祀"废除,并指出"礼不革,则意终不明"。

对于民间行占卜、看风水、观命相等各种术数,朱宗元认为,"皆无其理而为其事,以私知谬术,矫正下民,而求达不可达之天命者也,罪莫大焉!"(《答客问》)他将儒家孝道与基督教理论相结合,以看风水为例对此进行了批驳,他引用《孝经·丧亲》"卜其宅兆,而安措之"指出,古人挑选墓地的原意是为了让死者有较好的安息之所,而后人看风水择墓地却是为了使活着的人获得庇佑。然而先人死之后,灵魂与肉体相分离,或上天堂或下地狱,而肉体腐烂回归尘土,剩下枯骨一堆,无知无觉,葬在再好之处也都无法庇佑其子孙。由此,世人沉溺于各种迷信,"虽明晓断无其事,亦且姑试为之。"

朱宗元继而提出世福皆为虚妄,即使得到了,人死后也终"付冥阴地已",而真正的福分乃是人死后能"登化光之天"。为此,学道之士为了获得"天国之价",应"苦患励德",为"义而被窘难"。朱氏引用孟子的"天将降大任于斯人,必先苦其心志",认为经过世间苦炼,信徒方能"名不苟得"、"富而不淫"、"贪而不诣",最终能"升九天之上,侍元尊之例,友神圣之群,享无穷之福"。

最后,朱宗元将人生现世的富贵贫贱归结为天主的命定,"吉凶祸福,皆造物主所默定。当其未然,虽鬼神不与知,人岂能预为推测?"而天主的赏罚又不尽在现世祸福,因此其赏罚至公至平。所以,朱氏认为应"循人事之当然,以俟天命"(《答客问》)。

3. 关于祭祖

祭祖在中国民间是一种传统,因具有宗教迷信色彩而遭到天主教的反对,当然,传教士内部对此也是意见不一。利玛窦、耶稣会士从文化适应的传教策略出发,有意忽略了祭祖的宗教意义,将其视为表达对先祖追思与感恩的一种仪式,尽力消蚀其中的迷信成分和偶像崇拜因素。

　　信徒和儒士的双重身份使得朱宗元在祭祖问题上采用了折中的态度。一方面，作为儒士，朱氏深受传统宗族社会以孝为核心的伦理道德浸润，他将"孝"的意义置于祭祖的核心。同时，朱氏又在天主教教义中找到了与中国传统孝道相适应的内容，对"孝敬"作了新的诠释。在《拯世略说》中，他从天主教十诫中第四诫"孝敬父母"出发来谈论祭祖问题，他写道："天主教中，第四诫，孝敬父母。所谓孝敬者，生则敬而养之，死则葬而追思之谓也。"由此可见，朱氏认为祭祖是后人对先祖孝敬与追念的情感表达，是"仁人教子之用心，礼之至情之尽也"这一点与利玛窦的观点大致相同。当然，在中国社会祭祖不单是一种仪式，更是一种维系宗族社会的纽带，作为儒士，朱氏不可能彻底摒弃这一传统。由此，在祭祖问题上，朱宗元在最大程度上保留了中国传统，对与祭祖相关的礼仪采取了相当宽容的态度，他指出像墓祭、生死日之祭、冠婚之祭等"今之礼法，虽非古典，而礼因义起者，亦可遵守"。

　　另一方面，朱宗元依据天主教义理致力于革除祭祖仪式中混杂的迷信成份，使祭祖回归其原本目的。在《拯世略说》中他这样写道："饮食者，主人之事，形骸之需。死则弃形存神，既完饥渴，何顺嘉旨。"根据天主教教义，人死之后灵魂不像肉体一样需要有饮食供应。如果祭祖是让亡故的祖先享用到供奉给他的美食，那么一年中祭祖只举行三四次，那祖先之灵"不且饥而死乎？"古人祭祖是"亦表其孝思"，并非是为了祈求庇佑保护，因为每个先祖都爱自己的子孙，如果他们能庇佑后世，为何有些后代子孙生活得好，有些却生活得不好，怎么会"何以有庇，有不庇乎？"此外，朱氏将祭祖时烧纸钱斥为"佛氏呫语"，认为这十分荒唐，因为那些烧成灰烬的纸钱对于死后"不饥不寒"的灵魂毫无用处。㉚至于烧纸钱用来贿赂神明的说法，朱宗元予以驳诉说："神聪明正直而一者也"，贿赂只有在道德败坏的人世间才有，鬼神那里怎么会有贿赂呢？由此，他总结道："祀先者报也，非祈也，盖为人后者之孝思也，非供己死者之需求也。"

㉚《答客问》："死则肉躯已灭，神灵不饥不寒，虽携黄金，无所用之，况乎纸为之乎？以纸为之，已见其伪，况经焚烧，并归乌有乎？"

4. 关于纳妾

中国传统社会注重的香火,确保家族的兴旺与延续。因此,娶妾以延续子嗣是十分自然的重要使命。《孟子·离娄上》中论及"不孝有三,无后为大",《尚书·尧典》中也有"尧以二女妻舜"的记载,这些论述将多妻制纳入孝的伦理道德层面,又以古圣先贤的事例作为引证,具有极大的权威性,为中国士人所普遍接受。

当许多士人因纳妾而被天主教拒之门外时,朱宗元却完全接受了一夫一妻的教义,认为此乃"正道"。③ 朱氏从探讨儒家孝道的本质入手,着力割除"无后"与"娶妾"之间的必然联系,并借用西方神学伦理观来批驳中国文化中"无后即为不孝"、"纳妾续嗣"的伦理道德,并将子嗣有无皆都归于天主之意。

首先,在针对《孟子》原文"不孝有三,无后为大",朱宗元在《答客问》中指出这句话原本是用来解释"舜不告而娶"这件事的,并不是说"人人尽以无后为不孝之大也"。继而,朱氏运用逻辑方法反面论证有后未必等于尽孝,"以无后为不孝之大,则必以有后为孝之大。脱有蔑行之徒,多备姬媵,广厥继嗣,虽不顾父母之养,可谓至孝;而一二竭力洗腆者,限于天命,不幸无子,乃反大不孝也?"这一观点在很大程度上受到了利玛窦的影响,即反对以生育子嗣的多少来涵盖"孝"的全部内涵。②

第三,朱氏从儒家的孝道伦理中汲取思想内涵,指出无后并不是衡

---

③ 明末清初,纳妾始终是困扰儒士们入教的一个严重问题。无论是被称为"圣教三柱石"的徐光启、李之藻、杨廷筠,还是韩霖、王徵等人都曾有此遭遇,最后以放弃娶妾或是休妾才得入教(参见田海华:《希伯来圣经之十诫研究》,北京:人民出版社,2012年,第224-229页)。根据现有文献,我们还无法知道朱宗元的现实婚姻状况,因此这里只阐述其反对纳妾,主张一夫一妻的婚姻观点,无法将其思想与实践作为比较。

② 利玛窦认为"不孝有三,无后为大"的说法是对孔子孝论的一个误传,"此非圣人之传语,乃孟氏也,或承或误传,以以释舜不告而娶之义而有他托焉。"他以逻辑方法认证"有后"即孝的荒谬,从而推出"无后"非不孝的结论。这一逻辑实际上是对中国传统"孝道"的误解,汉人赵岐对孟子的"不孝有三,无后为大"一语解释曰:"于礼有不孝者三事:谓阿意曲从,陷亲不义,一不孝也;家穷亲老,不为禄仕,二不孝也;不娶无子,绝先祖祀,三不孝也。"可见,"有后"乃"孝"传统内涵之一,并非全部内容。而利氏将"孝"的内涵与生育子嗣完全等同起来,有意割断了行孝与传后的关系,其目的是为了证明娶妾传后并非是"孝"的表现。参见《天主实义》,载于《利玛窦中文著作集》,第90-91页。

量是否孝的关键。孝否从其本质上来说，取决于人之德行，《孝经》叙述天子、诸侯、卿大夫、士庶人之孝，并未以"无后"为罪；以义夫、贞妇为例指出"朝庭亦以义夫族之，无罟其不孝者"，这些载诸史册的"高尚"人士，许多人并没有后代，甚至未婚，但他们并未因为"无后"而被当作不孝。

第四，朱宗元受到西方两性平等思想的影响，反对娶妾。他写道："夫不可无后，妇独可无后乎？夫因无后，另娶一妾以生子，妇亦可因无后，另私一夫以生子。"并批判"男得兼女，女不得兼男"的俗语，指出"此属吾侪私念，造物主生人，并无兹意"。这种男女平等的观念是受到了西方传教士的影响，并已在朱宗元心中生根发芽。[33]

最后，朱宗元认为人是否有子嗣是由天主决定的，而不是违命强求。"况子之有无，全系上主默定。苟上主予之以子，则庶民一夫一妇，尽可子姓盈前；苟上主不予之以子，则富贵之家，姬妾满言，而有不得嗣者矣。今娶妾未必有子，而徒违上帝之严命，何如安命而自求多福哉？"

另一方面，从文化本质的层面来看，朱宗元虽然入了天主教，但其儒士的身份使他不可能摆脱传统文化的深刻烙印，从而在其论证过程中出现前后矛盾的情况。在被问及三代圣贤的娶妾行为时，朱氏不敢对此予以直面批评，更不敢贸然否定圣贤们的权威地位，而是为他们的娶妾行为找了各种理由赋予其合理性。[34]

同样，对于大明律中的娶妾规定，朱宗元也未予批评，而是从侧面的角度强调这一规定的限制性，如"《大明律》中，年四十无子者，始准娶妾。未四十而娶者，悉断离异。则妾询不得已而姑假之者矣"。他用明代法律规定来证明娶妾是不得已为之。

---

[33]　如耶稣会士罗明坚（Michele Ruggiere，1543－1607）曾从男女平等的立场出发反对士人娶妾："一女不得二男，一男独得二女乎？夫妇以相信故相结，信失而结解矣！况夫妇乖，妻妾庶争，无一可者，此以所有罪也。"参见高举等：《明律解集附例》卷六，台北：台北成文出版社，第10页。

[34]　在《答客问》中朱宗元写道："圣贤固有娶妾者，但非圣贤之所以为圣贤也。"如果后人不去学习圣先们的道德，而去效法他们的娶妾行为，那么"是为法圣贤乎？抑以文已之淫欲乎？"而且，从圣贤的品德说，"圣贤德行纯备，决不因妾以姿淫。"娶妾并未妨碍圣贤成圣，而且圣贤"且善齐其室家，不使庶嫡相争，伦理乘乱。"此外，他在《拯世略说》中还以"耶稣未降，未有明训，既有明训，则断断不可犯矣"来为圣贤们的娶妾行为开脱。

5. 华夷之别

"华夷之别"的观念自秦以来根深蒂固,它是指地理上与文化上的华夏中心论,后来逐渐发展成一种成见:中国独居天之下中心,文化最为优越,而四周围皆为落后野蛮的夷狄。直到明末清初,中国士大夫仍然怀有天朝上国过分自信与儒家文化的优越感,对外来文化往往持鄙视的态度。

16 世纪西方传教士纷至沓来,带来了全新的世界观与文化观,对中国传统文化中心论产生了前所未有的冲击。㉟ 受此影响,朱宗元也对传统的"华夷"观念进行了反思与批判,他在《答客问》中提出不能用地域位置的远近来划分"华"与"夷",他否认了传统的中国为"天下中心"的地理观,他并以"东夷"曾指代舜、"羌"曾指代禹、"戎"曾指代由余为例予以证明,这与当时传教士宣扬的新地理世界观密不可分。

此外,朱宗元还认为不能以语言文字来判别华夷,不然的话中国南方"吴越之方音"在北方人看来也就是夷了,而北方"燕赵之土语"也会被南方人当作夷了。

在朱宗元看来,欧洲文明无论在开放程度、思想学术、科学技术还是物质生活各方面都要优于中国,他指出,"以如是之人心风俗而鄙之为夷,吾唯恐不夷也已!"这样的观念在明清之际的士人中鲜有。尽管朱氏对待西方文明的看法带有片面性,但他已从狭隘封闭的华夏中心论走出来,开始放眼看世界。

早期朱宗元借用儒家的"孝悌忠信"、"仁义礼让"作为识别华夷的标准,判断文明发展的水平。而在其后著作《拯世略说》中,朱宗元提出

㉟ 随着明末耶稣会士不断输入西方地理学的新知识,特别是他们介绍的西方地圆说、五大洲说及欧洲文明,有力冲击了中国士人的华夷观念。如利玛窦绘制的《山海舆地全图》1584 年问世,以后庞迪我、南怀仁等其他传教士又在此基础上不断予以重绘,并增补内容。其中 1623 年艾儒略的《职方外纪》在文字上最为详尽,后又被收入《天学初函》,其中介绍了"万国全图",并将世界四大洲之图刊刻出来,介绍了世界主要国家。这使得部分明末士大夫开始接受西方的世界观念。尽管总体上明末的西学东渐还不足以从根本上动摇"华夷之辩"传统观念,但是正统士大夫无疑真切感受到了西学的冲击波。参见刘耘华:《诠释的圆环——明末清初传教士对儒家经典的解释及其本土回应》,北京:北京大学出版社,2005 年,第 56 页。

以是否信仰天主为判断华与夷的新标准,"克认真主,修身慎行,必之华也;迷失原本,恣行不义,必之夷也。"反映出这一时期朱氏受到天主教教义的影响更为深刻。他认为"地有华夷,天无彼此",指出"救过不必辩华夷",从而以天主信仰的超越性取代了华夷之辩。

三、朱宗元的天文自然观

明末耶稣会士在西学传播中提出四行说,指出世界万物皆由火、气、水、土四种基本元素所构成。这一学说借用古希腊亚里士多德的质料四元素论,并与基督教的创造论相联系。传教士们用四行说来解释自然现象的各种变化,旨在引导中国士人转信天主教。四行说的提出对中国传统的阴阳五行说构成巨大的挑战。利玛窦在其《天主教》和《乾坤体义》中都介绍了四行说,将其纳入基督教创造论的框架内进行解说。在《乾坤体义》中他提出天主造物对行适四行,按其性质将它们安置在空间中。"当初造物者,欲创作万物于寰宇,先混沌造四行,然后因其情势,布之于本处。"[36]此外,利氏还对阴阳五行说进行了批判,排除了金、木,并将朱熹理学中形上而实存的气,下降为形而下之质料,与火、水、土三元素并列,成为基本四元素。[37] 除了利氏,其他传教士也有论著介绍四行说,如能三拔的《泰西水法》、高一志的《空际格致》、傅论际的《寰有诠》等。

朱宗元在《拯世略说》中也用少量篇幅论述了其天文自然观,从其论述的方法和内容来看,带有很明显的四行说印迹,表明其深受此论理的影响。首先,朱氏对"天"的含义进行了改造。中国古代"天"具有超自然意义和非人格的意志特征,是士人思维层面中最神圣、最崇高的对象。朱氏将"天"下降为纯粹的自然天空,用格致学来解释天空中的各种变化。他将天空分为"二域三际",并用"气"来解释气域中的各种自

---

[36] 利玛窦:《乾坤体义》,参见朱维铮主编:《利玛窦中文著译集》,上海:复旦大学出版社,2001 年。

[37] 徐光启:《明末西方四元素说明传入》,载于台湾《清华学报》第 27 卷,第 3 期,1997 年,第 347—380 页。

然现象,这样的解释动摇了中国人对"天"的崇拜根基。其次,朱氏又用四行说中火、气、水、土的相互作用,同时结合传教士带来的气象学知识来解释云、雨、闪电、霹雳、风、雾、雪、霜、冰雹等现象,为中国士人了解自然现象提供了一个全新的视角。㊳ 当然由于四行说本身的缺陷,加上当时人类对气象学认知有限,朱宗元的有些解释也是错误荒谬的。但总体上来说,朱氏以其开放的心态接受了当时先进的天文自然知识。

朱宗元对天文自然现象的解释一方面颠覆了当时中国士人的天文观,另一方面也批驳了民间许多错误的观念与迷信行为。如他指"所谓龙者,乃天上之星名也",并不是传说中长在水中有鳞的怪物,云雨现象与之毫无关系,龙更无"化育之权"。此外,朱氏还指出面对大旱的自然现象有人取虾蟆鱼鳖来祀拜土神求雨实在是荒谬可笑。

最后,朱宗元又驳诉了人遭雷击乃为天主之罚的论调,指出人之死是出于各种自然原因,"或死于疾病,或死于杀伤,则亦有水淹而死者,火焚而死者",死于雷击与其他各种死亡在本质上并无差异,从而批判了民间所谓的报应观。

四、结　语

总结朱宗元天主教徒与儒士的双重身份,可以发现发现其思想有以下特点:

一方面,本质上朱宗元并没有"以天补儒",反而在他的思想中,天主教信仰占据了核心而根本的位置,他从这一信仰出发来改造儒学,其结果必然是对儒家道统本质上的背离。这一背离主要体现在两个方面,其一是朱氏对儒家以无神论为特点的自然主义宇宙观的背离,例如他对儒家理气宇宙观的批判与改造,并以天主本源论取而代之。在本土文化形式之下的"大父母"称谓,本质上却完全是基督教至上独一神的观念。

㊳《拯世略说》谈到如霜雪冰雹的产生是由于"入于冷际,逐成霜雪。入深再深,则为雹,雹之大小,视入浅深。然雹在夏,而冬反无者,夏时炎烈上升之势,锐然直入冷之最深处,故结为雹。冬则上升之势缓,仅入冷际,遂为霜雪也"。

他以天主赋性论取代儒家的天赋德性论，从而将天命之德性转化为天主所赋之理性。此外，天地崇拜被他改造为对天主的敬拜，人生祸福包括子嗣后代皆独由天主命定，亦将天文自然现象归结为天主之掌控。这些使儒家无神论的思想传统转变为以独一位格神为最高原理的教义。其二是朱宗元对儒家现实价值取向的背离，这集中体现在他有关天主教终极关怀观上面。如，以天主教教义解说天命之谓性，意在导出天学之来世价值理念。天主赋予人之灵魂，永不消灭，其来世归向成为人生的最终意义。还有，从天主教之原初之性善与原罪观取代儒家的人性说，将善的功德落实到灵魂得救，由此，现世的福乐为来世天堂之永福所取代。另外，祭祖变成了单纯的怀念与感恩，失去了先祖对现世子孙庇佑保护的含义。

另一方面，朱宗元也没有"以儒补天"。因为在宗教教义层面，朱氏的儒学没有什么可以补充天主教的，而是他借助儒学来进一步消化和吸收作为异质文化的天主教，使之更符合中国传统。朱氏在皈信天主教之后断然与佛道决裂，但思想上仍无法割断与儒学的一切联系，因而在其著述中仍主要使用儒学观念和术语来表述其天学思想。比如，朱宗元更多地从儒家理论观角度来阐释原罪论和救赎论，这一点与传教士不同。此外，在对中国传统社会文化观的理解与处理上，朱宗元也与传教士们不尽相同，特别在太极、天地、民间鬼神、祭祖礼仪、纳妾等方面。

由此，用"天儒融合"来总结朱宗元的思想更为准确，他的这一思想是在与儒家传统的联系中接受天主教核心观念所建构起来的，是一种基督教本位的"天儒融合"。它既不同于传教士传扬的天主教本义，也不符合传统儒学思想。在这一思想的建构过程中，朱宗元接受了西学的核心思想，以取代中国社会的某些思想传统；另一方面，他也会拒绝西学的一些理念，或用儒学的方式把西学思想改造成合乎中国传统的观念。由此，在朱宗元身上，我们既可以看到一个中国天主教儒士思想观念的变化，中西文化矛盾的焦点与根源也可略见一斑。

晚清华籍神父黄伯禄中西传略考述

李 强

【内容提要】 晚清江南地区天主教华籍神父黄伯禄（法文名 Pierre Hoang），中西文著述颇多，其中既包括对中国天主教历史的整理，也有在教义教理方面的阐发。而他的汉学研究成果，也得到了国际汉学界的高度认可。对中西文献中的黄伯禄传略及其他文献的考察，为我们更真切地认识黄伯禄提供了难得的视角，也是透视中国天主教在晚清江南地区发展状况的一个途径。可以说，黄伯禄是晚清天主教在江南地区发展的见证者和促进者之一，而以他为代表的华籍神父群体，则是晚清时期中国天主教本地化进程中的耕耘者们。晚清是华籍神职人员发展的成长期，黄伯禄神父是这一天主教本地化队伍中的佼佼者。

【关键词】 黄伯禄 晚清天主教史 华籍神父 天主教本地化

黄伯禄于 1830 年出生于江苏海门，1909 年在上海去世，是"晚清中国天主教会中学术渊博、著述丰富的著名华籍耶稣会士"[①]，隶属"江南

[①] 李天纲：《禄是道和传教士对中国民间宗教的研究》，载于《中国民间崇拜》（第 1 卷）"婚丧习俗"，"中文版序"，上海：上海科学技术文献出版社，2014 年，第 7 页。方豪在《中国天主教史人物传》中为黄伯禄神父所作传略中称其为"不隶会籍司铎"，而据其他中西文传记可知黄伯禄神父"死前三月，乃发愿入耶稣会"，参见尧山：《黄伯禄司铎传略及其著作》，载于《公教学校》1938 年第 4 卷，第 22 期，第 431－432 页。

教区"。② 近年来,虽有多篇与黄伯禄其人其事相关的学术或新闻性文章出现,但在叙述时多少有不尽全面之处,而且一些文章也突显了进一步全面了解黄伯禄个人历史及学术贡献的重要性。③ 因此,本文希望借助与黄伯禄相关的中西资料,主要通过以他为传主的小传或传略,辅以其他中国天主教史文献和黄伯禄自身著作,来全面地研究黄伯禄这个人,透视这位晚清中国籍神父在中国天主教史上的作用和影响。

　　本文对黄伯禄传略的关注,主要分两个部分来进行,一是中文传略,这一方面主要利用新近发现的相关文献补充新的认识,另外梳理中国天主教报刊史料中的黄伯禄形象;一是西文传略,这一方面既包括西方学者,尤其一些汉学家在黄伯禄去世之后对他的纪念性文章,也纳入了外文中国天主教史资料中的黄伯禄传记。在语言形式分类基础上,对这些资料加以梳理和对照,从而完善和丰富黄伯禄这位晚清中国天主教史重要人物的历史形象。然而,对这些传记资料的充分利用,并不只限于丰满黄伯禄的形象,而是"藉传窥史",④正如方豪在写作《中国天主教史人物传》时所言,"以人为经,以史事为纬;史以人显,人以史传"。⑤ 总之,本文以黄伯禄中西传略为出发点,又从中出离,牵连出这些传记形成的历史根源,联系写作背景,及作传人与传主之间的关系,结合阅读受众群体的特殊性,从而既了解黄伯禄,又关注黄伯禄身后的中国天主教史,并最终尝试探究和讨论黄伯禄在天主教本地化进程中起到的历史作用。

---

② 本文所指"江南教区"是指晚清耶稣会重来江南地区后,在天主教教区划分下,以上海为中心,在江苏、安徽两省地界内的传教区域。

③ 近年来与黄伯禄有关的文章有沈超、余继堂:《海门籍天主教学者黄伯禄》,载于《江苏文史资料》,第91辑;《南通文史资料选辑》,第16辑,南京:《江苏文史资料》编辑部出版,1997年,第212-213页;高继宗:《黄伯禄神父是江苏海门人》,载于《防灾博览》2007年第1期,第39页;《黄伯禄与〈中国大地震目录〉》,载于《新民晚报》2008年8月23日;《黄伯禄:清末学者型神父》,载于《江海晚报》2011年12月13日,J09版"新闻";黄启杨、杨晓锋:《我国地震科学研究杰出贡献者:黄伯禄神父》,载于《中国天主教》2015年第3期,第53-54页。

④ 参见朱文华:《胡适与近代中国传记史学》,载于《再造文明的奠基石——五四新文化运动三大思想家散论》,上海:上海教育出版社,2000年,第328页。

⑤ 方豪:《中国天主教史人物传》,第1册,"写在前面",引自《方豪六十自定稿》(下),台北:台湾学生书局,1969年,第2257页。

本文主要是对有关黄伯禄史料的研究性工作,而非为黄伯禄撰写一个人物传记。"介绍人物传记史料,可以是简单的、信息性的,也可以是研究性的",⑥本文的性能指向后一种写作目标。整体而言,本文的写作是在中国天主教史研究框架内进行的。

一、黄伯禄的中文传略

1. 上海图书馆藏《崇明县志黄氏谱》⑦

黄伯禄著述丰富,这也是他在中国天主教史上留有其名的重要原因之一,地方宗教志也多以此为其作传的中心。⑧ 而其著述中的序言,则是我们了解这位晚清华籍神父最原始、最可靠的"传记"资料。光绪七年(1881)他在为法国耶稣会士康治泰(Diminique Gandar)所编《圣教源流合表》的"弁言"中曾自道:"窃维寒族自顺治朝即蒙上主启牖,信奉圣教,至余已历七世。"⑨

可见,黄伯禄家族世代奉教,而上海图书馆徐家汇藏书楼现藏有一部与黄伯禄有关的家谱文献,题名为《崇明县志黄氏谱》,为考察黄伯禄家族的"奉教"历史、崇明及海门地区的天主教早期历史和黄伯禄个人的基本传记信息,透露出更多的史料信息。此文献封面除有徐家汇藏书楼的拉丁文印章"Bibliotheca·Major"外,还盖有黄伯禄神父刻"伯禄"字号的私人藏书章。根据对比上海图书馆藏其他类似文献及书内笔迹等信息,初步判断这一家谱文献是黄伯禄的手写本。

《崇明县志黄氏谱》主要分为两个部分,一是"崇明县志"⑩,一是

⑥　冯尔康:《清代人物传记史料研究》,"前言",天津:天津教育出版社,2005年,第1页。

⑦　此文献的搜集在上海大学文学院陶飞亚教授作为首席专家主持的2012年度国家社科基金重大项目"汉语基督教文献书目的整理与研究"(批准号:12&ZD128)课题支持下获得。

⑧　《南通市民族宗教志》编纂委员会编:《南通市民族宗教志》,合肥:黄山出版社,1996年,第232-233页;《上海宗教志》编纂委员会编:《上海宗教志》,上海:上海社会科学院出版社,2001年,第700页。

⑨　《圣教源流合表》(手写本),"弁言",上海图书馆藏书,登录号:93861B。

⑩　参见(清)林达泉等修,李联琇等纂:《(光绪)崇明县志十八卷》,清光绪七年(1881)刻本。

"黄氏谱"。后一部分先是辑录了同治九年（1870）镌崇明《黄氏宗谱》⑪
中的谱系信息，又附有一张简单的世系表。该世系表上自黄伯禄祖父
黄越迁，下至黄伯禄侄辈诸人，记录了其家族三代人的简要信息。据
此世系表可知，黄伯禄祖父黄越迁（圣名方济各），祖母施氏（圣名路济
亚）。黄越迁于乾隆季年举家自崇明迁至海门大安镇，具体时间为乾隆
六十年（1795）。而黄伯禄的父亲黄廷锡（圣名若翰）出生于乾隆五十五
年（1790），母亲邱氏（圣名亚纳）。此世系表在其母亲旁批注有
"冰霜守志，金石其心，训子耕读，承先启后，奉旨旌表"字样。可知黄伯
禄母亲教子有方，成为官方表扬的对象。此世系表中又有黄伯禄兄弟及
子侄信息：

　　　→成志，字益之，室沈氏（玛利亚）；

　　　→成茂，字业山（巴尔多六茂），从九品职衔，室沈氏（玛利亚）；

　　　　侄辈→再奇（若望）；

　　　　　　→○⑫更奇（伯多六）；

　　　→成德，字松山（马豆），室沈氏；

　　　　　　→西庚；

　　　　　　→○贤庚；

　　　→成惠（依纳爵）；

　　　→成宪，字静山，（玛弟亚），室蔡氏；

　　　　　　→凤奎，室陈氏。

　　此外，在这一简单世系表里，包含了黄伯禄的一篇小传，若确认此抄
本为黄氏亲笔所为，则可谓是其"自传"：

---

⑪《黄氏家乘》（崇明），木字活体，第1册，残本，堂号：怡善堂，清同治九年（1870）。上海图
　　书馆家谱数据库摘要："此谱为嘉庆十四年之重修本，存册载传记"。上海图书馆藏，索
　　取号：5239/B。
⑫ 原文标记有"○"符号。

　　成亿,字志山,又名伯禄,又名裳,又字斐默,又号绿斐,圣名伯
多禄,道光九年十二月初九日戌时生;二十三年三月弃家行道;咸丰
十年四月十四日晋升司铎,传教于海门、通州、上海、苏州、南京、镇
江等处。后理修院、公学,著有《集说诠真》、《圣女斐乐默纳传》、
《真[13]教奉传》、《函牍举隅》等书行世。

　　该抄本文献除记录黄伯禄家族的"奉教"历史外,还可作为考察晚
清海门地区天主教发展情况的史料。据该文献记载黄伯禄的母亲"终
傅"于道光廿二年九月廿三日"西历十月廿六日,即诸圣瞻礼前六日,杨
铎安德肋来家";又有魏姓司铎"到家于道光廿六年十月,为若翰追思";
另又提及郑姓司铎,"圣名保禄,蒙古人"。[14]
　　在这段记述中,包括了三位晚清时期在海门地区活动的天主教传教
士:杨铎安德肋、[15]魏铎、[16]郑铎。[17]结合其他天主教史料,可以丰富我们
对晚清江南地区传教情形的认识。黄伯禄一家"奉教"虔诚,在宗教生
活中与传教士往来密切,或为黄伯禄"弃家行道"的内在动因。杨姓与
郑姓为华籍司铎,而魏道未(魏道味,Theobald Werner,耶稣会士)于1846
年8月30日到达上海,随后到崇明、海门地区传教,"海门教区教友也
多,几乎全部是由崇明迁来的。他们耕种江水退潮露出的土地,他们分
散在广阔的土地上,以前从来没有欧洲传教士到过。所以,魏神父的到
来激起了民间的波动,可能会给教友带来十分不幸的后果。但是由于

---

⑬ 原文如此,刊行本题名应为《正教奉传》。

⑭ 以上引文皆引自:《崇明县志黄氏谱》,手写本,上海图书馆藏,登录号:94317B。

⑮ 据《通崇会口根由查账》,上海图书馆藏,登录号:94415B。"有杨姓司铎,山东人,道光二
十年来,二十三年去,至二十四年又来,十二月去。"

⑯ "魏道未,西洋人,耶稣会士,道光二十六年来,廿七年四月去,廿九年又来,咸丰三年七月
死,葬于仙景沙。"参见《通崇会口根由查账》,上海图书馆藏,登录号:94415B。

⑰ "郑,蒙古人,道光二十四年十二月来,至二十八年八月去。"参见《通崇会口根由查账》,
上海图书馆藏,登录号:94415B。

魏神父的谨慎和温良，使人家知道圣教是有贡献的。"⑱以上记载也与《崇明县志黄氏谱》这一文献中的内容相互印证。

众所周知，家谱历来是研究历史人物的重要史料。同样的，在中国天主教史研究中，家谱文献也有着重要的史料价值。教会史家方豪曾作《家谱中之天主教史料》一文，介绍了一些家谱中的天主教史料，并探讨"家谱教会史料之应用"问题，其中第一条即"不宜单独运用，须与地方传说、方志、教会史籍、碑铭、遗物等，相互参考"。⑲ 本文就《崇明县志黄氏谱》这一特殊文献的简要研究，是解决家谱中天主教史料问题的初步尝试。

2.《圣心报》上的《黄斐默司铎传》

前文所述《崇明县志黄氏谱》的这一抄本文献，虽有简要的黄伯禄小传，然而并未透露黄氏去世之情况。而黄伯禄神父去世时的情形，也可借一些史料得以窥见。

《圣心报》⑳1909 年 11 月第 11 期的"为亡者炼灵祈求"一栏，刊登了"海门黄司铎伯多禄"的名字，代为亡者祈祷，在面向天主教会内部的刊物上发布了黄伯禄去世的消息，"望主赐之永安，而以永光照之。息止所安。亚孟"。㉑《圣心报》1909 年 12 月第 12 期刊发《黄斐默司铎传》：

司铎黄公，洗名伯多禄，江苏海门厅人，先世奉天主教，由来已

---

⑱ （法）高龙鞶（Aug. M. Colombel, S. J.）著，佚名译：《江南传教史》（*Histoire de la mission du Kiang-nan*），第 3 册（上），第 1 卷，天主教上海教区光启社、辅仁大学天主教史研究中心主编，陈方中审校，新北市：辅大书坊，2014 年，第 106、125 页。

⑲ 方豪：《方豪六十自定稿》（下），第 1917 页。

⑳ 《圣心报》由上海天主教会于 1887 年 6 月 1 日在上海创刊，创办之初，其主编由上海天主教会主办的另一份重要报刊《益闻录》的主编李杕兼任。1911 年李杕去世后，先后担任主编和副主编的有潘谷生、徐伯愚、孔明道、徐允希、沈则宽、张渔珊、王昌祉、丁宗杰、丁汝仁、丁斐等。1887 年 6 月创刊到 1949 年终刊，《圣心报》存续历史长达 63 年，"承担了传扬圣心、宣布圣化的任务，成为一份宗教性报刊，并始终贯彻如一"。参见赵晓兰、吴潮：《传教士中文报刊史》，上海：复旦大学出版社，2011 年，第 275－279 页。

㉑ 《圣心报》1909 年第 11 期。

久。公名裳，号志山，又号斐默，生于道光九年十二月初九日，二十三年四月初五日来上海，入修道院。

性聪明，昭事恒虔，读辣丁文、格物、超性等学，常列前茅，故上峰器之。超性学卒业后，应大考，有问辄对，不稍滞。主教悦之，以达罗玛传教部。部臣入奏，蒙教皇庇护第九，颁赐宝星，镌以"学行兼优"四字。人皆以为荣，而公则秘藏不泄，终身不以示人。有知而索观者，公常游移其辞，卒不示。盖不欲人知也。

咸丰十年四月十三日，晋升司铎，奉派理小修院，授辣丁文，旋又授格物学。后传教于上海、苏州、海门等处，洞庭山向无天主堂，公设法购地购屋，彼方圣域之开，公之功居多。

光绪二年，调回徐汇，理公塾兼小修院。六年，偕倪主教会议汉皋，九江白主教见而重之，自是恒居汇堂，充主教文案。尤致力于著述，所作有《圣女斐乐默纳传》、《正教奉褒》、《正教奉传》、《集说诠真》、《圣教源流合表图》、《训真辩妄》、《圣教理证》、《函牍举隅》、《函牍碎锦》、《圣母院函稿》、《契券汇式》诸书，皆华文；又有西文书五种曰《置产契据式》、曰《中国婚姻例》、曰《中国官制考》、曰《中西历书合璧》、曰《执业律》，久已风行，驰名海外。

公著书必求详尽，疑则查，查而不得，则连日披书，必欲得之而后已。尝谓某曰："后之阅者不问我几月著成，惟谓我能详与否。故予查典不惜费时焉。"公善辞令，亹亹不穷。平日功课有定时，午后安歇数刻，夜则观书至十一下钟始就榻。敬圣母特诚，除大日课经外，又念圣母日课，终身如一日。其理事似过细，必澈底而止。

今年正月，因事赴沪，急步而颠，自是卧床不复起，延至八月二十五日酉刻，寿终于徐汇院中。享年八十有一，自晋铎迄今，适五十载。葬于上海南门外耶稣会坟上。公之华学极博，其超性学亦有过人之明。

呜呼！公虽殁，公之书昭垂不朽矣。②

---

② 《黄斐默司铎传》，载于《圣心报》1909 年第 12 期，第 358－359 页。

这篇简要的传文,虽篇幅不长,但内容丰富。如果将其看作一篇"祭文",似亦不为过,因其情深意长,叙事虽简略而明确,议论虽不多而深刻。此外,这篇传略刊发在晚清江南教区的机关中文报《圣心报》上,扩大了影响力和传播面,甚至影响到以后有关黄伯禄的传记,据其写作内容,大多以此篇为底本。

不过,这篇传略,亦有与《崇明县志黄氏谱》中相互矛盾之处,如黄伯禄离家入修道院和晋升司铎之日期,二者记述略有不同。

此外,这篇传略透露出的最重要信息是黄伯禄"致力于著述",且有"充主教文案"的经历。那么,如果我们将黄氏的一些著作与晚清天主教与中国社会联系在一起,或许会有新的认识。如以《函牍举隅》为例,黄伯禄自序于光绪七年(1881)。此书是为在华传教士与官府信函往来时做一参考,其序云:"教士与当道往来函牍,间有迹涉伸诉控理者,实缘事属切己。职任所关,非好为评讼也。第西士驻华传教,公余之暇,中国书籍,亦尝诵习讲求,惟公文尺牍,向无专本梓行,得资披览,余用是不揣浅陋,摹拟成集,颜曰《函牍举隅》。"[23]黄伯禄在此书中对晚清时期与天主教相关的"教务教案"做出了详细分类,提出了自己的见解,认为西方传教士应在一定程度上尊重中国社会的传统文化和行为准则。

可以说,作为华籍神父,黄伯禄有过实际的传教经验,又具有深厚的传统文化功底,并将此运用到解决具体问题当中去,这对促进中国天主教本地化是十分有益的,也为当今学术界重新审视基督宗教与晚清中国社会的冲突与融合提供了新的视角,值得深究。这也是其受到学术界关注的主要原因之一。

3. 民国天主教文献中的黄伯禄

在黄伯禄去世六年后,上海周边地区天主教信徒自己创办的《善导报》上,发表了一篇"挽黄伯禄斐默氏"的诗词:

---

[23] (清)黄伯禄:《函牍举隅》,"自序",上海:上海慈母堂,光绪三十年甲辰(1904)冬月重印本。

撰述广传,三教每多匡正。

谦和昭著,四海共乐瞻依。[24]

可见在江南地区天主教"教友"的心目中,黄伯禄神父是值得他们纪念的一个人物,这篇挽词从黄伯禄的著述和德行两个方面出发,表达了对后者的敬意和怀念之情。而《善导报》作为一份"公教报纸",在当时的发行量已经很大,"蒙海内同志,来函索寄,遍行二千余册,尚忧不足。实为始料所不及",黄伯禄的声名也借此广扬。值得一提的是,《善导报》中还有类似的"挽词"、"唱和诗"等文章,是了解江南地区教友与神父互动、神父之间交游、本地教会发展状况的绝佳史料。

此外,《善导报》1914 年第 14 期刊有"江南修道院历年升授司铎一览表",该表记录了晚清江南教区修道院创设后,在此学习并升司铎神品的人员之姓名、字号、籍贯、进院时期、晋铎时期。江南教区的修道院自耶稣会士重来之后,于 1843 年 2 月 3 日开课,创设于张朴桥,[25]黄伯禄是进入该修院较早的一批修生之一,他的相关信息亦列入表内。该表后有按语:"按江南修道院自道光二十三年正月创设以来,已有七十年,其曾入此修院而升授司铎者一百十九位,除德、日各一人外,余皆华人。"[26]天主教的传教宗旨在于"导引外教人进入耶稣基利斯督之圣栈",而实现之一宗旨,"须建立修道院,栽培本地之传教人才"。[27]

民国时期,天主教的本地化得到了逐步深化,1922 年刚恒毅(Celso Costantini)被任命为驻华首任宗座代表,他在任内着手推动中国神职人员担任主教职务,并于 1926 年带领六位国籍主教前往罗马,由教宗庇护十一世祝圣。[28] 黄伯禄作为杰出的晚清神父,正是中国天主教化在"国籍神职班"建设上的一大成果。而他曾传教和生活的江南教区也在这一

[24] 雅:《挽黄伯禄斐默氏》,载于《善导报》1915 年第 32 期,第 316 页。

[25] (法)高龙鞶著,佚名译:《江南传教史》,第 3 册(上),第 1 卷,第 55 - 56 页。

[26] 《江南修道院历年升授司铎一览表》,载于《善导报》1914 年第 14 期,第 55 - 63 页。

[27] 徐宗泽:《中国天主教传教史概论》,上海:上海书店出版社,2010 年,第 178 页。

[28] 参见刘国鹏:《刚恒毅与中国天主教的本地化》,"前言",北京:社会科学文献出版社,2011 年,第 7 页。

年发生了大变化，"教宗划分海门代牧区，以该处朱总铎升授第一任主教"，"新代牧区共辖崇明、海门、通州、如皋、泰兴、靖江六县，地在江苏之东南境，长江之入海口"。㉙

中国天主教本地化的此次进步，激发全国上下天主教信众的信心，"吾中国圣教前途有无限之希望焉！"㉚继续发展"国籍神职班"也成为中国天主教界的主要呼声之一。在这种背景下，1938 年的《公教学校》上又出现了一篇黄伯禄的传记，题名为"黄伯禄司铎传略及其著作"，作者来自江西崇仁，署名"尧山"。他在叙述黄伯禄一生事迹之后，将黄氏著作分辩道类、史记类、文牍类、字彚类罗列，并称黄氏诸多著作"大有补益于中华神职班与智识界"。㉛

而到了 1943 年，黄伯禄作为"国籍神职人员"的模范形象，在中国天主教界再次得到发扬。1943 年正值江南修道院成立 100 周年纪念，《圣心报》上刊载了《江南修院百周鸟瞰》一文，文章回顾百年简史后，向天主教内发出呼声，"凡子弟有志修道的，就牺牲子弟，凡有钱财培植修道人才的，就牺牲钱财，使这个百年来的修院事业有更大的发展。"㉜徐家汇大修院在是年编有《江南修院百周纪念》一书，其中为多位华籍神职人员立传，而黄伯禄则是其中特殊的一位。

具体而言，这篇传记以现代白话文写就，文学性颇强，对黄伯禄生平的细节描写生动而入微。如记叙黄伯禄入修道院时的情形，"十四岁的斐默，在私塾受了些初级的教育，蒙主宠召，便于是年（1843）五月四日，进了修院"，评价黄伯禄是"修院成立以来第一批的佳果"。而且，这篇传记塑造了黄伯禄非常丰满的形象，"年少英俊的斐默，不独天资卓越，学业成绩常列冠军，而热心事主，尤为师长同窗所钦佩。经过十年国学、拉丁文学的切磋研究。继上便攻读哲学神学，十七年窗下生活，方始毕业，于一八六〇年六月二日晋升铎品"；黄伯禄内外兼修，著述严谨，"一

㉙ 《通海新传教区之概况及朱新主教之履历》，载于《圣教杂志》1926 年第 9 期，第 377 页。

㉚ 《恭颂六位本籍主教》，载于《圣教杂志》1926 年第 9 期，第 356 页。

㉛ 尧山：《黄伯禄司铎传略及其著作》，载于《公教学校》1938 年第 4 卷，第 22 期，第 431 - 432 页。

㉜ 丁宗杰：《江南修院百周鸟瞰》，载于《圣心报》1943 年第 3 期，第 83 页。

天,他对审查自己作品的某司铎说:'神父,请你不必关心我写述这本书费了多少年月,劳了多少精力,但请你诚实告诉我:这本书是否清楚,因为将来读者不会来管我的费时费力,但求内容是否清楚可靠。为此,我不辞劳瘁,务求达到这个目的。'"

前文曾提到黄伯禄编有《函牍举隅》一书,专为传教士与地方官方信函往来提供参考。而实际上,《函牍举隅》中的案例多有来自黄伯禄的自身经历,这篇传记也透露出了一些信息,"散在各地的诸位传教司铎每与地方官发生难题,辄求助于公,公以书信代为解决者,不知多少,对于传教工作,诚有不可隐没之功绩焉。"这篇传记也描述了黄伯禄病逝前的一些重要举动,"病危时,发愿进耶稣会,至十八日,在徐汇寿终。"在黄氏病逝后,"一九一〇年正月廿二日,姚主教偕同上海各院长,暨四十多位传教司铎,大小修院,耶稣会全体修士,在上海南门外圣墓堂行安葬礼",作者评价道,"从此,著作等身,功业伟大的黄公偕同诸位基多的英雄,等待将来肉身的复活"。㉝ 这篇传记在末尾附有黄伯禄出版及未出版的中外文著作目录,给本文的写作提供了极好的索引和参考。

此外,这篇传记区别于前文所提黄伯禄传记的另一特点,在于它附有"参考书",其中既包括前文已提到的中文传记,也有下文将要论述的西文传记。

二、黄伯禄的西文传略

笔者目力所及,在有关江南地区天主教史的著作中,高龙鞶的《江南传教史》中最早出现了对黄伯禄的记述。高氏是在介绍于 1860 年晋铎的三位修士时提到黄伯禄的,"黄伯禄神父,原籍海门。1860 年 6 月 2 日晋铎,经过三十九年颇有成效的传教工作后,至今健在。"㉞据高氏记述这三位华籍神父都是横塘修院第一年的修士,除了黄伯禄外,还有张

㉝　徐家汇大修院编印:《江南修院百周纪念(1843－1943)》,1943 年,第 51－57 页。
㉞　(法)高龙鞶著,张廷爵译:《江南传教史》,第三册(下),卷三,第 805 页。

若翰神父(Jean-Baptise Tchang)㉟和余伯禄神父(Pierre Yu)。㊱

1.《中国通讯》㊲中的黄伯禄

黄伯禄虽然在耶稣会主持的修道院学习,并晋升为神父在耶稣会管理的江南教区传教,但他只在去世前几个月才发愿进入耶稣会。尽管如此,完整的有关黄伯禄的西文传略,也出现在了法国耶稣会在巴黎出版的 *Relations de Chine*, *Kiang-nan* (Paris)(《中国通讯》)上面。1910 年 7 月份的《中国通讯》上刊登黄伯禄去世的"讣告"。这篇讣告中黄伯禄的姓氏法语拼法使用 Wang,而非常用的 Hoang,对此,作者提醒欧洲读者们注意:"不用感到惊讶,在其他著作中黄神父的罗马拼音姓名可拼为'Hoang'或者'Ouang',这三种拼法其实是一样的。"㊳在这篇讣告中,黄伯禄的身份被确定为"江南教区世俗司铎",即"教区司铎",指黄伯禄不隶属任何修会。讣告正文部分首先介绍了黄伯禄去世的日期,认为黄伯禄的去世是整个江南教区的巨大损失,其他部分和《圣心报》1909 年的传略基本相同。

不过,这篇由耶稣会发布的面向欧洲读者的"讣告",也提到了黄伯禄在与地方官就教务交涉时起到的重要作用,认为他的努力是为在华天主教做出的重要服务。另罗列有黄伯禄中外文著作的书目。㊴但是,与中文传略不同的是,这篇讣告特意提到了黄伯禄去世不到一个月之内,《汉学丛书》(*Variétés Sinologiques*)㊵出版了第 28 号作品,即《中国地震

㉟ 据前引《江南修道院历年升授司铎一览表》:姓名为张星伯,号皆山,圣名若翰,籍贯江苏奉贤,进院时期为道光廿三年十月初二日,晋铎时期为咸丰十年十一月十一日。

㊱ 据前引《江南修道院历年升授司铎一览表》:姓名为余伯禄,号稼珊,圣名伯多禄,籍贯江苏娄县,进院时期为道光廿四年二月初四日,晋铎时期为咸丰十年十一月十一日。

㊲ 该译名参考自(法)史式徽(J. de la Servière)著、天主教上海教区史料译写组译:《江南传教史》,"参考书目",上海:上海译文出版社,1983 年,第 9 页。

㊳ Henry Dugout, "Nécrologie", in *Relations de Chine*:*kiang-nan* (Juillet 1910), p. 612.

㊴ Ibid., p. 613.

㊵ "汉学丛书"是土山湾印书馆历史上初版时间跨度最长的一套丛书,第一本是 1892 年由法籍耶稣会士夏鸣雷(Henri Havret)神父编写的《长江口的崇明岛》,现存最后一本则为 1937 年由华籍耶稣会士张正明撰写的《中文书法和手势》(*L'écriture Chinois et le geste humain*)。参见张伟、张晓依著:《遥望土山湾——追寻消逝的文脉》,上海:同济大学出版社,2012 年,第 35 页。

考》(*Catalogue des tremblements de terresignalés en Chine*, 1909),这部汉学著作中署上了黄伯禄的名字;而且认为,如果黄伯禄不患病的话,他在 1910年就可以完成《日月蚀考》(*les clipses de Lune et de Soleil d'après les livres chinois*, 1925)和《中西新月对照》(*la concordance des Chronologies néoméniques chinoise et européenne*, 1910)。[41]

通过这篇"讣告",我们可以看到《中国通讯》作为耶稣会的通信刊物,它对黄伯禄的认识,既从"教务"出发,也有关注其"汉学"研究成果的一面。

实际上,1904 年 4 月份的《中国通讯》即有一篇与黄伯禄密切相关的文章,题名为"一场庆典"(Un Anninersaire)。在这篇文章,记述了1904 年 1 月 14 日发生于徐家汇大修院小堂内的一场宗教庆典,庆祝江南修道院成立 60 周年。早上 6 时,"可敬的黄伯禄神父主持了弥撒,他是修道院最早奠基人中的唯一存世者"。[42] 这篇文章另配发有一张黄伯禄的坐像,前文提到黄伯禄"讣告"一文的版面也配有此图。

这场庆典,在江南教区中文《圣心报》中亦有记录。兹录其全文:

> 十一月二十七日,徐家汇修道院中,行大庆礼,因为创立修院至今,满六十年了。是日老黄神父,在修院中六下钟行弥撒。姚主教八下钟行弥撒,后唱谢天主经。从前住过这修院的神父和修士,能到的都到了,一起有二十余人。院中大走廊装饰的十分体面。午刻大宴而后散。统计自立修院以来,神父升了八十三个。如今没有死的还有四十三个,内中有钱神父在湖北,其余都在江南传教。[43]

黄伯禄在此次庆典中担任重要角色,也是其在江南地区天主教史中重要地位的一种体现。

而黄伯禄的汉学研究也得到了《中国通讯》的关注。比如 1903 年第

[41] Henry Dugout, "Nécrologie," p. 614.

[42] "Un Anniversaire," in *Relations de Chine*: kiang-nan (Avirl 1904), p. 241.

[43] 《修院庆事》,载于《圣心报》1904 年第 202 期,第 2432 页。

一期的《中国通讯》"杂录"栏目下,摘引了黄伯禄汉学丛书第 21 号作品
《中国行政杂录》(*Melanges sur l'administration chinoise*,1902)中的一部分
内容,即《救护日月食》(*Du Sauvetage du Soleil ou de la Lune dans une
clipse*)。[44] 黄伯禄的《中国行政杂录》主要是对清代中国各种礼仪制度的
研究,而《救护日月食》部分是对钦天监在发生日月食时礼仪问题的研
究,因此得到《中国通讯》的关注。[45]

不可否认黄伯禄的一些汉学研究带有宗教性的目的,他的研究也多
源于传教时的积累。但法国汉学界则更重视它们的学术性,以借此了解
中国的社会制度、风俗民情。黄伯禄作为华籍神父中特别优秀的一位,
他的学术成就,也成为天主教会与中国社会融合的一个例证。黄伯禄其
人则是天主教在文化事业上对中国社会的贡献者。目前已有中国学者
开始重新阅读,翻译和研究黄伯禄的汉学著作。[46]

2. 《通报》中的黄伯禄

1910 年的《通报》上刊出了法国汉学家高第(Henri Cordier)为黄伯
禄写的一篇"讣告"。这篇"讣告"可以看作黄伯禄的一篇小传,内容非
常简短,不过其重点在于列有黄伯禄的著作目录。而且,这篇小传透露
了黄伯禄在学术研究上与西方学者进行互动的信息。[47]

1898 年汉学丛书刊出第 14 号作品,即黄伯禄的《中国婚姻律》
(*Le Mariage Chinois an point de vue légal*)。1899 年的《通报》上"评论简
报"即对黄氏此书加以评论,作者是荷兰汉学家施古德(G. Schlegel)。
他认为黄伯禄这项研究成果"对于法学家大有裨益","我们非常感谢黄

[44] Pierre Hoang, *Mélanges sur l'administration* (Chang-hai: Imprimerie de la Mission Catholique, Orphlinat de T'ou-Sè-Wè, 1902), pp. 91 – 93.

[45] "Du Sauvetage du Soleil ou de la Lune dans une clipse," in *Relations de Chine: kiangnan*, no. 1 (1903), pp. 76 – 77.

[46] 中国地震应急搜救中心高级工程师高继宗先生早已关注黄伯禄对中国地震科学的研究。参见高继宗、苏彦、高山子:《详解法文版〈中国地震年表〉》,载于《城市与减灾》2015 年第 4 期,第 39 – 43 页。

[47] Henri Cordier, "Pierre Hoang 黄柏錄 Houang Pe-lou (斐默 Fei mei)," in *T'oung Pao*, Second Series, vol. xi (1910), pp. 139 – 141.

伯禄神父提供这一研究重大法律问题的著作”。(48) 不过，在这篇书评中，施古德指出了一些翻译问题。

施古德的批评得到了黄伯禄的回应。1900 年《通报》的“通信”栏目收到了黄伯禄的来信，与施古德讨论翻译问题。(49) 在讨论翻译问题之前，黄伯禄回应了施古德“黄伯禄神父皈依了天主教”的说法，黄伯禄在这封信中明确表示自己出生在一个奉教“已七代的天主教家庭”。(50)

在解释过翻译问题后，黄伯禄也表明了自己的治学态度，“如果我们自信于自己的翻译，可它并不完善，那么就可能引导给聪明的读者一个错误”，他认为作为汉学家，“我们在未来的工作中应该更加谨慎，对细节的研究应该更加细致。”(51)

华籍神父黄伯禄以汉学家的身份在国际著名汉学刊物《通报》上表明自己的天主教家族历史，也表达了自己在学术研究上的标准。黄伯禄在新与旧的转换、中与外的沟通中，突破修院书斋，走进了国际汉学界。正如前引《圣心报》上黄伯禄传记所言，黄伯禄的著作“久已风行，驰名海外”。事实也证明如此，1899 年黄伯禄因其《置产契据式》（*Notions techniques sur la propriété en Chine*，汉学丛书第 11 号，1897 年），徐伯愚（法文名 Etienne Zi）(52)因其《中华武科试实则》(53)（*Pratique des examens militaires en Chine*，汉学丛书第 9 号，1896 年），二人同获“儒莲奖”（le prix Stanislas Julien）。(54) 两位华籍神父的汉学研究得到法国汉学界的认

---

(48) G. Schlegel, “Bulletin Critique,” in *T'oung Pao*, vol. x (1899), pp. 87 – 93.

(49) Pierre Hoang, “Une Question de Traduction,” in *T'oung Pao*, Second Series, vol. i (1900), pp. 398 – 405.

(50) Ibid., p. 398.

(51) Ibid., p. 405.

(52) 姓名徐励，号伯愚，圣名斯德望，籍贯江苏吴县，进院时期：咸丰十年十二月十二日，光绪八年七月廿五日。参见前引《江南修道院历年升授司铎一览表》。

(53) 徐伯愚曾任《圣心报》第三、第五任主编，1932 年去世。《中华武科试实则》书名，参考自《〈圣心报〉主任徐伯愚司铎逝世》，载于《圣教杂志》1932 年第 8 期，第 508 页。

(54) *T'oung Pao*, vol. x(1899), p. 327.

可,成为西方学术界研究中国社会的参考来源。⑤

3.《江南教区的华籍神父》中的黄伯禄传记

在法文的中国天主教史料中,尚有一篇黄伯禄神父的传记值得注意。来华法国耶稣会士马德赍(Joseph de Moidrey)1933 年著有 *Clergé Chinois au Kiang-Nan* 一书,书名可直译为《江南教区的华籍神父》。⑥

这本书总共汇集了晚清江南教区 77 位华籍神父的简要传略,第 12 篇是黄伯禄的小传。这些华籍神父的共性是:曾入江南修院,但未入耶稣会。马氏所写的这篇传记,据其文后所记,主要参考了 1910 年《中国通讯》(*Relations de Chine*,1910)中的黄伯禄传记。⑤ 结合时代因素来考察,其写作动因或有二:(1)1933 年正值江南修院成立 90 周年;(2)"国籍神职班"正是彼时中国天主教界讨论的热点。⑧

这反映了中国天主教界培养本地神职人员的内在要求。来华宗座代表刚恒毅 1931 年在意大利神职界传教联合会上说:"目下(中国)本籍传教区的成立,正在步骤安详,有组织,有计划地,向前进行。本籍自立传教区代表传教士多年勤劳的最后成功;也是那些善于指导栽培的修会最大的光荣。"⑨1933 年罗马教廷又祝圣了第二批华籍主教,而到 1936 年,中国全境共有华籍宗座代牧区 13 处,及 10 处宗座监牧区。华籍神职人员的地位提升和队伍的壮大,在天主教界看来"中国之圣教会,可谓已奠其基础"。⑥ 显然,在彼时的天主教会看来,黄伯禄是华籍神职人员中的重要一员。

---

⑤ 如英国汉学家庄延龄(Edward Harper Parker),在其 *China and Religion*(New York:E. P. Dutton,1905)一书中,提及黄伯禄的神学和宗教研究。

⑥ R. P. Joseph de Moidrey, S. J.,*Clerge Chinois au Kiang-Nan*(Shanghai:Imprimerie de T'ou-Se-We,1933)。

⑤ Ibid.,p.19.

⑧ 撒罗底加绿大主教著,刘善富译:《传教区域中国籍神职班的重要》,载于《公教月刊》1934 年第 19 期,第 14 - 15 页。

⑨ (意)刚恒毅:《宗座驻华代表刚恒毅大主教讲演》,北京:公教教育联合会,第 45 页。

⑥ 徐宗泽:《中国天主教传教史概论》,第 174 页。

三、余论：晚清天主教史研究中的华籍神父

行文至此，还必须提到方豪于 1967－1973 年间写就的《中国天主教史人物传》。方豪此书各传记本是以单篇的形式发表在香港《公教报》，后辑成三册。⑥ 方豪书中的黄伯禄传记，就本文的研究对象来说，应是在中国天主教史研究领域被阅读范围最广的一篇。为方豪的黄伯禄传记作一个脚注，也可以说是本文的写作初衷之一。

正如方豪评价黄伯禄时所言，"清末，江南教区，耶稣会与非耶稣会中西司铎，人材辈出，氏为其中之佼佼者。"⑥ 本文通过对黄伯禄中西传略的考述，愈发认同这一论断。其实，较方豪更早的中国天主教史研究学者，也有对黄伯禄的类似评价。上海土山湾印书馆 1927 年出版了德礼贤（Pascal M. D'elia）所著的英文 *Catholic Native Episcopacy in China*⑥（中文名《中华本国主教》）一书，对自 1300 年至 1926 年间中国天主教国籍神职人员的形成和发展做了一个简要的叙述。德礼贤将中国天主教神职人员的发展分为三个时间段：第一阶段是 1300－1844 年，第二阶段是 1844－1926 年，第三阶段以 1926 年六位中国本籍主教的祝圣为开始。德礼贤在举例第二个阶段的成果时，提到了黄伯禄和李问渔，⑥ "在华籍神职人员中，他们中的许多人，如上海不隶会籍的黄伯禄神父，或者上海天主教会的李问渔神父，他们都是非常优秀的汉学家，从事翻译和写作

---

⑥ 方豪：《中国天主教史人物传》，香港公教真理学会、台中光启出版社，第一册，1967 年初版、1970 年再版；第二册，1970 年初版；第三册，1973 年初版。另有中华书局影印版，《中国天主教史人物传》全三册，北京：中华书局，1988 年。此外尚有：全一册，上海：上海天主教区光启出版社，2003 年；全一册，北京：宗教文化出版社，2007 年初版，2011 年重印。

⑥ 方豪：《中国天主教史人物传》，北京：宗教文化出版社，2011 年，第 643 页。

⑥ Pascal M. D'elia, S. J., *Catholic Native Episcopacy in China: being an outline of the formation and growth of the Chinese catholic clergy 1300－1926* (Shanghai: T'usewei Printing Press, Siccawei, 1927).

⑥ 李问渔（1840－1911），名杕，晚清江南教区著名神父，传记参见方豪：《中国天主教史人物传》，第 651－653 页。

书籍,或者管理杂志。"⑥

　　中国天主教的本地化涉及许多方面,其中又以神职人员的本地化最为关键。⑥ 在这种意义上来说,黄伯禄实际上也是中国天主教本地化的耕耘者之一。而以黄伯禄为代表的晚清诸多天主教华籍神父们,更是这一进程中不可或缺的群体力量。中国天主教会华籍神职人员的发展,在 20 世纪初已经成为一个国际性的话题。罗马耶稣会总会长 Woldimir Ledochwski 于 1919 年 8 月 15 日写信给中国江南教区主教,专门讨论在外国教会中国籍神职人员的选择和形成问题。⑥ 他认为:"大量的经过严格选定的信仰坚定的华籍神职人员,对福音的传布有巨大的贡献。"⑥这封信被翻译成英语在美国出版,成为美国天主教界研究中国教会发展的一个视角,也是我们研究中国天主教本地化的切入点。

　　有学者提出中国基督教史研究出现新的趋势,"过往研究的重点基本上局限在晚清和民国,在其中又往往以基督新教为主",⑥即打通中国古代史、近代史,甚至延伸到新中国之后的历史,对晚清及近现代中国天主教史的研究,也日益受到学界的关注。此外,在当代中国天主教史的研究领域,也产生了一个很重要的范式转变:这是一种"向底层的移动",表现在对于一般天主教徒,以及在外省或地方基督宗教社群中工作的传教士的关注。⑦ 对晚清华籍神父的关注,意义或许也在于:探究天主教中国化在"人"这个层面的原因和结果。而黄伯禄作为其中的佼佼者,值得加以特别关注和深入研究。

⑥ Pascal M. D'elia, S. J. , *Catholic Native Episcopacy in China*: *being an outline of the formation and growth of the Chinese catholic clergy 1300 − 1926*, p. 61.

⑥ 晏可佳:《中国天主教》,北京:五洲传播出版社,2004 年,第 71 页。

⑥ *The Choice and Formation of A Native Clergy in the Foreign Missions*(New York: P. J. Kenedy & Sons, 1919).

⑥ Ibid. , p. 2.

⑥ 陶飞亚:《中国基督教史研究的新趋向》,载于《史林》2013 第 2 期,第 105 − 108 页。

⑦ (比)钟鸣旦著,洪力行译,陈聪铭、陈妍蓉校订:《传教中的"他者":中国经验教我们的事》,新北市:辅大书坊,2014 年,第 71 页。

他者与自我

——瑞华浸信会传教士在华战争处境探析

陈　静

【内容摘要】　瑞华浸信会在华传教 60 年间经历了诸多战争。尽管战争造成的社会无序和人心恐慌不可避免地对传教士群体形成威胁，但传教士在历次战争中的不同身份却使其心境与社会境遇有着诸多差别。同时，战争处境的变化也在不断塑造和改变着传教士的身份，使其在"他者"和"自我"之间不断游离。在近代中国的战争中，传教士大多作为西方强权的标签而存在，这种被乡邻甚至自身定义的"他者"身份往往成为传教士在战争中最为普遍的身份认同。太平洋战争爆发，英美等国传教士被关入集中营，成为战争的直接受难者，而二战中立国的身份也并未能够帮助瑞华浸信会传教士摆脱战争给予的苦难，但这份苦难却让其最终完成了"自我"的身份认同。

【关键词】　瑞华浸信会传教士　战争处境　日本

瑞华浸信会（Swedish Baptist Mission）是瑞典来华传教团体的一支。1891 - 1951 年间该会共向中国派出传教士 47 名，主要在山东胶州、诸城和高密一带从事宣教活动。[①]　诚然，在众多西方来华传教团体中，瑞华浸信会的传教势力和影响都是有限的。但瑞华浸信会在战争中的特殊

---

① 殷颖：《我的镂金岁月》，济南：齐鲁电子音像出版社，2010 年，第 200 页。

之处就在于其所属国的弱小对其身份定位的影响,而第二次世界大战期间其"中立国"的定位同样造就了该差会与英美主流差会传教士完全不同的境遇。所以,对瑞华浸信会传教士在华战争处境的分析是对战争中分属不同国度传教士战争境遇的有益补充。之所以用"他者"和"自我"来定义传教士在战争中的身份处境,在于作为外来者,相对生活于其周边的乡邻而言,传教士是天然的"他者",而此种身份在战争中可能被无限地放大。另一方面,同为战争受难者的传教士又可能在战争灾难中成为乡邻的"自我"。如此的身份转化,取决于传教士和乡邻的信任程度,也受到战争参与双方身份的影响。

一、逃亡或坚守:传教士的信任危机

1894 年底,甲午中日战争由平壤和辽东半岛蔓延至山东半岛。为了在鲁传教士的安全起见,各国理事会要求传教士撤往安全地带。此时,瑞华浸信会共有两位传教士在山东活动,即令约翰(J. E. Lindberg)和任其斐(J. A. Rinell)。这一年是令约翰来华工作的第三年,而任其斐刚刚到达一年。这一时期,两位传教士主要依附于在黄县和平度宣教的美南浸信会(Southern Baptist Convention)。[②] 此时,该会虽然已经在胶州开展宣教工作,但并未有明显成效。战争爆发之后,平度美南浸信会的谢万禧牧师(W. H. Sears)等邀请瑞华浸信会传教士一起到烟台避难。1895 年 2 月 5 日,八位传教士和他们的六个孩子从平度出发前往烟台,并于 8 日安全到达。不过,一群人却在短短的四天里经历了各种磨难。除了极低的气温、凛冽的寒风以及没法找到歇脚之处以外,传教士们更是遭到途经村落居民的驱赶。他们敲击着各种器物,并点燃大炮以吓走这些外国恶魔。[③] 可以说,任其斐等人在这次战争中所遭遇的灾难,除

---

② J. E. Lindberg, *Kinaminnen och fltupplevelser* (Stockholm: Ernst Westerbergs Boktr. -AB. 1948), p. 81.

③ "Escape to China" (1895), Lennart John Holmquist, *Foreign Devils-A Swedish Family in China*: 1894 *to* 1951, 2015 - 12 - 13, http://www.switzerland-traveler.com/Family-Archives/Rinell-Book/006-Table-of-Contents.htm.

了不可抗的自然因素之外,还在于其"他者"的容貌和身份。当时的乡村民众对于国外尚没有具体的概念,将长相特殊的人都称为外国人,甚至认为这些长着大鼻子的人是正在与中国兵戎相见的日本人。④

如果说传教士在甲午中日战争中是旁观者的话,那么德国侵占胶州湾和随后爆发的义和团运动便将传教士推向了风口浪尖。德国侵占胶州湾一事,对于任其斐等人而言,是德国和中国人的战争,他们仍旧是旁观者。但是,因为战争蔓延至胶州,危及到当地民众的切身利益,所以对德国人愈加仇视,而对于国籍概念模糊的当地乡民而言,任其斐等人与德国人不存在任何差别,并自然地将其归类于侵略者的行列。

1897年11月20日,当令约翰完成巡回布道回到胶州时,发现胶州已驻扎了二三百名德国士兵。传教士们清楚地意识到,必须在这场战争中保持局外人的身份,否则便会招来诸多麻烦。但是,尽管极力避免,他们终究还是被拉入了一场当地人因为此次战争而发起的没有硝烟的信任之战。当地反对者指责德国人进占胶州是由于任其斐和令约翰的传教活动,更有人坚持认为是他们带领德国士兵到了胶州。传教士们担心如果这些谣言被胶州市民接受的话,将会严重威胁到他们的生命安全,于是极力向当地民众证明谣言的虚假性。不过,传教士们利用几年时间努力在民众中建立起来的些许信任终究还是因为德国士兵的入侵而变得支离破碎。本来就困难重重的传教事业陷入更深的危机之中,尽管传教士们努力工作,但是仍旧收效甚微。⑤ 令约翰曾经回忆说:"我们感觉到民众之间有着神秘的表情并窃窃私语,但却不知道到底是什么。如果是现在的话,他们应该会告诉我们,因为他们对我们的信任增加了。"⑥很显然,令约翰清楚地意识到当时的处境在于传教士和当地民众之间的信任感太过薄弱,而绝大部分原因在于传教士的"他者"身份。当1948年令约翰写下这段话的时候,他相信50余年的相处已使其与当地民众

---

④ Ibid.

⑤ "Germans Take Tsingtao and Kiaohsien" (1897), Lennart John Holmquist, *Foreign Devils-A Swedish Family in China: 1894 to 1951*, 2015 - 12 - 13, http: //www. switzerland-traveler. com/Family-Archives/Rinell-Book/006-Table-of-Contents. htm.

⑥ J. E. Lindberg, *Kinaminnen och fltupplevelser*, p. 95.

建立了完全的信任。且不论在民众意识里令约翰是否已经不再是"他者"，但是在令约翰的心目中当地民众已是"自我"了。

二、"他者"的灾难：排外事件中的传教士

瑞华浸信会传教士在华期间曾经历了多次排外事件并深受其害。在这些事件中，作为"他者"的传教士成为攻击目标甚至遭受生命安全的威胁。在此状态下，传教士们只能积极向本国或其他西方势力寻求救助，而这更加凸显了传教士他者的身份。本节试以义和团运动、五卅运动和北伐战争期间的排外事件对此问题进行简要论述。

义和团运动期间，大量传教士和教民被杀。一时间，紧张和恐怖的气氛再次笼罩于传教士周围。在此期间，任其斐收到潍县发来的电报："潍县已被攻破，传教士逃走，但是义和团穷追不舍，明晚高密的铁路将会被毁，接下来就是胶州。"收到电报之后，任其斐等人简单收拾了行李连夜逃往青岛。在路上，得到德国士兵的援助并于1900年6月29日顺利抵达青岛。所幸的是瑞华浸信会传教士并无伤亡。一个月之后，返回胶州的传教士欣喜地发现他们的房屋并未被破坏，中国教民也没有受到迫害。其实，到1900年为止，瑞华浸信会只有六位信徒，[⑦]而且并无教堂或礼拜堂，如此小的群体并不足以引起匆忙行军的义和团的重视，这可能是该会能够躲过此劫的原因。

面临义和团的进攻，浦其维等人仍然选择坚守。经过甲午中日战争的洗礼，他们对于邻人间的信任有了更多的自信。安娜回忆道："我们的领事再三要求我们撤退到芝罘，在那里可以受到美国炮舰的保护。然而，我们仍对日本人打过来时曾有的幸运记忆犹新，希望这次骚乱也能够很快过去。我们对自己的中国邻人的友善很放心，不喜欢那种在中国

---

⑦ "Boxer Rebellion"（1900）, Lennart John Holmquist, *Foreign Devils-A Swedish Family in China：1894 to 1951*, 2015 - 12 - 13, http：//www. switzerland-traveler. com/Family-Archives/Rinell-Book/006-Table-of-Contents. htm.

基督徒的生命有危险的时候离开他们的想法。"⑧但是,传教士们的乐观却因邻人的刻意回避和冷漠而逐渐消散。他们开始发现,"人们的态度有了明显变化。我们的非基督徒学生们都要求回家,说是想看望生病的奶奶。当我们每天按惯例散步时,惊讶地发现以前那些总是微笑着打招呼的面孔,突然变得惶恐失措了。"⑨在义和团看来,传教士是攻击和消灭的对象。但是在邻人们的心目中,传教士仅仅是受到攻击的他者,所以敬而远之以求自保,没有必要为着与他者的友好关系而危及生命。正是义和团的攻击和民众的漠视最终将传教士推向孤立的境地,幸而传教士可以借着西方势力寻求保护,从而免于被残杀的命运。

五卅惨案发生时,刚到中国不久的司德馨(Doris Strutz)正在北京学习中文。⑩当时五卅惨案的消息被各大媒体争相报道,而一时间席卷各地的学生运动更让她印象深刻。⑪此时,学生游行针对的是五卅惨案的直接参与者日本和英国,所以司德馨依旧是局外人的心态,甚至到街上参观示威游行的队伍。所以,当在旅途中遭遇中国人力车夫的拒载时,她仍旧极力地解释自己是瑞典人,而非英国人。⑫此时,尽管司德馨以局外人的身份自居,但在中国人看来其不仅是"外来者",更是抵制的对象。但是,随着学生运动进一步高涨,司德馨对于局外人的自我身份认知开始发生改变,"当我在写这封信的时候,我还能听到街上学生的喊叫,可能新一轮反对英国和日本的游行又要开始了。看起来,中国并非仅仅希望谈论上海的事情,他们想要的是谈论与外国在华势力相关的所有事情,并希望摆脱所有的外国统治。这个要求的确是公平的,但是中国是否足够成熟到来处理这些事情是值得怀疑的。政府毫无控制力,现

---

⑧　安娜·普鲁伊特,艾达·普鲁伊特:《美国母女中国情——一个传教士家族的山东记忆》,程麻等译,北京:中国文史出版社,2011年,第115页。

⑨　同上,第116页。

⑩　Letter from Doris to her parents(May 28,1925). 本文引用的包括此信在内的司大卫(Eric Strutz)和司德馨(Doris Strutz)夫妇的信件由其子Bertil Strutz提供。Bertil Strutz出生在中国,后随父母回国,现居瑞典。作者在此对Bertil Strutz提供有关资料再次表示感谢。

⑪　Letter from Doris to her parents(June 5,1925).

⑫　Letter from Doris to her parents(June 20,1925).

在真正控制国家的是学生。但是,就长远来看,这是不可能的。将来在这里的工作可能非常困难。"[13]对于到达中国尚且不足一年的司德馨而言,不太可能对中国的现状和民众的心理有着如此深刻的认知,这些判断和观点很可能来自本会的传教士或者报刊的评论。换句话说,这种观点已经成为传教士内部的一种共同认知,即五卅运动的发展态势最终会影响传教事业的发展。此时,在中国民众的心目中,传教士是帝国势力侵华的组成部分,当然也是侵害中国主权的他者,这是传教士成为攻击目标的主要原因。与义和团运动相比,传教士在五卅运动期间面对的攻击者不再是少数动乱的团民,而是绝大多数的中国民众。不过,此时的传教士并不存在生命安全的威胁,而这种局面被北伐战争时期的排外所打破。

　　在日益高涨的民族主义和爱国主义情绪的影响以及党派势力的推动下,参与北伐的将士屡次制造反基督教事件,而北伐军攻克南京之后制造的暴力排外的"南京事件"[14]将此推向顶峰。在此之后,传教士们因为生命安全的威胁而变得愈发紧张。1927 年 4 月 2 日,在司大卫夫妇的家书中讲到他们切实存在的危机感,"南京和上海已经被北方给丢了。美国公使要求所有的美国人到安全的地方,比如青岛。学校被迫关闭。我们将会发生什么呢? 没有军舰等着接应我们,如果一旦有任何事情发生,我们会逃到日本去。"[15]南京事件血淋淋的教训使得传教士们更加担心在中国的处境,并为自身的安全积极寻求出路。为了保护侨民的安全,各国将军舰驶入中国内海。面对日本派兵进驻山东一事,司大卫指出,"这意味着我们会更加安全,但是从另一方面来讲,这也使中国人对外国人充满更多的敌意。应该逃到日本吗? 我们必须认真考虑一下这

[13] Letter from Doris to her parents (July 11,1925).

[14] 南京事件是指 1927 年北伐军队攻占南京时的暴力排外事件。南京城内和下关的外国领事馆、教堂、学校、商社、医院、外侨住宅均遭到侵犯和洗劫。金陵大学副校长文怀恩(Dr. J. E. Williams,美国人)和震旦大学预科校长(意大利人)遇害。另外,外国侨民死亡人数为英国两人,美、法、日、意各一人。美国受伤三人,英、日各两人受伤,另有英舰"绿宝石"号上的一名英国水兵在江右军发炮还击时阵亡。外国领事馆和侨民财产损失难以计数。

[15] Letter from Doris and Eric to her parents (April 2,1927).

件事情。"⑯可见,尽管司大卫认为日本兵的进驻会保护传教士的安全,却也担心外国势力的进驻会招致中国民众更多的敌意。在司大卫看来,日本是保护传教士安全的"自我",中国民众成为制造威胁的"他者"。即使在"济南惨案"发生之后,司大卫仍然认为日本进驻山东是其生命安全的保障。⑰ 很显然,司大卫做出此判断的前提预设在于将日本视为"自我"。当然,在生命安全面临严重威胁的战争年代,未曾顾及异国民众的民族情感而倾向于"自我"的势力是极为合理和正常的选择,所以我们无以苛求古人。不过,就中国民众而言,这种选择已使其彻底完成了向"他者"的转变。

三、战争的中立者:日本侵华时期的瑞华传教士

目前学术界关于侵华时期基督教史的研究已有部分成果。只是学者对抗战时期传教士的研究大多集中于战争发生当下传教士对战争的见闻,或者传教士在抗战时期的社会救济和政治活动。如此便忽略了基本的事实,尽管日本侵华长达八年时间,但中国特定区域内发生战争的时间和规模都是极为有限的。所以,传教士要面对的往往不是战争当下的生命威胁,而是如何在日伪统治区内生存和传教的问题。在分析太平洋战争之后沦陷区传教士的遭遇时,学者大多关注英美传教士的集中营生活,而忽略了归属战争中立国传教士的境遇,而瑞典传教士便是其中一个群体。因战争中立国的身份,瑞典有权利保护其在华侨民免受集中营生活的苦难,从而导致了瑞典传教士在抗日战争期间与英美主流传教士完全不同的境遇。

1. 险境求生:瑞华中学在抗日战争中的命运

瑞华浸信会所办的学校都以"瑞华"命名,称瑞华小学或瑞华中学,而瑞华中学是瑞华浸信会在山东创办的唯一一所教会中学,地点在胶县

---

⑯ Letter from Eric to Doris' parents (June 3,1927).

⑰ Letter from Doris to her parents (May 27,1928).

城内。瑞华中学起源于 1900 年该会创办的瑞华男子小学和 1903 年创办的瑞华女子小学,并分别于 1910 年和 1909 年附设初中班。1929 年,为了达到国民政府的立案要求,瑞华男子和女子中学合并为瑞华中学。1932 年,政府批准瑞华中学立案,称胶县私立瑞华初级中学。可以说,在日本进入胶县之前,瑞华中学的发展之路尚属平稳,但 1938 年日军进入之后,瑞华中学的平静从此被打破。1938 年 1 月 15 日,日军进驻胶县县城。[18] 瑞华中学随之关闭。1938 年 5 月,受日方控制的胶县县政府成立,高尚文任县长,标志着胶县进入日伪统治时期。此时,传教士的任务是如何在日伪政权控制之下继续瑞华中学的教学工作。

在讨论这个问题之前,我们先来看看传教士所面对的对手。在全面侵华之前,日本曾对西方在华文化事业进行过三次调查,并分别于 1925、1929 年和 1938 年公布了调查结果。[19] 由于此时日本尚未控制山东,所以三份对胶东区域的调查报告仅限于青岛市区或者实力和影响较大的教会学校,而规模尚小的瑞华中学并未出现在调查报告之中。日本侵占山东之后,重新对辖区内的教会学校进行了详细的调查统计。在《山东省胶县教会设立各级学校状况表》中也未曾出现瑞华中学的信息。该文件解释称“瑞华中学尚未恢复,无从查填”。[20] 那么,瑞华中学的命运真的如调查报告所说的关闭不在了吗?

1947 年 1 月,瑞华中学校长王华亭在报告该校于敌伪时期的办理情形时讲述该校在抗日战争时期的经历:“事变肇使,本校仍持旧度,勉强结束 26 年度上学期课程,至寒假期间,日军侵入胶城,人心惴栗秩序紊乱,全城妇孺纷纷逃入校内,校舍改为妇孺收容所,数月无法开学,致

---

[18] "Japanese Take Tsingtao and Kioahsien (1938)," Lennart John Holmquist, *Foreign Devils-A Swedish Family in China*: *1894 to 1951*, http://www.switzerland-traveler.com/Family-Archives/Rinell-Book/006-Table-of-Contents.htm (2015 年 8 月 4 日)。

[19] JACAR(アジア歴史資料センター)Ref. B10070611600、昭和 4 年 11 月,欧米人ノ支那ニ於ケル主ナル文化事業(外務省外交史料館);JACAR(アジア歴史資料センター)Ref. B10070615900,昭和 13 年 3 月,欧米人ノ支那ニ於ケル主ナル文化事業(外務省外交史料館)。

[20] 胶县县公署教育科:《山东省胶县教会设立各级学校状况》(时间不详),山东省档案馆藏,J101/09/1012/001。

使停顿两学期。至二十八年二月,日人展开奴化教育,本校因鉴青年歧路之危,遂经与校董商定,召集原有教员学生进行复课,为求掩护潜隐,更名为瑞华圣经学院补习班,在瑞典人任汝霖为院长之下,以谋对外策应,内则堵塞校门别开小户,以避通衢招目,改体育场为农田,免资敌用,千方计避不与敌人发生纤微关系,既不接受敌伪法令,亦从未参加其政治活动。"㉑

这份报告写于国民党接收胶县之后。校长王华亭的描述既要显示学校在日伪办学中的困难,又要划清自身与日伪的界限。在当时政权交替的状况之下,任何在敌伪时期存在的机构都会担心被定性为"汉奸"。所以,王华亭在报告的最后着重强调与敌伪的抗争行为。至于瑞华中学的状况,根据王华亭的描述,该校并未关闭,而是在瑞华圣经学院的掩护下继续办学。1939年,校长王华亭以开办补习班为名私下召集学生复课。学校复课后,将原来的教室做出调整使得瑞华中学与瑞华圣经学院毗邻而立。两个学校使用共同的老师,但对外统一称为瑞华圣经学院。

为什么选择圣经学院作为掩护?其一,瑞华中学以瑞华圣经学院的身份出现得以摆脱国民政府私立学校的身份,从而被列入瑞典国财产。这在太平洋战争爆发之后显得尤为重要,作为中立国,瑞典有权保护本国侨民的人身和财产安全。其二,圣经学院的身份也使瑞华中学免于接受日伪教育,所以该校在抗日战争期间所授课本均为国民党时期的教材。可以说,瑞华圣经学院是瑞华中学得以在抗日战争期间继续开办的最有效的保护者。

尽管避开了日伪的奴化教育,但瑞华中学并未成为日军统治下的世外桃源。尽管不能对该学校予以取缔,但日军方面对其统治区域内存在的这所学校仍旧存有极高的戒备和防范心理,所以突击检查也就成为其监控该学校的重要手段。该校学生回忆当时学校的处境:"由于当时瑞典为中立国,又挂圣经学院的牌子,以宗教做掩护,校长王华亭和全体教职工含辛茹苦,外和日伪政府周旋,内要组织学生学习,安排管理好食

㉑　瑞华中学:《关于私立瑞华中学在敌伪时期办理情形及工作经过省政府与胶县政府的来往文件》(1947年1月),山东省档案馆藏,J101/12/0206/003。

宿,步履维艰地维持着这所学校的存在,几年间幸未发生大的意外。有一次青岛特别市胶州办事处日人处长佐多率随员数人,以视察为名,来瑞中进行干涉。经有关校方多方庇护,瑞典牧师任汝霖出面接待,全体师生员工沉着应付,终化险为夷。"㉒从这段描述可以看出,瑞华圣经学院最大的麻烦来自于当地的日伪政权,而鲜少受到日本军方的侵扰。除此之外,经济上的拮据更对其传教工作和生活产生了无处不在的压力,而这也是战争中所有人都必须承受的苦难。㉓尽管面临种种困难,瑞华中学在战乱中艰难度日,甚至还扩大了学校的规模。据统计,1943 年 9 月瑞华中学开学时,学校有大约有 55 名新生。㉔1943 年新生于 1946 年毕业,成为瑞华中学第 32 届毕业生,共有学生 46 名,㉕是瑞华中学毕业生最多的一届。

可以说,日本侵占时期的瑞华浸信会虽然面临重重困境,但是却凭借其中立国的背景免于被日军侵占,该会的传教士也因此免于被监禁的厄运。在此期间,该会传教士和传道人等负责人积极与日伪政权周旋,努力推进教会的各项事业稳定发展,并成功地维持了该会瑞华中学的正常开办,培养了一批优秀的学子。太平洋战争爆发之后,英美各国传教士被关入集中营,唯一的原因在于他们是交战国的子民,在这一点上他们似乎承受了比中国民众更加惨重的压迫。尽管瑞华浸信会的传教士因为战争中立国国民的身份而免于承受如其他传教同人悲惨的命运,但是他们却始终未曾远离战争所带来的伤痛。

2. 战争伤痛:不了了之的外交纠葛

尽管有着诸多外交条款的保护,但瑞典传教士仍旧未能在此战争中

㉒ 陈显宗、王呈五:《胶县瑞华中学拾零》,载于《胶州文史资料》第 13 辑,胶州市文史资料委员会 2000 年编印,第 73 页。

㉓ 高维仪:《我所知道的私立瑞华中学》,载于《胶州文史资料》第 4 辑,胶州市文史资料委员会 1989 年编印,第 97 页。

㉔ Lennart John Holmquist, *Foreign Devils-A Swedish Family in China: 1894 to 1951.*

㉕ 王华亭:《为呈送本县私立瑞华初级中学三十二届毕业生表册恭请核备由》(1947 年 10 月 18 日),山东省档案馆藏,J101/12/206/01/001。

全身而退,而在诸城工作的瑞华浸信会传教士令约翰的遭遇便证实了社会在战争无序状态下所呈现的传教士苦难。1941 年 11 月 1 - 2 日,一个普通的周末,一队日本士兵闯入了令约翰所在的诸城瑞华浸信会。11月 4 日,令约翰用近乎愤怒的笔触向瑞典驻华公使报告了这个恐怖周末的遭遇。

致瑞典国王陛下公使

阁下:

满怀敬意地向您报告 1941 年 11 月 1 - 2 日,一队日本兵闯入诸城瑞华浸信会的事件经过。近四十年来,无论是中国军队或是土匪从未有闯入瑞华浸信会布道站的状况发生。自从与日本的战争发生以来,也从未有日本兵闯入。但是,这件事情却如以下所描述的那样发生了。

一队日本兵从南面过来,停在了布道站门口。骑在马上的指挥官和士兵试图进入我们的布道站。但是,他们看到了张贴在墙上的布告,这是一份 1937 年瑞典公使馆宣称此布道站为瑞典财产的申明,并附有红笔书写的中文翻译。另外,1938 年 2 月 1 日,日本最高指挥官也下发了禁止日本军人破坏瑞典教会财产的命令。在此之前,这些文件受到每个人的尊重。

尽管我礼貌地表示了抗议,但指挥官骑着马进入了院内,并在路过门口时用马鞭抽打了两下我的脸。然后,他跨下马,他的随从也随之进入院内。之后,他拔出军刀威胁我。我的妻子看到这一幕,急忙从屋子里跑了出来,却被一位军官用枪顶住了胸膛。然后,他们用英语辱骂我们是间谍,并且用一根棍子又推又打又撞地把我们赶出了院子。他们就是这样野蛮地对待我们这些 70 多岁,头发斑白的老人。我们在中国生活的 38 年时间里,一直都受到当地人的尊重。在第二天,这些日本兵离开之后,邻里纷纷起来安慰我们。

那天晚上,五名军官把我们赶出了卧室。他们占据了教堂、我的办公室、我们的餐厅、厨房、五间教室和其他一些建筑。我们最终成功地阻止他们进入我们的孤女院。他们没有抢劫布道站,但是带走了一些小东西,并且把我们的房间和院子弄得乱七八糟。但是,并非所有人都是残忍无情的。一位年轻军官握着我妻子的手说,他们也是迫不得已才这样粗鲁地对待我们。

不知可否烦请大使向日本当局提出恰当的抗议,以保证我们在山东的教会不会再受到如此粗鲁的攻击。我们也不希望这件事诉诸报端被大众所知晓。

敬礼!

令约翰(J. E. Lindberg)[26]

中国　上海

从令约翰的信中可以看出,作为中立国的瑞典,在战争之初便竭力维护本国的财产和侨民的安全,并与日本政府达成协议,而这些协议也在战争期间很好地保护了瑞华浸信会的财产和传教士的人身安全。但是,战争的特殊之处就在于它可以导致社会所有元素的非常态存在和发展,而令约翰和瑞华浸信会所遭遇的这次屈辱性侵犯便是战争带来的非正常事件。从这一队日本士兵的行为来看,这次侵犯更像是一次借住行为。正如信中所陈述的那位年轻军官的话语,这次侵占是一种迫不得已的行为。当然,作为军人的他们自然能够明白闯入中立国所属领域可能引起的外交麻烦和由此而来的军事惩罚,但是他们应该迫切需要一个较大的休整场所,而诸城瑞华浸信会显然是最好的选择。当然,日本兵始终怀有顾虑,在借住的一晚期间,他们没有对教会进行破坏和掠夺。可以说,尽管教会受到了侵犯,但是中立国的身份和与日本的协定仍旧保证了他们基本的人身安全。

那么,为什么令约翰最后决定写下这封信并递交瑞典驻华大使。首先,自己和妻子受到了威胁,特别是鞭打,这对于一直受人尊重的令约翰而言是极大的羞辱。马鞭对令约翰的自尊和精神的伤害要远远大于身体的伤痛,所以他将这段遭遇详细地记录在信件之中。这封信看起来更多的是令约翰愤怒甚至是委屈的表达,而将这次遭遇告知公使可能是

---

[26] J. E. Lindberg, *Kinaminnen och fltupplevelser*, pp. 136 – 138.

最为有效的抒发途径。但是,在信的结尾,令约翰叮嘱大使不要将这件事情公之于众,他担心的自然不是瑞典和日本两国的外交关系问题,而是不希望将自身受到的凌辱告知社会,既而造成第二次的精神伤害。其次,对于一个在地方上受人尊敬的长者而言,受到凌辱的令约翰必须采取措施,挽回其在当地人心目中的形象,并且向民众表明作为一名瑞典传教士,他有能力对日本士兵的羞辱提出反抗。

　　笔者并未在日本的外交档案中找到关于令约翰事件的交涉文件。但是,瑞典驻华公使普里布很快回复了令约翰的信件,并宣称已经就此事与日本方面进行了交涉。

　　　　非常荣幸收到您 11 月 4 日的来信。我希望可以对你们所受到的侮辱性攻击表达我最深切的同情和慰问。
　　　　我已将您的信件副本交到瑞典驻东京大使馆,请他们向日本相关机构提出抗议,并且从日本军方获得不再攻击任何瑞典传教士的保证。
　　　　　　　　　　　　　　马特·普里布(Malte Pripp)㉗
　　　　　　　　　　　　　　1941 年 11 月 14 日,上海

　　显然,这是一封非常官方的回应信件。除表示关切之外,普里布对此事件的唯一处理举措便是将令约翰的信件交由瑞典驻日本大使处理。其实,这样做是违背常态处事原则的。首先,瑞典驻华公使与瑞典驻日公使属于平级关系,普里布无权直接将此事件交由瑞典驻日大使处理。普里布只能将此事报告于瑞典外交部,再由瑞典外交部向瑞典驻日大使提出处理此事件的要求。所以,普里布的此次传递信件属于越权行为。其次,这件事情发生在中国,理应由瑞典驻华公使普里布解决,他需要与中国政府或者日本军方沟通此事件。其实,作为外交官的普里布完全明白其中的规则,但是他为什么要如此处理此事? 这或许与瑞典公使在当时中国的处境不无关系。

㉗ Ibid., pp. 138－139.

此时,瑞典驻华公使馆所在的上海处于沦陷区,而瑞典正承受日本和轴心国要求承认汪伪政权的压力之下,这也迫使其在汪伪政权和南京政府之间做出抉择。㉘ 这一事件发生于沦陷区,如果与中国政府交涉,那么普里布只能选择汪伪政权,显然他不愿意因该事件与汪伪政权建立事实上的关系。但是,直接与日本在华军方接触面临的压力和困难更为复杂。所以,尽管不符合程序,普里布最终决定将此事直接交予瑞典驻日大使处理。另一方面,普里布自然明白这是一次相当微小的外交事件,而且当事人的生命和财产并未受到损害,加之当事人也不希望将此事公之于众。所以这件事情的当务之急便是对传教士个人情绪的安抚,所以公使在第一时间对令约翰的信件做出了回复,而并非在得到日本方面的答复之后。令约翰的回忆录中,对此事件的描述以普里布的这封回信作为终结。可以猜测,令约翰在此之后,再无收到公使关于此事件的任何答复。也就是说,这件事情的最终结果,只能是瑞典驻日大使向日本方面提出抗议,存在于文字外交的层面,而传教士令约翰所受到的凌辱也只能不了了之。

随后传教士受到凌辱这件事情在当地民间得以流传,直到被莫言写进其小说《丰乳肥臀》。在莫言的小说中,主人公上官金童生身父亲马洛亚,这位在高密生活的瑞典传教士,在抗日战争期间受到当地"别动队"的凌辱之后最终自杀。当然,现实中的令约翰尽管受到了同样的创伤,却并未选择小说中马洛亚的悲惨结局,尽管他希望借助驻华公使为自身和家人讨回公道,但因为瑞典国的弱势外交而最终作罢。

四、结　语

当瑞华浸信会的三位先贤在此地域开展传教活动时,甲午中日战争尚未爆发;胶州湾并不属德国管辖,胶澳租界尚未建立,胶济铁路并不存在;8 年之后,义和团运动爆发,传教士被迫逃亡青岛避难;22 年以后,日

㉘ 何铭生:《并不"一切如常":抗战时期丹麦和瑞典对华外交政策的比较研究》,载于《抗日战争研究》2015 年第 1 期,第 89 页。

本第一次侵占青岛,再次使胶州卷入战争;1920 年代,胶州—诸城—高密无可避免地被卷入中国的漩涡之中;1938 年,日军占领了瑞华浸信会宣教的所有区域,并开始了在此长达七年的殖民统治。可以说,瑞华浸信会在华传教的 60 年间经历了诸多的战争。尽管战争造成的社会无序和人心恐慌不可避免地对传教士群体形成威胁,但是传教士在历次战争中的不同身份却使其心境与社会境遇有着诸多的差别。

当然,战争中的传教士并非孤立存在的群体,他们必然与战争的中国社会和民众产生接触。那么,战争究竟对传教士和周边民众的关系产生了怎样的影响? 在笔者看来,此种关系的衡量尺度在于“自我”与“他者”间彼此信任的程度。在传教士和中国邻里的意识中自然而然地存在着“自我”与“他者”的区别。战争带来的恐怖气氛会在一定程度上加深彼此间对两者差别的认定,从而使得双方间的信任下降,甚至互相怀疑和猜忌。当然,信任下降的程度也受到诸多方面的影响。首先,双方间关系的亲密程度。如果双方在非战争状态下既已建立了良好的互相信任的关系,那么在战争状态下的猜忌便相应淡薄,对于两者差别的认定也会更小。相反,如果双方本已存在互相怀疑和猜忌的关系,那么战争状态会使双方间的关系迅速恶化。其次,传教士在战争中的身份问题。如果传教士所属国是战争的发起者,那么周边民众对于传教士的信任和态度必然会直线下降。但是,如若传教士同样是战争的受害者,那么民众对其的态度会相对和善。从另一方面来讲,战争的压力在一定程度上也会削弱彼此对于两者差别的认定。传教士在战争中对难民的庇护和照顾使得诸多的难民对传教士的猜忌和芥蒂消失,甚至接受基督教信仰,而战争期间瑞华浸信会信众显著增长便是最好的例证。

何为中心？

——中国基督教史研究理论述评

王德硕

【内容提要】 理论阐释是中国基督教史研究基本方法之一。本文旨在爬梳中国基督教史研究的主要理论模式。本文认为，中国基督教史的理论模式主要经历了"西方中心论-中国中心论-去中心论-后中心论"的嬗变，但却并非线性的变化，而是相互影响，每个"中心论"之下都有目前流行的理论模式。

【关键词】 中国基督教史 理论 中心

目前中国基督教史研究有两大基本方法，一是实证法，利用文献、口述、视觉等等史料对历史问题进行考证，以期还原历史真貌；二是阐释法，在实证的基础上，运用某种理论对某一历史问题进行分析。阐释法的宗旨"不在于对历史事实进行实证的描述，也不在于简单地说明各种事件之间的因果联系，而是对这些事件进行阐释，以使我们能够从更为宽广的背景下来理解某个特定的人物，时间，或是某一种史料。阐释的方法在于赋予历史事件以意义和价值"。㉙ 在北美研究中国基督教史的两大学统之中，耶鲁学统具有通史传统，所以比较重视中国基督教史的

㉙ （比）钟鸣旦著，马琳译：《基督教在华传播史研究的新趋势》，载于《基督教文化学刊》（第二辑），北京：人民日报出版社，1999年，第255－256页。

分期问题,而哈佛学统则重视理论阐释,从而提出了许多理论模式。㉚
阐释法是北美学者的典型治学取向,近些年来也被中国学者所借鉴。本
文旨在爬梳中国基督教史研究的主要理论模式,㉛本文认为,这些理论
模式主要经历了西方中心论、中国中心论、去中心论和后中心论的嬗变,
但却并非线性的变化,而是相互影响。

一、西方中心论

西方中心论是一个理论范式,其中包括多种理论模式。西方中心论
是近代西方长期领先于世界在学术上的一种反应。传教运动是西方向
非西方世界进行文化输出的主要载体,由此引发了文化相遇。中国是传
教运动的重要的输出地,中西文化的相遇也成为永恒的问题意识。由于
最早研究中国基督教史的是西方人,所以,西方学者率先提出了带有时
代烙印的"西方中心论"理论范式,这其中包括西方冲击论、冲击—回应
论、传统—现代论和帝国主义论等理论模式。

1. 西方冲击论

西方冲击论是马士(Hosea Ballou Morse)在《中华帝国对外关系史》
(*The International Relations of the Chinese Empire*)一书中所运用的。西方
冲击论不仅仅是中国基督教史领域所特有,而是西方学者对中国近代历
史(从鸦片战争以来)的总体性观点。西方冲击论是指近代中国历史是
在西方的冲击下发生的,中国近代史就是"西化"的历史。换言之,中国
近代史就是西方历史在中国的延伸。

㉚ 参见拙文:《薪火相传:北美中国基督教史研究的学统述评》,载于《宗教与美国社会》(第
12 辑),北京:时事出版社,2015 年,第 292－331 页;《英语学界对中国基督史分期问题考
述》,载于《基督教学术》(第 13 辑),上海:上海三联书店,2015 年,第 294－305 页。

㉛ 这方面的研究有钟鸣旦的《基督教在华传播史研究的新趋势》、王立新的《超越现代化:
基督教在华传播史研究的主要范式述评》(参见王立新:《美国传教士与晚清中国现代
化》,天津:天津人民出版社,2008 年,第 301－318 页)和陶飞亚、杨卫华的《基督教与中
国社会研究入门》(上海:复旦大学出版社,2009 年)。本文的研究是在此基础上展开的。

西方对中国的冲击首先体现在政治、经济、军事、外交等领域,所以,在西方冲击论的理论框架之下,中国基督教史研究的主要问题意识就是涉及中外关系的教案。《中华帝国对外关系史》主要论述了"中国人对传教士的仇视"和"天津教案"这两个问题。西方冲击论的另一特点是对史料的运用仅仅限于西方史料,而对中文史料则不够重视。马士曾说:"我们可以假想即使能够看到原档,也未必能使我们对于所研究的问题增加多少新的了解。"㉜

2. 冲击-回应论

冲击-回应论是费正清在马士的西方冲击论的基础上发展而来的。费正清在与邓嗣禹合著的《中国对西方的回应》(*China's Response to the West*)一书中提出该模式。冲击—回应论是对西方冲击论的发展,首先,它补上"中国回应"这一环;其次,它拓展了西方冲击的范畴,西方的冲击不仅仅是在政治、经济、外交等领域,思想文化领域的冲击也很重要,而承载文化冲击的就是基督教;第三,冲击-回应论在史料运用上突破了仅仅使用西文材料的局限,费正清本人就是一个"多档案、多语种、多学科探讨中国历史的有说服力的提议者"。㉝

在冲击-回应论的理论模式之下,中国基督教史研究的主要问题意识是"传教士的活动如何构成对中国传统制度、价值体系和政治权威的挑战,以及中国民众和士绅对这一挑战如何做出回应"。㉞中国反教和教案研究依然是主要的研究课题,但是与西方冲击论从外交史切入这一问题不同,冲击-回应论更多的是从文化层面切入的。冲击-回应论的代表作有费正清的《天津教案背后的模式》、柯文的《中国与基督教:传教运动与中国排外主义的增长(1860—1870)》和吕实强的《中国官绅反教

㉜ (美)马士著,张汇文等译:《中华帝国对外关系史》(第一卷),原序,第 1 页;Morse, Hosea Ballou, *The International Relations of the Chinese Empire.* vol. 1 (Longmans, Green, and Company, 1910), p. viii.

㉝ (美)柯文,戈德曼主编:《费正清的中国世界:同时代人的回忆》,朱政惠等译,上海:东方出版社,2000 年,第 30 页。

㉞ 王立新:《美国传教士与晚清中国现代化》,第 303 页。

的原因(1860 - 1874)》。㉟

　　冲击-回应论不仅仅是西方冲击-中国回应,还有中国冲击-西方回应的一面。这就是冲击-回应论的一个理论变种:双向冲击-回应论。该理论模式的主要问题意识就是在华传教士对中国文化、中国民族主义和共产主义等各方面冲击的回应。主要的代表作有小海亚特(Irwin T. Hyatt,Jr)的《我们命定的忏悔生活:19 世纪山东东部的三个美国传教士》、㊱傅沙士(Sidney Alexander Forsythe)的《一个在华的美国传教士团体(1895 - 1905)》、㊲连曦(Xi Lian)的《传教士的皈依:在华美国新教差会中的自由主义》。㊳ 无论是冲击-回应论还是双向冲击-回应论,西方学者大多侧重西方冲击和西方回应的内容,所以属于西方中心论的范畴。

3. 传统-现代论

　　传统-现代论也是冲击-回应论的一个理论变种。其借鉴现代化理论,将西方的冲击视为中国走向现代化的积极因素。在 20 世纪 50、60 年代,几乎所有的美国历史学家都将采用这一理论模式。这一理论运用在中国基督教史领域,其提出的主要问题意识是西方传教士及其创立的在华事业(如教育、医疗、慈善、文字等)对中国走向现代化的积极因素。其主要的代表作有白威淑珍的博士论文《实用福音:新教差会和西方文

㉟ John K. Fairbank, "Patterns behind the Tientsin Massacre," in *Harvard Journal of Asiatic Studies*, vol. 20(1957), pp. 480 - 511. 译文参见陶文钊主编:《费正清集》,天津:天津人民出版社,1992 年,第 257 - 292 页;Paul A. Cohen, *China and Christianity: The Missionary Movement and the Growth of Chinese Anti-foreignism, 1860 - 1870* (Mass.: Harvard University Press, 1963);吕实强:《中国官绅反教的原因(1860 - 1874)》,台北:"中央"研究院近代史所,1966 年。

㊱ Irwin T. Hyatt, Jr., *Our Ordered Lives Confess: Three Nineteenth-Century American Missionaries in East Shantung* (Mass.: Harvard University Press, 1976).

㊲ Sidney Alexander Forsythe, *An American Missionary Community in China, 1895 - 1905* (Mass.: Harvard University Press, 1971).

㊳ Xi Lian, *The Conversion of Missionaries: Liberalism in American Protestant Missions in China, 1907 - 1932* (Pennsylvania: Pennsylvania State University Press, 1997).

明引进中国》、[39]韦斯特的《燕京大学的中西关系（1916－1952）》、[40]杜斯（Peter Duus）的《科学与拯救：丁韪良的生平与工作（1827－1916）》和罗伯特·佩特（Roberto Paterno）的《谢卫楼和华北协和大学的成立》。[41]

4. 帝国主义论

帝国主义论是美国史学家受到中国马克思主义史学的影响而提出的理论模式，其理论原点还是冲击-回应论，其认为中国近代衰落的原因就是西方帝国主义的入侵造成的。与传统-现代论相反，其认为西方的冲击对中国造成消极的影响。帝国主义论的提出与 20 世纪 60 年代末美国介入越南战争密切相关。帝国主义论运用在中国基督教史研究领域就出现了其理论变种：文化帝国主义和慈善帝国主义。

文化帝国主义是一个宽泛的概念，其出现也受到"文化侵略"概念的影响，也受到后现代思潮的影响。大体而言，文化帝国主义就是西方国家利用霸权将自己的文化强加给他国，从而使接受国的本土文化认同受到损害，而且接受国开始认为本土文化低劣，其自我形象都是西方国家所界定和赋予的。在文化主义的理论模式下，西方在华的传教运动就是一种文化帝国主义的典型体现，其主要的问题意识就是传教士如何建构中国落后且需要基督教去拯救的文化形象。文化帝国主义的主要代表作有保罗·哈里斯（Paul W. Harris）的《文化帝国主义和美国传教士：

---

[39] Suzanne Wilson Barnett, *Practical Evangelism: Protestant Missions and the Introduction of Western Civilization into China, 1820－1850*(Harvard University, Ph. D. , 1973).

[40] Philip West, *Yenching University and Sino-Western Relations, 1916－1952* (Mass. : Harvard University Press, 1976).

[41] Peter Duus, "Science and Salvation in China: The Life and Work of W. A. P. Martin," in Kwang-Ching Liu, *American Missionaries in China: Papers from Harvard Seminars* (Mass. : Harvard University Press, 1970), pp. 11－35; Roberto Paterno, "Develo Z. Sheffield and the Founding of the North China College," in Kwang-Ching Liu, *American Missionaries in China: Papers from Harvard Seminars*, pp. 42－84.

19 世纪中叶中国的合作与独立》、㊷斯图尔特·米勒（Stuart C. Miller）的《目的和意义：对 19 世纪中国侵略的传教正义》和施莱辛格（Arthur Schlesinger）的《传教事业与帝国主义理论》。㊸

慈善帝国主义是秦可柔（Carol C. Chin）在《慈善帝国主义：在世纪之交的中国的美国妇女传教士》一文中提出的概念。㊹她对以往将传教士视为中国现代化的使者和文化侵略者的两极形象进行中和，将其视为"慈善的帝国主义者"。

二、中国中心论

20 世纪 70 年代开始，美国的中国学界开始反思西方中心论，最终柯文提出了"中国中心观"，这是发生在美国学界的范式转移。中国学界从来不缺乏中国中心论。中国中心论范式下的中外理论模式有文化侵略、文化交流、现代化、中国中心观、中国化等等。

1. 文化侵略

"文化侵略"一词是瞿秋白在《帝国主义侵略中国之各种方式》中首先提出来的，作为一个政治口号，在 20 世纪 20 年代的非基运动中被广泛采用。1949 年之后，中国大陆史学界在革命史叙事中，采用这一概念来评价西方对华传教运动。㊺文化侵略的基本立论在于西方传教士名义上是传播基督教，实际上是帝国主义的间谍和帮凶。他们在华设立的

㊷ Paul W. Harris, "Cultural Imperialism and American Protestant Missionaries: Collaboration and Dependency in Mid-Nineteenth-Century China," in *Pacific Historical Review*, vol. 60, no. 3 (Aug. 1991), pp. 320 – 326.

㊸ Stuart C. Miller, "Ends and Means: Missionary Justification of Force in Nineteenth Century China," in John K. Fairbank ed., *The Missionary Enterprise in China and America*, pp. 249 – 282; Arthur Schlessinger, Jr., "Missionary Enterprise and Theories of Imperialism," in John K. Fairbank ed., *The Missionary Enterprise in China and America*, pp. 336 – 373.

㊹ Carol C. Chin, "Beneficent Imperialists: American Women Missionaries in China at the Turn of the Twentieth Century," in *Diplomatic History*, vol. 27, no. 3 (June 2003).

㊺ 参见陶飞亚:《"文化侵略"源流考》, 载于《文史哲》2003 年第 5 期, 第 31 – 39 页。

教育、慈善和文化活动是为了麻痹中国人的斗志，美化帝国主义侵略。教案是由传教士侵略引起的，反教运动是爱国行为。[46] 文化侵略理论框架之下产生的主要问题意识就是近代以来基督教对中国的侵略和中国人民的反洋教运动。运用文化侵略理论模式的主要作品有李时岳的《近代中国反洋教运动》和《李提摩太》，顾长声的《传教士与近代中国》，张力、刘鉴唐主编的《中国教案史》等等。

文化侵略这一理论虽然述及西方传教士的活动，但其立足点是中国，是中国革命史观对西方传教运动做出的理论解释，所以它属于中国中心论。文化侵略这一理论模式影响很大，成为 20 世纪 50 – 70 年代中国大陆对基督教的主流观点，直到 20 世纪 90 年代还有余波。但是，这一理论带有明显的漏洞，如今已经被学术界所抛弃。

2. 文化交流

20 世纪 50 – 70 年代，大陆学界采用文化侵略理论模式时，港台学界就开始采用文化交流理论模式。1961 年罗香林出版《香港与中西文化之交流》，其后其弟子李志刚出版《基督教早期在华传教史》。20 世纪 80 年代以来，中国史学界迅速反思文化侵略理论模式，从而提出文化交流的理论模式。文化交流理论起初是文化侵略理论的补充，其认为传教士主观上从事文化侵略，客观上则传播了西方文化。但随后，文化交流理论进行了修正，把传教运动视为中西文化相遇的过程。在这一理论框架下，中国基督教史主要的问题意识有明末清初天主教与中国文化的相遇；传教士与西学东渐问题；基督教与中国文化的关系问题；教会大学研究等等。文化交流理论模式的代表作有谢和耐的《中国与基督教》、董丛林的《龙与上帝：基督教与中国传统文化》、章开沅主编的《基督教与中国文化丛刊》等等。文化交流理论拓展了中国基督教史研究的视域，至今仍然是颇有影响力的理论模式。

---

3. 中国中心观

柯文提出的中国中心论的逻辑起点依然是冲击-回应论,其变化是认为西方冲击对中国的影响力不大,中国历史发展的动力是从内部产生的。所以,中国中心观在研究视角上侧重从中国内部而非西方来看问题,在研究领域上侧重于区域史和下层民众的历史,在研究方法上侧重于运用社会科学的方法来研究历史,在史料运用上强调中文文献和口述、视觉等资料的运用。在中国中心观的理论模式下,中国基督教史的主要问题意识有中国的本土教会和华人领袖的研究、中国的区域基督教研究、中国的草根基督徒研究等等。其代表作有裴士丹主编的《基督教在中国:从 18 世纪到今天》、㊼唐日安的《福州新教徒与现代中国的形成》、㊽陶飞亚的《中国的基督教乌托邦研究:以民国时期耶稣家庭为例》、㊾连曦的《浴火得救:现代中国民间基督教的兴起》㊿等。中国中心观是 20 世纪 80 年代以来中国基督教史研究的潮流,至今仍有重要的影响力。

4. 现代化

港台学界在 20 世纪 70 年代就开始运用现代化理论模式,大陆学界则是在 90 年代之后才开始使用。现代化理论模式在学理上受到传统-现代理论模式的影响,在外在语境上受到经济腾飞的影响。与传统—现代理论模式过分强调西方因素不同,现代化理论更加着眼于中国方面。在这一理论模式之下,中国基督教史研究的核心问题意识是基督教与中国晚清以来现代化的关系,研究重点在教育、体育、文字、医疗、慈善等传

㊼ Daniel H. Bays, *Christianity in China, the Eighteenth Century to the Present* (Stanford: Stanford University Press, 1996).

㊽ Ryan Dunch, *Fuzhou Protestants and the Making of a Modern China, 1857－1927* (New Haven: Yale University Press, 2001).

㊾ 陶飞亚:《中国的基督教乌托邦研究:以民国时期耶稣家庭为例》,北京:人民出版社,2012 年。

㊿ Xi Lian, *Redeemed by Fire: The Rise of Popular Christianity in Modern China* (New Haven: Yale University Press, 2010). 中译本:[美]连曦著,何开松、雷阿勇译:《浴火得救:现代中国民间基督教兴起》,香港:香港中文大学出版社,2011 年。

教士创立的“副产业”对中国社会的贡献。其基本立论是大体上肯定基督教对中国社会的积极贡献。现代化理论模式不注重对传教活动本身的研究。现代化理论模式的著作非常多,至今影响力也很大。其中代表作有魏外扬的《宣教事业与近代中国》、史静寰的《教会学校与中国教育的近代化》、王立新的《美国传教士与晚清中国现代化》等。(51)

5. 中国化

中国化,又可以称为本土化、本色化、在地化等等,其最初的理论渊源来自非基运动之后的本色化运动。基督教中国化要解决的主要问题是如何让基督教摆脱“洋教”的标签,建构基督教作为一种中国宗教的形象。本土化一般有两层含义,一是组织上如何达致“自养、自治、自传”,二是如何处理基督教与非基督教的关系,从而使基督教信仰植根于本土文化中。(52) 在中国化理论框架之下,中国基督教史研究的主要问题意识有基督教与中国文化的融合、本土教会和华人信徒的本色化思想与实践、基督教与地方社会文化的融合、三自运动的起源与实践等等。中国化理论模式的主要代表作有林治平主编的《基督教在中国本色化(论文集)》以及梅欧金的《祖先、处女和修士:明清时期作为本土宗教的基督教》。

目前最新的中国化理论是徐以骅提出的基督教与中国“三次重大结合与两次中国化”。三次重大结合指的是三次基督教与中国社会的融合,分别是辛亥革命、抗日战争和三自爱国运动,两次中国化是指基督教在政治上和文化上的中国化。三自爱国运动之后,政治上的中国化已经完成。“基督教在中国”已经完全变成“中国基督教”,基督教已经成为中国宗教。但是,文化上的中国化还任重道远,构建中国特色的汉语神学,实现基督教与中国文化的完全融合还需要更多的努力。“三次重大

(51) 史静寰:《教会学校与中国教育的近代化》,广州:广东教育出版社,1996年。

(52) 邢福增:《本色化与民国基督教史研究》,载于《近代中国基督教史研究集刊》,创刊号(1998),第85页。

结合与两次中国化”为中国基督教史的书写提供了全新的框架。(53)

三、去中心论

西方史学史表明,自民族国家史之后,史学出现了“越做越小”和“越做越大”两个趋势。“越做越小”是指史学走向区域化、精细化、碎片化,这在中国基督教史研究领域就体现在区域史、乡村基督教史、女性基督徒等等方面。“越做越大”是指史学走向全球化。在全球化视域中,中国基督教是全球基督教的一部分,中国基督教史研究的问题意识就是在华传教运动是怎样促进全球化的。无论是“越做越小”还是“越做越大”,中国基督教史的理论模式都体现了“去中心化”的特征。

1. 中外新教合作建制

裴士丹在1996年发表的《中国基督教自立运动的发展》一文中正式使用此概念。(54) “中外新教合作建制”(Sino-Foreign Protestant Establishment)是指在20世纪前半期,虽然新教的发展仍然受外国差会的控制,但中国教会及其领袖已开始成长,中国基督徒与西方传教士为了基督教中国化的共同目标而一起工作,他们之间的合作较19世纪更显著与平等。特别是1910年英国爱丁堡世界宣教大会后,在华新教差会的协作意愿加强,1913年成立中华续行委办会之后,华人信徒开始参与领导与差会联系密切的全国性基督教机构,1922年全国基督教大会召开,随后成立了中华全国基督教协进会,这一中外合作的建制更趋明显。1927年成立了中外多宗派合一的中华基督教会总会,这是当时全国最大的教

---

(53) 徐以骅:《从“正定天主堂惨案”谈基督宗教中国化》,引自徐以骅、张庆熊主编:《基督教学术》(第13辑),第1-9页。

(54) Daniel H. Bays, “The Growth of Independent Christianity in China, 1900-1937,” in Daniel H. Bays ed., *Christianity in China, From the Eighteenth Century to the Pretest* (Standford), pp. 307-316.

会,更是在实践层面体现了中西新教合作建制的特点。[55]

中外新教合作建制是对"中国中心观"的回应和发展。中国中心观强调中国自身的因素,映射在中国基督教史研究领域就是特别重视真耶稣教会、伯特利教会、耶稣家庭、基督徒聚会处等等和西方差会基本没有关系的"自立教会"的研究,这与在"西方中心观"下特别重视差会研究、基督教对中国现代化的促进等等形成鲜明对比。"中外新教合作建制"对这两种研究取向采取了"中庸"态度,认为中国基督教的"黄金时代"是中西共同努力的结果,所以在研究上也要特别重视西方传教士和中国基督徒共同建立的"本色教会"的研究。

2. 世界/全球基督教

"世界基督教"概念首先出现在宣教学,由安德鲁·沃尔斯(Andrew F. Walls)、斯科特(Scott Sunquist)、戴尔·欧文(Dale Irvin)等人首先使用。随着世界基督教人数重心向非西方世界转移,世界的基督教格局也发生了"向南移动"。[56] 基督教不再是一个西方的宗教,非西方的基督教也不再是西方基督教在非西方地区的延伸。在这一背景下,"世界基督教"的概念应运而生。运用世界基督教这一理论框架研究中国基督教史,其视角是将中国置于全球语境之下,将基督教在华传播史视为世界基督教形成的一部分,将中国的基督教视为世界基督教的一个类型,目前研究的问题意识是中国基督教在跨国网络形成中的作用。运用世界基督教理论框架的主要学者是哈佛大学的沈艾娣(Henrietta Harrison),其代表作品是《马戛尔尼的翻译官:李子彪和 19 世纪初知识的跨国网络》、《山西的一个天主教村庄:血统、寺庙崇拜、民族主义和跨国身份(1700 – 2000)》。

---

[55] 刘家峰:《"中外新教合作建制"与近现代基督教中国化研究》,载于《史学月刊》2013 年第 10 期,第 18 页。Daniel H. Bays, *A New History of Christianity in China*, pp. 99 – 104。

[56] 达纳·L. 罗伯特著,徐以骅译:《向南移动:1945 年以来的全球基督教》,引自徐以骅、章远、朱晓黎主编:《宗教与美国社会》(第 6 辑),北京:时事出版社,2009 年,第 57 页。

3. 全球地域化

“全球地域化”是罗伯森（Roland Robertson）提出的概念，吴梓明将其引入中国基督教史研究领域。“全球地域化”是指基督教传教运动是一个全球化的运动，但它与不同的地域文化相结合又形成了地域化的特征，也就是说，基督教既是全球化的也是地域化的。全球地域化这个概念融汇了全球化和本土化这两个理论模式。运用“全球地域化”来研究中国基督教史，既要看到基督教作为一种普世宗教在中国的拓展，也要看到中国因素对基督教的影响和形塑作用。这一理论框架的主要代表人物是吴梓明，其代表作是《全球地域化视角下的中国基督教大学》和《边际的共融：全球地域化视角下的中国城市基督教研究》。(57)

4. 全球现代性

“全球现代性”（Global Modernity）这个概念是唐日安在《超越文化帝国主义：文化理论、基督教差会和全球现代性》这篇文章中提出的。(58)“全球现代性”是指发生在全球范围内的从传统社会向现代社会的转型，这个转型首发于西方，然后辐射到全球，全球现代性既改变了西方社会也改变了非西方社会。传教运动正是“全球现代性”的一个元素。“全球现代性”融合了全球化和现代化这两个概念。唐日安是针对文化帝国主义和殖民主义的局限提出这一概念的，所以他更侧重文化的全球化。运用“全球现代性”理论研究中国基督教史，也是将传教运动置于全球化的视野之中，探究传教士和中国基督徒在文化全球化中的角色。

5. 后殖民理论

后殖民主义理论兴起于20世纪70年代，它是一个很宽泛的理论。它的关键概念有身份认同、自我/他者。后殖民主义的代表著作是萨义

(57) 吴梓明：《全球地域化视角下的中国基督教大学》，台北：宇宙光出版社，2006年；吴梓明：《边际的共融：全球地域化视角下的中国城市基督教研究》，上海：上海人民出版社，2009年。

(58) Ryan Dunch, “Beyond Cultural Imperialism: Cultural Theory, Christian Missions, and Global Modernity,” in *History and Theory*, vol. 39, no. 3 (2002), pp. 301–325.

德的《东方学：西方对东方的概念》,其分析"东方"是西方人建构出来的"他者",其价值在于证明西方文明的优越。后殖民主义可以运用到中国基督教史研究领域,其主要的问题意识是分析传教士如何建构中国的形象,这种中国形象又如何影响了西方世界的认知。萨义德论证东方是西方人建构的概念,那么反过来,"西方"也可以视为建构的对象,传教士不仅为西方人建构了"东方",也为中国人建构了"西方"。后殖民理论认为,西方和东方都是被建构出来的,因此也体现了"去中心"的特征。

6. 女性主义

女性主义理论是伴随着女权运动出现的,它也是一个宽泛的理论框架。女性主义的核心问题意识是消解男权社会对女性的压迫,这种压迫也包含话语层面。女性主义消解了男性中心论,也体现了去中心的特征。女性主义理论框架运用在中国基督教史研究领域主要的问题意识是对女性传教士、女性信徒、贞女、性别与权力网络等方面进行研究。[59] 运用这一理论模式的主要代表作有郭佩兰的《中国妇女和基督教(1860 - 1927)》和亨特的《优雅的福音：20 世纪初的在华美国女传教士》。[60]

四、后中心论

"去中心论"主要是受到后现代主义思想和全球化浪潮的影响,在西方、中国、男性等中心被解构之后,又有学者重新建构新中心。这其中有柯文提出的"以人为中心"和吴秀良提出的"以上帝为中心"的新取向。笔者称之为"后中心论"。

---

[59] 参见戴懿华：《从近年英文学术著作看妇女与基督教在近代中国的研究现状》,引自陶飞亚：《性别与历史：近代中国妇女与基督教》,上海：上海人民出版社,2006 年,第 1 - 21 页。

[60] Pui-lan Kwok, *Chinese Women and Christianity*, 1860 - 1927 (Atlanta: Scholars Press, 1992); 亨特：《优雅的福音：20 世纪初的在华美国女传教士》,李娟译,北京：三联书店,2014 年。

1. 以人为中心

面对"去中心论"的冲击,柯文又提出了"以人为中心"的研究取向进行回应。[61] 这方面的代表作是《历史三调：作为事件、经历和神话的义和团》。[62] 义和团运动当然与中国基督教史的研究有关,但是中国基督教史却非本书研究重点,甚至义和团都不是柯文研究的重点,他只是以义和团为例从更宽阔的角度探讨历史写作的一般性问题。他在这部著作中真正探讨的是人性的共通性。他反思了过去强调中西文化差异的原因,"当时的学术范式以社会和文化差异为中心,从社会和文化的差异的角度,比较中国和西方,并解释中国的情况。"柯文认为中国中心观是从历史而非文化的角度去建构中国的过去,是因为它比较的并非是一个文化和另一个文化,而是同一个文化前后的差异。过分强调文化差异会忽略某文化的思想和行为往往反映了跨文化的、人类与生俱来的特性。如果要对中国过去有一个更全面的认识,在探讨文化差异的同时,必须注意人类社会有许多共通的一面。柯文在研究王韬的书中就提到中西文化的交汇和共鸣之处,直到《历史三调》一书才真正把这个想法充分发挥。[63]

"以人为中心"超越了中西文化的差异性,突出了人性的共通之处。运用"以人为中心"来研究中国基督教史,依然要借鉴"去中心论"的视角,将其置于全球视野之中,然后去比较中国与世界其他各地文化行为的共通之处,而这种共通之处是基于人的本性的。"以人为中心"的研究视角还要运用"移情"的方法。移情是为了理解对方,设身处地体会对方的思想、感情和处境,但是它并不意味着就赞同对方的思想感情。[64]

[61] 柯文著,程美宝译：《变动中的中国历史研究视角》,引自柯文著、林同奇译：《在中国发现历史——中国中心观在美国的兴起》,北京：中华书局,2002 年,第 256 页。

[62] Paul A. Cohen, *History in Three Keys: The Boxers As Event, Experience, And Myth* (New York: Columbia University Press, 1997). 中译本：《历史三调：作为事件、经历和神话的义和团》,杜继东译,南京：江苏人民出版社,2000 年。

[63] 柯文：《变动中的中国历史研究视角》,第 278 – 279 页。

[64] 林同奇：《中国中心观：特点、思潮与内在张力》,引自柯文著、林同奇译：《在中国发现历史——中国中心观在美国的兴起》,第 21 页。

林治平曾经强调研究基督教史在客观实证之外,还需具备心灵与诚实,只有这样才能移情到传教士和传教团体的差传世界,了解基督教信仰中的宣教狂热。研究者不应坚持僵硬、客观、专业的学术训练,为保持"出得来"的客观而拒绝"进得去"的必须。研究者应勇于在该进去时"进得去",该出来时"出得来"。⑥

2. "以上帝为中心"

中国基督教史研究中一直存在"社会派"(外史派)和"教会派"(内史派)的分野。"社会派"主要旨趣在于研究基督教作为社会机构对中国社会的贡献,"教会派"则旨在探讨教会传教路线和策略的得失。⑥"以上帝为中心"是具有基督教信仰背景的"教会派"学者建构的一种新的研究取向。"以上帝为中心"的取向最早可以追溯到传教士对中国基督教史寻求"基督教式的理解",娄理华、卫三畏、来会理、赖德烈、贝德士等传教士学者都持有这样的观点。

"以上帝为中心"的代表是美籍华人学者吴秀良提出的"圣灵史观"。所谓的"圣灵史观",就是忠实记录"圣灵"是怎样藉着基督徒们,将福音和教会带到地极的。《使徒行传》就是"圣灵史观"的典范著作。"圣灵史观"其实就是以上帝和普世教会为中心的"新宣教学"和"新基督教史学"。吴秀良的代表作是研究中国基督教史上的奋兴布道家的《余慈度传》和《李叔青医生》。⑥

五、结　论

无论是美国还是中国的学科体系中,中国基督教史都没有成为一个独立的学科。因而,除了"中外新教合作建制"和"三次重大结合与两个

---

⑥　林美玫:《追寻差传足迹——美国圣公会在华差传探析》,自序,桂林:广西师范大学出版社,2011年,第1页。

⑥　徐以骅:《中国基督教教育史论》,序论,桂林:广西师范大学出版社,2010年,第7页。

⑥　吴秀良:《余慈度传》,北京:九州出版社,2012年;吴秀良:《李叔青医生》,北京:九州出版社,2012年。

中国化"等理论外,大部分理论框架并非在中国基督教史研究中的原创理论,而是借鉴了其他学科的理论。

　　总体而言,中国基督教史领域的理论变迁经历了"西方中心论"、"中国中心论"、"去中心论"、"以人为中心"和"以上帝为中心"的种种变化。重视理论的阐释是哈佛学统的一大特点。所以,理论的建构从哈佛学统的奠基时代就开始了,马士提出"西方冲击论",费正清将其发展为"冲击-回应论",费正清的弟子们又发展出"传统—现代论"、"双向冲击-回应论"、"文化帝国主义论"等模式,这些理论都属于"西方中心论"的范畴。柯文等费正清的其他弟子反思了"西方中心论",从而提出"中国中心论",马上成为20世纪80年代以来的主流学术话语,学者们津津乐道的范式转移就是指这一现象。"中国中心论"是西方学术界的反思,中国大陆学界的文化侵略论和文化交流论其实都是一种"中国中心取向",后来的现代化理论虽然从"传统—现代"论而来,但立足点还是"中国中心"。后来的中外学者又对中国中心观提出反思,"去中心论"开始出现。"中西新教合作建制"、"全球地域论"、"全球现代化"、"后殖民"和"女性主义"等理论都呈现了"去中心论"的特征。面对"去中心论"的挑战,柯文又提出"以人为中心"进行回应,还有具有信仰背景的学者尝试建构"以上帝为中心"的新取向。需要指出的是,这些理论模式虽然总体上呈现出"西方中心论-中国中心论-去中心论-后中心论"的嬗变,但却并非线性的变化,而是相互影响,每个"中心论"之下都有目前流行的理论模式。

拜占庭皇帝朱利安复兴异教
政策研究综述

张　娓

【内容提要】　拜占庭帝国君士坦丁大帝和君士坦提乌斯二世两位皇帝统治时期,基督教在统治者的支持下获得迅速发展。但公元361年君士坦丁家族最后一位皇帝朱利安上台后,拒绝承袭前两位君主支持基督教的政策,转而实施多项旨在打压基督教、复兴传统多神教的措施,削弱了基督教的实力,冲击了基督教在拜占庭帝国宗教领域的地位。该皇帝也因此被后世冠以"叛教者"称号。因朱利安在拜占庭帝国史上极具特殊性,学界与其相关研究成果十分丰厚,众学者以不同角度、不同方法对朱利安皇帝的解读,在完善公元361 - 363年间拜占庭历史研究成果的同时,也为其他拜占庭学者留下一定有待开发的空间。

【关键词】　拜占庭帝国　朱利安　多神教　基督教

作为拜占庭帝国①93位②君王中的最后一位、也是唯一一位公开信

---

① 学界就"拜占庭帝国起始年代问题"意见不一。主要观点有"君士坦丁一世说"(以公元324年为起点)、"启用新都说"(公元330年)、"塞奥多西一世说"(公元395年)等。鉴于"启用新都说"在国际和国内认可度较高,本文持"启用新都说",即以公元330年作为拜占庭帝国起始年代。参见 S. Runciman, *Byzantine Civilization* (New York and Cleveland: The World Publishing Co. , 1959), pp. 14 - 30;Robert McHenry eds. , *The new encyclopedia Britannica*, vol. III (Chicago: Encyclopedia Britannica Educational Co. , 1982), pp. 547 - 572;Alexander Hopkins McDannald, eds. , *The Encyclopedia Americana*, vol. V （转下页）

仰多神教③的合法皇帝、"叛教者"④朱利安皇帝（Julian the Apostate，331/332‒363）很早就吸引了众多学者的关注。在《朱利安作品集》英译版问世后，对这位"叛教者"的研究在学界风靡一时。⑤ 近年伴随着朱利安皇帝相关墓葬考古工作、⑥金币研究工作、⑦建筑物研究工作⑧的深入，与该皇帝相关的历史探求工作不断突破。国内外相关研究成果或有助

（接上页）（Washington DC.：Americana Co.，1980），p.100；斯坦迪什·米查姆，爱德华·伯恩斯等：《世界文明史》卷一，赵丰、罗培森等译，北京：商务印书馆，1955 年，第 423 页；陈志强：《关于拜占廷史起始年代问题》，载于《南开学报》1987 年第 4 期，第 11‒16 页；陈志强：《拜占庭史研究入门》，北京：北京大学出版社，2012 年，第 131‒135 页。另"拜占庭"帝国（Byzantine Empire）亦可写作"拜占廷"帝国，本文采用"拜占庭"译法，但在引用其他学者著作时，尊重原作者译法。

② 陈志强：《拜占廷皇帝继承制特点研究》，载于《中国社会科学》1999 年第 1 期，第 181 页。

③ 又称"多神教"或"罗马传统宗教"，核心特点是泛神论的世界观和对一神论的排斥。Kurt A. Raaflaub & Mark Toher, eds.，"The Pontificate of Augustus，" in *Between Republic and Empire：Interpretations of Augustus and His Principate*（Berkeley：University of California Press，1993），pp.390‒394.

④ "Apostate"一词源于希腊词汇"ἀποστασία"（遗弃、反叛），本意是"一个人的信仰体系中包含相反意见"，词根上不具备贬义色彩，参见 Mallet Edme-Franois & Denis Diderot, eds.，"Apostasy，" *The Encyclopedia of Diderot & d'Alembert：Collaborative Translation Project*，vol. I，trans. by Rachel La Fortune（Ann Arbor：Michigan Publishing，2012），p.535。格里高利（Gregory Nazianzen）最先使用该词评价朱利安。奥古斯丁在《上帝之城》中正式给朱利安冠以"叛教者"称号。参见 Gregory Nazianzen，"Second Invective Against Julian，" in *Julian the Emperor*，trans. by C. W. King（London：Chiswick Press，1888），p.87。奥古斯丁：《上帝之城》（上册），王晓朝译，北京：人民出版社，2005 年，第 224 页。本文出现的"叛教者"称谓均不带有贬义色彩。

⑤ Walter Emil Kaegi，"Research on Julian the Apostate 1945‒1964，" in *Classical World*，vol.58，no.8（1965），pp.229‒238.

⑥ David Woods，"On the alleged reburial of Julian the Apostate at Constantinople，" in *Byzantion Revue internationale des études byzantines*，vol.76（2006），pp.364‒371；R. Ross Holloway，*Constantine and Rome*（New Haven：Yale University Press，2004），p.104.

⑦ J. P. C. Kent，"An Introduction to the Coinage of Julian the Apostate，" in *Numismatic Chronicle & Journal of the Royal Numismatic Society*，vol.19（1959），pp.109‒117；David Woods，"Julian, Arles, and the Eagle，" in *Journal of Late Antiquity*，vol.7（2014），pp.49‒64.

⑧ Alison Frantz，"Did Julian the Apostate Rebuild the Parthenon?" in *American Journal of Archaeology*，vol.83，no.4（1979），pp.395‒401.

于把握朱利安宗教复兴活动的详细过程，或有助于理顺具体事件背后的演变逻辑，均是研究"叛教者"异教复兴政策重要的参考资料，现择其要者整理如下。

一、国外研究综述

虽然朱利安皇帝实际统治时间短暂（361－363 年在位），但对这位拜占庭帝国史上唯一一位异教皇帝的研究已经持续了数个世纪。他的名字频频出现在各类著作中，具体可分为以下几种类型：对朱利安统治时期相关历史事件作过程性描述的通史或断代史著作；就某一领域作纵向梳理或横向解析的专门史著作；记叙"叛教者"皇帝生平功过的传记类作品；针对朱利安宗教活动某一方面，结合一定理论范式写成的专题论文；以朱利安传奇经历为蓝本或情节创作的文学作品等。现择其要者作简单介绍。

1. 通史及断代史著作

18 世纪著名学者爱德华·吉本（Edward Gibbon）所撰《罗马帝国衰亡史》，是近现代最早以历史学家视角探讨朱利安统治政策的著作。书中提出朱利安复兴异教基于六大原因：（1）虔诚崇拜古代神祇；（2）对亚历山大大帝和马可·奥勒留（Marcus Aurelius）的效仿；（3）童年惨剧和受教育经历；（4）异教和怀疑学派颇能相容；（5）多神教温和的特性；（6）朱利安自身处境。影响则表现在五个方面：（1）部分异教城市的复兴（如阿尔戈斯［Argos］，或译阿戈斯）；（2）希腊神秘教义与新柏拉图学派的交流；（3）帝国税收的浪费；（4）提高帝国境内基督徒的声望；（5）整个帝国（尤其东部地区）都被朱利安扰乱。⑨ 虽然近些年吉本的部分观点

---

⑨ Gibbon Edward, Hugh Trevor-Roper eds. , *The Decline and Fall of the Roman Empire*, Chapter 19－24（New York：Everyman's Library Co. , 1909）, pp. 398－553. 中译本：爱德华·吉本：《罗马帝国衰亡史》上册，黄宜思、黄雨石译，北京：商务印书馆，1997 年，第 517－583 页；爱德华·吉本：《罗马帝国衰亡史》卷二，席代岳译，长春：吉林出版集团有限责任公司，2007 年，第 81－299 页。

屡受学界批判,⑩但他治史态度客观公正,参考史料数目甚巨,⑪目前仍无可代之者。可惜吉本对以上观点多是一笔带过,并未展开系统论述。

1925 年瓦西列夫(A. A. Vasiliev)所著《拜占庭帝国史》,重点介绍朱利安的受教育经历,认为"朱利安童年时受到的来自多神教和基督教的两种教育是并轨且互不干扰的,是他自己选择了其中一种",感叹朱利安明白复兴异教信仰的艰难,但他不明白已经逝去的信仰无法复活。⑫ 但更多学者相信来自多神教一方的教育和多神教徒的影响在朱利安成长过程中占主导地位,如1950 年威尔·杜兰(Will Durant)在其《世界文明史》中就提出年轻皇储的"叛教"行径是受身边异教徒的唆使;⑬蒂莫西·格雷戈里(Timothy E. Gregory)也主张朱利安是受到诡辩家、江湖骗子的蒙蔽,才信奉了迷信而非真正的宗教;⑭沃伦·特里高德(Warren Treadgold)在其《拜占庭简史》中声明朱利安恢复异教的行为离不开身边异教臣民的支持和怂恿。⑮ 但该书是为非专业人士准备的简读本,他的专著《拜占庭国家和社会史》则尝试从政治层面寻找年轻君主恢复多神教的驱动力,推测"朱利安不想要任何代理人替他统治帝国"。⑯

1956 年苏联历史学家科瓦略夫(Mikhail Kovalyov)所撰《古代罗马史》第 15 章围绕朱利安的反叛展开系统论述,且试图透过现象探寻本质,在原因方面将异教复兴归咎于"老旧的世界观、宗教传统和习惯不能

⑩ J. G. A. Pocock, "Between Machiavelli and Hume: Gibbon as Civic Humanist and Philosophical Historian," in *Daedulus*, vol. 105, no. 3 (1976), pp. 153 – 169.

⑪ Patricia B. Craddock, *Edward Gibbon: Luminous Historian* (Baltimore: Johns Hopkins University Press, 1989), pp. 249 – 266.

⑫ A. A. Vasiliev, *History of the Byzantium Empire*, vol. i (Madison: University of Wiscon Press, 1958), pp. 29 – 34.

⑬ Will Durant, "The Age of Faith," in *The Story of Civilization*, vol. iv (New York: Simon and Schuster, 1950), pp. 21 – 23.

⑭ Timothy Venning and others, eds., *A Chronology of the Byzantine Empire* (Basingstoke: Palgrave Macmillan, 2007), pp. 69 – 73.

⑮ Warren Treadgold, *A Concise History of Byzantium* (New York: Palgrave Macmillan, 2001), pp. 31 – 32.

⑯ Warren Treadgold, *A History of the Byzantine State and Sociaty* (Stanford: Stanford University Press, 2006), p. 60.

一下子消失得无影无踪"，在结果方面定义这次复兴是"旧的古典宗教试图对新世界进行的最后一战"，但结尾处依然不能免俗地谴责朱利安对历史发展方向的不了解。[17]

南斯拉夫史学家乔治·奥斯特洛格尔斯基（Geory Ostrogorsky）所作《拜占庭帝国》，将朱利安的形象定格为故步自封的保守主义者，"只是因为其（多神教）古老就要复古，因为其（基督教）新颖就要反对标新"，视朱利安的短暂统治是基督教胜利不可避免的最佳证明；[18]1997 年约翰·朱利叶斯·诺威奇（John Julius Norwich）所著《拜占庭帝国简史》，认为朱利安恢复异教是因为极其厌恶基督教。因朱利安担任凯撒四面楚歌之时，"基督徒仍无情地一再催拨经费"，而君士坦提乌斯的猝死又恰巧向朱利安证明了基督教信仰的"虚伪"。同时评价朱利安的失败在于"错误地把罗马帝国所有问题全都归罪于基督教"[19]；1998 年阿弗里尔·卡梅伦（Averil Cameron）在其主编的《剑桥古代史》第 13 卷中提出造成朱利安信仰转向的原因是君士坦提乌斯的大屠杀，同时谴责马克西姆斯（Maximo）对年轻皇储的不良影响（"马克西姆斯用神奇的魔法让他［朱利安］与女神赫卡特［Hecate］[20]直接交流，令他在荒诞的世界里流连忘返"），主张朱利安"被谋杀说"在拜占庭民间的广泛传播，不仅是宗教论战的产物，也是帝国内部不满其统治的反映。[21]

此外，在朱利安异教复兴政策的影响方面：琼斯（A. H. M. Jones）评价朱利安为后世证实了基督教信仰与古希腊罗马文化磨合沟通的可能

⑰ 科瓦略夫：《古代罗马史》，王以铸译，上海：上海书店出版社，2007 年，第 966 – 969 页。

⑱ 乔治·奥斯特洛格尔斯基：《拜占廷帝国》，陈志强译，西宁：青海人民出版社，2006 年，第 37 – 38 页。

⑲ John Julius Norwich, *A Short History of Byzantium* (New York: Vintage Books, 1997), pp. 20 – 28.

⑳ 希腊神话中的幽灵和魔法女神。参见 Charles M. Edwards, "The Running Maiden from Eleusis and the Early Classical Image of Hecate," in *American Journal of Archaeology*, vol. 90, no. 3 (1986), pp. 307 – 318。

㉑ Averil Cameron & Peter Garnsey, *The Cambridge Ancient History*, vol. xiii (New York: Cambridge University Press, 1998), pp. 43 – 67.

性;㉒菲迪南·罗特等学者(Ferdinand Lot)合著的《古代世界的终结》提及朱利安扶植异教政策对拜占庭社会公共精神的不良影响;㉓彼得·布朗(Peter Brown)著《晚期古典世界》批判朱利安颁布的教育改革法令打乱了帝国正常的教学秩序,不利于民众接触古典文明;㉔爱德华·福尔德(Edward Foord)评价朱利安是一个完美的人和优秀的作家,可悲的是他获得了王位;㉕米凯利斯·普塞利(Michaelis Pselli)戏称朱利安是"君士坦丁家族中的'另类'(thron),尝试促成罗马社会的革命和进化,可惜他失败了";㉖威廉姆·西尼根(William G. Sinnigen)断言"朱利安只能延缓却不能阻止异教的衰亡";㉗也存在少数持乐观态度者,如迈克尔·格兰特(Michael Grant)就明确表示"朱利安确实使异教短暂振兴";㉘艾德里安·梅铎(Adrian Murdoch)也表示"异教在军队和帝国人民中的普及证明他(朱利安)可能已经把异教带回到罗马帝国"。㉙

2. 专题研究型著作

哲学史著作中《哲学百科全书》赞誉朱利安是"最后一个伟大的异教徒",㉚且直接影响了后世包括奥古斯丁、纳西昂的格里高利在内的很大

㉒ Arnold Hugh Martin Jones, *The Later Roman Empire: 284 - 602*, vol. 1 (Oxford: Blackwell, 1964), pp. 118 - 471.

㉓ Ferdinand Lot et al., *The End of the Ancient World and the Beginnings of the Middle Ages* (London: Routledge & Kegan Paul Ltd., 1931), pp. 175 - 178.

㉔ Brown Peter, *The World of Late Antiquity: AD 150 - 750* (NY: W. W. Norton & Company, 1971), p. 93.

㉕ Edward A. Foord, *The Byzantine Empire* (London: Adam And Charles Black, 1911), pp. 13 - 14.

㉖ Michaelis Pselli & Willem J. Aerts, *Historia Syntomos* (Berlin: Walter De Gruyter Inc., 1990), p. 57.

㉗ William G. Sinnigen & Arthur E. R. Boak, *A History of Rome to A. D. 565* (New York: Macmillan Publishing, 1977), pp. 423 - 424.

㉘ Michael Grant, *From Rome to Byzamtium* (New York: Routledge, 1998), p. 137.

㉙ Adrian Murdoch, *The Last Pagan Murdoch: Julian the Apostate and the Death of the Ancient World* (UK: Sutton Publishing Ltd., 2003), p. 3.

㉚ Donald M. Borchert, ed., *The Encyclopedia of Philosophy* (Michigan: Thomson Gale, 2006), p. 389.

部分教父的神学理论。普埃塔斯·阿尔贝托·基罗加(P. A. J. Quiroga)虽然也承认这一点,但质疑基督教徒借鉴异教徒思想的行为是否应该被教会允许;[31]《拜占庭的希腊主义》一书将朱利安视为"希腊主义"的杰出代表和捍卫者,坚信这位君王复兴传统宗教是为了捍卫希腊古典文明的整体性(包括文学、艺术、哲学、宗教在内的完整体系);安东尼·卡尔德里斯(Anthony Kaldellis)还表示朱利安是为了拯救希腊主义才复兴异教信仰,[32]但不同于 20 世纪中期威尔·杜兰对朱利安的"大希腊主义"(Hellenism)所做的悲观论断,[33]他强调公元 361 - 363 年间异教的短暂复兴证明了希腊主义不是无力的空想,而是可以改变社会的巨大力量。[34]

神学及教会史著作中,《上帝战胜诸神》阐明朱利安并不憎恨基督教,他只是用打击基督教作为复兴异教的手段;[35]但《剑桥基督教史》第二卷肯定朱利安憎恨基督教,因为"推崇基督教的君主是杀死他家人的敌人",[36]所以他没有理由崇拜和保护敌人的信仰;《圣愚》一书将朱利安喻为只是想实现全人类幸福的"圣愚"(The holy fool);[37]《拜占庭神权政治》

[31] Puertas Alberto J. Quiroga, "Emperor and Author: the writings of Julian the Apostate," in *Collectanea Christiana Orientalia*, vol.7(2010), p.311.

[32] Anthony Kaldellis, *The Christian Parthenon: Classicism and Pilgrimage in Byzantine Athens* (New York: Cambridge University Press, 2009), pp.19 - 21.

[33] 威尔·杜兰认为朱利安倡导的"大希腊主义"于其复兴异教及希腊主义本身均毫无帮助,"'大希腊主义'尚须过 11 个世纪后才得转运"。Will Durant, "The Age of Faith," *The Story of Civilization*, vol. iv (New York: Simon and Schuster, 1950), p.24。翻译参考中译本:威尔·杜兰:《世界文明史:信仰的时代》,孙兴民等译,北京:东方出版社,1998 年,第 18 页。

[34] Anthony Kaldellis, *Hellenism in Byzantium: The Transformations of Greek Identity and the Reception of the Classical Tradition* (New York: Cambridge University Press, 2008), pp.143 - 166.

[35] Jonathan Kirsch, *God against the Gods: the History of the War between Monotheism and Polytheism* (New York: Penguin Group Inc., 2004), p.9.

[36] Augustine Casiday & Frederick W. Norris, *The Cambridge History of Christianty*, vol. ii (New York: Cambridge University Press, 2007), p.43.

[37] Sergey A. Ivanov, *Holy Fools in Byzantium and Beyond*, trans. Simon Franklin (Oxford: Oxford University Press, 2006), pp.16 - 17.

批判"叛教"君王的试验是过时且短暂的,"即便没有被谋杀,他也不可能在帝国范围内传播他的畸形信仰";㊳《圣徒文化》将朱利安的失败归结于他想用一种宗教来对抗基督教,可惜多神教只是一个松散的信仰联盟。㊴

　　政治史著作《古罗马到拜占庭帝国的权力建构》一书提出朱利安皇帝无情揭露了4世纪中期帝国文化多元化的现实;㊵《9世纪拜占庭的幻象与意义》一书则论证朱利安复兴异教为后世基督教学者提供了可供批判的对立面;㊶经济史著作《拜占庭货币经济研究》一书推测"朱利安拨给城市用作异教祭祀的可观经费加剧了当地官员的贪腐";㊷环境史著作《拜占庭园艺文化》宣称朱利安非常喜爱君士坦丁堡南端的阿雷太(Aretai)别墅,别墅附近山水花草的瑰丽让他对古老的花神和精灵充满憧憬;㊸军事史著作《拜占庭帝国的大战略》一书在仔细分析朱利安皇帝领导的相关战役后,认为年轻凯撒在战争中只是单纯的围困和防御,看不出使用过任何先进的战术。这样简单的胜利可能让朱利安自己也觉得是神明在庇佑他,㊹而这种认知对他即位后的政治决策或许产生一定影响;思想史著作《朱利安的神明:"叛教者"朱利安的思想和行为》一文重在分析朱利安皇帝的文化观念和思想动态,评述朱利安皇帝的行为

㊳　Steven Runciman, *The Byzantine Theocracy* (New York and London: Cambridge University Press, 1977), pp. 26 - 28.

㊴　St. John Chrysostom, *The Cult of the Saints*, trans. Wendy Mayer & Bronwen Neil (New York: St. Vladimir's Seminary Press, 2006), p. 53.

㊵　Sarolta A. Takacs, *The Construcyion of Authority in Ancient Rome and Byzantium* (New York: Cambridge University Press, 2009), pp. 99 - 101.

㊶　Leslie Brubaker, *Vision And Meaning in Ninth-Century Byzantium: Image as Exegesis in the Homilies of Gregory of Nazianzus* (New York: Cambridge University Press, 1999), p. 27.

㊷　Michael F. Hendy, *Studies in The Byzantine Monetary Economy c. 300 - 1453* (Cambridge: Cambridge University Press, 1983), p. 190.

㊸　Antony Little Wood & Henry Maguire, eds., *Byzantine Garden Culture* (Washington D. C: Dumbarton Oaks Research Library and Collection, 2002), pp. 33 - 35.

㊹　Edward N. Luttwak, *The Grand Strategy of the Byzantine Empire* (MA: Harvard University Press, 2009), p. 46.

是“一个受过良好教育的人、一个热爱希腊哲学的学生、一个有才华的作家在行使自己的权利”。㊺

此外,专门研究多神教历史及文化的著作中,《最后的多神教》表彰朱利安为多神教和基督教搭建了可供对话的桥梁;㊻《异教的死亡》力证是朱利安使多神教由一种多神信仰联合体转变为像基督教一样的宗教体系。㊼ 专门探讨犹太民族历史及文化的著作为研究朱利安提供了特殊视角。朱利安帮助重建耶路撒冷神庙的举措令“屡遭磨难”的犹太人受宠若惊。所以在犹太人眼中,朱利安皇帝是“上帝派遣的拥有圣洁灵魂的皇帝”、㊽是“希腊人朱利安(Julian the hellene)”、㊾是“犹太人的狄奥多西大帝”。㊿ 但大卫·罗克尔(David Rokeah)等学者怀疑朱利安帮助犹太人的动机并不单纯,于1971年表示朱利安实际是在利用犹太“种族”的劣势和自卑心理,用两个一神教的纷争来反证多神教的优势。(51) 1979年又提出朱利安在攻击基督教教义的同时也亵渎了犹太教的经典摩西五经,将犹太民族至高无上的唯一真神贬低成嫉妒多神教诸神的无知小神。(52)

㊺ Rowland B. E. Smith, *Julian's Gods: Religion and Philosophy in The Thought and Action of Julian The Apostate* (London: Routledge, 1995), p. 59.

㊻ Harold Mattingly, "The Later Paganism," in *The Harvard Theological Review*, vol. 35 (1942), p. 171.

㊼ James O'Donnell, "*The Demise of Paganism*," in *Traditio*, vol. 35 (1979), pp. 45 - 88.

㊽ Andrew Sharf, *Jews and other Minorities in Byzantium* (Ramat-Gan: Bar-llan University Press, 1995), p. 235.

㊾ Avner Falk, *A Psychoanalytic History of the Jews* (Madison, New Jersey: Fairleigh Dickinson University Press, 1996), p. 95.

㊿ Guy G. Stroumsa & Robert Bonfil, eds., *Jews in Byzantium: Dialectics of Minority and Majority Cultures* (Boston: Brill, 2012), p. 482. 该书表示狄奥多西大帝和朱利安都为保护自己的信仰而打击其他教派,狄奥多西青史留名,朱利安皇帝也不应饱受谴责。

(51) Rokeah D. et al., "Jews and their Law (Torah) in the Pagan-Christian Polemic in the Roman Empire," in *Tarbiz*, vol. 10 (1971), pp. 462 - 471.

(52) Rokeah D. et al., "The 'Election of Israel' in the Pagan-Christian Polemic of the Roman Empire," in *Tarbiz*, vol. 7 (1979), pp. 215 - 221.

3. 传记

因朱利安皇帝在拜占庭帝国史上的特殊身份和基督教会中的不良形象,目前仅有四位学者冠名为之作传:第一部是 1930 年约瑟·拜德(Joseph Bidez)著法文版《君王朱里安传》(现仅有德文译本),肯定朱利安是一位极有才能的君主,只是没能认清时代发展趋势,试图复兴已然失去活力的传统宗教。[53] 其观点在 20 世纪中期前占据学界主导地位,深受俄、法、德三国学者认同;第二部是 1956 年朱塞佩里·齐奥蒂(Giuseppe Ricciotti)著《叛教者朱利安》,[54]批判朱利安皇帝的思想太过陈旧迂腐;第三部是 1976 年罗伯特·布朗宁(Robert Browning)著《朱利安皇帝》,悲叹朱利安的失败是一个希腊式知识分子和罗马帝国皇帝的双重失败;[55]第四部是 1978 年鲍尔绍克(G. W. Bowersock)著《"叛教者"朱利安》,首次使用叙利亚语文献资料,认为朱利安的异教复兴举措源自其富有正义感的品德,主张朱利安信仰异教是受到新柏拉图主义的诱导,他所做的一切都是为了帮扶自己热爱的哲学。[56] 波莉姆妮娅·阿塔那西阿德(Polymnia Athanassiadi)与之观点十分相近,[57]曾表示"在朱利安心中帝国人民信仰何种宗教不重要,重要的是哪种宗教能为希腊古典文明提供现实发展环境"。[58] 但这种观点很快就受到罗兰德·史密斯(Rowland Smith)的批判。[59]

---

[53] 转引自书评 T. M. , "La Vie de l'Empereur Julien by J. Bidez: Nero, Emperor of Rome by Arthur Weigall," in *Studies An Irish Quarterly Review*, vol. 78(1931), pp. 331 - 333。原著为法文版 Joseph Bidez, *La vie de L'Empereur Julien* (Paris: Les Belles Lettres, 1930), pp. 25 - 408.

[54] Giuseppe Ricciotti, *Julian The Apostate* (Milwaukee: Bruce Publishing Co. , 1960), pp. 305 - 309.

[55] Robert Browning, *The Emperor Julian* (London: University of California Press, 1978), pp. 180 - 184.

[56] Glen Warren Bowersock, *Julian the Apostate* (Massachusetts: Harvard University Press, 1978), pp. 66 - 119.

[57] Polymnia Athanassiadi, "Persecution and Response in Late Paganism: The Evidence of Damascus," in *The Journal of Hellenic Studies*, vol. 113(1993), pp. 1 - 29.

[58] Polymnia Athanassiadi, *Julian: an intellectual biography* (London: Routledge, 1992), p. 88.

[59] Smith Rowland, *Julian's gods: religion and philosophy in the thought and action of Julian the Apostate* (London: Routledge, 1995), pp. 313 - 314. 罗兰德·史密斯认为朱利安的异教信仰体系比哲学理念更宏大,单凭新柏拉图主义哲学无法主导他的思维。

另外,罗伊·肖恩·菲茨(Tougher Shaun Fitzroy)2007 年所撰写的作品《"叛教者"朱利安》,虽不是严格意义上的传记作品,但同样就朱利安皇帝的生平做出细致研究。罗伊·肖恩·菲茨于该书提出朱利安的思想体系融合了密特拉教、新柏拉图主义、基督教等不同成分。[60] 后又于2013 年补充和深化这一论点,提出朱利安皇帝与同时代的基督教神学家纳西昂的格里高利一样,都致力于探索如何处理"公元 4 世纪两个强大的、不朽的、对抗性的普世主义——基督教和罗马帝国"之间的关系。[61]

4. 相关论文

以朱利安皇帝为研究对象的史学论文数量众多,且不乏独出机杼、发人深思之作,但受篇幅限制只能择其要者摘录一二。在朱利安信奉及复兴多神教的原因方面:迈克尔·迪尔尼(Michael Tierney)试图从时代背景上解读朱利安复兴异教的原因,推断异教复兴背后隐藏着拜占庭帝国东部与西部、乡村与城市、公民个体的多神教教育背景与基督教信仰等多对矛盾;[62]劳雷尔·富尔克森(Fulkerson Laurel)揣摩朱利安因为相信自己是优于凡俗事物的存在,所以用"特立独行"来彰显自己的高贵身份;[63]前文提及的罗伊·肖恩·菲茨也曾著文表示君士坦提乌斯皇后欧塞比亚(Aurelia Eusebia)可能需要对朱利安皇帝厌恶基督教承担部分责任;[64]但查德威克·亨利(Chadwick Henry)认为真正应该承担责任的

---

[60] Tougher Shaun Fitzroy, *Julian the Apostate* (Edinburgh: Edinburgh University Press, 2007), pp. 27 – 58.

[61] Tougher Shaun Fitzroy, "Susanna Elm. Sons of Hellenism, Fathers of the Church: Emperor Julian, Gregory of Nazianzus, and the Vision of Rome," in *American Historical Review*, vol. 118 (2013), p. 1578.

[62] Tierney Michael, "Julian the Apostate and the Religion of Hellenism," in *Studies An Irish Quarterly Review*, vol. 20, no. 80(1931), pp. 583 – 597.

[63] Fulkerson Laurel, "Julian the (In)consistent: A Late Imperial Portrait," in *Syllecta Classica*, vol. 25(2014), pp. 79 – 111.

[64] Tougher Shaun Fitzroy, "Ammianus Marcellinus on the Empress Eusebia: A Split Personality?" in *Greece & Rome*, vol. 147, no. 1(2000), pp. 94 – 101. 作者提出欧塞比亚皇后帮助朱利安摆脱"谋反"嫌疑,又说服君士坦提乌斯二世让朱利安去雅典学习哲学,在朱利安的生命中充当了"拯救者"和"保护者"的角色。但早期基督教将"夏娃及其后世的（转下页）

是君士坦丁大帝及其子君士坦提乌斯二世,因为前两位君王实行的政治色彩浓厚但非强制性的基督教信仰政策("不宽容的不是多神教,而是松散的宗教状态;支持的不是基督教,而是严密的宗教组织"),造就了大量假装圣洁的人(pretended holiness),"叛教者"朱利安就是其中典型;(65)罗兰德·史密斯从写作习惯、立法原则等四个方面分析朱利安对亚历山大大帝的刻意效仿,笑称朱利安是一个不合格却充满激情的亚历山大大帝模拟者(Alexander-emulator),(66)在每做一件事后都会反问自己,"以伟大的亚历山大大帝为标准,我的所作所为合格吗?"(67)

在朱利安皇帝复兴多神教的影响及评价方面:英国学者刘南强(Samuel N. C. Lieu)通过对君士坦丁和朱利安两位皇帝治下基督教境况的对比,推论皇室态度的转变有助于基督教会内部的平衡;(68)特派拉·玛瑞斯(Tepelea Marius)表扬异教皇帝促进了新柏拉图主义的发展;(69)罗伯特·马尔科姆·埃灵顿(R. M. Errington)主张"命运多舛的变节者朱利安皇帝"在美索不达米亚平原上的死亡,破坏了罗马帝国边防防御机制,降低了罗马军队应对突发状况的能力;(70)弗拉迪·米尔弗拉基·凡瑟丽姬(V. V. Vasilik)将"叛教者"朱利安与伪季米特里一世(False

---

(接上页)所有女性都看作男性堕落与人性邪恶的根源"(此句为原文总结句,参见王屹:《重读〈圣经〉:一种女权主义的诊释》,引自《基督教文化学刊》第5辑,北京:宗教文化出版社,2001年,第65页),这可能加剧了朱利安对基督教教义的怀疑。

(65) Chadwick Henry, "Constantine and the Bishops: The Politics of Intolerance by H. A. Drake," in *Catholic Historical Review*, vol. 87 (2001), pp. 80–81.

(66) Rowland Smith, "The Casting of Julian the Apostate 'In the Likeness' of Aleaxander the Great: A Topos in Antique Historiography and its Modern Echoes," in *Histos*, vol. 5 (2011), p. 44.

(67) Rowland Smith, "Seriou Fun in A Potted History at the Saturnalia? Some Imperial Portraits in Julian the Apostate's Caesars, A Medallion-Image of Julian and the 'Gallienae Augustae' Aurei," in *Histos*, vol. 7 (2013), p. 205.

(68) Samuel N. C. Lieu & Dominic Montserrat, *From Constantine To Julian: Pagan And Byzantine Views* (London and New York: Routledge, 1996), pp. 240–249.

(69) epelea Marius, "Historical aspects regarding the reign of Emperor Julian," in *Altar of Reunification*, vol. 3 (2011), p. 20.

(70) 参见 Tritle Lawrence A., "Roman Imperial Policy from Julian to Theodosius (review)," in *Journal of Military History*, vol. 71, no. 3 (2007), pp. 912–913.

Dmitriy I)(71)作了比较分析,以证明违抗基督教内部发展规律的行动必将失败;(72)安德烈亚斯·阿夫罗蒂(Andreas Alfldi)表示"公元4世纪战场上,朱利安带领的多神教败给了君士坦丁领导的基督教";(73)斯考特·布拉德伯里(Scott Bradbury)断言朱利安短暂的统治无法覆盖全国,无法改变基督教发展的惯性。(74) 另有多篇论文肯定朱利安皇帝的文学造诣及其作品的文史学价值;唐尼·格兰维尔(Downey Glanville)认为无论学界将朱利安定义为多重人格的怪物还是悲剧色彩的英雄,都不能否定其作为一名优秀作家的身份;(75)乔治·西利米斯(George Syrimis)相信朱利安的作品反映出一个时代的文明冲突,还给基督教遗留下一个棘手的问题——"基于卫道或卫教理由的暴力是否是正义的?"(76)传记作家鲍尔绍克也曾称誉朱利安是一位真正将人类感性元素与历史范畴重叠的"历史型诗人"。(77)

另外,目前查找国外相关学位论文的难度较大,根据目前已搜集资料可得:美国北德克萨斯州大学学生莉莉·马歇尔(Lilly Marshall)在毕业论文中肯定朱利安恢复了拜占庭帝国城市的秩序,对整个帝国的法

(71) 他在1605-1606年间担任俄罗斯帝国沙皇,在外国势力支持下冒称皇子德米特里·伊万诺维奇(Dmitri Ivanovich)。在位期间力主俄罗斯和欧洲天主教廷结盟以联合抵抗土耳其,招致国内信仰东正教的民众的不满。参见 Basil Dmytryshyn, ed., "Massa's Account of Events Surrounding the Death of the False Dmitrii in 1606," in *Medieval Russia: A Source Book: 850-1700* (New York: Holt, Rinehart & Winston, 1990), pp. 361-362。

(72) Vasilik Vladimir Vladimirovich, "The image of an impostor in the narrative of the first third of the XVII century: False Dimitry as Julian the Apostate and the Antichrist," in *Proceedings of the History*, vol. 10, no. 5 (2012), pp. 29-33.

(73) Andreas Alfldi et al., *The Conversion of Constantine the Great and Pagan Rome* (New York: The Clarendon Press, 1948), pp. 125-126.

(74) Scott Bradbury, "Julian's Pagan Revival and the Decline of Blood Sacrifice," in *Phoenix the Journal of the Classical Association of Canada*, vol. 49 (1995), p. 331.

(75) Downey Glanville, "Julian the Apostate at Antioch," in *Church History*, vol. 8, no. 4 (1939), pp. 303-315.

(76) Syrimis G., "Empire, Religious Fanaticism, and Everyman's Dilemma: Julian the Apostate in Kazantzakis and Cavafy," in *Journal of Modern Greek Studies*, vol. 28, no. 1 (2010), p. 103.

(77) Bowersock G. W., "The Julian Poems of C. P. Cavafy," in *Byzantine & Modern Greek Studies*, vol. 7, no. 16 (1981), pp. 89-104.

律、教育、政治和宗教机构都进行了有益的改革,评判其统治是短暂但重要的;[78]美国怀俄明大学学生耿斯曼·布莱斯·雷蒙德(Kunsman Bryce Raymond)的《"叛教者"朱利安:背离基督教》重在考察朱利安皇帝的治国方略,列举其统治时期的政绩(如朱利安根据地缘特点开展行政体制改革、打破帝国外部危机、整顿官僚机构等等),[79]倡导学界将对朱利安皇帝的研究重心由宗教信仰问题转移到政治作为上来;美国威斯康星大学麦迪逊分校学生本杰明·罗根兹卡(Benjamin Rogaczewski)并未将论述重心放在朱利安皇帝本身,而是诧异于"叛教者"如此短暂的统治时段居然长期处于公元4至5世纪学者(尤其基督教学者)议论的中心,并大胆猜测这一特殊现象是皇帝和主教、教会和国家、政治和宗教之间矛盾作用的结果。[80]

5. 通俗读物及其他

朱利安皇帝跌宕起伏的人生经历和锐意改革的斗士精神也使诸多文学家纷纷侧目。伏尔泰在《风俗论》中将朱利安塑造成勇敢果断、公正无私、朴实节俭的伟大统帅、中兴之帝、挣脱基督教枷锁的勇士,"如果他在位时间更长些,罗马帝国在他死后不至于那样风雨飘摇"。[81]俄国文学"白银时代"杰出代表梅列日可夫斯基(Мережковский)于《诸神之死》中将朱利安描绘成在奥林匹斯众神鼓励下伸出利爪的雄狮,将其心态扭曲归因于动荡曲折的人生历程。[82]剧作家易卜生所著剧本《皇帝与

---

[78] Lilly Marshall, *Companion to the Gods, Friend to the Empire: the Experiences and Education of the Emperor Julian and How It Influenced His Reign 361－363 Ad.* (University of North Texas Ph. D. dissertation, 2014), pp. 1－108.

[79] Kunsman Bryce Raymond, *Julian the Apostate: Apart from Christianity* (University of Wyoming Ph. D. dissertation, 2008), pp. 1－101.

[80] Benjamin James Rogaczewski, *Killing Julian: The death of an emperor and the religious history of the later Roman Empire* (University of Wisconxin － Milwaukee, History Department Thesis, 2014), p. 2.

[81] 伏尔泰:《风俗论》,梁守锵译,北京:商务印书馆,2006年,第346页。

[82] 梅列日可夫斯基:《诸神之死:叛教者尤里安》,刁绍华、赵静男译,哈尔滨:黑龙江人民出版社,1998年,第22－39页。

加利利人》,分五幕展示朱利安人生的悲剧性和讽刺性。[83] 日本著名作家盐野七生女士(塩野七生)著《罗马人的故事》系列第 14 卷"皇帝朱利亚努斯"一章,用女性特有的细腻语言讲述朱利安皇帝的传奇经历,对其复兴异教的原因和影响提出独到见解。但大部分欧洲文学家将朱利安皇帝视为谴责和批判对象。如安德林·歌德斯沃斯在《非常三百年》中斥责朱利安轻信魔术师和骗子,评价其"叛教"举措是"动荡不安的时代的产物,好在没有造成深远的影响"。[84] 大卫·斯特劳斯·弗里德里希(David Friedrich Strauss)借朱利安的典故讽刺腓特烈·威廉四世[85]抱残守缺。[86] 以上作品虽不具备史料的严谨性和客观性,但文学家多擅长挖掘人物内心情感变化,揭露事件发展的感性因素。故拜读以上著作对开拓视野、启发思维、提升笔者论文写作水平有很大裨益。

二、国内研究综述

因在语言掌握和资料占有上不具备先天优势,我国的拜占庭学研究事业总体上起步晚,起点低。但在国内多位学者孜孜不倦的努力下,仍

---

[83] 如剧本第五幕描述悲伤的士兵围在朱利安皇帝周围举行送行仪式,另一边拜占庭市民却在欢呼雀跃、奔走相告。Henrik Ibsen, "Part 2: Act 5: Roman and Greek soldiers," in Henrik Ibsen, *Emperor and Galilean — A World Historic Drama*, trans. Brian Johnston(NH: Smith & Kraus Pub. Inc. , 1999), pp. 193 – 200.

[84] 安德林·歌德斯沃斯:《非常三百年:罗马帝国衰落记》,郭凯声等译,重庆:重庆出版社,2008 年,第 170 – 172 页。

[85] 威廉四世于 1840 – 1861 年间任普鲁士国王,在位期间颁布《钦定宪法》,坚决反对奉行 19 世纪流行的自由政治理念及继承法国大革命的政治遗产。Clark Christopher ed. , *Iron Kingdom: The Rise and Downfall of Prussia: 1600 – 1947* (Massachusetts: Belknap Press of Harvard University Press, 2006), p. 490。

[86] 转引自 David Friedrich Strauss, "A Romantic on the Throne of the Caesars," in Clark Christopher, ed. , *Iron kingdom: the rise and downfall of Prussia: 1600 – 1947*, p. 446,原文用德语写成。David Friedrich Strauss, *Der Romantiker Auf Dem Throne Der Casaren: Oder Julian Der Abtrunnige* (Whitefish, Montana: Kessinger Publishing Co.), pp. 2 – 78。

然取得了十分可喜的进步。⑧ 加之"宗教生活在拜占庭人的社会生活中占有极其重要地位,也是现代拜占庭学者长期关注的研究热点领域"。⑧ 故笔者现就国内学者对朱利安异教复兴政策的解析作简单归纳。

我国拜占庭学著名教授陈志强先生对朱利安皇帝个人事迹颇有关注。目前虽尚无专项论著面世,但在其通史、断代史、论文类佳作中多有涉及。且因朱利安皇帝在拜占庭帝国早期史中的独一性,常被先生拿来与其他基督教帝王作比对分析。现总结陈先生观点如下:在原因上,强调尼西亚会议的不彻底性和基督教内部纷争为异教复兴提供了可趁之机;⑧ 在朱利安死因问题上,更认同暗算说,⑨ 认为这一血的教训警示以后的"拜占庭君主们必须顺应这个民意";⑨ 在地位上,肯定朱利安全面复兴古典希腊罗马文化的行为是拜占庭文化发展的实验阶段,"如同拜占庭统治阶级在改革中寻求适合新形势的政治经济制度一样,拜占庭文化也在寻求发展的道路,确定发展的方向"。⑨ 可惜以上观点多是一笔带过,在陈先生著作中所占份额很低。

徐家玲教授主张朱利安复兴异教是基督教胜利和异教衰亡过程中最值得关注的事件,故在其著作《走进拜占庭文明》中作出精彩解说:在

---

⑧ 据穆建国统计,2000 至 2010 年间我国出版的拜占庭相关专著、译著 20 余部,相关论文 300 余篇。参见穆建国:《2000 年以来中国学者对拜占庭学研究综述》,载于《学理论》2012 年第 5 期,第 121－123 页。据笔者不完全统计,2011－2015 年间,我国出版的拜占庭相关专著、译著约 9 部,已出版论文约 97 篇,相关报道约 24 篇,学位论文约 17 篇,合计 147 篇。另外,陈志强先生、徐家玲教授等均肯定近些年中国学者在拜占庭学研究领域取得的成绩。参见陈志强:《我国拜占庭文化研究的新动向》,载于《世界历史》2007 年第 6 期,第 129 页;徐家玲:《第 21 届世界拜占庭研讨会综述》,载于《古代文明》2007 年第 1 卷,第 2 期,第 108 页;郑玮:《中国学者对拜占庭史研究综述》,载于《史学理论研究》2000 年第 1 期,第 157 页。

⑧ 陈志强:《生机勃勃的国际拜占庭学研究》,载于《国际社会科学杂志(中文版)》2009 年第 1 期,第 63 页。

⑧ 陈志强:《独特的拜占庭文明》,北京:中国青年出版社,1999 年,第 281 页。

⑨ 陈志强:《拜占庭史研究入门》,第 82 页。

⑨ 陈志强:《"查士丁尼瘟疫"影响初探》,载于《世界历史》2008 年第 2 期,第 84 页。文中借朱利安死于非命的例子论证基督教信仰在帝国的主流地位。

⑨ 陈志强:《盛世余晖:拜占廷文明探秘》,昆明:云南人民出版社,2001 年,第 39 页。

原因方面,点出特殊生存经历对朱利安恢复古典宗教行为的重要影响;在过程方面,评断朱利安所致力于恢复的罗马多神崇拜,实际上是基督教化了的异教;在影响方面,批评朱利安组织的异教祭祀活动耗费了国家刚刚恢复不久的经济力量;在评价方面,既谴责朱利安的思维落后于时代——"用任何一种行将死亡的意识形态来挽救世界命运的倒行逆施都只能被历史的车轮碾得粉碎"——但又肯定朱利安治下古典传统与基督教文化的融合是公元 4 至 6 世纪东方基督教文明形成过程中的重要组成部分。⑬ 可惜因写作的是通史类著作,徐家玲女士提出的与朱利安皇帝相关的论点散落在书中不同章节。

著名经济学家厉以宁先生在其《罗马—拜占庭经济史·上编》中直接发问:"为什么朱利安会敌视基督教而信奉东方的宗教呢?"并尝试就此问题作出回答:首先朱利安因感受到基督教内部的矛盾纷争,产生了对基督教的不信任感;其次基督教获得统治阶级支持后,异教徒成了弱势群体,而朱利安自小就养成了同情弱者的性格;关键是异教在东部民间仍具有很大影响力,朱利安试图拉拢异教徒作为自己的支持者。此外,出于对经济问题的敏感,厉以宁教授特别注意到朱利安归还前代帝王没收的城市公共基金,⑭笔者据此思考这笔钱款可能为当时的城市建设作出贡献。可惜厉以宁先生的著作是经济学领域的大作,在拜占庭学领域权威性稍显薄弱,其与朱利安皇帝相关观点也多转引自爱德华·吉本的《罗马帝国衰亡史》。⑮

国内与朱利安异教复兴政策相关的论著数量相对有限。其中最具代表性的是叶民著《最后的古典:阿米安和他笔下的晚期罗马帝国》,⑯该书通过对阿米安努斯写就的《晚期罗马帝国》的深度解读,点出"从古

---

⑬ 徐家玲:《走进拜占庭文明》,北京:民主与建设出版社,2001 年,第 14－17、160－167 页。

⑭ 城市公共基金是各城市多年积攒的庞大基金,城市依靠这笔钱财来维持公共活动。参见 Scott Bradbury, "Julian's Pagan Revival and the Decline of Blood Sacrifice," p. 352。

⑮ 厉以宁:《罗马-拜占庭经济史·上编》,北京:商务印书馆,2006 年,第 328－336 页。注释中表明其关于朱利安的观点多引自《罗马帝国衰亡史》。

⑯ 叶民:《最后的古典:阿米安和他笔下的晚期罗马帝国》,天津:天津人民出版社,2004 年,第 125－137、160－169 页。

至今对朱利安的研究都带有强烈的主观色彩"这一现实问题;武鹏在其论文《拜占廷皇帝朱利安宗教政策的经济社会原因分析》[97]中,提出"仅从个人信仰或经历来分析(朱利安问题)是十分片面的",并尝试从经济水平和社会背景角度分析,解释朱利安复兴多神教的经济目的是与基督教会争夺国家财富,而教会内部争端和古典文化的存续为其提供可趁之机;王晓朝在《罗马帝国文化转型论》一文中表示:"朱利安死后,基督教在帝国中的地位有了根本性的改变,这是罗马帝国史和西方世界史的一个重大转折点,是基督教国家的开端";[98]龚方震在《拜占庭的智慧:抵挡忧患的经世之略》[99]中推测朱利安相信是基督教导致前两代帝王沉溺于肉欲享乐,故害怕基督教会同样腐蚀自己的意志。

　　富有传奇色彩的帝王事迹吸引了国内一批年轻学者的关注。截至2015 年,国内已有四篇硕士毕业论文围绕朱利安而作。其中三位作者出自中央民族大学:魏晓明的《试论朱利安的统治政策与实践》[100]对朱利安在行政、财政、军事、宗教方面的施政举措进行了剖析,揭示朱利安表面宽容的宗教政策的背后是对基督徒别有用心;刘衍钢的《尤里安东征试析》[101]将尤里安与加卢斯(Constantius Gallus)[102]作对比分析,否定朱里安"想要完全恢复古典社会"的说法,提出他的目标是开创超越古典文明的更崇高的古典普世文明;王遥的《异端的挑战与正统的形成——朱里亚努斯叛教及其历史意义初探》,[103]以"异教"和"正统"两个鲜明的概念解析多神教和基督教地位的倒置,将朱利安信仰异教归因于他对基

⑰ 武鹏:《拜占廷皇帝朱利安宗教政策的经济社会原因分析》,载于《历史教学》2005 年第 6 期,第 29 - 30 页。

⑱ 王晓朝:《罗马帝国文化转型论》,北京:社会科学文献出版社,2002 年,第 176 页。

⑲ 龚方震:《拜占庭的智慧:抵挡忧患的经世之略》,杭州:浙江人民出版社,1994 年,第 116 页。

⑩ 魏晓明:《试论朱利安的统治政策与实践》,中央民族大学硕士学位论文,2010 年,第 1 - 39 页。

⑪ 刘衍钢:《尤里安东征试析》,东北师范大学硕士学位论文,2008 年,第 1 - 58 页。

⑫ 朱利安皇帝的兄长,公元 352 - 354 年间担任凯撒。

⑬ 王遥:《异端的挑战与正统的形成——朱里亚努斯叛教及其历史意义初探》,中央民族大学硕士学位论文,2010 年,第 1 - 31 页。

督教教义教理的质疑和对自身崇高使命感的认知（"诸神选中他来荡涤基督教带来的邪恶,净化罗马帝国"）;台湾成功大学吴嘉玲的《朱利安叛教徒之研究》,将朱利安的人生划分为青少年、凯撒时期、奥古斯都时期三个阶段,就他在晚期罗马帝国与基督教历史脉络中所扮演的特殊角色作了深入探讨。[104] 除专项研究朱利安皇帝的论文外,复旦大学杨锐的博士论文《论早期基督教与罗马帝国》,提及朱利安学习"加利利人"开办慈善事业的行为,侧面反映出帝国政府和多神教在这方面做得远远不够;[105]上海师范大学焦汉丰的硕士论文《古代晚期的宗教暴力、殉道与政治合法性》,推论朱利安促使基督教改变了教会的殉道理论和殉道者标准,使教会认可暴力是对抗信仰之敌的合理手段。[106] 以上论文为笔者搜集和筛选相关史料打开方便之门,可惜多以解析朱利安统治政策为重点,对于其复兴异教的起因只是简单罗列,对于其结果更是着墨甚少。[107]

三、结　语

台湾著名学者张高评先生认为,"选题之于研究,有如开矿,又如掘井,若不勘探评估、实事求是,可能'掘井九仞而不及泉'。"[108]如有学者试图以朱利安皇帝为选题对象进行研究工作,则应充分考察前人研究成果,以保证选题及成果的价值性和可操作性。而笔者通过以上对国内外朱利安皇帝相关研究项目的分析总结,发现目前已出版的研究成果具有

---

[104] 吴嘉玲:《朱利安叛教徒之研究》,国立成功大学硕士学位论文,1992 年,第 1－47 页。

[105] 杨锐:《论早期基督教与罗马帝国》,复旦大学博士学位论文,2003 年,第 93 页。

[106] 焦汉丰:《古代晚期的宗教暴力、殉道与政治合法性》,上海师范大学硕士学位论文,2013 年,第 53－55 页。

[107] 如在论及朱利安异教复兴影响时,魏晓明评述"这些政策如果长期执行,后果当然难以想象,但这一切都被朱利安东征波斯而扰乱";刘衍刚表示"因朱里安统治时间过短不多作评价";王瑶以一句"朱里亚努斯选择了传统宗教的落后性,这决定了他的改革难以成功"收尾。三人均强调朱利安统治时间过短及其改革失败的必然性,并未就朱利安宗教政策的影响展开系统论述。

[108] 张高评:《文史研究选题之策略与方法（一）》,载于《古典文学知识》2015 年第 2 期,第 3 页。

以下三个特点:

第一,重视论述朱利安宗教复兴政策的具体内容,较少关注其推行复兴政策的原因和影响。部分论著中甚至混杂了"朱利安信仰异教的原因"和"朱利安复兴异教的原因"两个问题,将全部笔墨用于解读朱利安的成长和受教育经历,模糊了"朱利安信仰异教是其复兴异教的重要原因而非唯一原因"的逻辑关系。第二,在评价朱利安宗教政策时以批判和否定为主。历史上基督教学者将朱利安视为叛离上帝的魔鬼,异教徒学者遗留的赞美之词数量稀少。国际拜占庭学研究兴起后,虽有部分学者提倡以客观的态度重新审视"叛教"皇帝,但多数学者仍评价朱利安的思想为异端,朱利安领导的异教复兴为倒行逆施。第三,夸大朱利安皇帝异教复兴活动的特殊性而忽视其历史性。朱利安相关研究成果多将其短暂统治时期作为个案或特例研究,少有将其异教复兴活动放入拜占庭帝国早期转型时期整体考虑的著作。突出表现为部分学者在著述过程中记叙至朱利安死亡便戛然而止或直接过渡至约维安(Jovianus,332－364)统治时期,视朱里安统治阶段为"昙花一现",[109]甚少描写朱利安统治于后世的长期影响。

基于以上三个特点,可知目前学界现存与拜占庭朱利安皇帝相关的研究工作具有以下三个薄弱环节亟待探究:第一,伴随着公元4至5世纪拜占庭帝国经济政治形态的转型,多神教信仰体系也在向一神教信仰模式过渡,但曾经主宰帝国且仍具有生命力的多神教很难悄无声息地退出历史舞台,于是在朱利安登基等特殊条件激化下,异教呈现复兴局面。即异教复兴不是偶然发生的历史事件,那么这起事件背后存在哪些复杂因素?主导因素是什么?这些因素的作用方式和效果如何?第二,朱利安的多神教复兴政策,虽然时间短暂、饱受诟病,但从长远考虑,这次探索是否为后人提供了宝贵的经验教训?是否对拜占庭帝国的政治经济文化宗教发展均具有特殊意义?第三,公元4世纪60年代发生的异教

---

[109] Ferdinand Lot et al. , *The End of the Ancient World and the Beginnings of the Middle Ages*, p.40. 翻译参考中译本: 菲迪南·罗特:《古代世界的终结》,王春侠、曹明玉译,上海:上海三联书店,2008年,第41页。

复兴虽然极具特殊性,但能否否认此次复兴是罗马传统多神教衰落过程中的重要环节? 如果不能,那该如何论证这一特殊时段是公元 4 至 5 世纪拜占庭帝国东方基督教化进程中的重要组成部分? 是帝国自身转型时期重要的试验阶段?

对"叛教者"朱利安皇帝所作的探究,一能对拜占庭帝国史上唯一一位"叛教者"皇帝的相关研究进行丰富和补充;二能对罗马传统宗教衰落过程的相关研究进行细化和拓展;三能推进学界加深对拜占庭帝国早期基督教发展历程的认识。因而对研究早期拜占庭历史、多神教、基督教、君士坦丁王朝统治阶段等均存在一定学术价值。"在历史进程中,不同时期、不同社会的宗教与政治互动的模式各不相同……结合这些因素来分析和把握政教关系的未来走向,会更加具体和准确",[10]故研究公元 4 世纪中期拜占庭帝国宗教与政治的互动或许对现今政治机构与教会团体协调二者间关系具有一定启示作用。因此,笔者希望此篇综述能起到抛砖引玉之用,吸引更多学者加入到"叛教者"皇帝的研究工作中,对这场看似惨淡收场的复兴活动作进一步探究,深入解读这位"妄图改变世界的年轻人"[11]为"促进罗马社会进化所作的努力",[12]论证他在拜占庭帝国史上的特殊功用。

---

[10] 何其敏:《论宗教与政治的互动关系》,载于《世界宗教研究》2001 年第 4 期,第 16 页。

[11] John Julius Norwich, *A Short History of Byzantium*, p. 28.

[12] Michaelis Pselli & Willem J. Aerts, *Historia Syntomos*, p. 57.

明末清初传教士在江南刊刻
汉文西学文献述论

王　申

【内容提要】　明末清初传教士在江南刊刻汉文西学文献不少于66种,约占全国刊刻本总量的27%。明末的刊刻数量多于清初;1629年前刊刻的文献以科技和人文等世俗内容居多,此后以宗教内容为主;江南与其他地方的刊刻活动互动频繁。传教士的刊刻活动受到国人的影响,后者对前者有赞助和制约的双重作用。部分国人通过笔译、校阅、作序跋和出资刊刻等多种途径赞助传教士的刊刻活动,影响着汉文西学文献刊刻的数量和内容,也有部分国人利用编刊反天主教文献制约传教士的刊刻活动。汉文西学文献的刊刻在中国天主教史和出版史上均有重要意义。

【关键词】　传教士　汉文西学文献　江南

一、问题的提出

明末清初来华传教士采用口头和刊刻文献的方式传播天主教,刊刻的内容既有天主教教义、教理,又有西方人文和科技,后人称之为"刊书传教"。① 这是天主教在华发展史上的重要事件,一方面它将天主教播

---

① 事实上,"刊书传教"这一说法并不恰当,在传教士刊刻的作品中有的只有几页,难以称为书,以文献称之更为合适。

撒到更广阔的空间，促进了教徒数量的增加和宗教信仰的维持；另一方面它又把欧洲的科技和文化带到中国，增进了中西文化之间的交流，亦拓展了国人的视野。国人通过传教士编刊的汉文西学文献[②]认识大航海时代的世界，了解不同于中国的文明。就中国出版史研究而言，学界一般认为，中国有官府刊刻、私家刊刻、寺观刊刻和书院刊刻四大刊刻系统，对明末清初传教士的刊刻却提及较少，[③]而后者在数量、质量和价值上都不应被人们忽视。传教士刊刻的汉文西学文献有其特殊性：首先，这是西方传教士在华主导的刊刻活动，部分国人用不同方式参与了刊刻活动，刊刻的汉文西学文献是东西方合作的成果；其次，刊刻的文献数量大，内容丰富，涉及科技、人文和宗教等诸多知识领域；再次，这批文献对中国近代社会思想文化和宗教的发展产生了重要影响。以江南为例，明末清初江南刊刻汉文西学文献不仅数量多，内容丰富，还与其他地方的刊刻活动有密切的互动，一些汉文西学文献还在清末民初重刻，这为中国出版史研究提供了一种新的类型。

　　江南是传教士传教活动发达的地区，明末的杭州是传教士活动的中心，方豪指出，杭州"自经凉庵博士和弥格子博士信教后，随即闻名海外……杭州教会成了全国的中心，在外的声誉，自然日噪一日，新来的教士，一因震于她的大名，二因她拥有巨量人才，可以传习华语，故到中国后，几没有不来杭州一行的"。[④]"明万历年间传教士来华建堂开教的四个城市中就有南京；明朝末年，传教士在江南地区所建的教堂数量，更是居于全国之首。清顺治朝开始，传教士把传教重心移到京城，来华传教士的精英也多集中于北京，但江南仍是传教士较为重视的传教区之一，

---

② 本文讨论的汉文西学文献指明末清初西方传教士用汉语撰写，或在中国人帮助下编译的有关西方内容的各类图书和文献，不包括国人单独撰写的文献。

③ 来新夏等《中国图书事业史》、张秀民《中国印刷史》和缪咏禾《明代出版史稿》、《中国出版通史·明代卷》对汉文西学文献的翻译和刊刻情况仅作了简单的介绍，而对文献刊刻的数量、内容以及编刊过程等基本情况探讨不够深入。

④ 方豪：《十七世纪时的杭州修院事业》，载于《我存杂志》1936 年第 4 卷，第 9 期，第 537－541 页。

信教人数亦居全国前列。"⑤明末天主教三柱石杨廷筠、李之藻、徐光启均出自江南,他们都支持汉文西学文献的编刊。庞大的教徒数量为传教士刊刻书籍提供了巨大的人力支持和消费市场。刊刻汉文西学文献是江南教务的重要活动,厘清江南的刊刻情况是对江南天主教教务活动研究的重要贡献。可惜的是,以往我们更多注意的是西学的引进以及中西思想文化的碰撞、交流与融合,而对传教士刊书活动本身研究不够深入。

由上可知,明末清初传教士在华的刊刻活动是其在华传教的重要方法,亦是中国出版史上的重要事件。明末清初的江南⑥是传教士刊刻汉文西学文献的重镇,也是天主教教务活动发达的地区。既往研究多侧重简述文献的编辑、刊刻和流传过程⑦以及国人对刊刻活动的赞助,⑧而较少以地域为视角探讨传教士的刊刻活动。⑨ 相较于以往的研究,本文着力厘清传教士在江南的刊刻数量和内容在不同时期的变化以及与其他

---

⑤ 周萍萍:《十七、十八世纪天主教在江南的传播》,北京:社会科学文献出版社,2007 年,第 264 页。

⑥ 笔者结合前人对江南区域范围界定,并考虑到汉文西学文献的刊刻地因素,主要考察杭州、松江、宁波、苏州、南京、常熟、上海和湖州等地的状况,并将这些地区总称之为江南。

⑦ 代表性的论著有邹振环《晚明汉文西学经典:编译、诠释、流传与影响》(上海:复旦大学出版社,2011 年)、钟鸣旦、杜鼎克著,尚扬译《简论明末清初耶稣会著作在中国的流传》(《史林》1999 年第 2 期)、宋巧燕《明清之际耶稣会士译著文献的刊刻与流传》(《世界宗教研究》2011 年第 6 期)、何朝晖《明清间天主教文献出版的演变》(《山东大学学报(哲学社会科学版)》2014 年第 4 期)、伍玉西《明清之际天主教书籍传教研究(1552－1773)》(四川大学博士论文,2009 年)和邹桂香《16 至 18 世纪西学文献在中国的传播》(郑州大学硕士论文,2005 年),这些论著均注重编辑、刊刻与流传的过程,但存在依据传教士刊刻文献较少、研究深度不足等问题。

⑧ 伍玉西《明清之际天主教书籍传教研究(1552－1773)》(四川大学博士论文,2009 年)和肖清和《刊书布教:明清天主教中文著作编辑与出版活动初探》(李灵、曾庆豹主编:《中国现代化视野下的教会与社会》,上海:上海人民出版社,2011 年),都注意到国人对传教士刊刻活动的赞助作用,但是他们忽略了前者对后者还有制约的一面。

⑨ 潘剑芬《明清时期西方传教士在穗澳地区的图书出版活动(1581－1840 年代)》(暨南大学硕士论文,2008 年)和张淑琼《明末清初天主教传教士在粤刻印书籍述略》(《图书馆论坛》2013 年第 2 期)对传教士在广州地区的刊刻的数量、内容等作了细致的梳理,但对国人在刊刻活动中的作用缺乏讨论。

地方刊刻活动的互动情况,并指出国人对刊刻活动影响包括赞助和制约两个层面,进而揭示传教士在江南的刊刻活动在中国出版史上的地位,为传教士在华的刊刻活动提供一个地域研究样本。

二、明末清初传教士在江南刊刻的汉文西学文献

刊刻汉文西学文献是天主教传教士在华布道的重要策略。现存约刊于1583年的《祖传天主十诫》是传教士在华刊刻汉文西学文献的滥觞。在1583－1753年间,传教士刊刻汉文西学文献不少于243种,[⑩]主要分布在杭州、北京、福州、绛州等地,江南刊刻汉文西学文献至少有66种,约占全国刊刻本总量的27％,并有第一部西学丛书《天学初函》[⑪]刊刻。笔者根据这些文献的牌记和前人的记述及考证统计,传教士在江南刊刻汉文西学文献主要有:杭州53种、[⑫]松江约6种、上海约3种、南京约3种、湖州约3种、常熟约2种、七宝约1种、宁波约1种、扬州约1种,总计约66种(排除重复)。

为了较为清楚地揭示汉文西学文献的刊刻情况,笔者先述江南刊刻的初刻本,再梳理其他地方初刻本在江南的重刻。杭州是明末清初天主

---

⑩ 这是笔者依据《天学初函》、《天主教东传文献》、《天主教东传文献续编》、《天主教东传文献三编》、《徐家汇藏书楼明清天主教文献》、《耶稣会罗马档案馆明清天主教文献》、《法国国家图书馆明清天主教文献》、《徐家汇藏书楼明清天主教文献续编》、《东传福音》、《梵蒂冈图书馆藏明清中西文化交流史文献丛刊》(第一辑)、《四库全书总目提要》、法国国家图书馆网站、CCB-Database以及陈伦绪、徐宗泽、费赖之、古郎等人为天主教文献编写的书目等初步统计的结果。

⑪ 《天学初函》虽然由国人李之藻辑刻,但它收录的是传教士主导编刊的汉文西学文献,应纳入传教士的刊刻活动中,这种情况可视为国人对传教士刊刻活动的赞助。

⑫ 除前述文献外,笔者还参考了"浙江杭州府天主堂刊书板目录"(佚名:《浙江杭州府天主堂刊书板目录》,法国国家图书馆CHINOIS7046,第97－98页)和"浙江杭州天主堂书目"(叶尊孝[Brollo Basilio]),《字汇拉定略解》,梵蒂冈图书馆,Vat. Estr. Or. 2,转引自张西平:《传教士汉学研究》,郑州:大象出版社,2005年,第186页)的记载。宋巧燕据徐宗泽《明清间耶稣会士译著提要》的"明清间耶稣会士译著书名表",查出标明出版地点(主要是初版地)的有157种,其中杭州刊刻数量只有11种(宋巧燕:《明清之际耶稣会士译著文献的刊刻与流传》,《世界宗教研究》2011年第6期),这与笔者统计的53种相差甚远。

教教务发达的城市,亦是刊刻汉文西学文献较多的地方。艾儒略《西学凡》、《职方外纪》和《天主降生引义》在杭州初刻。他于1616－1624年间在杭州传教,1624年随叶向高前往福建,1649年逝世。他对编刊书籍富有热情,著作汉文西学文献不少于22种。其中,1623年熊士旂、袁升闻、许胥臣在杭州出资刊刻《西学凡》。⑬　同年,他与杨廷筠合作的《职方外纪》在杭州初刻。1637－1639年间福建爆发教案,刊刻条件遭到破坏,1640年《天主降生引义》被人带到杭州初刻。傅汎际与李之藻合作的《寰有诠》和《名理探》分别于1628和1631年在杭州初刻。金尼阁《西儒耳目资》1626年在杭州初刻。高一志《圣人行实》(又称《天主圣教圣人行实》)1629年在杭州初刻。阳玛诺《圣经直解》和《唐景教碑颂正诠》分别在1642和1644年于杭州初刻,卫匡国《述友篇》和《真主灵性理证》约1661年和约1650－1660年间在杭州初刻。德玛诺、孟由义《与弥撒功程》约于1721年在杭州初刻。

松江是仅次于杭州的汉文西学文献刊刻较多的城市。泰西耶稣会值会德玛诺、同学毕多明我阅订《(圣母领报会)显相十五端玫瑰经》、阳玛诺《圣若瑟行实》、栢应理《四末真论》和《天主圣教百问答》在云间敬一堂梓刻,罗雅谷《求说》在云间天主堂付梓,熊三拔、徐光启和李之藻合作的《泰西水法》1612年在松江初刻,1629年收入《天学初函》。明末清初的上海是松江府下属的县城,毕方济《灵言蠡勺》1624年上海刊刻。⑭　《天神会课问》1661刊刻于上海许府。⑮　扬州1628年武位中梓刻《远西奇器图说录最》,⑯《天学四镜》(《焰迷四镜》、《焰迷镜》)1643年在宁波刊刻。由此可知,江南初刻汉文西学文献22种。有些初刻本又

---

⑬　艾儒略:《西学凡》,参见张西平等主编:《梵蒂冈图书馆藏明清中西文化交流史文献丛刊》(第1辑),第35册,郑州:大象出版社,2014年,第204页。

⑭　一说嘉定。参见叶农等:《明末耶稣会士罗儒望毕方济汉文著述集》(外二种),济南:齐鲁书社,2014年,第77页。

⑮　http://opac.libis.be/F/464L6KHJQ4Y6HP4QMUCI6G3FG74QU5A5DVLSXFB77IBHND87GF-57578?func=full-set-set&set_number=001443&set_entry=000008&format(2016年1月26日)。

⑯　张柏春,田淼,刘薔:《〈远西奇器图说录最〉与〈新制诸器图说〉版本之流变》,载于《中国科技史杂志》2006年第2期。

在江南之外重刻，比如《圣人行实》分别于 1631 和 1632 年在福建两次重刻。

不仅江南的初刻本会被人带到其他地方重刻，其他地方编刊的文献也会被人拿到江南重刻。汉文西学文献主要在北京、杭州、福建、绛州、广州、江苏、上海、湖北、江西、西安等地刊刻，宋巧燕曾指出："译著文献的刊刻地点（主要是初刊地）是耶稣会士的主要活动区域和传教历史的直观反映。刊刻地点以北京为中心，其次主要分布于我国东南部省份城市，并延伸到我国西北地区的绛州和西安两城市，是耶稣会士传教活动线路的生动表现。"⑰宋氏的总体判断无误，但忽略了汉文西学文献主要刊刻地在不同时期的空间转移。以杭州为中心的江南在明末是汉文西学文献刊刻的中心，清初的刊刻活动便减少许多。

绛州是明末传教士汉文西学文献刊刻的重要地区之一。1624 年高一志前往此地传教，他积极与当地士大夫韩霖、段衮等人合作编刊汉文西学文献。高一志著述可确定者 20 种。⑱ 由于传教士高一志的努力和韩霖等人的赞助，明末绛州成为编译汉文西学文献的重镇，这些文献有时在当地初刻，有时会被人拿到福建和杭州等地初刻，一些重要的文献既在当地初刻，又在他地重刻。《圣母行实》1631 年在绛州初刻，后又在杭州重刻，成书于南京传教时期的《教要解略》1626 年在绛州刊刻，⑲后又在杭州慎修堂三刻。汤若望和卫匡国的《主制群征》1629 年初刻于绛州，汤若望译出上卷，下卷乃卫匡国所译，⑳1676 年于杭州再刻。㉑ 成书于绛州的《圣人行实》和《十慰》分别在杭州和福建初刻。

北京是汉文西学文献刊刻的重镇。利玛窦的《畸人十篇》1608 年初

⑰ 宋巧燕：《明清之际耶稣会士译著文献的刊刻与流传》，载于《世界宗教研究》2011 年第 6 期。

⑱ 金文兵：《高一志与明末西学东传研究》，厦门：厦门大学出版社，2015 年，第 60 页。

⑲ Albert Chan, "Chinese Books and Documents, Japonica-Sinica I – IV," in *The Jesuit Archives in Rome: A Descriptive Catalogue* (New York: M. E. Sharpe), 2002, p. 102.

⑳ 周振鹤主编：《明清之际西方传教士汉籍丛刊》（第一辑），第一册，南京：凤凰出版社，2013 年，第 324 页。

㉑ （比）高华士：《清初耶稣会士鲁日满常熟账目灵修笔记研究》，赵殿红译，刘益民审校，郑州：大象出版社，2007 年，第 364 页。

刻于北京,1608 年杭州重刻,1629 年收入《天学初函》;《西琴曲意》附在《畸人十篇》后,刊刻情况与《畸人十篇》一致;冯应京 1604 年在京城出资刊刻《二十五言》,1629 年收入《天学初函》。泰西利玛窦口译,徐光启笔授的《几何原本》,"1607 年全书译成,1608 年刊刻,……1610 年利玛窦去世,徐光启与庞迪我和熊三拔等人合作,将利玛窦的修订稿重新校译一遍,1611 年出版再校本,1629 年由李之藻编入《天学初函》。"㉒《简平仪说》1611 年初刻于北京, 1629 年收入《天学初函》。《圜容较义》1608 年初刻于北京,1614 年汪孟朴在杭州重刻,1629 年收入《天学初函》。阳玛诺的《天问略》1615 年刊于北京,1629 年收入《天学初函》。庞迪我的《庞子遗诠》1617 年初刻于北京,㉓后又在杭州重刻。罗雅谷的《圣母经解》约 1632 年于北京初刻,后在杭州重刻。从时间上看,北京初刻本在江南重刻的现象出现在明末,且多数发生在 1629 年以前。此后,江南重刻来自北京的文献大为减少。

　　福建刊刻的汉文西学文献基本由艾儒略主导。《三山论学记》1629 年初刻于福建,㉔据方豪说,该书最早刻本当在天启七年或崇祯初年,初刻本在福州,其次为杭州,又其次为绛州。㉕ 还有一个闽中天主堂重刻本。㉖《出像经解》1637 年晋江景教堂初刻,后在杭州重刻。《圣体要理》1644 年福州天主堂刊刻,㉗后在杭州重刻。《西方答问》1637 年晋江景教堂刊刻,后在杭州重刻。高一志《十慰》约在 1625－1635 年间于闽中景教堂初刻,后在杭州重刻。明末福建是出版业发达之地,建阳的书坊名闻全国,加之被称为"西来孔子"的艾儒略热衷于"刊书传教",福建遂成为汉文西学文献刊刻的重要地区之一,因而福建与江南的互动亦发

㉒ 邹振环:《晚明汉文西学经典:编译、诠释、流传与影响》,第 159 页。

㉓ 徐宗泽:《明清间耶稣会士译著提要》,上海:上海书店出版社,2010 年,第 333 页。

㉔ http://opac.libis.be/F/464L6KHJQ4Y6HP4QMUCI6G3FG74QU5A5DVLSXFB77IBHND87GF-58369? func=direct&local_base=CCT&doc_number=000001704(2016 年 1 月 26 日)

㉕ 方豪:《〈影印三山论学记〉序》,参见方豪:《方豪六十自定稿》(下册),台北:台湾学生书局,1969 年,第 2281－2282 页。

㉖ Albert Chan, "Chinese Books and Documents, Japonica-Sinica I–IV," in *The Jesuit Archives in Rome: A Descriptive Catalogue* (New York: M. E. Sharpe, 2002), pp. 125－126.

㉗ Ibid., p. 129.

生在明末。

　　此外,苏若望(苏如望)《圣教约言》又称《天主圣教约言》1601 年在韶州初刻,[28]后在杭州超性堂重刻。利玛窦《交友论》1595 年初刻于南昌,[29]1599 年刻于南京,[30]1629 年收入《天学初函》。陆安德《圣教问答指掌》1676 年云间敬一堂重刊。[31]《天主圣教约证》1669 年初刻,1676 年于常熟重刻;[32]《提正编》约 1659 年初刻,1675 年再刻于常熟,现存有 1870 年版本。[33] 陆安德《冥想规矩》1676 年于上海重刻。[34]《涤罪正规略》1630 年初刻,后在江宁(南京)正学堂重刻,又在湖州重刻;[35]湖州重刻有《天神会课问》、[36]《天主圣教约言》。[37]

　　汉文西学文献也在江南城市之间初刻与重刻互动。熊三拔、徐光启和李之藻合作的《泰西水法》1612 年于松江初刻,1629 年在杭州重刻。《天神会课》在杭州刊刻后又在七宝重刻。毕方济的《灵言蠡勺》约 1624 年于上海或嘉定初刻,1624 年杭州慎修堂重刻,1629 年收入《天学初函》等等。由上可知,江南汉文西学文献刊刻互动的情形主要有:一是江南刊刻的初刻本;二是其他地区的初刻本被人拿到江南重刻;三是江南城市之间的初刻与重刻;四是在江南初刻的文献又到其他地方重刻。这说

---

[28]　(法)费赖之:《在华耶稣会士列传及书目》,冯承钧译,北京:中华书局,1995 年,第 63 页。

[29]　邹振环:《晚明汉文西学经典:编译、诠释、流传与影响》,第 85 页。方豪认为该书约 1599 年首次在南京刻印,参见方豪:《利玛窦交友论新研》,引自《方豪六十自定稿》(下册),第 1850 页。

[30]　方豪:《利玛窦交友论新研》,引自《方豪六十自定稿》(下册),第 1850 页。

[31]　Albert Chan, "Chinese Books and Documents, Japonica-Sinica I‒IV," in The Jesuit Archives in Rome: A Descriptive Catalogue, p. 238.

[32]　(比)高华士:《清初耶稣会士鲁日满常熟账目灵修笔记研究》,第 370 页。

[33]　同上,第 366 页。

[34]　同上,第 367 页。

[35]　http://opac. libis. be/F/VRQT94XHMVDFBVXITS4NY8P4LQ3NVJ7MUUSHB4IFFMUE2YRC2J-58791? func =fullset-set&set_number =001452&set_entry =000007&format (2016 年 1 月 26 日)

[36]　http://opac. libis. be/F/464L6KHJQ4Y6HP4QMUCI6G3FG74QU5A5DVLSXFB77IBHND87GF-57578? func =full-set-set&set_number =001443&set_entry =000008&format (2016 年 1 月 26 日)

[37]　国家图书馆尚有一部同治十年(1871)金陵天主堂重刻本"明万历三十八年岁次辛丑(应为庚戌)湖州三和堂原样,大清同治十年岁次辛未金陵天主堂重刊",参见周岩编校:《明末清初天主教史文献新编》(上册),北京:国家图书馆出版社,2013 年,第 4 页。

明江南是明末清初传教士汉文西学文献刊刻的中心,尤其在明末表现更为突出。

汉文西学文献一般通过三种方式流通,一是赠送,徐甘第大"经常请西洋教士译著宗教、科技类书籍,并出资刊印。她曾将传教士已经翻译好的科学类书籍 89 种、宗教类书籍 126 种,共 486 卷,分发给各个教堂以及赠送给贵妇名媛、亲朋好友,使妇女足不出户就能接触到天主教义"。[38] 二是市场交易,鲁日满曾"花费 0.080 两买两本中文福音书",[39] "花费 0.200 两为新教友 C'ai 买一幅圣母像"。[40] 三是自己复制,木板保存在教堂(或会院),对某本书有兴趣的人,可以带上必需的纸墨,到那里"复制"(抄写)一本。[41] 利玛窦曾在信中说,"因为刻板在我们会院中,是我们所有,只费些纸印刷罢了。我们中有的会印刷,有的会装订。有教友,也有教外人捐献纸张,以便印刷要理问答和我们其他的著作。"[42] 通过这些途径,汉文西学文献基本可以到达它的读者群。

三、国人与江南汉文西学文献刊刻之关联

明末清初江南刊刻文化极为发达,南宋时,杭州已是书籍出版的重镇,叶梦得言:"今天下印书,以杭州为上,蜀本次之,福建最下。"[43]明末胡应麟说:"余所见当今刻本,苏常为上,金陵次之,杭又次之。"[44]江南刻本不但质量高,而且书籍市场交易兴盛。杭州"书肆多在镇海楼之外,及涌金门之内,及弼教坊及清河坊皆四达衢也。省试,则间徙于贡院前。花朝后数日,则徙于天竺,大士诞辰也。上巳后月余,则徙于岳坟,游人

---

[38] 周萍萍:《十七、十八世纪天主教在江南的传播》,第 252 页。

[39] (比)高华士:《清初耶稣会士鲁日满常熟账目灵修笔记研究》,第 110 页。

[40] 同上,第 112 页。

[41] 同上,第 380 页。

[42] 罗渔译:《利玛窦书信集》,台北:光启出版社、辅仁大学出版社,1986 年,第 279 页。

[43] 叶梦得:《石林燕语》,上海书店出版社编:《丛书集成续编》(第 45 册),上海:上海书店出版社,1994 年,第 57 页。

[44] 胡应麟:《少室山房笔丛》,上海:上海书店出版社,2001 年,第 44 页。

渐众也。梵书多鬻于昭庆寺,书贾皆僧也"。[45] 明代杭州书坊至少四十家。[46] 刻书成本低廉是出版业发达的物质基础。纸张、木头、刻工价格的低廉能够使同一本书在不同地区刊刻。当时市场上"中下档次新出的单册刊本大抵不会超过 1 两银;科举、大众娱乐、实用的书籍,如类书,相对会便宜些。书籍市场上从 1 钱到 1 两银的书籍应该是很多的,1 两银以上的书籍大抵是多卷数、多册数的大部头书,不然便是多精美插图,印纸、装订、质量较好的针对高端读者和藏书家的印刷品"。[47] 这为传教士刊刻汉文西学文献提供了物质基础,亦是其他地区成书的文献被人带到江南刊刻的重要因素,同时,这也为部分国人参与传教士的刊刻活动造就了文化氛围。

汉文西学文献的刊刻有明显的时间特征。从时间上看,1599－1721年间江南刊刻传教士汉文西学文献 51 次,计 40 种。[48] 其中,明末刊刻40 次,计 32 种。清初刊刻 11 次,初刻文献有 8 种。从内容看,江南刊刻的 66 种文献中包括人文 10 种,科技 10 种,宗教 46 种。人文文献除《述友篇》、《名理探》和《西方答问》外,其余 7 种刊刻于 1629 年前;同样,除《泰西水法》外,科技文献 1629 年后再没有刊刻,而多数宗教文献在1629 年后刊刻,由此可知,传教士在江南的刊刻活动明末发达于清初。以 1629 年为界,此前人文科技文献较多,此后以宗教文献为主。这说明1629 年后传教士对传教方法有了新认识,他们在民间逐渐放弃"学术传教"的方法,但仍延续着利玛窦等人开创的"刊书传教"传统,将刊刻的重心由世俗文献转向宗教文献。这种转向造成了两种结果:世俗文献刊刻的减少影响了西方人文科技知识入华的进程;宗教文献刊刻的增加为禁教期教会事业的发展播下了种子。

造成这种状况的原因除与传教士的传教策略有关外,还应考虑国人的影响。国人对传教士的刊刻活动有赞助和制约的双重作用。根据王

---

[45] 同上,第42页。
[46] 顾志兴:《浙江印刷出版史》,杭州:杭州出版社,2011 年,第 266 页。
[47] 周启荣:《明清印刷书籍成本、价格及其商品价值的研究》,载于《浙江大学学报(人文社会科学版)》2010 年第 1 期。
[48] 40 种指的是可以判定刊刻年份的文献,其余部分文献暂时无法判断刊刻年份。

宏志的研究,正式提出要认真探讨赞助人在翻译活动中所扮演的角色的是勒菲弗尔(Andre Lefevere, 1945 – 1996),他在《翻译、重写以对文学名声的操控》(*Translation Rewriting and Manipulation of Literary Fame*)一书中提到赞助人的问题。这里的赞助人主要是指那些"足以促进或窒碍文学的阅读、书写或重写的力量(包括人和机构)"。[49] 如果放到明末清初传教士汉文西学文献编刊的情景中,中方的编写校阅者、作序跋者、出资刊刻者均可视为广义的赞助人,他们影响着传教士编刊何种内容的文献以及这些内容以什么样的译词和叙述方式呈现。

汉文西学文献的编写主要有传教士独著、传教士口授国人笔录和传教士撰写国人校订润色三种方式,有时还需要其他传教士审查,值会许可。每种文献的编刊都离不开国人协助。他们参与文献的编写校阅、[50] 撰写序跋[51]和出资刊刻。[52] 在笔译、校订和润色过程中,国人可能会将他们对西学的理解付诸文字,这在译词选择方面尤为突出。比如傅汎际与李之藻合译的《名理探》用中国传统分类中的"艺"区分不同内容的西学;有时国人和传教士还创造一些新词,并产生深远影响。[53] 在这个过程中,国人参与了文本语言的组织。换言之,国人掌握了汉文西学文献

---

[49] 王宏志:《权力与翻译:晚清翻译活动赞助人的考察》,参见《翻译与文学之间》,南京:南京大学出版社,2011 年,第 44 – 45 页。

[50] 根据笔者统计,朱鼎瀚、汪汝淳、杨廷筠、徐光启、李之藻、曹于汴、彭惟成、姚永济、万崇德、张键、刘廷元、张鼐、李养志、李凌云、杨如皋、许乐善、周炳谟、张萱、黄建衷、姚士慎、周子愚、卓尔康、周希令、孔贞时、王应熊、熊明遇、王嗣虞、叶一元、郑怀魁、吴佑、徐骥、冯文昌、段衮、韩霖、程廷瑞、陈所性、李祖白、汪元泰、李天经、韩云等 40 人参与江南传教士汉文西学文献的编写校阅。

[51] 杨廷筠、许胥臣、何乔远、熊士旂、朱鼎瀚、李之藻、周炳谟、王家植、冯应京、瞿汝夔、陈继儒、朱廷策、徐光启、汪汝淳、顾凤翔、郑以伟、熊明遇、陈亮采、曹于汴、彭端吾、崔淐、樊鼎遇、瞿式谷、叶向高、王一锜、彭惟成、周子愚、周希令、孔贞时、王应熊、樊良枢、苏茂相、段衮、张安茂、徐尔觉、祝石、程廷瑞、佟国器、李奭浣、张能信和姚胤昌等 41 人为江南传教士汉文西学文献撰写序跋。

[52] 熊士旂、袁升闻、许胥臣、汪汝淳、冯应京、陈继儒、朱廷策、李之藻、杨廷筠、王嗣虞、叶一元、韩云、武位中等 13 人资助江南传教士汉文西学文献的刊刻。

[53] 仅以地理学名词为例,日本学者荒川清秀统计的 41 个新词中有 37 个仍为现在所用。见邹振环:《晚清西方地理学在中国——以 1815 至 1911 年西方地理学译著的传播与影响为中心》,上海:上海古籍出版社,2000 年,第 237 页。

书写的部分权力。

为提升著作的影响力，传教士效仿国人的做法，请有名望的士人为其书作序跋。明清之际共有 63 位友教者给天主教书籍作序跋 80 篇，其中有皇室人员、高官显爵、名士、书商、游医。特别抢眼之处是进士出身的作序者竟达 49 人，占到总人数的 78%。[54]传教士南怀仁曾指示李祖白编著《天学传概》，利类思邀请许之渐作序。[55]"历狱"案爆发后，许之渐因作序被剥夺官职，回乡后，他与佛教人士多有交游，最终皈依佛门。[56]实际上，国人也注意规避作序跋的风险，因此人文和科技等世俗文献的序跋要远远多于宗教文献。值得注意的是，传教士为了提升天学的地位邀请国人撰写序跋，而后者则多是褒扬天学补儒的功用，两者各怀心事。序跋体现的观点在一定程度上会左右阅读者对天学的理解，进而影响到文献的效用。

文献的刊刻需要资金的支持，赞助人的贡献能力大小关系刊刻事业的发达与否。时人论曰："著述虽易，刻书实难，非资二三信友，仔肩梓工，虽有绝妙好书，超性之理，破千古之悠缪，振举世之沉迷，而韫匮之藏，终无由传所欲传，使沸然洋溢，若斯之广且速也。"[57]汪汝淳至少梓刻《二十五言》、《天主实义》、《畸人十篇》、《同文算指》和《七克》等五种文献。正因李之藻辑刻《天学初函》，江南的传教士刊刻事业得以在 1629 年达到高潮。清初，李之藻、杨廷筠和汪汝淳等人去世后，即使有传教士鲁日满和潘国光等人的努力，刊刻的数量也难以与明末相比。

赞助人不仅影响文献刊刻的数量，还控制刊刻的内容。传教士入华不久，部分国人出于对西方世俗世界的兴趣，资助人文、科技文献的翻译

[54] 伍玉西：《明清之际天主教书籍传教研究（1552－1773）》，四川大学博士论文，2009 年。

[55] 据许之渐供称："偶至东堂观看歇息时，利类思索求作序，小的不知天学者何意，或为一种道理，故而作序。"参见安双成编译：《清初西洋传教士满文档案译本》，郑州：大象出版社，2015 年，第 35 页。

[56] 1690 年为《宗统编年》撰序题"皈依三宝弟子七十八老人许之渐，法名济需"。释纪荫：《宗统编年·序》，常州：天宁寺。

[57] 段衮：《重刻三山论学序》，参见吴相湘主编：《天主教东传文献续编》，台北：台湾学生书局，1965 年，第 427 页。

和刊刻,上文所述的 13 位国人刊刻的《西学凡》、《畸人十篇》、《交友论》、《二十五言》、《天主实义》、《辩学遗牍》、《七克》、《同文算指》和《圜容较义》主要为世俗内容。1629 年后,杭州由于缺乏有力赞助人对世俗文献的刊刻重视,同时,随着部分国人友教、信教,帮助传教士编刊宗教文献,后者的刊刻逐渐占上风。传教士也自觉地把精力放在宗教文献的刊刻上,教堂刊刻渐居主导地位。比如《圣人行实》、《与弥撒功程》超性堂刊刻,《万物真原》、《圣经直解》和《天主教降生引义》武林天主堂刻,《求说》云间天主堂梓,《四末真论》、《天主圣教百问答》云间敬一堂梓等。清初,传教士通过雇佣关系获得刊刻的完全控制权。他们在刊刻过程中基本不再依赖于赞助人,而是直接雇佣工人刊刻。传教士鲁日满曾"给印刷工 0.500 两银子",[58]"给刻字工 0.100 两银子",[59]"给木版的修改者 0.200 两银子",[60]作为刊刻各个环节的费用。与赞助人的角色不同,这些印刷工、刻字工和木版修改者显然无法影响刊刻的内容。

值得注意的是,传教士的刊刻活动也受反教者的制约。传教士由于面对佛教、道教和民间信仰的威胁,必须破除异端来维护天主教的纯正。明末清初传教士至少刊刻 31 种辩教和护教书籍,仅江南即刊刻有《天主实义》、《辩学遗牍》、《畸人十篇》、《三山论学记》和《庞子遗诠》等。清初,鲁日满曾"以利类思神父的名义,给反对杨光先的书的印刷者 0.400 两银子",[61]"给制作小册子《破迷论》的刻字工 0.600 两银子",[62]用来刊刻护教文献。传教士还会购买一些有害于天主教的书籍,鲁日满在 1674 年 11 月"花 0.060 两银子回收了三本对人有害的书籍"。[63] 1639 年《圣朝破邪集》在浙江刊刻,反教书籍的刊刻达到高潮,传教士通过刊刻护教文献给予反击,这在一定程度上影响到传教士的刊刻活动。

㊳ (比)高华士:《清初耶稣会士鲁日满常熟账目灵修笔记研究》,第 117 页。

㊴ 同上,第 118 页。

㊵ 同上,第 119 页。

㊶ 同上,第 109 页。

㊷ 同上,第 127 页。

㊸ 同上,第 104 页。

四、结　语

　　江南汉文西学文献的刊刻有明显的时间特征,明末的刊刻数量多于清初,且明末江南与其他地区的刊刻互动较为频繁。就刊刻的内容而言,1629 年以前人文和科技文献刊刻居多,此年后,宗教文献数量渐增,前者刊刻数量急速减少。这种变化的形成除与传教士自身有关外,还受到国人的影响。国人在传教士的刊刻活动中扮演着赞助与制约的双重作用,影响着汉文西学文献的刊刻。江南汉文西学文献刊刻数量多,质量高。艾儒略的《西学凡》、《职方外纪》等文献流传甚广,在官修和私修文献中均可查找到这些著作的印迹,它们作为早期西学东渐的经典文本,对魏源等近代开眼看世界的知识人产生重要影响。同时,这些文献对天主教在华的发展具有重要意义,高一志《圣人行实》1888 年和 1926 年被上海土山湾印书馆重刻,李问渔还将其中一卷《宗徒列传》单独刊刻。因此,明末清初汉文西学文献的刊刻在中国天主教史、西学东渐史和中国出版史上均具有重要价值。

大航海时代日本基督教版书籍
中的东西方思想碰撞

段世磊

【内容提要】 在范礼安指导下,耶稣会在日本和澳门编写印刷了许多教科书和辞典,它们被统称为基督教版书籍。然而,由于身处不同的文化环境,在编写这些书籍的时候,难免在转译过程中出现东西方之间更深层次的文化差异问题,而且亚洲汉语文化圈的特有词汇又会为翻译带来诸多教义内容上的争论。通过举凡几本基督教版书籍、几个特殊的翻译用词,我们便能看到这些争论背后的实质性问题。

【关键词】 日本基督教版书籍 佛教译词 意志 魔鬼

一、活字印刷机与基督教版书籍

大约在 16 世纪 90 年代,活字印刷术通过两种途径进入日本,一种是欧洲系统发展而来的印刷术,由欧洲人带来日本;另一种则是经朝鲜半岛进入日本的中国印刷术。这里我们仅从欧洲系统看印刷术传入日本的早期经过。沙勿略写于 1549 年 11 月 5 日的书信中,关于印刷一事有过这样的论述,"我们应该用日语书写一些有关教义信条的说明书,并尽量多地将其付梓。"① 在

---

① 1449 年沙勿略写给果阿耶稣会士的书信。参见河野纯德译:《沙勿略全书简》,东京:平凡社,1985 年,第 495 页。

他看来,日本国内有身份地位的人大多能够读写,如果将有关天主教义的书籍以日语的方式印刷散播到日本各地,耶稣会的成员便可以不用分赴各地就能达到传播信仰的目的。大约 38 年之后,耶稣会在日本的重要成员弗洛伊斯也表达了与沙勿略同样的诉求,在他 1587 年写给身在罗马的耶稣会总会长的书信中,强烈要求总会长将欧洲的圣画像运到日本,并随同配备用以印刷这些画像的印刷机以及印刷工人。

然而,真正着手逐步实现这一诉求的当属负责整个远东教会事务的范礼安。范礼安在日本停留过一段时间后,踏上了返回欧洲的旅途,而与他一同前往的日本少年在历史上则被称为遣欧使节。这些日本人中有一名叫做康斯坦丁诺·杜拉多(Irmao Constantino Dourado)的日本同宿,努力学习活字印刷术。[②] 根据学者考证,杜拉多在里斯本主要有三个相对较长的时间用来学习印刷术,分别为"1584 年 8 月 11 日至 9 月 4日,1585 年 11 月上旬至 12 月 16 日以及 1586 年 1 月中旬至 3 月 13 日,期间逗留的时间加起来也未满半年,因而不可能真正掌握印刷术"。[③]范礼安是在 1585 年 11 月与 1586 年 4 月间于里斯本购买的印刷机,1587年 5 月 29 日他随同使节一同回到果阿。在他的命令下,杜拉多又在老印刷工若望·罗德里格斯那里学习了 8 个月。在他们到达果阿 10 个月之后的 1588 年 4 月,已经熟练掌握印刷技术的杜拉多便遵照范礼安的指示,用从欧洲带来的印刷机印刷了包含有 15 页内容的《原·马尔蒂诺的演说》,这是最早在远东地区印刷的小册子。

1588 年 8 月 11 日,范礼安一行来到澳门,着手为身在日本的耶稣会神学生印刷参考书籍。同年秋天,完成了一整本书的印刷工作。此书为若望·卜尼法斯(Joo da Bonifacios)的著作,名为《基督教子弟的教育》(Christianni Pueri Institutio),以罗马字体的方式印刷出版。范礼安还将1588 年至 1589 年间编撰的《天正遣欧使节记》译为拉丁语,在 1590 年同样以罗马字体的方式予以印刷。范礼安主持下印刷的《天正遣欧使节记》采用的是正体罗马字体印刷。其中,根据字体大小的不同,又将正体

---

② 米井力也:《基督教与翻译——异文化接触的十字路口》,东京:平凡社,2009 年,第 108 页。

③ 五野井隆史:《基督教的文化》,东京:吉川弘文馆,2012 年,第 173 页。

罗马字体(Latina Redonda)分为三种类型,《天正遣欧使节记》便是由三种不同大小字体的罗马字构成的一本书。不过,为了应对传教地语言的实际需要以及传播耶稣会自己特有的标志性符号,范礼安还希望在整个印刷系统内加入其他活字。比如,不同于正体罗马活字的斜体罗马活字(Grifa)、圣像模板、印章以及象征耶稣会的 IHS 标志等等。

范礼安对于其他活字印刷的需求,很快就得到了实现。1594 年印刷出版的《拉丁文典》便混合使用了正体罗马的三号小字体和斜体罗马的一号大字体。1596 年刊发的《精神生活提要》的拉丁语版和日语版则全文使用斜体罗马活字印刷模式。更为可观的是,1599 年还使用斜体罗马的二号大字体印刷了《劝善抄》(ぎや・ど・ぺかどる),以及之后在 1600 年使用斜体罗马二号小字体印刷的《基督教要理书》。可以说,1599 年左右活字印刷在日本已经形成了完整独立的印刷系统,不仅印刷了拉丁语书籍,还刊印了有关日本语以及日本文字的书籍。采用的字体模板既有正体罗马体,还有斜体罗马体。1603 至 1604 年出版印刷的《日葡辞书》便很好地运用了不同字体解释和区分不同语言种类,将文中的日本语以罗马字体印刷的同时,以斜体罗马字体印刷具有解释性功能的葡萄牙语。

另有日本国字印刷。国字是相对于罗马字来说的,包括平假名、片假名和汉字三种字体书写形式。据考察,在日本使用片假名进行印刷始于 1590 年,但不到半年的时间便告中断,如今以片假名成书的印刷品已遗失殆尽,只留存非常少的以片假名与汉文混合的残字,难以卒读。然而,平假名文字的印刷则始于 1591 年,以同年出版印刷的《基督教要理书》(どちりいな・きりしたん)为代表。1592 年出版的《治愈病者手册》则兼有平假名字体和汉字,比较符合当时日本日常用语和书面书写时的习惯。④

自范礼安从欧洲带来了印刷机以来,为了天主教信仰的传布,配合着各地教育机构的发展,耶稣会主要在果阿、澳门、日本的长崎、加津佐以及天草等地从事基督教版书籍的印刷工作。1590 年至 1614 年间总计

---

④ 五野井隆史:《基督教的文化》,第 176 - 177 页。

在日本印刷了 50 至 100 种书籍,其中 32 种计有 74 册书籍得到保存。日本留存有 12 种,分别保存在天理图书馆(5 种)、上智大学基督教文库(2 种)、大浦天主堂(1 种)和水府明德会(1 种)。除保存在日本的基督教版本外,尚有书籍散落在世界各地,包括英国、葡萄牙、罗马梵蒂冈、中国等。其中有 5 个种类的基督教版书籍收藏在大英图书馆,4 类收藏在牛津大学。"北京北堂文库中收藏有基督教版《金言集》一册,梵蒂冈图书馆则藏有《教理问答书》一册,同在罗马的圣罗伦索文库则收藏了一册《倭汉朗咏集》,莱顿大学图书馆也保存了一册《信仰的导师》,德国则保有一份《精神修行》,葡萄牙艾维拉图书馆则收藏了三卷一册的《拉丁文典》。"⑤

　　除了日本出版的基督教版书籍外,还有前文提及的出版于果阿的《原·马尔蒂诺的演说》,最早在澳门出版的《基督教子弟的教育》、《天正遣欧使节记》以及在日本发生教难后,同样是在澳门出版印刷的陆若汉的《日本小文典》。因而总括果阿、澳门和日本等地留存下来的基督教版本的书籍,应该有 36 个种类。从语言上来看,这些基督教版本的印刷书籍,包含有 5 个种类的拉丁文本,含罗马字的日语文本 20 种,辞典类书籍 3 种,日语残篇 4 种。从内容上来看,涵括有教理书、祈祷书、信心书、修养书、语法书、辞典、文学书籍以及基督教圣务书籍等。

　　对于在日本不断出版的基督教版书籍的内容,范礼安于 1583 年 10 月在科钦写就的《日本巡察记》第 12 章中,给予了明确规定:

　　　　日本人对欧洲的著者和书籍一无所知,而那些书中亦有许多绝对不宜让日本人知道的观点。理由是,这对他们来说是新奇的,有许多符合于他们(原有)宗派的观点,所以我担心他们会很容易堕落,陷入种种邪说,至少会使日本人丧失他们现在所拥有的极为优秀的单纯和素质。因此,为日本人写一本关于所有学问的特殊书籍是必要而适当的。此书只能介绍诸问题的要点和有充分根据的纯粹真理,而不提及其他各种危险的见解和有害于日本人的邪说。因

⑤　郑彭年:《日本西方文化摄取史》,杭州:杭州大学出版社,1996 年,第 37 页。

为对日本人来说,这一切都没有知道的必要,知道了反而有百害而无一利。无论是过去还是现在,日本亦与其他博学者毫无联系。对他们来说,无论是亚里士多德、西塞罗或是其他权威,都是不存在的。所以,上述方法极易实行。"又曰:"为了让他们从孩子时代就领会优秀的教义,我们不应以异教的诗和西塞罗的文章教授拉丁语,而必须依据那些憎恨恶德、记载着基督教德操和出色宗教材料的书籍。这些出色的宗教材料应选用圣人和基督教著者的散文和诗歌作品。尤其是那些专门为日本人编写的新的其他书籍,这些书籍中应批判日本人的恶德和伪善的宗派,让孩子们在学习拉丁语的同时,学习与我们神圣信仰之奥义有关的出色教诲。这些书不能记载目前欧洲异教之书中的谎言和恶德。这些记录在早期教会时代曾拥有权威,所以无法禁止,而日本对此一无所知。应当根据我们的方针引入好书。带来这些坏书是极不恰当而有害的。这些新编的书籍应该在日本印刷,并严格禁止我们在日本的耶稣会员在日本教授其他东西。⑥

由此可以判断,向东方引入印刷机的首要目的,是为了在当地制作并印刷适合当地人阅读习惯的教科书,并以此摒弃掉由于语言不通造成的对于天主教教义的误解。然而,由于身处不同的文化环境,在编写这些书籍的时候,难免在转译过程中出现东西方之间更深层次的文化差异问题,而且亚洲佛学以及儒学文化圈的特有词汇又会为翻译带来诸多教义内容上的争论,例如,在有关"意志"和"魔鬼"这两个词汇的翻译问题上尤其如此。

二、基督教版书籍中"意志"的译词

首先来看一下《劝善抄》。此书采用欧洲刚刚发明的谷腾堡活字印刷术印刷出版,而且是将欧洲基督教文献部分翻译为日语,以日文和拉

---

⑥ 范礼安,松田毅一:《日本巡察记》,东京:平凡社,1985年,第78-79页。

丁文混杂的形式予以印刷。该书的原著者路易斯·德·格拉纳达（Luis de Granada）,1504 年生于格拉纳达,1588 年去世于里斯本,是当时西班牙苦行修道主义最为主要的思想家之一。书名可翻译为《劝善抄》,1599 年经拉丁文译为日文,出版于长崎。由于此书字迹模糊,且日文字体多为古日文的书写方式,因而读起来十分费力,现将其中与"意志自由"等词汇最为相关的部分摘录如下:

　　さんとあぐすちいによ御身の上を懺悔して書給ふハ、われを搦めし鎖ハ鉄に非ず、犹其よりも強き身の望ミ也。此妄なる望ミを敵の手にかくるが故に、即我を繋ぐ鎖ハわが身なり。所以者何わが妄なる望み、<u>おんたあで</u>より出で、それより罪を生じ、其犯し繁きを以て、あしき癖を重ね極むる者也。如此天狗わが心をからめし鎖ハ、誠に強さからずや。去ば此善人に等く、搦められたるわが身をときゆるさるべしと嘆く事、又叶ひがたしといへども、忽ちでうすにかへり奉りて後ハ紐械枷鎖もきれはて、色身の望みを随へ鎮め、自由を得るとしるにおひてハ、如何ばかりの悦びならんとか思ふや。今此絏をとき、重き枷を遁し給ふ御方は、只御一体の<u>でうす</u>にて在ますと弁ふる外あるべからず。
　　誠に<u>ぽろへた</u>ともに<u>でうす</u>へ申上べきは、如何に御主、わが絏をきり給ふに依て、恭敬、尊重、讃談の捧物をなして、貴き御名を唱へ奉るべしと申上るの外あるべからず。⑦

　　此段落的内容与奥古斯丁《忏悔录》第八卷第五章的内容基本一致,现将相对应的汉译文本中的段落列出以供比较:

　　我并不为别人的意志所束缚,而我自己的意志却如铁链一般地束缚着我。敌人掌握着我的意志,把它打成一条铁链紧紧地将我缚住,因为意志败坏,遂生情欲,顺从情欲,渐成习惯,习惯不除,便成自然了。这些关系的连锁——我名之为铁链——把我紧缠于困顿的奴役中。我开始萌芽的新的意志,即无条件为你服务,享受你天

----

⑦《ぎや・ど・ぺかどる》,东京:勉诚社,复制版上卷,第 185-186 页。

主,享受唯一可靠的乐趣的意志,还没有足够的力量去压伏根深蒂
固的积习。这样我就有了一新一旧的双重意志,一属于肉体,一属
于精神,相互交绥,这种内讧撕裂了我的灵魂。……除了我们的主
耶稣基督,依靠你的恩宠外,谁能救我脱离这死亡的身体。⑧

根据学者考证,耶稣会传教东方时期,奥古斯丁的《忏悔录》在欧洲
有西班牙语和拉丁语两种版本。之所以说日文版《劝善抄》中有关"意
志自由"的论述是参考了拉丁语版的《忏悔录》,是因为在上揭引文中明
显可见的拉丁文单词,比如说 Deus(上帝)的音译"でうす"。然而,虽然
是在讨论意志与自由等思想内容,引文中仍未见"意志"这个汉文词汇,
只出现了葡语中与"意志"具有同一名词属性的 vontade 的日语音译单
词"おんたあで"。

先于《劝善抄》出版的《罗葡日辞书》中,即便是名词属性的 vontade
(葡)和 voluntas(拉丁语)也没有出现,只列出了与此相关的副词
(voluntarie)、形容词(voluntarius)和动词(volo)等词条。这之中,将副词
voluntarie 解释为"尽情地"、"发自内心地"。形容词 voluntarius 则用例
句的形式予以解释,将 voluntarius milites 解读为"自愿出战的武士"。动
词 volo 则有期望、爱慕、祈求、思考、想要等意思,词条中举 volo te verbis
paicis(我有一句话想要对你讲)、volo omnia tua causa(希望一切顺利)等
例句予以解释。然而,仍未见"意志"一词,也没有与"意志"相同的意译
而成的日语词汇。

然而,当我们比对 1591 年加津佐版与 1600 年长崎版的日语版公教
要理书《基督教要理书》(Doctrine Christan)时,⑨发现有关 voluntas 的翻
译有了一些变化。1591 年版的要理书中尚且使用上文中葡萄牙语
vontade 的音译词汇——御おんたあで,在 1600 年的版本中则采用意译

---

⑧ 奥古斯丁:《忏悔录》,周士良译,北京:商务印书馆,2010 年,第 146－148 页。
⑨ 日文版外,《基督教要理书》还存在一套葡萄牙语版本。本文论述引用的是龟井孝、切斯
里克、小岛幸枝著《日本耶稣会版基督教要理书》之第二部材料篇 1591、1600、1602 年《基
督教要理书》日文、葡文原版之影印和翻刻文献内容。参见龟井孝、切斯里克、小岛幸枝:
《日本耶稣会版基督教要理书》,东京:岩波书店,1979 年。

原则,将表示意志概念的 voluntas 翻译为"御内証"。⑩ 之所以用おんた
あで音译"意志",是因为早期在远东地区的传教士以葡萄牙人居多,而
おんたあで正是 vontade·意志的葡语发音。而且,用"御内証"表示的
意志并非指称人类的意志,而是属于神的意志。1592 年刊行的《信仰的
导师》中"デウスの御内証"的说法也正好印证了上面的判断。⑪ "内証"
原本是佛教用语,表示内心悟道的一种状态,具有佛陀"顿悟"的一面,是
普通人难以企及的境界。因而在对意志的意译过程中,与日本人一起合作
编写要理书的传教士,便使用日本人惯常使用的佛学用语指称具有超越性
的上帝,从而区别于"希望"、"祈求"等指称普通人意志的词汇。

　　同时,耶稣会神父戈麦斯(Petro Gomes)为日本府内神学院神学生
编写的教科书⑫中有关灵魂的章节,则兼用音译(ヲンタアテ)和意译
(御内証)两种方法来翻译"意志",并且通过翻译展现出整个西方灵魂
学说中的意志功能,由此探讨了由于意志之自由的、属灵的属性所带来
的诸如人类伦理上的善恶问题。在第十一章"意志或知性欲求乃人类必
备之品质"中,戈麦斯论述道,理性灵魂所有能力中最为优秀的便是被称
为意志或理性欲求的能力。戈麦斯认为,人类除拥有感觉欲求能力之
外,还拥有理性欲求能力,即意志。因为人类自身并非通过感觉,而是通

---

⑩ 海老泽有道等校注：《信仰的导师》,《基督教书·排耶书》,《日本思想大系》25,东京：岩
　波书店,1970 年,第 13 - 83 页。关于《基督教要理书》的更多详细信息,参见戚印平：《日
　本早期耶稣会史研究》,北京：商务印书馆,2003 年,第 226 - 236 页。

⑪ 海老泽有道等校注：《基督教书·排耶书》,《日本思想大系》25,第 362 - 380 页。

⑫ 全名为《戈麦斯神父为日本府内耶稣会学院所著的教科书》,分为三部。第一部是《天球
　论》,第二部是《亚里斯多德灵魂论和自然哲学小品讲义要纲》,第三部是《为日本籍耶
　稣会士而作的天主教教理要纲》。拉丁语版藏于罗马梵蒂冈图书馆。日文手稿于 1995
　年在英国牛津大学莫德林(Magdalene)学院图书馆被发现。参见 Kirishitan Bunko Library
　of Sophia University, ed., *Compendium catholicae veritatis*: *Commentaries* (Tokyo : Ozorasya,
　1997), p. 12;佩德罗·戈麦斯、尾原悟：《耶稣会日本神学院讲义纲要》,I,东京：教文
　馆,1997 年。Petro Gomes, *Compendia of Jesuit's College in Japan* (Tokyo: kyōbunkan,
　1997);佩德罗 戈麦斯、尾原悟：《耶稣会日本神学院讲义纲要》,II,东京：教文馆,1998
　年;Petro Gomes, *Compendia of Jesuit's College in Japan* (Tokyo: kyōbunkan, 1998);佩德
　罗·戈麦斯,尾原悟：《耶稣会日本神学院讲义纲要》,III,东京：教文馆,1999 年;Petro
　Gomes, *Compendia of Jesuit's College in Japan*(Tokyo: kyōbunkan, 1999)。

过理性来认识善恶。而人类的感觉欲求能力是无法认识善恶的,因为这种能力只追求感觉所知觉到的东西。继而在第十二章又讨论了意志的对象。首先,意志的对象是超越性的普遍的善。其次,意志并非理性的能力,而是欲求能力。第三,关于意志的器官。意志像知性一样不依赖于任何身体的器官。它是灵魂的属性,是灵魂固有之附属品,构成灵魂本性的基础,在灵魂离开身体后依旧保存在灵魂之中。第十三章则集中比照感觉性欲求与意志之间本质的差异。第十四章分析认为意志对感觉欲求采取一种自由支配的方式,这种支配方式给了感觉欲求以极大的主动权。戈麦斯认为,虽然感觉欲求能力通过某种力量被赋予听从意志命令的必然性,但它却拥有在没有意志的帮助下依靠自身固有的运动发动自身的能力。紧接着三章内容主要论证,一方面由于意志统治感觉欲求的方式允许感觉欲求发动自身能力,因此可能导致感觉欲求对于意志的反抗。另一方面,由于意志本身不受必然性的束缚,所以由于感觉欲求而引发的罪恶便也只能归诸于意志自身的堕落。第十八、十九章则继续阐述意志自由产生的一切人类行为活动及其伦理实践的意义。第二十章再次强调意志的对象为至善。最后一章则回归整个文章的主题,在承认灵魂不灭的情况下,考察作为身体之形相的灵魂与独立之灵魂之间的区别。⑬

    以此为前提,再来看前揭《劝善抄》中的引文,"因为意志败坏,遂生情欲,顺从情欲,渐成习惯,习惯不除,便成自然了"。这里言及的意志体现出灵与肉之间的对立,意志是可以腐坏的,是可以产生恶的,因而如果此时用表示全善上帝的"内证"一词表示意志这个概念会有所不妥。然而,一旦剥离掉镶嵌在"内证"一词之上的佛教外壳,单以"内证"表示"内心醒悟"的意思,便自然可以使用"恶人的内证"等用语,从而最终可以用"内证"同时表示上帝和人类的意志,也即表示意志的普遍涵义。如此一来便抛弃掉先前上帝意志与人类意志之间僵硬的区分,取而代之的是作为上帝肖像的人类与作为创始者的上帝之间难以隔断的牵绊,即上帝自由地制造了人类,并赋予人类以自由意志,而人类则在自由意志

---

⑬ 佩德罗·戈麦斯,尾原悟:《耶稣会日本神学院讲义纲要》,I, 45 - 51v。

的作用下做出善恶的选择。

不过，这样的做法并没有在佛教盛行的日本实现，"御内证"在很长一段时间内，仍旧只限于表称上帝的范畴。以至于当不干斋·巴鼻庵费尽心力地写出包含天主创世以及灵魂不灭等西方学说内容的《妙贞问答》[14]后不久，由于不满于现实社会中恶的存在的普遍事实，转而求责于专有自由意志的上帝为什么难以祛除世间的罪恶，继而怀疑天主教的整个学说，最终背离天主教信仰，写出一本批判天主教义的书，名曰《破提宇子》。[15] 巴鼻庵之所以有此误解，是因为一直以来他都错误地将意志看作是上帝的专属权利，而人类只是类似于上帝这个万能的工匠造出的秩序井然、纹理清晰的器具，不配拥有自由意志。因而，巴鼻庵在理解天主教对于人的看法时，由于受到佛教的影响，对"意志"的理解犯了一种机械主义的严重错误。不管怎么说，此时耶稣会在日本依然未能创造出如今普遍用于表达灵魂功能的"意志"的译词，即便是佛学常用的眼耳鼻舌身意中的"意"字也从未显现出来。由此可见，语汇背后深层次的文化内涵在理解异国文化时所起的重要性作用。

三、基督教版书籍中"魔鬼"的译词

尚有一例可以佐证上述有关转译过程中出现的文化差异影响问题，那便是将西方基督教文化中的"魔鬼"翻译成亚洲当地语言时遇到的问题。范礼安所编日文版《日本的小教理问答书》中有一小节谈及"恶魔"，其文曰："天主创造的一切事物之中，有一个名叫 Lucifer 的天使，他是众天使中最优秀、最有威势的一个。当他见到自己获赠如此优秀的天性以及无上的恩宠之时，便生出了傲慢之气，从而将这所有既美且大的天性视作自身固有的品质。"这里并没有用具体的某个汉语词汇来表称象征邪恶的"魔鬼"，仅仅是用音译原则将拉丁文 Lucifer 译为"ルシへ

---

[14] 海老泽有道等校注：《破提宇子》，《基督教书·排耶书》，《日本思想大系》25，第 114 – 180 页。

[15] 同上，第 424 – 447 页。

ル"。在介绍了西方基督教信仰背景下的恶魔形象后,范礼安紧接着便引出日本宗教文化中有关类似的记载或者表述,并将这种表述与魔鬼的形象相对应,指出西方天主教中所言之魔鬼"是日本的天狗[16]、魔、外道"。[17]

按照范礼安在《日本的小教理问答书》中的解释,原本具有天使身份的 Lucifer,由于骄奢于权势,做出背叛天主意志的举动,最终堕落成罪恶深重的魔鬼角色。这在天主教教义以及圣经中有明确记载,范礼安在《日本的小教理问答书》中仅仅向传教地居民传递了这一事实。然而,在传播这一基督教教义中反面的邪恶角色时,范礼安最终在日语中选择了"天狗"、"魔"、"外道"等词汇,此时的范礼安隐隐约约地感觉到西方基督教文化中的魔鬼与日本宗教中"天狗"所表达的对象有着某种类似的成分。带着初到东方时对于东方宗教文化的朦胧认识,范礼安在翻译其他基督教经典书籍时,像是抓住了救命稻草一般,反复地使用着他在《日本小教理问答书》中的发现,用"天狗"来表现西方基督教文化中的魔鬼形象。

1591 年于日本编纂的《创世的造物主》(サントスの御作業)一书便是最好的一个例证。此书由《圣人传》、《玛利亚的故事》以及圣经中《马太福音》等书卷的相关章节集结而成。《创世的造物主》中圣经部分转译为日本语时,对于魔鬼的翻译延用了范礼安在《日本小教理问答书》中的做法,将其译为"天狗"。其文曰:"当时,耶稣被圣灵引到旷野,受天狗(魔鬼)的试探。"[18]

从范礼安对于《马太福音》中恶魔的翻译来看,这里又出现了一丝奇妙的变化。他不仅将罪恶深重的恶魔译为"天狗",还将西方基督教

---

[16] 天狗的形象可分为三类:原始天狗、夜叉天狗、山神天狗。原始天狗是一种自然现象;夜叉天狗则可以飞行,可以附在人和僧侣身上,在日本平安年代,被佛教视为魔,与佛相对应;山神天狗则是神,有扬善去恶的性质。本文提及天狗概念时,则混合了夜叉天狗和山神天狗两种形象,尤以夜叉天狗为重。参见王劼歆、阳瑞:《8-12 世纪的日本天狗形象》,载于《文化纵横》2011 年 9 月刊。

[17] 米井力也:《基督教与翻译——异文化接触的十字路口》,东京:平凡社,2009 年,第 57 页。

[18] 同上,第 58 页。译文参考了思高本圣经《马太福音》中的"试探耶稣"。

经典中出现的恶魔的一些属性植入到对于"天狗"一词的理解上来。此节中,魔鬼扮演了一种试探者或者引诱者的角色。因而,范礼安的这一译法,又为"天狗"这个词汇增添了一层它原先并不具备的性质,也直接影响到之后耶稣会在远东尤其是在日本和中国地区编写书籍时的词汇选择,以及他们整体看待东西方思想时的心理趋向。

"天狗"所具有的新的属性很快便在另一本基督教版书籍中得到恰如其分的应用。作为学习基督教教理的入门书籍,《基督教要理书》在讨论"教会的敌人是谁"这一问题时,依旧用"天狗"一词来指称天主教会的敌人——魔鬼。此外,《基督教要理书》第一次明确了"天狗"一词所带有的诱惑者意味,从而最终使得"天狗"一词具有了西方宗教色彩。然而,如果我们仅带着佛教知识来看待这个词汇,那么"天狗"概念在引入西方宗教的文化解释之时,又会在天主教内部产生一些细微的变化,甚至有可能将"天狗"一词在佛学背景中可能与西方天主教发生的一些矛盾带入对于天主教信仰的理解之中。也就是说,如果基督教仅仅是借用了佛教用语来表达基督教教义,那么被使用的佛教词语也会随之有相应的改变,在基督教文化氛围的浸染下呈现出不同于原本日本佛教教义中的内容,就如同当基督教将代表邪恶力量的魔鬼翻译为日本佛教用语中的"天狗"、"魔"、"外道"时,这些概念本身已经再生,具有了新的生命。

可以说,范礼安将恶魔翻译为"天狗"之时,或者说用"天狗"来表达恶魔的含义之时,无论是天主教中神的概念,还是佛教中佛的概念都相应地发生了变化,被赋予了新的意义。换句话说,范礼安在用天狗解释恶魔这个天主教经典中的形象时,也同时将恶魔形象背后的基督教知识带入到对日本宗教对"天狗"一词的理解中,并以此来评判与"天狗"相关的一系列日本宗教的特点。

前文提及的《日本的小教理问答书》中,范礼安多次用已经熏染有西方宗教色彩的"天狗"形象来评判日本的各个宗教派别:

> 人类是何其脆弱的生物啊,他们无知无畏。因原罪而作恶,糜烂于邪恶的肉欲不能自拔。人类成了散播谎言的魔鬼的亲友,轻易

地受尽魔鬼的欺骗。顺从于肉体邪恶的冲动,轻蔑天主的宗教,凭借自我的意志恣意放纵地生活。人类已经到了如此盲目轻信、恶意满腹的地步,以致舍弃了对于真的天主的所有礼拜敬虔行为,建立起偶像,崇拜雕像和肖像。而恶魔正无时无刻不潜藏在这些雕像之中,引诱人们说,他正在向人们传去神的嘱托,因而肖像是应该予以崇拜的神圣存在。

　　如此一来,恶魔就会因为从人类那里取得了支配和命令的权力,唆使人们相信他就是诸神的化身,应该到处被崇拜。长此以往,"神"、"佛"等概念就被导入到不同文化信仰之中,被制作成各种光怪陆离的虚假故事,以至于现今的日本已经陷入了多种宗教信仰之中,掉入多重信仰的渊薮之中难以自拔。然而,(日本)多宗教流派与迷信是恶魔和人类共同的产物,充满着令人诅咒不已的虚伪与欺瞒。是受到自我感情驱使的人类,耽于肉体的享乐,委身于恶魔,与恶魔一同发明了这世间众多虚假的神灵。[19]

　　范礼安将日本神、佛的存在看作是恶魔的产物,这一看法本身说明,他是在用基督教的思路解释日本宗教信仰中偶像崇拜的产生原因。在范礼安看来,日本人所礼拜的释迦、阿弥陀以及其他诸神、诸佛都是有祖先、父母、妻子家人的普通人,因而他们并不是神,而是人类。根据日本流行的各种神佛传记中的记载,他们大都生于某个时代,死于另一个时期,因而并没有拯救人类的能力。既然他们都不是神,那么对于他们的崇拜便是一种非常不合理的偶像崇拜行为。这是范礼安看待问题的方式。如此一来佛教便由于范礼安对于"天狗"概念的新的解释而成为了一种具有偶像崇拜性质的宗教典范,应予以打击了。然而,这样做的同时,范礼安也将佛教中"天狗"自由飞翔于空中的属性援用到基督教对恶魔的解释之中了。不过,实际上,西方背景中的恶魔有着比天狗更为丑恶的形象,因而天狗的形象只是向日本人传递了恶魔的部分性质。所幸的是,对于范礼安来讲,他已经将"天狗"的形象与偶像崇拜紧密地联

---

⑲ 米井力也:《基督教与翻译——异文化接触的十字路口》,第61页。

系起来了，从而也和整个日本佛教的偶像崇拜行为联系起来了。而且，《圣人传》中许多描写恶魔飞扬跋扈的语句，以及将偶像（idolos）或众神（dioses）翻译为"本尊"或者"佛、神"的做法也都是受到了"天狗"译词的影响。众多证据表明，范礼安在整个《日本的小教理问答书》中展示了对于日本宗教的战斗精神，企图利用天主教的思想资源瓦解日本宗派的多神论性质，他对于佛教提出的批判可以看作是之后东来传教的耶稣会士以及在耶稣会培养下成长起来的传教地会士应对宗教差异时的参考，尤其是日籍修士巴鼻庵《妙贞问答》中对于儒释道诸宗派的批判，更是对于范礼安早期尝试的一种成熟性响应，是范礼安企图有效传播天主教信仰的丰厚果实。

四、结论：教义与实践

继承了中世纪经院神学的亚里士多德—托马斯主义传统的耶稣会士，在东方编写用以教学的教科书或者基督教版参考书籍时，非常注重运用自然理性论证天主教信仰的合理性。所以他们在传播西方的基督教文化以及科学知识时，预设其对象为理性的人类个体。这一做法本身既能通过科学精神辩驳东方宗教中的非合理成分，又能通过一种全新的宗教体验告知东方人基督教文化的优越性，从而在普遍理性基础上，以西方理性精神否定东方具体理性中的矛盾，上揭有关"魔鬼"和"意志"的译词恰好体现了耶稣会传教士的传教旨趣。

然而，实际上，日本地区的传教经验，对日本宗教文化中的切身体会又为经院神学增添了一种新的看待上帝观念的视角。即耶稣会士们开始将身体看作是第一实存，感知意识则居于第二实体的地位。这是因为抽象艰涩的概念很难一下子被灌输到在不同于西方文化背景中成长起来的人们的脑海中，只能在具体的礼仪和广泛的社交基础上，方能逐步渗透到思维的领域。应时而编著的《病者治愈手册》[20]一书中便将天主教中洗礼、忏悔等与圣务实践活动相关的典礼性知识告知传教地的人

---

⑳　海老泽有道：《病者治愈手册》，《基督教书·排耶书》，《日本思想大系》25，第84－101页。

们,希望他们在持久不断的宗教圣务活动中,达到对神圣教义的切身体会;而且,耶稣会士还通过印刷欧洲风行的神圣画像、建设具有欧洲风格的教会建筑,以唤醒传教地人们的各种感觉,并企图通过感觉上的共鸣达致凝聚信仰的目的。因而,虽然为了传教,需要在传教地编纂涵括天主教教义内容的教理书,传播与此相关的西方自然哲学知识,介绍西方思维逻辑的模式,但是,早期接受这些知识训练的大多是来自欧洲或者印度的欧洲人士,知识性的传播并未到达传教地普通的民众中间,即便有像巴鼻庵这样出类拔萃的人才,也是寥寥无几。经过近半个世纪的努力,当基督教思想的传播逐渐有所起色的时候,在受过东西文化熏陶的巴鼻庵那里,展示了冲突中的基督教思想的优越性,天主教会试图不断地在理论上和实际生活中向东方的人们说明以下三个思想要点。第一,天主教信仰中上帝的绝对性、普遍性和唯一性。第二,灵魂是被上帝创造出来的,人类灵魂具有区别于其他事物的理性特征,这完全不同于东方世界中万物同理的宗教提示。第三,基督教的来世观、天使堕落、灵魂拯救以及获得拯救所需遵循的现世规则(十诫)等一整套信条。然而,就像我们一再强调的那样,至少在 17 世纪之前,天主教会在日本进行的传教探索以整个远东地区为视域来看尚属于初期阶段。虽然耶稣会通过编纂基督教版书籍的方式向日本传输西方精神文化,并逐渐将上述三种思想内容植入人心,但他们整体上的作为尚未触及东西文明之间最为根本的对立。即便他们批判东亚文化圈内的佛教儒教思想,彰显基督教的优胜地位,并在巴鼻庵那里形成了成熟性的批判果实,但在思想的深刻性上仍有所匮乏。他们缺乏一个真正从西方天主教文化角度审视中国以及日本文化,并且能够熟练运用东方典籍诠释西方信仰的思想巨人,这个人就是后来开教中国的利玛窦神父。利玛窦补儒的做法是其调和中西文化差异的一种尝试,更是范礼安主导下的耶稣会在整个远东地区实行的适应主义策略的一种表现形式。

当然,耶稣会并非一开始就自觉采取适应主义策略。虽然《耶稣会会宪》明确规定,耶稣会在向异域他乡的异教徒传播天主教信仰、施以神学教育时,应该根据时间、地点、人物做出相应的调整,以适应当地传教事业发展的需要。[21] 但由于耶稣会成员是在葡萄牙国王支持下而赶赴远东进行传教的,享受着世俗势力的庇护,不可避免地受到世俗权力的影响,从而在传教初期烙下葡萄牙殖民主义政策的痕迹。

　　一般来讲,若要在海外传教取得不俗效果,传教士们首先要熟练掌握传教地的语言,用以传教以及听取忏悔,这基本上可算作是一种常识了。然而,对于 16 世纪上半期在远东地区传教的耶稣会来讲并非如此。我们已经无法得知非洲、印度、马六甲等地早期教区中神父和修士们对于当地语言的掌握情况。在印度和日本,沙勿略虽然不遗余力地编写传教地语言的教科书,但他本人却几乎不会说日本语言,更不用说其他传教士早期在中国澳门的汉语学习了。早期传教活动之所以呈现出这样的模式,很大程度上与葡萄牙人的殖民政策相关联。作为殖民者的葡萄牙当局鼓励葡萄牙男儿与殖民地的女人结婚,并强制性地迫使他们所生育的混血儿童改宗,从而最终达到发展壮大天主教信徒数量的目的。尤其是在印度,葡萄牙政府给予那些改信天主教的印度人以类似于葡萄牙人所能享受到的极大恩惠。于是,只要是葡萄牙政府管辖的殖民地,居住于其中的所有信徒,无论着装还是生活习俗,都基本上已经葡萄牙化,

---

[21] "制定《耶稣会会宪》的目的是为了帮助耶稣会全体以及每一个耶稣会会员朝着维持和壮大整个教会的神圣荣光的方向发展。因此,《耶稣会会宪》中的整体以及个别的规定都应该导向上述目的,表现出三种基本特征:第一,它们应该涵括完整的信息,尽可能覆盖所有可能出现的状况;第二,它们应该思路清晰,尽量避免混乱暧昧的情况出现;第三,它们应该简洁明了,要尽量完整和清晰,以便记忆。为了更好地实现这三个特征,《耶稣会会宪》制作得越具普遍性和摘要性便越容易为人所熟悉掌握,从而不仅保持自身规章的谨慎严密,又易于在适当的情况下向外界展示说明。但是,除此之外,我们还为《耶稣会会宪》增添了一些宣言/说明(Declarations)和注释(Annotations),这些宣言/说明和注释如同《会宪》中的其他部分一样具有凝聚力,而且由于《会宪》太过抽象普遍而稍欠清晰,在处理其他一些具体问题时,反而是宣言/说明和注释更具指导性。《会宪》和宣言/说明虽然都处理那些不变而具普遍性的事情,但是它们同样需要其他规则或者规定的补充,这些规则或者规定既能够适应于不同时代和地点、住院、修院中不同的人、修会中不同的雇员,同时又应该在全体修会成员中保持一致性。一般来讲,这些规则或者规定不会做太过认真的对待,除非它们偶然地于某地在修会长的意志下而被某人所遵守执行,它们才具有规章的权威性。"引自 George E. Ganss S. J. , *The Constitutions of the Society of Jesus*, *Translated, with an Introduction and a Commentary* (The Institute of Jesuit Sources, St. Louis, 1970), p. 121。

颇具欧洲风习。如此一来,负责传教事务的传教士们便省去了许多麻烦,对于当地语言的学习也随之变得并非必要,仅靠葡萄牙语便能达到改信当地居民的目的。也就是说,天主教的传教士们不需要学习传教地语言,反而是传教地的混血儿童以及已经信教的当地居民要从葡萄牙人那里学习葡萄牙语。这样的局面也符合中国澳门地区传教士语言学习的情况。在未探索出进入中国内陆传教的门路之前,停留在澳门的传教士并未在语言学习上做出努力。然而,当范礼安主导整个远东传教工作之时,耶稣会会宪中隐含的适应主义政策已经开始发挥主要作用,传教中国内陆的需要也逐渐蓬勃起来。于是,作为适应主义政策在中国内陆地区应用的第一步,范礼安派遣罗明坚到澳门寻找机会学习汉语,而且也正是这至为重要的一步,为之后利玛窦更好地在中国内陆地区实施范礼安的适应主义政策提供了最初的养料,利玛窦也才能与中国的知识分子展开深入的对话,进而才有了中西文化交流史上最具争议的礼仪之争。

附录:基督教版书籍②

圣务日课之歌及其他	サルベレ・ジィナ他		加津佐	1590	日语	汉字·片假名
基督教要理书残篇	おらしよ断簡		加津佐	1590	日语	汉字·平假名
基督教要理书	どちりいな・きりしたん		加津佐	1591	日语	汉字·平假名
圣人传	サントスの御作業の内抜書	Sanctos no Gosagueono uchi Nuqigaqi	加津佐	1591	日语	罗马字

---

② 五野井隆史:《基督教的文化》,东京:吉川弘文館,2012 年,第 184－187 页。

信仰的导师	ヒデスの導師	Fides no Doxi	天草	1592	日语	罗马字
基督教要理书	ドチリナ・キリシタン	Doctrina Christan	天草	1592	日语	罗马字
治愈病者手册	ばうちずもの授けやう		天草	1592	日语	汉字・平假名
平家物语	平家の物語	Feiqe no Mono-gatari	天草	1592	日语	罗马字
伊索寓言	エソポのハブラス	Esopo no Fabulas	天草	1593	日语	罗马字
金句集	金句集	Quincuxu	天草	1593	日语	罗马字
拉丁文典	ラテン文典	De Institutione Grammatica	天草	1595	拉葡日	罗马字
罗葡日对译辞典	羅葡日对訳辞典	Dictionarium Latino Lusitan-icum ac Iaponi-cum	天草	1595	拉葡日	罗马字
	コンテンツスムンヂ	Contemptus Mundi	天草	1596	日语	罗马字
灵性操练	心霊修業	Exercitia Spiritualia	天草	1596	拉丁语	罗马字
精神生活纲要手册	精神生活纲要の提要	Compendium Spiritualis Doctrinae	天草	1596	拉丁语	罗马字

纳瓦罗忏悔手册	ナワァルロの告解提要	Compendium Manualis Navarri	天草	1507	拉丁语	罗马字
	サルベトール・ムンヂ	Salator Mundi, Confessionarium	长崎	1598	日语	汉字·平假名
落叶集	落葉集	Racuyoxu	长崎	1598	日语	汉字·平假名
劝善抄	ぎや・ど・ぺかどる	Guia do Pecador	长崎	1599	日语	汉字·平假名
基督教要理书	ドチリナ・キリシタン	Doctrina Christan	长崎	1600	日语	罗马字
基督教要理书	どちりいな・きりしたん	Doctrina Christam	长崎	1600	日语	汉字·平假名
基督教要理书的翻译	おらしよの翻訳	Doctrinae Christanae	长崎	1600	日语	汉字·平假名
日汉朗诵集上卷	倭漢朗詠集卷之上	Royei, Zafit	长崎	1600	日语·汉文	汉字·平假名
金言集	金言集	Aphorismi Confessariorum	长崎	1603	拉丁语	罗马字
日葡辞书	日葡辞书	Vocabulario de Lingoa de Japam	长崎	1603–1604	日语·葡萄牙语	罗马字

日本大文典	日本大文典	Arte da Lingua de Japam	长崎	1604 - 1608	日语·葡萄牙语	罗马字
圣务手册	サカラメンタ提要	Manuale ad Sacramenta	长崎	1605	拉丁语·日语	罗马字
心灵修行	スピリツアル修業	Spiritual Xuguio	长崎	1607	日语	汉字·平假名
圣教精粹	聖教精華	Floscuri	长崎	1610	拉丁语	罗马字
	こんてむつす・むん地	Contemptus Mundi	长崎	1610	日语	汉字·平假名
信义经	ひですの経	Fides no Quio	长崎	1611	日语	罗马字
太平记摘要	太平記抜書		不详	1611 - 1612 左右	日语	罗马字
原·马尔蒂诺的演讲	原マルチナの演説	Oratio habita a Fara D·Martino	果阿	1588	拉丁语	罗马字
基督教子弟的教育	キリシタン教子弟の教育	Christiani Pueri Institutio	澳门	1588	拉丁语	罗马字
天正遣欧使节记	天正遣欧使節記	Do Missione Legatorum Iaponensium ad Romanam curiam	澳门	1590	拉丁语	罗马字
日本小文典	日本小文典	Arte Breve da Lingoa Iapoa	澳门	1620	葡萄牙语·日语	罗马字

明末科技与宗教的互动

——徐光启引进红夷大炮事略述评

雷环捷　　朱路遥

【内容提要】　在西学与实学的双重背景下,徐光启完成了其军事思想所需的思想储备,明确了富国强兵的主旨。萨尔浒之战、宁远之战、己巳之变、吴桥兵变这四个关键性历史节点,既贯穿着其军事思想践行和发展的过程,也勾勒出明末科技与宗教互动模式的轮廓。互动模式受到动力性因素与抑制性因素的双重影响,并都可以从科技之于宗教、宗教之于科技两方面进行剖析。从某种程度来说,徐光启军事思想的形成与实践正是明末科技与宗教互动的体现。

【关键词】　徐光启　科技　宗教　红夷大炮　西学东渐

明清之际是中国古代思想史上群星璀璨的时代,徐光启正是当时不容忽视的一颗重量级明星。目前对于其天文、数学、宗教、农学等思想的研究成果已蔚为可观,而相对较少着力于其军事思想。另一方面,对于红夷大炮等西方传华火器技术的考证研究亦层出不穷,但是将之与徐光启及其思想相联者寥寥无几。因此,基于徐光启的天主教徒和高级官员之特殊身份,梳理其仕途起伏与红夷大炮引进之路的史实与联系,可以获得对于徐光启人物与思想的更深刻、更全面的理解,既为剖析明末科技与宗教互动提供了可能,也有助于在西学东渐背景下对相关问题进行探索与推进。①

一、西学与实学：徐光启军事思想的双重背景

假如追溯徐光启丰富思想的背景与源泉,那么首先应考述其早年坎坷的人生经历。徐光启于嘉靖四十一年(1562)出生并居住于家乡南直隶松江府上海县(今上海市),其间经历了万历九年(1581)中秀才、万历九年至十年娶妻生子、万历十二年祖母丧亡等人生大事。其家庭从事经商与务农,却并不富裕,生活的艰辛困苦是他形成务实求真特质的重要原因之一,对于民生疾苦的直观体验也为他日后从事农业、水利、天文等方面的研究奠定了一定的基础。② 但是在坚持儒家人生理想与博取科举功名的道路上,徐光启从意气风发的青年走到不惑的中年,参加万历十三、十六、十九年三次乡试皆不中,万历二十一年远赴广东韶州府教书,正是此时他与传教士郭居静有初次接触。三年后他又远赴广西浔州

① 在上个世纪 80 年代,对于徐光启军事思想的研究曾掀起一个小高潮。如王庆余:《新发现的徐光启〈兵机要诀〉》,载于《复旦学报》1984 年第 3 期;施宣圆:《徐光启的军事活动》,载于《社会科学》1983 年第 11 期;汤纲:《徐光启的富国强兵思想》,载于《复旦学报》1984 年第 1 期;陆文荣:《徐光启的军事思想初探》,载于《军事历史》1984 年第 4 期;卢鄂:《徐光启的军事改革思想》,载于《军事历史》1987 年第 3 期等。之后的研究热点转移到其他科学思想领域,对其军事思想较为粗泛的综合考察转变为从相关视角切入考察,如西方传华火器、澳门、天主教等。其中的代表性成果包括黄一农:《天主教徒孙元化与明末传华的西洋火炮》,载于《中央研究院历史语言研究所集刊》,第六十七本,第四分册,1996 年;刘鸿亮:《徐光启与红夷大炮问题研究》,载于《上海交通大学学报(哲学社会科学版)》2004 年第 4 期;李巨澜:《澳门与明末引进西洋火器技术之关系述论》,载于《淮阴师范学院学报(哲学社会科学版)》1999 年第 5 期;冯震宇,高策:《明末基督教徒与西方传华火器技术之关系研究》,载于《科学技术哲学研究》2013 年第 4 期等。但是总体而言,对于明末西方传华火器及技术的考证研究并不少见,而将之与徐光启的军事思想相联系者仍然不多且不够全面。本文基于前人的相关研究成果,围绕徐光启的生平事迹与著述梳理其军事思想,试图较为完整地反映其思想发端与以引进红夷大炮为代表的军事实践过程,并以此为基础推进论述明末科技与宗教的互动模式,对其中复杂的具体情形予以尝试分析。

② 关于徐光启的人生经历,本文主要参考梁家勉:《徐光启年谱》,上海:上海古籍出版社,1981 年,第 10－14 页。

府(今广西桂平)教书,时任知府的同乡替其捐为国子监监生。因而在万历二十五年他方能北上赴考名额较多的顺天府(今北京)乡试,得主考官焦竑赏识,从落卷中被拔擢为解元。

中举不仅是徐光启仕途与生活道路的重要转折点,而且促进了其西学与实学双重思想背景的形成。一方面,从此他只差龙门一跃,家庭状况得以大大改善,所处社会地位也有所上升,先后为其子娶上海望族之女、为父开筵席祝寿等。另一方面,徐光启的个人思想也有所转变。其子徐骥在《文定公行实》中曾言:"尤锐意当世,不专事经生言,遍阅古今政治得失之林。"③其务实求真的精神逐渐演化为专注实学,讲求经世致用。"夫学不知经世,非学也;经世而不知考古以合变,非经世也。"④座师焦竑的实学品格给予他重要影响。另外,自从韶州与传教士有过初次接触之后,万历二十八年徐光启又与利玛窦⑤在南京初次见面,开启了他们毕生的友谊。万历三十一年,在进一步了解天主教后,他在南京受洗入教,教名保禄。他曾自述:"昔游岭嵩,则尝瞻仰天主像设,盖从欧罗巴海舶来也。已见赵中丞吴铨部前后所勒舆图,乃知有利先生焉……启生平善疑,至是若披云然,了无可疑,时亦能作解;至是若游溟然,了亡可解,乃始服膺请事焉。"⑥

入教可以视为徐光启天主教徒身份与提倡西学、中西会通的思想格局正式形成的标志。一方面,其"锐意当世"的实学品格在中举之后已经愈发凸显。另一方面,西学是徐光启借以"易佛补儒"的重要思想来

③ 徐骥:《文定公行实》,参见徐光启著、王重民辑校:《徐光启集》,北京:中华书局,1963年,第552页。

④ 焦竑:《荆川先生右编序》,参见焦竑著、李剑雄点校:《澹园集》,北京:中华书局,1999年,第141页。关于焦竑之实学思想,可参见李剑雄《焦竑评传》,第三章"治实心,行实政——焦竑的政治思想",南京:南京大学出版社,1998年。

⑤ 关于利玛窦生平及学说,参见《利玛窦中国札记》与《利玛窦中文著译集》,引自利玛窦著、朱维铮主编:《利玛窦中文著译集》,上海:复旦大学出版社,2001年;利玛窦、金尼阁:《利玛窦中国札记》,何高济、王遵仲、李申译,桂林:广西师范大学出版社,2001年。

⑥ 徐光启:《跋二十五言》,参见《徐光启集》卷二,第86-87页。

源。⑦《利玛窦中国札记》也记载了徐光启对生死、灵魂、真理等问题的兴趣和怀疑探索的精神。⑧ 他希望能以基督教的思想发挥"易佛补儒"的作用。《札记》中载："当在大庭广众中问起保禄博士他认为基督教律法的基础是什么时,他所作的回答非常简洁并易于理解。他只用了四个音节或说四个字就概括了这个问题,他说：易佛补儒（Ciue Fo Pu Giu）,意思就是它破除偶像并完善了士大夫的律法。"⑨徐光启自己也曾表述过："余尝谓其教必可以补儒易佛,而其绪余更有一种格物穷理之学,凡世间世外、万事万物之理,叩之无不河悬响答,丝分理解；退而思之,穷年累月,愈见其说之必然而不可易也。"⑩这种表述与《文定公行实》中"于物无所好,惟好学,惟好经济"、"一事一物,必讲究精研,不穷其极不已"等描述是完全契合的。⑪ 由此可见,徐光启之所以入教,在很大程度上与其务实求真的精神是分不开的。

在西学与实学的双重背景下,徐光启完成了其军事思想所需的思想储备。从举人到进士,徐光启又用了七年,于万历三十二年考中进士并考选为翰林院庶吉士,在"非进士不入翰林,非翰林不入内阁"的当时拥有了仕途之路的高起点。只是从此算起到萨尔浒之战爆发的万历四十七年,在这 15 年间,除了散馆以优良被授为翰林检讨及万历四十五年升为左春坊左赞善兼翰林院检讨之外,他在仕途上并没有引人注目的表现。只是在中了进士之后,徐光启才摆脱了生活和名誉上的种种负担,改善了经济条件。在翰林院期间相对优越的条件也为他系统研究经世致用之学、与利玛窦交游并学习西学创造了良好的环境。在《复太史焦座师》中,徐光启曾明志："启少尝感愤倭奴蹂践,梓里丘墟,因而诵读之暇,稍习兵家言。时时窃念国势衰弱,十倍宋季,每为人言富强之术：富国必以本

⑦ 《札记》曾载："徐保禄博士有这样一种想法,既然已经印刷了有关信仰和道德的书籍,现在他们就应该印行一些有关欧洲科学的书籍,引导人们做进一步的研究,内容则要新奇而有说服力。"参见利玛窦、金尼阁：《利玛窦中国札记》,第 364 页。

⑧ 同上,第 327 页。

⑨ 同上,第 343 页。

⑩ 徐光启：《泰西水法序》,参见《徐光启集》卷二,第 66 页。

⑪ 徐骥：《文定公行实》,参见徐光启著、王重民辑校：《徐光启集》,第 560 页。

业,强国必以正兵。"⑫其中,"富国必以本业,强国必以正兵"的富国强兵思想正是画龙点睛之处,发展农业可以富国,加强军事建设可以强国,其军事思想也可以归结于这个主旨。

在身为翰林院庶吉士的三年内,徐光启的军事思想反映于馆课卷之中,如《拟上安边御虏疏》、《拟缓举三殿及朝门工程疏》、《处置宗禄查核边饷疏》、《漕河议》、《海防迂说》等,涉及诸多重大问题:(1)蒙古问题。他在《拟上安边御虏疏》中指明应互市并提出求精与责实两大方针。此时他已注意到火器的重要性。"最利者,则无如近世之火器。迩来诸边所造,诸家所说,较昔为精矣,尚有进于此者,则尤宜早计也。盖乃中国之长技,而今虏中亦有之,恐异日者,彼反长于我也。"⑬他对火器的发展状况的关心极具前瞻性和一贯性。(2)边饷问题。徐光启在《拟上安边御虏疏》中认为解决边饷不足窘境的办法在于务农贵粟。在《处置宗禄查核边饷疏》中,他提及宗藩封禄与边饷的问题,认为应以"兴屯政"、"益吏禄"、"核虚冒"三管齐下。其中选练精兵对于核虚冒非常重要。"核虚冒之法,请先定为赏罚之格,以精选练。尝语诸治兵者,欲令定著一编曰选练条格。"⑭并详细介绍了选练精兵的方法。(3)海防问题。徐光启生于东南沿海,对倭寇有过切身体会。"臣生长海滨,习闻倭警,中怀愤激,时览兵传。"⑮他对倭寇问题看得非常透彻,清楚其中关键不在于战抚而在于贸易。"惟市而后可以靖倭,惟市而后可以知倭,惟市而后可以制倭,惟市而后可以谋倭。"⑯开放海禁之后,自然可以解决倭寇问题,有利于国计民生,最终可以达到巩固海防的目的。

如是者三,诸多见解切中要害,若能施行必有实效。它们贯穿着徐光启富国强兵的军事思想主旨,体现着徐光启的实学品格。又如提倡火器、选练精兵之议,此时他也正在向传教士们了解学习西方火器技术,后来确为其所亲力亲为之举,蕴含着科技与宗教互动的萌芽。

---

⑫　徐光启:《复太史焦座师》,参见《徐光启集》卷十,第 454 页。

⑬　徐光启:《拟上安边御虏疏》,参见《徐光启集》卷一,第 5—6 页。

⑭　徐光启:《处置宗禄查核边饷疏》,参见《徐光启集》卷一,第 17 页。

⑮　徐光启:《敷陈末议以殄凶酋疏》,参见《徐光启集》卷三,第 98 页。

⑯　徐光启:《海防迂说》,参见《徐光启集》卷一,第 47—48 页。

二、红夷大炮引进过程的四个历史节点

明末西方火器的引进来源于明朝和后金之间的战争需要，同样，徐光启的军事思想也因战争需要而得到进一步阐发、实践和发展。从他的实学与西学的双重背景来看，这也可以视为当时科技与宗教互动的表现。其中可分为四个历史节点：

1. 萨尔浒之战与红夷大炮的引进

万历四十七年（1619）爆发的萨尔浒之战改变了明朝历史，也开启了红夷大炮的引进过程。明军惨败，辽东地区的战略局势由主动转为被动，后金军开始逐渐占领辽河流域。在此情形下，时为左春坊左赞善兼翰林院检讨的徐光启上疏分析辽东战事的经验教训，提出了选练新兵的主张，也曾提及火器的重要性。"臣之愚虑，以为戡定祸乱，不免用兵，用兵之要，全在选练。此人人所知，别无奇法，但选须实选，练须实练。若敌亦选练之兵，又须别求进步，务出其上。"[17]之后，他又连上二疏，提出选练的详细措施。不久，神宗皇帝下旨升徐光启为詹事府少詹事兼河南道监察御史，正式管理练兵事务。[18] 徐光启的仕途之路由此改变，开始在晚明的政治舞台上显露出光彩。据《徐光启集》所录，自万历四十七年九月十五日上《恭承新命谨陈急切事宜疏》至天启元年（1621）二月二十五日上《谢皇赏疏》，凡一年零五个月，他为练兵一事共上十二疏，提出了包括重视火器在内的诸多举措。然而其所奏多不被上报，处处受到掣肘。[19]

在练兵行动并不顺利的情况下，徐光启仍然着手引进先进的红夷大

---

[17] 徐光启：《敷陈末议以殄凶酋疏》，参见《徐光启集》卷三，第98页。

[18] 徐光启：《恭承新命谨陈急切事宜疏》，参见《徐光启集》卷三，第125页。

[19] 张廷玉等撰：《明史》卷二百五十一，列传第一百三十九，参见中华书局编辑部编：《二十四史》（简体字本），北京：中华书局，2000年，第4340页。又据《明神宗实录》卷五百八十六，徐光启所上多疏俱不报。《明神宗实录》卷五百八十六，参见《明实录》，台湾：中央研究院历史语言研究所校印本，1962年，第11231－11232、11238页。

炮。辽东前线的明军并非没有火器,而是当时以佛朗机炮为代表的既有火器已不能满足需要。泰昌元年(1620)十月,基于练兵所需,同时也可能有借此提高天主教地位以利于其在中国的传教活动的目的,徐光启委托李之藻与杨廷筠派遣其门人张焘前往澳门购买红夷大炮。张焘购得四门大炮北上,但是中间又因时局动荡经历种种波折,徐光启也数起数落。[20] 直至天启元年(1621)三月,后金相继攻占沈阳和辽阳,辽东局势进一步恶化,徐光启重新被启用。该年底,所购四门炮方运至京师。经过试射证明效果后,明朝政府以官方名义正式向澳门当局购炮。到天启末年,明朝政府已经先后引进 30 门炮。可以说,红夷大炮的引进就是从徐光启在萨尔浒之战后的练兵行动中开始的,其中宗教方面的因素比较重要,不容忽视。[21] 因此,萨尔浒之战后对红夷大炮的引进可以视为科技与宗教互动的开端。

2. 宁远之战与红夷大炮初见成效

天启六年(1626),袁崇焕守宁远城,成功击退努尔哈赤所率的后金优势军队,取得宁远大捷,有效地遏制了后金几乎将要尽占关外的态势。明朝上下欢欣鼓舞,对此役给予高度评价。袁崇焕之所以敢以弱势兵力防守孤城,在技术装备上的倚仗就是从澳门运来的红夷大炮。"据山海关主事陈祖苞塘报,二十四、五两日,虏众五六万人力攻宁远。城中用红夷大炮及一应火器诸物奋勇焚击,前后伤虏数千,内有头目数人、酋子一人、遗弃车械钩梯无数……得旨:'宁远以孤城固守,击退大虏,厥功可嘉。'"[22]在城池攻防战中,红夷大炮以其巨大的杀伤力重创后金军队,使其骑兵和步兵无法靠近发挥优势。不久之后的史家这样记载:"城内架

---

[20] 首次引进红夷大炮一事,详见李之藻之制胜务须西铳敬述购募始末疏。李之藻:《制胜务须西铳敬述购募始末疏》,参见陈子龙等选辑:《明经世文编》卷四八三,李我存集一,第 5324 – 5325 页。

[21] 详见黄一农对于耶稣会士书信的考证。黄一农:《天主教徒孙元化与明末传华的西洋火炮》,参见《中央研究院历史语言研究所集刊》,第 914 页。

[22] 《明熹宗实录》卷六十八,参见《明实录》,第 3211 – 3214 页。

西洋大砲十一门，从城上击，周而不停。每砲所中，糜烂可数里。"㉓甚至有人推测，努尔哈赤不久即病死与红夷大炮也有一定关系。此种观点存疑，但是宁远之战无疑让后金与明朝双方从此都认识到了红夷大炮的威力，是西方传华火器技术传播的关键节点。

在宁远之战中，徐光启的学生孙元化发挥了重要作用。孙元化出生于苏州府嘉定县（今上海市），也是天主教徒，曾追随徐学习火器和数学，"所善西洋炮法，盖得之徐光启云……主建炮台教练法，因请据宁远、前屯……承宗代在晋，遂破重关之非，筑台制炮，一如元化言。还授元化职方主事。已，元化赞画袁崇焕宁远。"㉔他主张在辽东前线筑台制炮，在前线修建据点。宁远城的重筑就是兵部尚书孙承宗采纳了他的主张而成的，达到了徐光启所说的"以台护铳、以铳护城、以城护民"的效果。宁远守城所用红夷大炮之中就有最初引进的四门之一。㉕对于宁远之战后朝廷希望多造红夷大炮的要求，孙元化也通过奏疏予以陈述说明。红夷大炮耗费巨大，且炮台设计本身就不需要大量的火炮。其意见得到采纳，被派往前线协助袁崇焕造炮建台。天启年间，徐光启虽然不曾担任官职，但是因为孙元化、李之藻等天主教徒们的不断践行，其军事思想得到贯彻与延伸，科技与宗教的互动颇具成效。

3. 己巳之变与红夷大炮的进一步运用

思宗继位后，徐光启于崇祯元年（1628）官复原职，此后直至其病逝是其仕途的黄金时期，也是引进红夷大炮的兴盛时期。崇祯二年升为礼部左侍郎，次年擢升礼部尚书。崇祯五年兼东阁大学士，入阁参与机要。当年十一月又加太子少保，逐渐位极人臣。引进红夷大炮的契机再次到来，兵部尚书梁廷栋也曾于崇祯元年上《神器无敌疏》支持继续引进。㉖在此种风气下，思宗皇帝下旨购置红夷大炮并招募铳师，澳门当局对此

㉓　计六奇著，魏得良、任道斌点校：《明季北略》，北京：中华书局，1981 年，第 42 页。

㉔　《明史》卷二百四十八，列传第一百三十六，第 4301 页。

㉕　徐光启：《疏辩》，参见《徐光启集》卷四，第 211－212 页。

㉖　梁廷栋：《神器无敌疏》，参见韩霖：《守圉全书》，台湾：中研院傅斯年图书馆藏明末刊本，第 85－86 页。

很配合。最终派出了一支包括铳师、传教士、翻译、工匠等（主要为葡籍）在内的将近30人的队伍,携有大铜铳3门、大铁铳7门和鹰嘴铳30支。㉗崇祯二年十月,皇太极率兵避开关宁锦防线,绕道蒙古突破长城喜峰口,从而入关南掠,侵扰京师一带,甚至攻至德胜门,史称"己巳之变"。运炮队伍于十一月底至涿州,直接参与了涿州的城防。"敌去京师而不攻,环视涿州而不攻,皆畏铳也。"㉘红夷大炮被认为是涿州未被后金军攻破的最主要原因。

崇祯初年是徐光启践行其军事思想的最佳时期,也是西方传华火器发展最兴盛的时期。己巳之变中徐光启对京师城防建言献策,其关于兵员选练、火器运用、炮台御敌等诸多军事主张得到思宗皇帝支持并开始实施。他非常强调红夷大炮的作用,认为应主要凭火器守城并且组建车营进行野战。另外,当时的明朝仿制西方火器技术仍未达到理想水平,需要通过直接引进或者雇西方人制造火器的办法来保证火器质量和训练效果,最终才能确保明军的战斗力。"教练火器,必用澳商",㉙红夷大炮和葡兵亦被直接用于前线战场,在守卫城池、收复失地的战斗中发挥重要作用。此时,徐光启既参与京师城防,又处理葡兵来华事宜,还力主建立以火器为核心的车营进行野战,是其第二次也是最后一次致力于军事实践。其奏疏中种种主张的核心主旨都在于如何运用以红夷大炮为代表的西式火器与后金军队战斗,既是其军事思想巅峰期的体现,也是科技与宗教互动的进一步发展。

4. 吴桥兵变与红夷大炮技术转移

其后,孙元化因在前线有功而于崇祯二年受任山东布政司参政,登莱道兵备,次年三月升为山东按察副使,五月又因兵部尚书梁廷栋的破格推荐而任登莱巡抚,成为当时信奉天主教且善用红夷大炮之人当中职

㉗ 董少新,黄一农:《崇祯年间招募葡兵新考》,载于《历史研究》2009 年第 5 期,第 68 页。

㉘ 徐光启:《再陈一得以裨庙胜疏》,参见《徐光启集》卷六,第 280 页。

㉙ 徐光启:《计开目前至急事宜》,参见《徐光启集》卷六,第 276 页。

务最高的军事主官。[30] 次年，葡兵及张焘、王徵等人都被派至登州。又因"元化谓复辽土宜用辽人，固辽人宜得辽将；故征辽将孔有德、耿仲明等"。[31] 孙元化对其部队进行西式火器训练，从而建立起一支包括葡人、辽人等在内的当时最精锐的明朝火器部队。徐光启则在朝廷中枢也力荐孙元化。[32] 至此已经形成一个引进、运用与发展红夷大炮技术的"核心—半外围—外围"的结构。[33] 核心是官位较高的徐光启、李之藻、孙元化等教徒，半外围是张焘、韩霖等教徒，外围则是指孙承宗、袁崇焕、梁廷栋等教外友好人士。这张颇具规模的关系网的形成象征着明末军事科技与宗教之间的互动达到了顶峰。

然而，吴桥兵变的发生很快彻底破坏了这种局面。崇祯四年八月，孙元化令孔有德领辽兵救援大凌河城，辽兵行至吴桥时因与地方豪族摩擦而叛变。叛乱持续两年，叛军于崇祯五年正月攻破登州，孙元化、张焘等被俘，葡兵死伤惨重，红夷大炮尽为叛军所得。至崇祯六年四月，孔有德等降于后金，受训部队、西式火器、操作制度、制造技术等一并献出。叛变还使得孙元化和张焘被弃市，葡兵死伤惨重，之后周延儒、梁廷栋等大员也先后去职，关系网不复存在。徐光启经此事很受打击，自此不再过问兵事，转而专心修历，直至当年十一月逝世。相反，后金（清）在火器上的劣势很快得到弥补，并且实现了优势与劣势之间的逆转。清军在每场战役中所聚集的红夷大炮数量甚至可以超过明军，定点围城、不同兵种的协同战斗成了家常便饭。[34] 从最初目的来看，无论是徐光启引进红夷大炮的实践还是科技与宗教的互动，均已宣告失败。

---

[30] 袁崇焕在崇祯初年复出后，孙元化曾继续追随其襄赞辽东前线军务。己巳之变中袁崇焕被下旨以通敌叛国罪处以磔刑，孙承宗复出主持辽东，孙元化亦追随之，后升为登、莱二州巡抚。孙元化之所以善待并信任辽人，恐与其多年在辽东之经历有关。参见《明史》卷二百四十八，列传第一百三十六，第 4301 页。

[31] 《崇祯实录》卷四，参见《明实录》，第 140－141 页。

[32] 徐光启：《钦奉明旨敷愚见疏》，参见《徐光启集》卷六，第 311－313 页。

[33] 冯震宇，高策：《明末基督教徒与西方传华火器技术之关系研究》，载于《科学技术哲学研究》2013 年第 4 期，第 102 页。

[34] 黄一农：《红夷大炮与皇太极创立的八旗汉军》，载于《历史研究》2004 年第 4 期，第 104 页。

三、明末科技与宗教互动模式剖析

萨尔浒之战、宁远之战、己巳之变、吴桥兵变这四个关键性历史节点,既贯穿着徐光启军事思想践行和发展的过程,也勾勒出明末科技与宗教互动模式的轮廓。翰林院时期为酝酿互动模式的准备期(1604 - 1619 年);萨尔浒之战后为正式开启互动模式的时期(1619 - 1626 年);宁远之战则是互动模式见效期的开始(1626 - 1629 年);己巳之变属于互动模式的进一步发展期(1629 - 1633 年);吴桥兵变则宣告了互动模式的失败(1633 年)。虽然之后仍有天主教徒与传教士帮助明军或清军买炮、造炮,但已无法与之前相比。明末科技与宗教的互动经历了从逐渐兴起到最终失败的基本趋势转变。对于明末科技与宗教的这种互动模式的剖析,可以由动力性因素与抑制性因素的双重视角着手进行,双重视角具体又都可分为科技之于宗教、宗教之于科技的两方面影响。

1. 科技之于宗教的动力性因素

从互动模式的动力性因素来看,红夷大炮的引进对于天主教会而言是有利于满足其需要的。经过万历四十四年(1616)南京教案的挫折之后,耶稣会方面希望通过各种手段在中国内地恢复原先的传教活动。同时,虽然明朝自洪武时期开始执行海禁政策,只保留官方的"朝贡贸易",严厉打击民间私人贸易。然而到了正德、嘉靖时期,闽粤等地的海上私人贸易已非常兴盛。⑤ 自嘉靖三十六年(1553)获得在澳门的居住权以来,葡萄牙人修建了定居点和殖民地,不仅每年向明朝政府交纳税金和租银,而且急于向明朝政府示好,以满足其扩大贸易等利益需求。葡萄牙人与我国东南沿海地区之间的商业贸易日益发展,虽然这种交流被严加监管,但仍处于一种不断扩大和深入的趋势,并且为传教等其他活动提供了便利条件。

---

⑤ 关于明代海外贸易的研究,参见李金明:《明代海外贸易史》,北京:中国社会科学出版社,1990 年。

其实,大航海时代中的传教与商贸活动是互相结合的。利玛窦在《札记》中也记载了殖民政府和商人对于耶稣会士们的支持。"刚好当时菲律宾群岛总督在召开马尼拉大主教管区和评议会的大会,决定给予我们在中国的传教以某些支持。做出这个决定的主要原因是希望打开西班牙和中国人之间的贸易往来,尽管他们知道除对葡萄牙人而外,这种交往直迄当时是对所有人都关闭的。他们的想法是要获允通过广东省的一个新港口进行贸易。"㊱此事发生在耶稣会在肇庆的第一次传教成功之后,殖民政府对于教会第一次在中国内地建立居留点并开始传教的行为较为看好,试图将拓展贸易与传播宗教相结合。㊲ 向明朝政府出口红夷大炮不仅属于贸易的范畴,而且可以直接以科技形式交好于明朝政府,以便于扩大传教与贸易活动。以上种种,可见澳门当局对于向明朝政府出口红夷大炮寄予许多与宗教相关的目的,乐于促成此事。

2. 宗教之于科技的动力性因素

引进红夷大炮也离不开天主教会的协调帮助。虽然这种引进直接源于明朝与后金之间的战争需要,但正是天主教会为此提供了可能。16世纪以来,明军中的主流制式火器为早先从西方传来的佛郎机炮,是15世纪开始流行于欧洲的一种早期后装滑膛加农炮,由母铳、子铳、炮架、衡栓等部分构成。历经嘉靖、隆庆、万历三朝的名将戚继光就曾盛赞:

㊱ 利玛窦,金尼阁:《利玛窦中国札记》,第 127 页。另外,关于佛郎机炮传入中国的时间,目前仍众说纷纭,此方面研究可参见王兆春:《中国火器史》,北京:军事科学出版社,1991 年;林文照、郭永芳:《佛郎机火铳最早传入中国的时间考》,载《自然科学史研究》1984 年第 4 期;周维强:《佛郎机铳在中国》,北京:社会科学文献出版社,2013 年等。此外,李约瑟在《中国科学技术史》第五卷第七分册中也详细描述过佛郎机炮这种后膛装火炮,而对于后膛装火炮的起源和传华,李亦未给出确切时间。参见(英)李约瑟著、刘晓燕等译:《中国科学技术史》,第五卷《化学及相关技术》,第七分册《军事技术:火药的史诗》,北京:科学出版社,2005 年。由此亦可见,对于佛郎机炮的研究颇热,而对于红夷大炮的研究则有待加强。

㊲ 根据《札记》第四章至第六章所载,与耶稣会交好的肇庆知府王泮于万历八年(1580)任职。在其帮助下,传教士在肇庆建造房屋并开始传教。王泮亦曾请求利玛窦绘成《山海舆地全图》。参见利玛窦、金尼阁:《利玛窦中国札记》,第 109 – 127 页。

"此器最利,且便速无比",㉝"乃天下通有利器"。㉟　一个世纪后,更先进的红夷大炮经荷兰人之手被中国所知晓。"万历中,通判华光大奏其父所制神异火器,命下兵部。其后,大西洋船至,复得巨炮,曰红夷。长二丈余,重者至三千斤,能洞裂石城,震数十里。天启中,锡以大将军号,遣官祀之。"㊵红夷大炮虽然和明代早期自制火炮同属前装滑膛加农炮,但依靠近代科学和工业为基础的红夷大炮已不可同日而语。而与佛朗机炮相比,红夷大炮的炮管更长,管壁更厚,炮管从炮口到炮尾逐渐加粗,符合火药燃烧时膛压由高到低的原理;炮身具有通过前膛装填火药,射程更远,杀伤力也得到显著提升。到了徐光启的时代,西方传华火器正经历从佛朗机炮到红夷大炮的转变。

　　在此轮军事武器转变的进程之中,中国的天主教徒占据了一定的先机,并且出力甚巨。与利玛窦等传教士的学习、交流与接触使得徐光启不仅阅读了《天主实义》、《二十五言》等宗教著作,㊶也为他创造了谋求获取最新火炮的机会;与徐光启交往甚深的教友、同僚李之藻曾上《制胜务须西铳敬述购募始末疏》,详细描述了红夷大炮的相关情况;孙元化在宁远之战后针对多造红夷大炮之旨意所上疏陈也展现了其对于红夷大炮制造和使用的熟知,超越了大部分朝廷官员的见解。从更广泛的意义来说,西学东渐潮流中的宗教促进了以军事技术为代表的科学技术在中国的传播。当然,这种科技与宗教的互动离不开执行者。无论是徐光启、李之藻、利玛窦等历史风云人物,还是张焘、孙学诗、葡兵等中下层人

㉝　戚继光著,邱心田校译:《练兵实纪》,北京:中华书局,2001 年,第 313 页。

㉟　戚继光著,马明达点校:《纪效新书》卷第十五《布城诸器图说篇》,北京:人民体育出版社,1988 年,第 356 页。

㊵　《明史》卷九十二志第六十八,第 1513 – 1514 页。另外,明人对红夷大炮称呼不一,如西洋炮、西洋大铳、红夷大铳等。同时,红夷大炮也具有多种不同规格的制式,基于行文方便,本文将当时此种类别的前装滑膛加农炮统称为红夷大炮。

㊶　利玛窦对徐光启是这样记载的:"作为士大夫一派中的一员,他特别期望知道的是他们特别保持沉默的事,那就是有关来生和灵魂不朽的确切知识,中国人中无论哪个教派都不完全否定这种不朽。他在偶然崇拜者的怪诞幻想中曾听到许多关于天上的光荣与幸福的事,但是他的敏捷的思想却只能是找到真理方休。"参见利玛窦、金尼阁:《利玛窦中国札记》,第 327 页。

物,正是诸多与天主教相关的执行者们的共同协作与努力促成了这种互动。

3. 宗教之于科技的抑制性因素

从互动模式的抑制性因素来看,对红夷大炮的过度强调可能造成对葡人及火器的过度依赖,反而易于导致人不满。比如徐光启对于车营之事的多次上疏,但车营之实效很难符合预期,最终未如其所愿;又如他对于孙元化、熊文灿等人的过度相信,这些人并未得以尽其事,二人皆弃市。"若中外臣僚中,臣所目见其人,耳闻其说,深于兵学者,无如闽抚熊文灿。今虽拮据靖寇,然山寇不难,既平之后,允宜召用。"[42]然孙、熊二人皆获死罪于招降之事;再如他对于葡兵和耶稣会士的过度推崇,而当时中国人对于西方人及西方的其他事物并未到达如此之高的接受程度;还有他对于火器的过度追求,可在当时的历史情境之下火器并不是战争中最关键的因素,这一点下文还将详述。虽然强调西方火器及葡兵来华等将有助于耶稣会在中国的传教活动,但这种附加因素的影响也容易引发适得其反的效果。

徐光启和孙元化曾因红夷大炮及葡兵来华诸事而屡次被同僚所弹劾。礼部给事中卢兆龙就曾激烈反对孙元化调用葡兵:"登抚孙元化偏词执拗,必欲终调澳夷,以逞其设端巧卸之谋……且臣历稽万历天启年间往事,澳夷之畜谋不轨,警变屡闻其间。言澳夷之害者如科道郭尚宾、容大德等,班班可考。乃元化尚谓六七十年来未坏一事,未睹可疑。又澳夷未离粤东一步,已要挟过数万金钱,而谓自备资粮,将谁欺乎? 若谓挟其胜器胜技可以前驱无敌,即此胜器胜技愈足深忧。倘其观衅生心,反戈相向,元化之肉恐不足食也。"[43]崇祯之前的万历、天启年间,与澳门葡萄牙人的争端和冲突已屡见不鲜,对于葡萄牙人和天主教持否定态度的士民官员也大有人在。反对者们对于葡萄牙士兵与耶稣会士为明军服务的可行性与行为目的都持有怀疑态度。葡萄牙士兵属于雇佣性质,

---

[42] 徐光启:《钦奉明旨敷愚见疏》,参见《徐光启集》卷六,第314页。
[43]《崇祯长编》卷四十三,参见《明实录》,第2597–2598页。

耶稣会士们也是以传教目的为导向的，后来的史实也证明了他们同样可以效力于清朝政府，从而证实了某些反对者的担忧。因此，宗教在这些方面反而限制了红夷大炮的引进。

4. 科技之于宗教的抑制性因素

　　红夷大炮本身的效用缺陷也不足以完全推动传教活动的开展。当时弓马与火器的差距远不及热兵器时代。曾参与萨尔浒之战的朝鲜人李民寏所作《栅中日录》记载，"才得成列，贼骑齐突，势如风雨，炮铳一放之后，未及再藏，贼骑已入阵中。生时在中营，言于元帅，请合兵力战，而瞬息间，两营皆覆……自中营去两营不过千步，而仓卒之间，无暇赴救。"[44]火炮在后金骑兵的快速移动下无法进行连续发射，野战效果并不理想。也因此，在明与后金（清）军的战争中，善于使用火器的明军多凭此守城，无法与对方进行野战。嘉靖时抗倭名将刘焘所著《刘带川边防议》在分析了火器在天气、精度、速度等方面的缺陷之后，进而推崇弓矢之利。[45]弓矢之利与骑兵的速度、冲击力相结合，正是历代游牧民族对战中原的优势所在。

　　同时，后金（清）军在火器方面进步很快，甚至有超越之势。天启初，徐光启曾上疏言明后金军队在火器方面已不可同日而语："贼今野战亦不用弓矢远射，骑兵冲突，必置小大火器于前行，抬营而来，度不中不发，如辽阳之法用之。"[46]李约瑟在《中国科学技术史》中也研究过清之《太祖实录图》。"满人普遍是使用弓、剑的马上弓箭手，而明军一方都使用炮，到了最后满人也使用火器……人们得到的总的印象是中国大炮在阵地上是优良的，但却缺乏灵活性。"[47]既然明军在与后

---

[44] 李民寏著，辽宁大学历史系编：《栅中日录校释，建州闻见录校释》，沈阳：辽宁大学历史系，1978年，第8页。

[45] 刘焘：《刘带川边防议》，参见陈子龙等选辑：《明经世文编》卷三〇四《议之器械》，第3215-3216页。

[46] 徐光启：《略陈台铳事宜并申愚见疏》，参见《徐光启集》卷四，第207页。

[47] （英）李约瑟：《中国科学技术史》，第五卷《化学及相关技术》，第七分册《军事技术：火药的史诗》，第339页。

金（清）军的野战中凭借火器并未取得压倒性的优势，双方的火器差距也在逐渐缩小，那么就足以证明火器在当时的战争中并非最关键的因素。

此外，关键性人物行为也会影响互动模式。比如，徐光启仕途坎坷，入阁时已是暮年，在政治上并没有许多重大举动。又被认为"此老迂憨，勇于任事，而不顾利害"；[48]孙元化作为经历实战的专家派天主教徒，在登莱巡抚任上出事是最重要的转折点；孔有德的叛变也非常意外，他在归降后就利用火炮优势与明军作战，[49]后来因功封王。虽然当时科技与宗教的互动已形成关系网，但是核心人物的某些个别不利行为无疑会产生非常明显的破坏作用。

综上所述，明末科技与宗教的互动模式受到动力性因素与抑制性因素的双重影响。在从逐渐兴起到最终失败的基本趋势中，动力性因素与抑制性因素并不处于平衡状态，而是此消彼长，应深入具体分析考察。但也应认识到这种互动模式具有其自身的特殊性，科技与宗教并不互为决定条件；笼罩于宗教与科技之上的君权不容忽视；儒家思想的熏陶在互动中的影响也有待进一步研究。

四、结　语

从某种程度来说，徐光启军事思想的形成与实践正是明末科技与宗教互动的体现。当时还出现了孙元化的《西法神机》、焦勖的《火攻挈要》、韩霖的《守圉全书》等一批研究西方火器技术的军事著作。在17世纪上半叶、明清鼎革之际的时代背景下，它们都是经世致用与西学东渐双重浪潮相结合的产物。以徐光启为代表的天主教徒们所做

---

[48] 文秉等著：《烈皇小识》（外一种），北京：北京古籍出版社，1999年，第80页。

[49] 见于《清史稿》列传二十一之《孔有德传》："三年，从攻锦州，有德等以炮攻下戚家堡、石家堡及锦州城西台，降大福堡；又以炮攻下大台一，俘男妇三百七十九，尽戮其男子；又以炮攻五里河台，台隅圮，明守将李计友、李惟观乃率其众出降，皆籍为民，勿杀。四年，从攻松山，以炮击城东隅台，台上药发，自燔，歼其馀众，又降道旁台二。上至松山，使有德等以炮攻其南郛。"参见赵尔巽等撰：《清史稿》，北京：中华书局，1977年，第9398页。

的种种尝试具有特殊的价值,他们把握住了当时世界军事技术进步的趋势。审视科技与宗教的互动,既有助于梳理徐光启军事思想形成的动态过程与面貌,也可以在文明交流等方面给予后人更多的启示与教训。

从《天风》看改革开放以来中国教会关于"异端邪说"的论述

王志希

【内容提要】 改革开放至今,关于异端或异端邪说的论述,频繁地出现在中国基督教团体之中。异端邪说的问题,甚至被认为是当代中国教会"最大的挑战及困难"。那么,在研究当代中国基督教史视野下的异端现象时,值得探讨的问题是:中国教会如何理解异端邪说?本文以改革开放30多年以来的中国基督教《天风》杂志为核心史料,梳理中国教会关于异端邪说的内涵、外延、缘起的论述,并分析《天风》作者们认为应当如何抵制异端邪说。首先,异端邪说的核心特征被认为是"叛离"圣经。其次,异端邪说的外延,既包括"教会外"的那些形成组织和规模的异端教派,也包括"教会内"的弥散于基督徒之中的异端思想。第三,受过正规神学训练的牧者严重缺乏、农村信徒文化程度偏低以及"封建迷信"对农村教会的影响,被认为是异端邪说产生的原因。最后,既然异端邪说最关键的问题被认为是对圣经的滥用,那么圣经中、尤其新约圣经中关于异端邪说的文本,也成为尝试消解异端邪说之正当性的"武器"。

【关键词】 异端邪说 《天风》 中国教会 圣经

对于基督教而言,究竟何为"异端"或"异端邪说"?从两千年的基督教史来看,界定异端并不是一件容易的事情;异端的标准在不同时代不尽相同,在同一个时代也可能有差异。教义上的堕落(例如否认三一论或基督的神性等),生活上的堕落(例如坑蒙拐骗、贪腐、卖官鬻爵或性生活混乱等),都有可能被指为异端。有些时候,基于不同的现实考量,两个团体互相指责异端的现象也存在。职事之故,正统、极端与异端的界限有时会显得模糊。①

改革开放以来,中国基督徒亦常常谈及关于异端或异端邪说的论述。异端问题的严重性,诚如香港基督教杂志《守望中华》编委会在1998年曾指出的:"有牧者说,大陆教会面对最大的挑战及困难,不是来自宗教政策的制定及执行者,也不是贫穷,而是异端。"②以此为背景,值得探讨的研究问题是:在当代中国基督教史的视野下,何为中国教会所理解的异端邪说? 本文旨在以改革开放30多年以来的《天风》杂志为核心史料,首先分述教会人士如何论说异端邪说的内涵(第一部分)和外延(第二部分),继而探讨他们对异端邪说之缘起的判断(第三部分),最后分析教会人士认为应当如何有效地抵制异端邪说(第四部分)。需要说明的是,本文的原始资料《天风》属于中国三自教会的官方刊物;本文为行文方便,以中国教会一词指代与中国基督教两会有关联的教会。但是,在关于异端邪说的论述方面,许多非建制教会及其信徒的理解未必有很大差异。

一、异端邪说的内涵论述

在《天风》之中,异端或异端邪说指的是什么?③ 它们通常具有哪些可识别的特征? 不少《天风》作者在行文中给出了他们所界定的异端或

---

① 从初代教会开始梳理基督教异端发展的历史,参见 Jonathan Wright, *Heretics: The Creation of Christianity from the Gnostics to the Modern Church* (Boston: Houghton Mifflin Harcourt, 2011)。

② 《守望中华》编委会编著:《跃进新世纪:展望廿一世纪中国教会》,香港:福音证主协会,1998年,第188页。

③ 《天风》作者们并未严格区分异端或邪说,因此本文多数时候也将异端与异端邪说视为同义词。

异端邪说的内涵。田丰在《对山东一些地区出现的异端邪说的思考》(1994年)中指出,"异端邪说,是对基督教信仰的随意曲解,它混淆圣经的教训,把人引入歧途,对个人和社会都带来不幸。"④骆振芳牧师在《初期教会中的反异端斗争》(1995年)中认为,"异端是违反真道的错误教导,这是陷害人危害人的教导,把人引入歧途。"⑤谢主恩在《如何识别异端邪说?》(1996年)中则在表面上区分了异端和邪说:一方面,异端指的是"违背、歪曲、篡改圣经的真理";另一方面,邪说指的是"完全脱离圣经教义的胡说八道,用封建迷信的观念来随意曲解圣经,欺骗勾引人们离开真道。"⑥爱真在《真理·极端·异端》(1998年)中则表示,"凡是自称为相信圣经,而它的信仰却与圣经的记载有出入,或者加添,或者减少,或者与圣经的教训相违背的,就是异端……一句话,凡不承认全部圣经是具有绝对权威的,都是异端。"⑦

此外,王三元在《奋起抵制异端邪说!》(2000年)中也认为新约圣经中的"异端"一词是指"一切违反基督真道的教导或教义"(与骆振芳相似),同时他也进一步解释此处所谓"基督真道"的涵义:"基督真道的信仰准则是圣经,凡与此相悖的即为异端。"他还引用了一本未具名的圣经神学词典对异端所下的定义:"异端是和教会、圣经的一般教训意见相违背的个人拣选。这个拣选是对基督教信仰有破坏性,也有害于基督教的道德。"他更列举出异端的"言语"和"行为"的主要表现,一方面是"谬解圣经,尤其对救恩进行错误的教导",另一方面是"反对基督教正统的信仰,从而分离信徒,破坏教会合一"。⑧ 南纤在《"异端泛滥"谈》(2000年)中以反问的形式表达对异端的了解:"异端不是违背圣经真理的邪魔歪道吗?"⑨唐永思在《从揭批法轮功看抵制异端邪说》(2000年)中也提出,"就基督教信仰而言,凡离开圣经真理的就是异端邪说

④ 田丰:《对山东一些地区出现的异端邪说的思考》,载于《天风》1994年第12期,第11页。

⑤ 骆振芳:《初期教会中的反异端斗争》,载于《天风》1995年第6期,第12页。

⑥ 谢主恩:《如何识别异端邪说?》,载于《天风》1996年第2期,第28页。

⑦ 爱真:《真理·极端·异端》,载于《天风》1998年第12期,第34页。

⑧ 王三元:《奋起抵制异端邪说!》,载于《天风》2000年第5期,第23页。

⑨ 南纤:《"异端泛滥"谈》,载于《天风》2006年第6期,第22页。

（邪教）。"⑩邓灵勇在《坚持真理　纯洁信仰　高举基督　抵制异端》（2004年）中认为，"凡是一个团体或个人自称为相信圣经，而他的信仰与圣经有出入，或者加添，或者减少，或者与圣经的教训相悖，不高举基督的就是异端。"⑪

从以上种种不同的表述来看，其中一条共同的线索，就是对异端或异端邪说的界定几乎总是围绕着基督教的经典《圣经》来展开：异端被认为是对圣经的"混淆"、"违背"、"歪曲"、"篡改"、"曲解"、"脱离"、"加添"或"减少"。要言之，异端邪说在中国教会的领袖和信徒眼中，就是以各种形式"离"了"经"，因此也"叛"了"道"（"经"与"道"被认为是一而二、二而一的关系）。在上述《天风》作者看来，基督徒对圣经应当有一套正统的诠释，而脱离了正统的诠释，就是异端邪说。正是因此，正统与异端之间的冲突也可称为一场"诠释学之争"。

在此还要提及的是，在《天风》中，异端与极端，以及异端与邪教，并没有清楚的界分。就异端与极端的关系而言，二者的界限相当模糊。例如，董延谅曾指出，"历史上许多异端和邪教的产生往往是从极端开始。"⑫如此，极端被认为是异端的开端，而异端则是极端的发展。又如前文所引爱真的《真理·极端·异端》一文指出极端产生的原因，包括"错解圣经"，即"有些人凭着私意糊里糊涂把圣经解错；但也有人是为了个人的利益，明知错的，到死也不承认自己错了"。⑬ 但是，此处所谓极端的内涵，若与同一位作者对异端所下的定义（"与圣经的记载有出入，或者加添，或者减少，或者与圣经的教训相违背的"）相比较，会发现两个概念几乎难以区分。

就异端与邪教的关系而言，界限模糊的情况也同样存在。尽管通常

⑩ 唐永思：《从揭批法轮功看抵制异端邪说》，载于《天风》2000年第7期，第29页。
⑪ 邓灵勇：《坚持真理　纯洁信仰　高举基督　抵制异端》，载于《天风》2004年第1期，第34页。
⑫ 董延谅：《浅析异端邪教的危害》，载于《天风》2003年第2期，第34页。
⑬ 爱真：《真理·极端·异端》，第34页。

认为邪教是政治上的概念(学术上称为"膜拜团体"[14]),尤其指涉那些具有"社会危害性"的宗教团体;例如,徐如雷指出,邪教指的是"凡违反我国宪法和法律,严重危害国家、危害人民、危害社会的宗教团体",而"这些危害中最关键的就是它危及国家政权的巩固"。[15]《天风》的编者也曾表明邪教是异端的一种延伸:"事实上,这些邪教之初,都是从异端中延伸出来的,它们大肆盗用基督教的名词、术语,并对圣经所阐发的真理进行歪曲和篡改。"[16]但是多数情况下,异端与邪教在《天风》中常常被并列论说,而没有严格区分。例如,贾虎林指出,"异端与邪教不仅是反教会、反科学的,也常是反人类、反社会、反政府的。"[17]异端与邪教这两个词也常放在一起,并称为"异端邪教"。[18]极端、异端和邪教,实际上几乎难以准确地区分。因此在很多时候,《天风》作者使用邪教或极端这两个概念所指称的宗教观念与实践,事实上也可以被视为是异端问题。

二、异端邪说的外延论述

以上讨论了《天风》中关于异端邪说之内涵的论述。那么,从外延上说,异端邪说又被认为包括哪些?按照《天风》中的论述,异端邪说的外延,最容易联想到的就是那些有组织的异端教派。改革开放以来,最早进入中国教会领袖视野的异端,是约1979年通过香港传进中国内地的"呼喊派"。1980年代以后,陆续出现的、后来均被定性为异端教派的还包括:"重生派"(又称"哭派"、"哭重生"、"懊悔派"、"全范围教会"、"旷野神学院"、"生命会"、"同工会"、"真理会"),"灵灵教"(又称"华

---

[14] 英文是"cult",或"evil cult"("邪恶的膜拜团体"),参见赵志恩:《认清邪教 铲除邪教》,载于《天风》2001年第5期,第30页。

[15] 金燕:《直刺邪教的正义利剑——徐如雷教授一席谈》,载于《天风》2001年第1期,第17页。

[16] 《编后语》,引自常乐文:《"东方闪电"再剖析》,载于《天风》2007年第5期,第31页。

[17] 贾虎林:《神学思想建设再思》,载于《天风》2001年第9期,第19页。

[18] 赵必雄:《异端的挑战》,载于《天风》2001年第9期,第40页;董延谅:《浅析异端邪教的危害》,第34页;《中国基督教第九次代表会议关于抵制异端反对邪教的决议》,载于《天风》2013年第10期,第13页。

雪和派"),"三班仆人派"（又称"大小仆人派"）,"三赎基督"（又称"门徒会"、"旷野窄门"）,"拉结教","末日派","被立王","主神教","达米宣教会","天父的儿女","统一教","多伦多之福"（又称"圣笑"）,"凡物公用派","冷水教","四福音派","永生善道","肉身成道派","新约教会","血水圣灵全备福音派"（又称"使徒信心会"、"全备的福音"）,"斯利匹","恒尼","义勇布道团",以及"东方闪电"（又称"新能力主教会"、"全能神"、"实际神"）。⑲ 其中,《天风》中讨论最多的是"呼喊派"、"重生派"、"灵灵教"、"被立王"、"三赎基督"与"东方闪电"。以上各教派就是《天风》作者们认定异端邪说的第一类外延。

　　不过,异端邪说的外延,不仅限于上述异端教派。诚然,这些异端教派的教义和圣经诠释比较容易被定性为异端邪说。不过,如果严格按照前一章中所梳理的对异端或异端邪说的定义——异端就是对圣经的"混淆"、"违背"、"歪曲"、"篡改"、"曲解"、"脱离"、"加添"或"减少"——那么异端邪说的外延事实上还应该包含在教会内部的异端思想。这一点,甘肃省平凉市的李建国在《防外更要防内》（1995 年）中说得很清楚。李建国试图纠正教会常常出现只关注"外来的异端邪说",而忽视了"内部的异端邪说"的倾向:

　　　　在教会中往往是以防外为主,而忽视了来自教会内部的异端邪说的孳生暗长。在许多程度上,来自教会内部的异端邪说要比外来的异端邪说的影响还要大,且根深蒂固。等到明显露出来就已在信徒中造成了一定程度的影响。⑳

　　的确如李建国所指出的,《天风》作者们在试图纠正教会内部出现的那些"违背"圣经的思想、言语或行为时,很少给它们贴上异端邪说的

⑲ 王绳彩:《讲道团给河南教会带来的变化》,载于《天风》1991 年第 3 期,第 14 页;田丰:《对山东一些地区出现的异端邪说的思考》,第 11 页;赵志恩:《建立基督教会必须警惕异端邪说的危害》,载于《天风》1995 年第 6 期,第 9 页;赵志恩:《认清邪教 铲除邪教（二）》,载于《天风》2001 年第 6 期,第 36 页。
⑳ 李建国:《防外更要防内》,载于《天风》1995 年第 12 期,第 26 页。

标签——哪怕这些思想、言语或行为其实也正符合他们对异端邪说的定义。换言之，《天风》中的异端邪说定义，要远远比许多《天风》作者们实际上认为的异端邪说来得宽泛。对于教会内部的异端邪说，《天风》作者们通常会以"封建迷信"指称之。如前引的李建国在论述教会内部的异端邪说时认为，"在各地教会，特别是广大的农村教会，纯正的信仰常常受到封建迷信思想的冲击"；所谓"封建迷信思想"指的是例如"许多人纯粹把耶稣看作一位大医生，更有甚者竟有人来教会找耶医生"。[21]这一种"神迹医病"的观念与实践，其实在异端教派中亦大量可见。此外，李建国所述教会内部的异端邪说，拥有一个重要特征（与异端教派一样），就是"断章取义，强解、谬解圣经"，以及有"不合圣经的说法"。[22]

如此来看，教会外部的异端教派，与教会内部的异端思想，其实是处于同一个光谱之中，不容易区分。这两个方面，都是中国教会所理解之异端邪说的外延。

三、异端邪说的缘起论述

上文已经大致梳理了《天风》作者们所理解之异端邪说的内涵与外延。那么，异端邪说为何会兴起和发展？关于这一点，董延谅在《浅析异端邪教的危害》（2003 年）中曾从五个角度，讨论异端、极端与邪教的分布情况：（1）就地理位置而言，内陆多过沿海；（2）就经济状况而言，经济落后地区多过经济发达地区；（3）就文化程度而言，农村多过城市；（4）就教会力量强弱而言，教会力量薄弱地区多过教会力量较强地区；（5）就人员结构而言，女性成员多过男性成员。[23]通常认为，中国教会存在"四多一少"的情况。"四多"指的是"妇女多"、"老人多"、"农民多"和"文盲多"，或"妇女多"、"老人多"、"文盲多"和"病人多"；"一少"指的是"工人少"，即在教会服侍的牧者少。这些问题，主要存在于中国总

---

[21] 同上。

[22] 同上，第 27 页。

[23] 董延谅：《浅析异端邪教的危害》，第 34 页。

人口最多、同时也是基督徒人口最多的农村地区。本节亦重点梳理《天风》作者们所论述的“农村因素”对异端邪说形成和发展的影响。[24]

中国基督徒主要分布在农村的判断，《天风》作者早在 1980 年代末就已经指出，同时这种判断亦延续至 21 世纪。1989 年，沈德溶就已经推测，“如果说全国有四百万信徒的话，那很可能有三百万在农村。”[25]1992年，汪德星指出，“农村信徒占全国信徒的 90% 左右，农村的信徒分布面又比较广，而专职传道人员在农村的却很少。”[26]到了 2001 年，毕业于华东神学院、在山东农村教会事奉十余年的田素良亦指出，“中国教会的信徒 70% 是在农村。”[27]同年，曹式敏也指出，“我国人口中大多数是农民，大多数信徒在农村基层教会。”[28]2003 年，又有人认为，农村的信徒不仅多，而且“初识字和文盲者仍占多数，60 岁以上的老年信徒仍占较大比例，因病信教者的比例更是惊人”。[29] 异端多分布在农村，而中国基督徒也多在农村；这两点在《天风》作者们看来绝非偶然。

其一，农村教会缺乏足够的牧者与受过训练的义工，这被认为是异端邪说滋生的一大原因。1991 年，蒋佩芬指出，“文革”导致年轻信徒与老信徒之间“整整缺少一代教牧人员”，所以“今天农村中绝大多数的堂点都由义工负责”。[30] 一方面是“大片的基层教会缺少属灵的传道人，就是一些为数不多的教牧人员也很少下基层，深入农村”，因此给了异端邪

---

[24] 也有人从某些地区“宗教政策”的执行上探讨“异端邪教”产生的原因：“从我们的访问中得知某些异端邪说很流行的县，个别干部至今仍对教会的正常活动采取种种限制做法。如规定教会不是礼拜天不许聚会，传道人只许在限定的堂中活动等，使教会失去许多牧养、带领信徒的机会，大量基层堂点实际上好似拱手让给传讲异端邪说的人。”参见田丰：《对山东一些地区出现的异端邪说的思考》，第 12 页。不过，这一类论述并不多见。

[25] 沈德溶：《安徽归来（续完）》，载于《天风》1989 年第 5 期，第 14 页。

[26] 汪德星：《浅谈如何进一步做好农村教会工作》，载于《天风》1992 年第 6 期，第 17 页。

[27] 田素良：《破除迷信 刻不容缓》，载于《天风》2001 年第 9 期，第 42 页。

[28] 曹式敏：《浅谈农村教会讲台事奉》，载于《天风》2001 年第 10 期，第 20 页。

[29] 安孝辉：《捍卫真道 维护真理——江苏盐城教会抵制邪教的体会》，载于《天风》2003 年第 2 期，第 36 页。

[30] 蒋佩芬：《谈谈一年制教牧人员培训班工作（摘要）》，载于《天风》1991 年第 5 期，第 11 页。

说以"可乘之机"。[31] 另一方面是带领信徒的大批义工,文化程度有限,同时"也由于缺乏更系统、深入的培训,有些义工自己对某些信仰方面出现的问题也模糊不清,无从分辨,因此不能及时指导信徒,让一些歪门邪道有可乘之机"。[32]

其二,《天风》作者们认为异端兴盛的另一个重要原因在于农村基督徒的文化程度偏低。例如,1992 年江西省南昌市基督教两会的姚宝山牧师针对江西省扬子洲地区"被立王"教派兴盛的情形,指出"最关键在于信徒素质低","由于信主的人老人多、妇女多、有病的多、文盲半文盲多,从而导致信徒盲目地跟从'自封传道人'跑。"因此,"提高信徒素质,加强农村教会的牧养,是当前教会抵制异端邪说的重要环节。"[33]同年,江苏省的李兰成在记录该省江宁县陆郎乡教会的问题时指出,"由于信徒大多是农村中没有文化、年老的妇女,受封建迷信的影响,成为信徒素质低的客观因素。无论从思想意识、入教动机、信仰内容等都有欠妥之处。"[34]1995 年,吉林省九台市的厉永举在《在农村教会抵制异端的几点经验》中,也同意农村教会异端多的原因是"农村教会中多数是农民,文化程度较低,对圣经往往不能正确地认识"。[35] 1996 年,浙江省温州市

[31] 陈定通:《近阶段办好教会之我见——一位来自基层教会牧师、神学院神学生的心声》,载于《天风》1996 年第 2 期,第 28 页。其他例证如,"我们思考异端为何轻易得着人的原因发现,这里的传道人不熟圣经,对上述圣经自己也不知道,哪里能说服信徒,找回迷失的羊呢?……有的讲道人平时根本不看圣经,更谈不上准备讲章,等到快上台才随便翻一处圣经"。参见李多好:《我们在这里种下了泪水》,载于《天风》1995 年第 6 期,第 25 页。又如,"农村内受过神学训练的教牧人员又严重缺乏",参见《中国基督教三自爱国运动委员会第六届/中国基督教协会第四届常务委员会工作报告——生根建造 固本强身 与时俱进 办好教会》,载于《天风》2002 年第 7 期,第 9 页。

[32] 明光:《当务之急仍是培养信徒的灵命》,载于《天风》1992 年第 1 期,第 28 页。"目前绝大多数农村教会和聚会点由义工带领。他们热心事奉的精神可嘉,但因缺乏系统的神学培训,有时难以区分圣经真理与异端邪说。因此,义工培训是今后若干年内一项重要事工。"参见韩文藻:《全国两会常委会工作报告——同心协力建立基督的身体》,载于《天风》1997 年第 2 期,第 15 页。

[33] 姚宝山:《如何引领迷路的羊群》,载于《天风》1992 年第 7 期,第 23 页。

[34] 李兰成:《在信心和爱心中壮大发展——记江宁县陆郎乡教会》,载于《天风》1992 年第 9 期,第 18 页。

[35] 厉永举:《在农村教会抵制异端的几点经验》,载于《天风》1995 年第 6 期,第 24 页。

龙港镇主恩堂主任陈定通牧师分析"异端邪教"孳生原因时认为,"广大的农村教会,文化水平低,认得几个字能看圣经的不多。属灵知识的贫乏、信仰的愚昧,导致他们易入歧途。"㊱2002年,中国基督教两会常务委员会的一份工作报告也指出,"呼喊派"、"门徒会"、"被立王"、"主神教"与"东方闪电"等异端邪说,"目前较多是在农村、小城镇内活动";这些异端教派活跃于农村或小城镇的一个因素,正在于"农村信徒文化程度偏低,对基督教的真理缺乏正确的认识"。㊲

其三,更进一步而言,在《天风》作者们看来,与农村基督徒文化程度偏低紧密关联的要素,就是"封建迷信"对基督教的影响。从宗教学术史的角度来看,如今许多宗教研究学者已经较少使用"封建迷信"这个概念,转而改用"民间宗教"或者"民间信仰"的概念来指称弥散于中国民间的宗教观念与宗教实践;同时用"民间基督教"或"基督教的民间宗教化"来指称受"民间宗教"影响的基督教形态。不过,自改革开放以来,直到2000年以后,"封建迷信"的话语从未间断地出现在《天风》之中。

在《天风》作者们看来,很多中国人之所以成为基督徒,恰恰是由于某种"迷信"的动机。尤其很多农村信徒之所以加入教会,是抱着所谓的"五求"心态,即"求祝福、求平安、求安慰、求医治、求发财"。㊳ 1991年,史伯雄在《清除腐朽思想 提高信仰素质》中指出,深受"封建社会几千年来的遗传"影响的不少中国人,"是带有迷信动机入教的:认耶稣是赶鬼大王、医病救主、赚钱财神。"㊴1992年一份关于"办好农村教会"的汇报也指出,"由于广大农村在文化科学、医药等方面还处在相对落后或

㊱ 陈定通:《近阶段办好教会之我见——一位来自基层教会牧师、神学院神学生的心声》,第28页。

㊲ 《中国基督教三自爱国运动委员会第六届/中国基督教协会第四届常务委员会工作报告》,第9页。

㊳ 曹式敏:《浅谈农村教会讲台事奉》,第20页。

㊴ 史伯雄:《清除腐朽思想 提高信仰素质》,载于《天风》1991年第11期,第12页。

相当落后的状况,求医、赶鬼来信教的人,成了许多信徒信教的主要原因。"[40]1996 年,谢主恩也承认,"农村缺医少药,条件较差,许多农民藉着几千年流传下来的封建迷信意识,求神拜佛。后来发现这一招靠不住,改信了耶稣"。但是,由于信仰未进深,所以"凡有迷信意识的道理"就很容易将这些农村信徒"勾引"去了。[41] 到了 2001 年,赵必雄在《异端的挑战》一文中指出,"在教会里会很容易发现有人来信主是因为'信主比信菩萨更灵'诸如此类的归主者"。所以,一旦有"异端邪教宣称他们那里更灵时",这类基督徒就很容易被吸引过去,"而每个异端邪教宣传'神迹'都是不遗余力的。"[42]

　　的确,所谓的"迷信"或"封建迷信",一直是教会领袖需要面对和解决的问题。这首先源于将"正常宗教"与"封建迷信"相区分的宗教政策。为了不让自己落入"封建迷信"的范畴而无法受国家政策与法律的保护,基督徒自然不得不竭力撇清基督教与"封建迷信"的关系。例如,早在 1982 年,邓月明已经指出根据国家政策,"正常的宗教受到保护,封建迷信是不许可的";然而,"有些搞封建迷信的人披上宗教外衣继续搞封建迷信活动,不仅一般的人受骗上当,初信主的人一下子也分辨不清吃了亏"。因此,邓月明提醒基督徒要"警惕封建迷信活动钻入教会"。[43]同样地,1986 年,沈明燧也根据相似的逻辑认为,基督教本身是受宪法保护的,但是,"如果我们不追求神国神义,而是热衷于医病赶鬼,那就把我们的宗教与封建迷信划了等号"。言下之意,就是若被政府认为是"封建迷信",教会就很难得到宪法的保护。[44] 但是,即便如此,"封建迷信"的问题却似乎从未断绝。因此,也才会一直有人质问尤其是农村的信徒"为什么有的人把基督教的信仰搞成迷信"(1987 年),[45]或呼吁"不

[40] 华耀增:《坚持三自原则办好农村教会的几点设想——农村教会组汇报》,载于《天风》1992 年第 9 期,第 10 页。

[41] 谢主恩:《如何识别异端邪说?》,第 28 页。

[42] 赵必雄:《异端的挑战》,第 40 页。

[43] 邓月明:《警惕封建迷信活动钻入教会》,载于《天风》1982 年第 5 期,第 23 页。

[44] 沈明燧:《我对神迹奇事的看法》,载于《天风》1986 年第 1 期,第 19 页。

[45] 李继文:《〈惨痛的教训〉读后》,载于《天风》1987 年第 10 期,第 25 页。

把我们的信仰搞成迷信"（1988 年），⑯或要求"把基督教信仰与封建迷信区别开来"（1988 年）；⑰或者认为不可把圣经与预言世界末日的"高级迷信"混为一谈（1990 年），⑱或哀叹不少人"简单地将宗教与封建迷信"相混淆（1991 年），⑲或认为"农村的封建迷信思想特别严重"而使得许多信徒"把一些迷信色彩掺进信仰当中"（1995 年），⑳或不满于"一些封建迷信的做法也常常趁一些教会能力的薄弱、信徒素质的不高而混入基督教"（1996 年）。㉑

　　同时，在《天风》的论述中，异端邪说与"封建迷信"两个概念常常如影随形。异端邪说的兴起与发展，与"封建迷信"结下了"不解之缘"。有《天风》作者尝试勾连"灵灵教"与"封建迷信"的关系：江苏省淮阴县某农村民办小学教师、创立"灵灵教"的华雪和，早在 1980 年之前就曾与淮阴县的真耶稣教会"大搞封建迷信活动"，"灵灵教"也被定性为一个"异端邪说的封建迷信组织"。㉒ 1994 年，包智敏牧师分析异端邪说产生的原因之一是"不少文化水平低（如文盲）的人信了教之后把一些教外的东西"带入教会，例如"民间迷信"。㉓ 1995 年，前文提到的李建国提醒基督徒注意"教会内部的异端邪说"，其中尤其指的是在广大的农村教

---

⑯ 李继文：《记一次在农村的聚会》，载于《天风》1988 年第 2 期，第 14 页。

⑰ 黄广尧：《加强农村教会工作刍议——成都会议感想》，载于《天风》1988 年第 3 期，第 7 页。

⑱ 李吉祥：《广传耶稣救恩 勿从高级迷信——读〈天风〉第 5 期〈十字架是爱而不是灾难的象征〉有感》，载于《天风》1990 年第 8 期，第 24 页。

⑲ 王十全：《"悲剧"留给我们的思索》，载于《天风》1991 年第 12 期，第 29 页。

⑳ 厉永举：《在农村教会抵制异端的几点经验》，第 24 页。

㉑ 本刊《天风》编辑部：《与异端邪说作斗争》，载于《天风》1995 年第 6 期，第 7 页。另外，"在广大的信徒当中，有相当多的人在未归主之前受过封建迷信思想的影响，甚至有的人以搞封建迷信活动为职业，如阴阳先生、巫婆神汉。有的信徒由于迷信思想根深蒂固，又缺少文化，在信主以后，经常自觉不自觉地将拜偶像时的某些做法掺进来，使纯正的信仰变了味，做出一些荒唐可笑的事情。"这里所说"荒唐可笑的事情"，例如，"还有个传道人，信主之前曾是阴阳先生。接受真道后，仍有人不时找上门来请他看风水。这位传道人根据自己对圣经的理解，改变了往常的做法，丢掉罗盘，却夹着圣经去给人家看风水。"参见张策：《不可把封建迷信掺入真道》，载于《天风》1996 年第 9 期，第 22 页。

㉒ 韩彼得：《关于非法组织"灵灵教"的情况介绍》，载于《天风》1991 年第 2 期，第 6、8 页。

㉓ 《读者信箱：如何分辨真假基督教?》，载于《天风》1994 年第 3 期，第 25 页。

会之中,"封建迷信思想"对"纯正的信仰"形成冲击。⑭ 1996 年,李建国再次提醒道,农村教会极容易被"封建迷信"渗透,导致异端邪说趁虚而入。⑮ 到 2000 年后,也经常可见将异端与"迷信"不加区分地捆绑在一起的情形,例证如下:"有效抵制异端和带有迷信色彩的信仰在农村教会的蔓延";⑯"哪些是合法的宗教信仰,哪些是非法的异端与迷信";⑰"去除迷信,抵制异端邪教的渗透"。⑱ 由此可见,异端邪说与"封建迷信"话语在《天风》的论述中是紧密关联的。

四、异端邪说的抵制论述

在讨论过异端邪说的内涵、外延和缘起之后,还需要从宏观的角度,探讨《天风》作者们认为应当如何有效地抵制异端邪说;这一点,尤其涉及到异端邪说和圣经文本的关系。

前文指出,一方面,《天风》作者们对异端邪说的界定,与被认为错谬的圣经诠释紧密相关。异端邪说被认为总是以某种歪曲的方式来理解、诠释和使用圣经,以证明自己所宣称之宗教教义或实践的正当性。另一方面,在《天风》作者们看来,那些被异端邪说所吸引的基督徒、尤其是农村基督徒,很大程度上是由于他们文化程度低,对圣经熟悉程度不高;或者受"封建迷信"的影响之后,用"封建迷信"的方式来诠释圣经。如此,以圣经为准绳、"按正意分解"圣经,被认为是对抗异端邪说、化解异端邪说之正当性最为有效的"策略"。例如,1983 年,江文汉在讨论"呼喊派"问题时,就已经指出"我们的武器是圣经"。⑲ 1994 年,包智

---

⑭ 李建国:《防外更要防内》,第 26 页。

⑮ 李建国:《困扰农村教会的几个因素——访问甘肃庆阳地区教会有感》,载于《天风》1996 年第 10 期,第 15 页。

⑯ 农仆:《走进农村教会》,载于《天风》2000 年第 8 期,第 26 页。

⑰ 贾虎林:《神学思想建设再思》,第 19 页。

⑱ 田素良:《破除迷信 刻不容缓》,第 42 页。

⑲《全国两会召开座谈会 座谈〈坚决抵制李常受的异端邪说〉》,载于《天风》1983 年第 4 期,第 12 页。

敏牧师亦曾指出"分辨真假基督教",最重要的前提在于"圣经是基督教信仰的根本依据";"如果撇开圣经不管,随心所欲讲一套,就难免有走入异端的危险"。⑥⁰ 1995 年,《天风》编辑部在《与异端邪说作斗争》中强调,"圣经永远是辨别异端混乱的根据"。⑥¹ 同年,骆振芳牧师安慰基督徒不必担心异端,"只要我们高举圣经,正确理解上帝的话,这些异端就会被攻破"。⑥² 同年,陈信也称,"只要熟读圣经,被圣灵充满,多祷告与主交通,就决不会在异端邪说纷纭的今天被迷惑而上当受骗"。⑥³ 同年,施成忠则将圣经比喻为"兵书",鼓励与异端邪说斗争的教牧人员,"必须熟读'兵书'圣经,了解《使徒信经》或《尼西亚信经》",要用圣经去"辨别"。⑥⁴ 1996 年,谢主恩在《如何识别异端邪说?》中也提议"根据圣经,抵制这些异端邪说"。⑥⁵ 同年,李诚南在探讨所谓"凡物公用派"时,鼓励信徒"多看圣经",以便"让曲解、乱用圣经的人没有市场"。⑥⁶ 1997 年,山西省略阳县的胡志林探讨如何防备"东方闪电"时,其建议也是"多读圣经,在真道上造就自己。要多举办读经会、查经会,使弟兄姊妹多明白圣经"。⑥⁷ 2001 年,江苏省的惠国芬在"神学思想建设"开展两年多之后,提到"神学思想建设"对抵制异端邪说的作用,"加强神学思想建设,并用来指导帮助解经,也是抵制异端邪说的强有力措施"。⑥⁸ 即便到了 2012 年,当"东方闪电"活动十分频繁之时,"按着正意分解"圣经也仍然被《天风》编辑认为是用以抵制"东方闪电"的"良方":

> 任何异端的产生,都是由于某些人解经上出了问题;受异端迷

---

⑥⁰《读者信箱:如何分辨真假基督教?》,第 25 页。

⑥¹ 本刊编辑部:《与异端邪说作斗争》,第 7 页。

⑥² 骆振芳:《初期教会中的反异端斗争》,第 12 页。

⑥³ 陈信:《警醒》,载于《天风》1995 年第 6 期,第 28 页。

⑥⁴ 施成忠:《在与异端邪说的斗争中切勿搞草木皆兵》,载于《天风》1995 年第 11 期,第 39 页。

⑥⁵ 谢主恩:《如何识别异端邪说?》,第 29 页。

⑥⁶ 李诚南:《梁家业诈骗案给人的教训》,载于《天风》1996 年第 2 期,第 30 页。

⑥⁷ 胡志林:《高举圣经真理 防备异端惑众》,载于《天风》1997 年第 11 期,第 26 页。

⑥⁸ 惠国芬:《神学思想建设对农村教会尤为重要》,载于《天风》2001 年第 2 期,第 28 页。

惑的人,多半都不懂正确的解经原则。对付异端的方法是:按正意分解真理的道(参提后 2∶15),以便在信徒心中建立起神纯正话语的规模……⑥⑨

的确,新约圣经中有不少文本,直接针对公元 1 世纪的异端;其中使用的概念,除了希腊文的"异端"一词之外,还包括"假基督"、"假先知"、"假使徒"、"假师傅"或"假弟兄"等。与这些概念相关的经文,就成为教会领袖的诠释学"武器"。例如,1995 年,《天风》编辑部指出"圣经中有大量关于抵制异端邪说的教导":

> 主耶稣曾亲自教导门徒说:"你们要防备假先知。他们到你们这里来,外面披着羊皮,里面却是残暴的狼。"(太 7∶15)使徒们在致力于传扬福音建立教会的同时,十分重视与出现的异端邪说作斗争……使徒保罗在他的书信中一再劝告信徒不要离开救恩的根基,去从"别的福音"(参见《加拉太书》、《歌罗西书》等),他教导年轻的同工提摩太"谨慎自己和自己的教训","为真道打那美好的仗",他提醒以弗所的教会长老们要防备"凶暴的豺狼进入你们的中间",要"为自己谨慎,也为全群谨慎"(徒 20∶28-30)。使徒彼得和使徒约翰也在他们的书信中反复地教导信徒抵挡异端,而《犹大书》整本都是劝勉信徒"为真道竭力争辩"。⑦⓪

的确,无论是《马太福音》、《使徒行传》、保罗书信或大公书信,都花费了大量篇幅,论述和处理公元 1 世纪的异端问题。与异端相关的圣经文本,也成为改革开放以来中国基督徒的"武器"。

---

⑥⑨ 《警惕!"东方闪电"兴风作浪》,载于《天风》2012 年第 12 期,第 6 页。

⑦⓪ 本刊编辑部:《与异端邪说作斗争》,第 6 页。从宏观的角度讨论反异端圣经文本的,亦可参见赵志恩:《建立基督教会必须警惕异端邪说的危害》,第 8 页;杨宗奇:《泪水悲歌——异端邪说在汨罗江畔》,载于《天风》1995 年第 8 期,第 17-18 页;王三元:《谨防"别的福音"》,载于《天风》1998 年第 10 期,第 39-40 页;王三元:《奋起抵制异端邪说!》,第 23-24 页;翁溯利:《谨防在信仰中的假冒现象》,载于《天风》2000 年第 8 期,第 22-23 页。

五、结　论

从新约时代开始延续至今的异端与正统的论争,在当代中国基督教史中也可以看到。改革开放以迄,中国教会不停地对抗着他们所认定之异端或异端邪说在教会内外的影响,消解异端邪说在中国基督徒群体中的正当性。本文以 1980－2013 年的中国基督教《天风》杂志为核心史料,探讨中国教会对异端或异端邪说的理解。

首先,在《天风》作者们看来,异端或异端邪说与圣经诠释分不开,即异端邪说总是对圣经的"混淆"、"违背"、"歪曲"、"篡改"、"曲解"、"脱离"、"加添"或"减少"。

其次,以上述关于异端邪说之内涵的论述为基础,异端邪说的外延,既包括"教会外"的那些形成组织和规模的异端教派,也包括"教会内"的弥散于基督徒之中的异端思想。

第三,这些异端教派和异端思想的产生,很大程度上被认为源于占中国基督徒总人数比例之大多数的农村基督徒。在农村,一则受过正规神学训练的牧者严重缺乏,二则农村基督徒(包括常常起重要作用的义工)的文化程度低,三则所谓"封建迷信"、"民间迷信"或"民间宗教"对农村教会影响深远。这些都被认为是使得异端邪说容易"入侵"的重要因素。

最后,既然异端邪说最关键的错谬被认为是对圣经的滥用,那么与异端邪说相对抗的最有效方法,自然也被设想为是通过提高平信徒和牧者对圣经的熟悉程度,"按正意分解"圣经。圣经中、尤其新约圣经中关于异端邪说的文本,也成为他们尝试消解异端邪说之正当性的"武器"。不过,这场"正统与异端之战"中更为微观的针对具体宗教教义和实践(诸如"耶稣再来"或"神迹医病")的不同"战役",在此无法再述,只能另文处理。

宗教信仰自由定义研究

程洪猛

【内容提要】 从宏观角度看,宗教信仰自由是一种社会现象,是对一定范围内的人与他者①之宗教关系的一种描述;从微观上来讲,宗教信仰自由是个人拥有的一项基本权利。基本上国际法和大多数国家的宪法都对宗教信仰自由进行了规定,不过至今也没有统一的定义。不同的定义,往往导致其内涵和外延会有重大区别,进而造成相关制度设计上的悬殊,因此研究宗教信仰自由的定义问题往往是深入研究宗教信仰自由的重要一步,也是在宗教信仰自由权利的保障方面形成共识的基础。本文在分析宗教信仰自由的内在逻辑结构基础上尝试给宗教信仰自由定义如下,即每个人都拥有依据自己的理性判断和心理感受选择信仰宗教或者不信仰宗教并在法律范围内表达其信仰的自由权利,其他权利不单单因为信仰之差别而产生差别。

【关键词】 宗教信仰自由定义 宗教信仰自由主体 宗教信仰自由客体 宗教信仰自由内容

从宏观角度看,宗教信仰自由是一种社会现象,是对一定范围内的人与他者之宗教关系的一种描述;从微观上来讲,宗教信仰自由是个人拥有的一项基本权利。基本上国际法和大多数国家的宪法都对宗教信

---

① 他者,既可以指他人,也可以指宗教组织等社会团体、国家机关或国家等。

仰自由进行了规定,不过至今也没有统一的定义,我国学者就此也有不同意见。不同的定义,往往导致其内涵和外延会有重大区别,进而造成相关制度设计上的悬殊,因此研究宗教信仰自由的定义问题往往是深入研究宗教信仰自由的重要一步,也是在宗教信仰自由权利的保护方面形成共识的基础。本文就来尝试给宗教信仰自由下一个定义。

下定义需要依据现有的相关法律条文和相关研究成果对宗教信仰自由的内在逻辑结构进行分析,定义则是对它们的高度概括。宗教信仰自由作为一项权利,从内在逻辑结构上看,包括权利主体、权利客体和权利内容三要素。三种要素都具有一定的模糊性和多样性。

一、宗教信仰自由的主体

我们可以依据现有的法律条文总结宗教信仰自由的主体,各国宪法和国际法对宗教信仰自由主体的表述常见的词语如表1、表2所示:

表1　各国宪法采用不同主体表述的数量情况表②

宗教信仰自由主体表述方式	各国宪法采用此种表述的国家数量(个)
所有人(每个人)	52
公民(国民、人民)	25
无主体表述	14
居民	4
双重主体(个人和集体)	4

---

② 参见闫莉:《宗教信仰:自由与限制》,北京:社会科学文献出版社,2012年,第35页。

续 表

主体受限制的表述	伊朗宪法第十三条:信奉祆教、犹太教和基督教的伊朗人; 阿根廷宪法第二十条:外籍居民; 瓦努阿图宪法第五条:除法定不具有公民身份的人之外,每个人……
其他表述	宪法采用"除非经本人同意的"表述方式的国家有2个(圣克里斯托弗和尼维斯联邦、所罗门群岛)

注:在归纳中将"……人"视作为公民、国民;将"……的人"视作比公民、国民更广义的人。另外少数国家在归类上重复,如伊朗既归属于居民类,也归属于主体受限制类。

从表1可以看出,绝大多数国家采用了泛指的"人人"、"每个人"、"所有人"、"任何人"这样的表述。虽然这种泛指性主体在实际享受权利的时候仍会受到来自国家疆域的约束,但是至少在理念上表达了对一切人的人权的肯定。人权是比公民权更为基础的一类权利,人权是人仅仅因为作为人就应当拥有的权利,而公民权则与特定的国籍相联系。居民包括居民自然人和居民法人。居民和公民相对于"人人"、"所有人"都具有一定的狭隘性、地方性。少数国家对宗教信仰自由的主体有所限制,其理由有:非本国公民不享有宗教信仰自由(如瓦努阿图);外籍居民(如阿根廷);少数不信仰官方宗教的人(如伊朗)。

表2　国际法关于宗教信仰自由的主体表述情况表③

文件名称	表述内容
1948 年《世界人权宣言》	第十八条:人人皆有……权利
1966 年《公民权利和政治权利国际公约》	第十八条:一、人人皆有权享受……自由。二、任何人……

---

③ 同上,第37页。

续　表

文件名称	表述内容
1950 年《欧洲人权公约》	第九条：人人有权享受……
1969 年《美洲人权公约》	第十二条：良心和宗教自由；人人有权享有……
1981 年《非洲人权和民族权宪章》	第八条：任何人……

　　国际法由于超越了地域和国家的限制，一般采用的是更为宽泛的表述，如"人人"、"任何人"等，也体现了宗教信仰自由是一项基本的人权。

　　从各国宪法和国际法的规定来看，宗教信仰自由的主体应该是一切人。从宗教信仰自由的本质来看，它是一种思想自由，而健康的人都拥有理性和思想，因此它应该属于一切自然人。有学者认为，除了个人以外，集体或团体也是宗教信仰自由的主体。④ 本文认为，持共同信仰的集体或团体不是宗教信仰自由的直接主体，因为宗教信仰自由是宪法权利，而宪法权利不可能赋予特殊的团体只能赋予个人。⑤ 团体自由是个人自由在社会上和法律上的延伸，要受到比个人更多的法律约束。

　　思考宗教信仰自由的主体问题，对于当下中国有特别的意义。

　　第一，中国宪法第三十六条规定："中华人民共和国公民有宗教信仰自由。任何国家机关、社会团体和个人不得强制公民信仰宗教或者不信仰宗教，不得歧视信仰宗教的公民和不信仰宗教的公民。"可见，宪法把宗教信仰自由的主体限制在"中国公民"上，宗教信仰自由相应地被理解为一种公民权而不是人权。与国际人权公约相比，中国宪法保护的宗教信仰自由的覆盖面相对狭窄。不过，我国政府还颁布了《中华人民共和国境内外国人宗教活动管理规定》，尊重在中国境内的外国人的宗教信仰自由，保护外国人在宗教方面同中国宗教界进行的友好往来和文化学术交流活动，拓宽了宗教信仰自由的主体范围。不过，在中国国土

---

④　参见杨合理：《论宗教自由的内在逻辑结构》，载于《甘肃政法学院学报》2012 年第 7 期。

⑤　参见谢文郁：《宗教自由是一个假命题》，载于《中国民族报》2013 年 3 月 5 日。

上，除了公民和境内外国人外，还有被剥夺了公民权的居民——这些人也应该是宗教信仰自由的主体。因此，是否有必要在宪法上明确规定"一切人"都拥有宗教信仰自由的权利，是一个在理论上和实践上都需要深入探讨的问题。

第二，中国共产党党员是不是宗教信仰自由的主体？中国共产党历来反对党员信仰宗教。如1940年，毛泽东在《新民主主义论》中指出："共产党员可以和某些唯心论者甚至宗教徒建立在政治行动上的反帝反封建的统一战线，但是决不能赞同他们的唯心论或宗教教义。"1982年，《关于我国社会主义时期宗教问题的基本观点和基本政策》指出："我们党宣布和实行宗教信仰自由的政策，这当然不是说共产党员可以自由信奉宗教。党的宗教信仰自由的政策，是对我国公民来说的，并不适用于共产党员。"2002年，《中共中央、国务院关于加强宗教工作的决定》指出："共产党员不得信仰宗教，要教育党员、干部坚定共产主义信念，防止宗教的侵蚀。"2011年，时任中共中央统战部常务副部长的朱维群在《求是》上发表了《共产党员不能信仰宗教》的文章，重申共产党员不得信仰宗教。

鉴于宗教信仰自由包含信仰宗教的自由和不信仰宗教的自由两个方面，本文认为：中国共产党党员是宗教信仰自由的主体，而且是已经享有宗教信仰自由权利并做出了信仰选择的主体。首先，宗教信仰自由是准共产党员能够选择不信仰宗教、选择信仰马克思主义的逻辑前提。只有使用不信仰宗教的自由，准共产党员才能选择成为无神论者。这一点与宗教信仰自由是人权不矛盾。其次，已经成为共产党员的人，都在入党申请书里向党表白过要做坚定的马克思主义者即唯物主义者，因此必须遵守承诺和党的纪律，不再信仰宗教。若要重新选择信仰宗教，就必须选择退出党组织。打个比方说，在主张婚姻自由的国家，"单身俱乐部"的会员不是婚姻自由的主体呢？能不能结婚呢？答案是，他们享有结婚的自由也享有不结婚的自由，且他们已经选择了不结婚，若要结婚就要退出"单身俱乐部"。看来，共产党员确实不应该信仰宗教。不过对于共产党员不得信教之规定的发布最好限于党内，而不要放在全社会去探讨，以免造成执政党歧视宗教信仰者的舆论错觉。

二、宗教信仰自由的客体

宗教信仰自由的权利客体是信仰,包括宗教信仰和非宗教信仰。

信仰的定义众说纷纭。"信仰是同人类的社会、精神生活一同发展起来的精神现象,表现为社会成员对一定的宇宙观、社会观、价值观、人生观等观念体系的信奉和遵行。"[⑥]《大英百科全书》认为信仰是指在无充分的理智认识以保证一个命题为真实的情况下,就对它接受或同意的一种心理状态。我国《辞海》对信仰的定义是"对某种宗教或主义极度信服和尊重,并以之为行动的准则"。本文认为,信仰不仅是多义词,而且是多词性词。信仰可作名词(英文为 faith 或 belief),如"我的信仰是马克思主义"(英文是 my faith is Marxism);也可作动词(英文为 believe in),如"我信仰佛教"(英文是 I believe in Buddhism)。我们认为,名词性的信仰略有褒义,是指这样一种思想体系或价值观念:它虽然不能被证明为正确或合理,却被人接受作为思维的导向和行动的指南。如基督教上帝的存在不能被理性证明为真实,自由主义不能被证明为完全合理,但是它们都拥有众多的信徒。动词性的信仰是中性词,它是这样一种持续的心理倾向:表现为主体(个人或群体)积极地接受那些虽然不能证明其为正确或合理的思想体系或价值观念并将之作为思维的导向和行动的指南。信仰可以分为很多种,如哲学信仰、科学信仰、政治信仰、宗教信仰等。

宗教信仰是信仰中的特殊门类,其最本质的特点是宗教信仰的对象与核心法则往往是超自然或超人间的,无论是基督教的上帝、救赎,伊斯兰教的安拉、前定,佛教的佛陀、轮回,道教的神仙、得道,都具有一定的超越性,在马克思主义看来本质上都是一种有神论的思想体系和价值观念。宗教不同于一般信仰的地方还在于它是一种社会实体,且拥有相对稳定的个性化的宗教行为,如基督教定期聚会和乐于传教,佛教的参禅打坐,道教的武术和辟谷等。我国学者吕大吉的宗教"四要素"说,较全

---

⑥　冯天策:《信仰导论》,南宁:广西人民出版社,1992 年,第 1 页。

面地概括了宗教的各个方面,他认为宗教是关于超人间、超自然力量(实质上是人间的自然力量——引者注)的一种社会意识,以及因此而对之表示信仰和崇拜的行为,是综合这种意识和行为并使之规范化、体制化的社会文化体系。⑦ 据《大英百科全书》(2010 年版)统计,2009 年,世界人口约 68.28 亿,信教人数达 60.49 亿,占世界人口的 89%,其中基督徒22.65 亿人,约占世界人口的 1/3;穆斯林约 15.23 亿人,约占世界人口的 1/5;佛教徒 4.6 亿多人,其影响亦日益扩大。宗教依然是人类最重要的信仰形式。

　　非宗教信仰,是除宗教信仰以外的信仰形式,如影响较大的自由主义、马克思主义等。科学、哲学、艺术、道德都可以成为信仰,甚至享乐主义也是某些人的信仰。当今世界,信仰极为多元化、个人化,要想用语言去穷尽它恐怕是不可能的。非宗教信仰也在宗教信仰自由的保护之下,这种界定对于中国的现实意义十分重大。一般认为,中国的合法宗教是五大宗教:天主教、基督教、佛教、道教和伊斯兰教。⑧ 这给人造成一种错觉,即除了做马克思主义者和无神论者外,只有信仰这五种宗教才能得到承认和保护,因此就有人论证"儒家是不是宗教"、"民间宗教、民间信仰和民俗是不是宗教"、"关公信仰、妈祖信仰是不是宗教信仰"诸如此类的问题,以期得到宪法和法律的保护。其实,这种提出和研究问题的方式可以商榷和反思。一种信仰,要么是宗教信仰,要么是非宗教信仰,信仰本身都是自由的。而一种信仰是不是信仰,一般情况下由信仰者自己说了算。只要其信仰的外在表达如言论、行为和组织活动不触犯法律,那就是合法的、受到保护的。中国宪法对宗教信仰自由的规定实质上十分宽容,为信仰的多元化提供了广阔的空间,关键要正面、正确地理解。

　　虽然宗教信仰自由的客体是信仰,但它不完全等同于"信仰自由",区别在于"宗教信仰自由"已经隐晦地把信仰分为"宗教信仰"和"非宗教信仰"两大类(信仰作为名词的情况),把信仰自由分为"信仰宗教的自由"和"不信仰宗教的自由"两大类(信仰作为动词的情况)。"信仰自由"则体现不出这种分类。在人类很长的历史时期特别是西方历史的语境下,信仰往往就是指宗教信仰,而且宗教上的不自由给人类带来了重大的灾难。因此,"宗教信仰自由"既可以表达人类追求信仰自由的初衷,又可以突出对宗教的强调。所以,认为信仰是宗教信仰自由的客体是比较准确的。

三、宗教信仰自由的内容

"我们常听得人家说,思想是自由的。原来一个人无论思想什么,只要想在肚里秘而不宣,总没人能禁止他的。限制他内心的活动者,只有他的经验和他的想象力。但这种私自思想的天赋自由是无甚价值的。一个人既有所思,若不许他传之他人,那么,他就要觉得不满足,甚至感到痛苦,而对于他人也无价值可言了。并且思想既在心底上活跃,是极难隐藏的。……所以思想自由,从它的任何价值的意义看来,是包含着言论自由的。"[⑨]思想自由极其珍贵,但仅仅停留在大脑里的思想自由是没有太大价值的,思想需要表达,只有通过表达才能达到交流的目的,才能产生效用。言论自由的重要性就凸显了。

信仰本质上是思想,信仰自由是思想自由的一部分,信仰也有外在的表达形式。其表达形式至少可以分为两种:即有时是隐秘的,有时是直白的。举例而言,一个信仰加尔文主义的基督徒,每天勤勉地工作,努力地赚钱,努力地捐钱。别人只认他是个好员工、好老板、好公民,未见得知道他是加尔文主义的信徒。这就是信仰隐秘的表达,它与主体的日常生活水乳交融在一起,信仰在他身上自然而然地流露出来。倘若到了周末,这个基督徒走到教堂里去做礼拜、行忏悔、唱赞美诗,甚至走到大街上去传教,别人一下子就知道原来他是个基督徒。这就是信仰直白的表达。再如,若一个人是共产主义者,他脚踏实地为老百姓服务,修桥铺

---

⑨ J. B. 伯里:《思想自由史》,宋桂煌译,长春:吉林人民出版社,1999年,第1页。

路,带领老百姓致富奔小康,"为人民服务"的精神就从他的行为中流露出来了——这是隐秘的表达。而当他向党旗宣誓或参加党支部小组讨论的时候,人们就直接知晓他的共产主义信仰了,这就是直白的表达。

人的信仰往往是逐渐形成的,形成以后也未必一成不变。所以,在持有一种信仰之前,人们需要对多个信仰进行选择——尽管这种选择未必是自觉的。例如,在宗教信仰自由的自然状态期,⑩普通民众的信仰往往是其所属的部落、民族决定的。即使在今天,一个人的出生地往往决定了他的信仰。如阿拉伯人往往信仰伊斯兰教,美国人则很可能成为基督徒,出生在中国则很可能没有宗教信仰。人往往是有限理性者,其理性受到周边环境的影响是极大的。一个人对信仰选择的自由度,取决于他对信仰的多样性了解的程度。尽管人不总是对信仰做出完全自由的选择,但是这种自由在逻辑上和法律上是正当的。

因此,宗教信仰自由包括信仰的选择自由和信仰的表达自由这两个方面。⑪

信仰的选择自由属于个人,一个人不管信仰宗教还是不信仰宗教都是他自己的私事。对于未成年人和精神不正常的人,其监护人可以代为决定其信仰,但要符合相关的法律规定。一旦被监护人有独立的理性选

---

⑩ 笔者在另外一篇文章中提出,西方宗教信仰自由观念的历史演进经历了四个阶段：自然状态期(392 年之前),埋没期(392 - 1517 年),形成期(1517 - 1848 年)和成熟期(1848 年至今)。公元 392 年基督教成为罗马帝国国教、1517 年欧洲宗教改革和 1848 年《共产党宣言》的发表是宗教信仰自由史上最重要的时间点和历史事件：基督教成为罗马帝国国教结束了古希腊罗马奴隶社会及其之前的宗教多元状态,为欧洲进入中世纪封建社会预备了大一统的一神教意识形态；以宗教改革为开端的资产阶级革命结束了中世纪教阶制天主教会一统天下的局面,开启了资本主义社会里基督教各教派乃至不同宗教自由竞争的时代；以《共产党宣言》的发表为标志的无产阶级革命,让科学信仰走上历史舞台,强调人们不仅拥有信仰宗教的自由,还拥有不信仰宗教即选择科学世界观的自由,充实了宗教信仰自由的内涵,为人类的精神解放创造了社会条件和观念上的准备。参见程洪猛：《西方宗教信仰自由观念的历史演进》,引自《宗教与美国社会》(第 12 辑),北京：时事出版社,2016 年。

⑪ 从发生学角度看,宗教信仰自由除信仰的选择自由和信仰的表达自由外,还有居于两者之间的信仰的思想自由,如冥想、默祷、念经、祝福等,这些心理活动并不具有法律和宗教学的意义。不过历史上也有例外,如思想罪和文字狱,就是对人的思想进行惩罚的案例。

择能力,监护人应当充分尊重其选择自由。不强迫不等于置之不理,不等于不负责任。如一个人信仰某种哲学或宗教甚至达到迷信且伤害身心的程度,那么善意的劝说和适当的教育就是正当的。判断一种行为是否违反了选择自由,关键是看动机、态度和方法是否得当——时时刻刻都要把人的尊严放在第一位。信仰的选择自由对于中国人有特殊意义。首先,党和政府不应强迫群众接受马克思主义和无神论,不能强迫信教的群众不信教,不能歧视信教的群众。其次,在多数人信教的地方不应歧视不信教的群众,多数人不信教的地方不应歧视信教的群众。第三,富有传教精神的宗教组织和个人、特别是来自国外的宗教团体应该尊重中国人多数不信教(特别是不信仰基督宗教)的事实,不能以传教的自由侵犯他人信仰选择的自由。第四,劝说、教育他人改变信仰,应该以他人的精神需要和利益为出发点,而不是以自己的精神需要和利益为出发点。[12] 信仰的选择自由是极度私人化的,不涉及对他人、集体和公共利益的影响,即使有也是非常间接的。所以它是宗教信仰自由中第一位的自由,是只受法律保护、不受法律约束的绝对自由。

表达由言论和行为组成,信仰的表达自由包括:言论上的自由(表明宗教信仰、祷告、念经或向党旗宣誓等);行为上的自由(如参加宗教活动、传播宗教信仰、宣传无神论[13]等);结社的自由(组成宗教团体、信仰团体、马克思主义研究小组、国学社等)。列宁说:"这些团体应当是完全自由的、与政权无关的志同道合的公民联合体。"[14]这里的"完全自由"是从政府不干涉宗教团体内部事务的角度来说的。马克思说:"自由是什么呢?……自由是可以做和可以从事任何不损害他人的事情的权利。每个人能够不损害他人而进行活动的界限是由法律规定的,正像

---

[12] 程洪猛:《试析传教活动主体的伦理正当性》,载于《中央社会主义学院学报》2013 年第 1 期。

[13] 宗教信仰者有传播宗教信仰的权利,非宗教信仰者也自然拥有宣传无神论的权利,只要不是依靠强力、不具有强迫性,都应当是允许的。

[14] 参见列宁:《社会主义和宗教》,引自唐晓峰摘编:《马克思恩格斯列宁论宗教》,北京:人民出版社,2010 年,第 774 页。

两块田地之间的界限是由界桩确定的一样。"⑮信仰的表达能够对他人、集体和公共利益带来直接的实质性的影响。因此,相对于信仰的选择自由,信仰的表达自由是次一级的自由,是法律范围内的相对自由。所以,我国宪法对宗教信仰的表达做了明确规定:"国家保护正常的宗教活动。任何人不得利用宗教进行破坏社会秩序、损害公民身体健康、妨碍国家教育制度的活动。宗教团体和宗教事务不受外国势力的支配。"⑯这个规定的主要精神对于非宗教信仰的表达方面也是适用的。

综上所述,信仰的选择自由是宗教信仰自由的内在方面,是绝对自由;信仰的表达自由是宗教信仰自由的外在方面,是相对自由。只要法律是公平正义的,那么这两种自由就会真正属于每一个人,因此也意味着人与人之间的平等。自由是天然蕴含着平等的价值的。

四、宗教信仰自由的定义

通过以上对宗教信仰自由内在逻辑结构的分析,我们认为:宗教信仰自由的主体是一切人、自然人或者每个人,客体是宗教信仰和非宗教信仰,内容是信仰的选择自由和法律范围内表达其信仰的自由。

在实际生活中,由于宗教信仰常常是某个人社会身份的一个重要组成部分,或者是他者看待个人的一个重要标签,在涉及到除宗教信仰自由之外的权利时,各国宪法、法律和国际法常常规定了非歧视原则。如中国《宪法》第三十四条规定:中华人民共和国年满18周岁的公民,不分民族、种族、性别、职业、家庭出身、宗教信仰、教育程度、财产状况、居住期限,都有选举权和被选举权;但是依照法律被剥夺政治权利的人除外。因此,宗教信仰自由本身就包含着平等的原则,即宗教信仰不能作为其他权利克减的唯一原因。

一个人信仰什么宗教,或者不信仰宗教,我们认为不是完全由理性决定的。由于宗教的非理性因素和文化性因素,一个人的信仰状态,维

---

⑮ 参见马克思:《论犹太人问题》,引自唐晓峰摘编:《马克思恩格斯列宁论宗教》,第648页。
⑯ 《中华人民共和国宪法》,第36条。

持原本的信仰或者改变信仰,常常是由其心理感受决定的,具体到中国人,其信仰状态又常常是不自知的潜意识形态。因此,我们把信仰的选择同时归于人的理性和感受两个方面。

综上所述,我们似乎可以给宗教信仰自由作出如下定义:每个人都拥有依据自己的理性判断和心理感受选择信仰宗教或者不信仰宗教并在法律范围内表达其信仰的自由权利,其他权利不单单因为信仰之差别而产生差别。

作(译)者简介

汉纳斯·默勒　　波恩大学哲学研究院和慕尼黑哲学学院教授
（**Hannes Möhle**）

顾卫民　　华东师范大学历史系教授

徐以骅　　复旦大学国际关系与公共事务学院、美国研究中心教授，上海高校智库复旦大学宗教与中国国家安全研究中心主任

陈光军　　四川民族学院康巴发展研究中心副教授

黄　佳　　浙江省委党校副教授

崔岐恩　　岭南师范学院粤西教师教育研究中心副研究员

莫铮宜　　宁波教育学院副教授

刘　骞　　同济大学政治与国际关系学院副教授

姜廷翠　　中南神学院讲师

黄　毅　　西南财经大学人文学院讲师

王首贞　　复旦大学宗教与国际关系研究中心博士后

王德硕　　山东师范大学历史与社会发展学院讲师，上海高校智库复旦大学宗教与中国国家安全研究中心博士后

程洪猛　　上海高校智库复旦大学宗教与中国国家安全研究中心博士后

段世磊　　上海高校智库复旦大学宗教与中国国家安全研究中心博士后

王志希	香港中文大学文化及宗教研究系博士研究生
陈　静	山东师范大学历史与社会发展学院讲师
黄增喜	中国人民大学文学院比较文学与世界文学专业博士研究生
熊　威	中山大学人类学系博士研究生
王　申	复旦大学历史学系博士研究生
李　强	上海大学文学院博士研究生
刘　玉	河南大学比较文学专业研究生
雷环捷	中国人民大学哲学院研究生
朱路遥	南京大学文学院研究生
张　娓	广西师范大学历史文化与旅游学院研究生
周博文	交通大学国际与公共事务学院研究生

图书在版编目（CIP）数据

基督教学术（第十五辑）/徐以骅,张庆熊主编.一上海：
上海三联书店,2016.9
ISBN 978－7－5426－5578－3

Ⅰ.①基…　Ⅱ.①徐…　②张…　Ⅲ.基督教—研究
Ⅳ.①B978

中国版本图书馆 CIP 数据核字（2016）第 104117 号

基督教学术（第十五辑）

主　　编／徐以骅　张庆熊

责任编辑／邱　红
特约编辑／郑丽春
装帧设计／鲁继德
监　　制／李　敏
责任校对／张大伟

出版发行／上海三联书店
　　　　　（201199）中国上海市都市路 4855 号 2 座 10 楼
网　　址／www.sjpc1932.com
邮购电话／021－22895557
印　　刷／上海展强印刷有限公司

版　　次／2016 年 9 月第 1 版
印　　次／2016 年 9 月第 1 次印刷
开　　本／890×1240　1/32
字　　数／400 千字
印　　张／12.5
书　　号／ISBN 978－7－5426－5578－3/B·478
定　　价／48.00 元

敬启读者,如发现本书有印装质量问题,请与印刷厂联系 021－66019858